성경 속
남자들의 인생반전

김영훈 지음

성경 속
남자들의
인생반전

초판 1쇄 발행   2018. 08. 17.

지은이   김영훈
펴낸이   방주석
펴낸곳   도서출판 소망
주 소   경기도 고양시 일산동구 고봉로 776-92
전 화   031) 977-4232
팩 스   031) 977-4231
이메일   somangsa77@daum.net
등 록   (제48호) 2015년 9월 16일

ISBN   979-11-963017-1-2 03230

책값은 뒤표지에 있습니다.

성경 속
남자들의
인생반전

김영훈 지음

예수님으로 인해 정반대의 인생을 산 바울

형님 예수로 인해 너무 괴로웠던 야고보

자살한 제자 가룟 유다

예수님께 대든 못말리는 베드로

페르시아 왕후 에스더, 총리 모르드개

왕이 되고서도 망한 사울

여인에 빠진 괴력의 장사 삼손

말더듬이 모세와 그를 섬긴 형 아론

의인 욥 대신 부름받은 복덩이 아브라함

섹시한 인류의 멸망에도 살아남은 노아

도서출판
소망
S·O·M·A·N·G

C·O·N·T·E·N·T·S

완전 무명인 제가 2017년 3월 초 "성경 속 여인들의 인생 반전"을 출판했을 때 친구들 반응이 의외로 뜨거웠지요. 교회에 다니지 않는 많은 친구도 인터넷 서점을 통해 10권씩 사서 주변에 돌렸고 그중 한 친구는 100권이나 사서 저자 사인회 자리까지 만들어 주었지요. 친구가 만든 책이라고 비기독교인 친구도 10명 넘게 제 책을 다 읽어 너무 놀랐지요. "많은 친구가 읽을 줄 알았으면 내가 맛보는 주님을 재미있게 소개해야 했는데…."란 아쉬움이 컸지요.

그 후 기도 시간에 예수님을 소개하는 글을 적어야 한다는 부담이 들며 다른 기도가 안 되었지요. "앞 못 보는 이 눈으로 더는 못합니다. 이것도 얼마나 힘들었는지를 당신이 잘 아시지 않습니까? 제 친구들 외에는 책 사는 사람이 없는데 죽을 고생해 기껏 만들면 또 친구에게 부담만 주는 것 아닙니까? 전 못합니다." 5월 한 달을 뻗대는 제게 "내가 도와준다."는 아주 미세한 음성이 제 마음에 들렸지요. 이 음성을 처음 듣기 전 친구 윤대원 부인 이경규 집사가 "영훈씨, 책 내용이 좋은데 2집 안 냅니까? 2집 내면 내가 워드 작업을 도와줄 테니 날 불러요."라고 말했었지요.

하나님께 항복한 저는 2017년 6월 1일부터 휴대폰 자판을 두드리며 직접 글을 적어 이경규 씨에게 카톡으로 7월부터 보냈고 9월부터 1집을 도왔던 퇴직 교사 김영현 집사님도 함께하여 수정 작업을 도와주셨지요.

제가 경험하는 예수님을 전하려니 성경 개요를 다루어야 했고 그러기 위해 각 분야 전문가의 조언을 구해 얻은 견해이지만, 가장 옳다고 단정할 수는 없지요. 견해를 달리하는 독자님들은 널리 이해해 주시고 참고삼아 읽어주시기를 바랍니다. 그리고 1집에 등장 인물 이름이 너무 많아서 성경을 모르는 분들이 읽기에는 힘들다는 친구의 하소연에 이 글에는 꼭 필요한 이름만 밝혔으니 이해를 구합니다.

끝으로 부족한 글이지만 주님을 알고 맛보는데에 조금이나마 도움 되기를 간절히 소망합니다.

2018년 초여름 울산에서
김영훈 드림

01

섹시한 인류의 전멸 속 살아남은
노아

1. 능력 있고 섹시한 900세 시대

인간 수명 900세 시대 가능한가

"인류의 시조 아담의 수명 930세! 대홍수의 주인공 노아의 수명 950세! 도대체 어떻게 이렇게 장수할 수 있었는가?"

창세기 5장 전체와 9장 29절에 인류의 시조인 아담부터 노아까지 모두 열 분의 수명과 출생 시기가 기록되어 있습니다. 수명이 900세 이하인 분은 두 분뿐입니다. 인류의 5대조인 마할랄렐이 895세, 9대조인 라멕이 777세를 누렸지요. 라멕은 노아의 아버지로 대홍수가 일어나기 5년 전에 소천하여 홍수의 희생물이 되는 걸 면했지요. 노아의 할아버지 므두셀라는 인류 역사상 가장 오래 사신 분으로 969세를 누리며 홍수 직전에 소천해 역시 홍수를 피하셨지요. 그래서 노아의 윗대 조상 중 직계로서 홍수에 의해 비참한 최후를 맞은 분은 한분도 없었지요.

오히려 노아의 증조할아버지인 에녹은 창조주 하나님과 300년

동안 동행하며 하나님과 절친한 관계를 유지한 끝에 죽음을 맛보지 않고 승천했지요. 그래서 에녹은 이 땅에서 365년밖에 살지 못했지요. 에녹은 아담이 살아 있는 동안에 243년을 하나님과 동행하는 관계를 형성하다가 아담이 죽은 후 57년 뒤에 승천했지요. 하나님께서 직접 만드신 아담도 하나님과 이런 친밀한 관계를 못 만들어 죽음을 맛보며 소천했지요. 그런데 부부 관계에서 태어난 에녹이 아담도 못한 일을 했으니 365년밖에 못 살고 단명(?)한 게 억울하지 않고 오히려 부럽지 않나요?

그리고 창세기 7장 11절에 의하면 노아 가족 8명을 제외한 전 인류를 멸망시킨 대홍수는 노아가 600세 되던 해 2월 17일에 시작된 것으로 기록되어 있지요. 이를 근거로 계산하면 아담이 창조된 후 1,656년 만에 대홍수가 발생한 것입니다. 이 모두를 종합적으로 보면 아담부터 노아의 아들까지 모두 11대밖에 안 되는데 기간이 1,656년이나 걸리며 1대인 아담이 9대인 라멕, 노아의 아버지와 약 56년간 함께 동시대를 산 것으로 계산 되지요.

그러면 이렇게 장구한 세월을 살아가는 동안 이들의 건강은 어땠을까요? 창세기 5장 끝 부분에 노아의 나이 500세가 지난 후 세 명의 아들을 낳았다고 기록하고 있지요. 또 500세가 넘은 노아가 엄청나게 큰 건물을 건축하는 일에 매달린 것으로 성경은 말하지요. 이것을 보면 이들이 아프고 허약한 상태에서 장구한 세월을 산 것이 아니고 아주 건강하게 자녀도 많이 낳으면서 살았다는 것을 알 수 있지요. 정말 부럽지 않습니까? 이 믿을 수 없는 인간 수명의 비밀은 무엇일까요?

저는 이런 의문을 성경의 기록이니 덮어놓고 무조건 믿고 싶지는 않았습니다. 그래서 이 의문뿐만 아니라 노아 당시 성경의 대홍수가 정말 있었는지, 지구의 나이는 과연 얼마인지, 인종의 피부색은 왜 다른지 등의 의문에 대해 현재 과학 수준으로 밝힐 수 있는 것은 밝히고 안 되는 것은 장기적 연구 과제로 삼고 창조과학회에 가입했습니다.

한국의 창조과학회는 미국 항공 우주국 (NASA)에서 연구원 생활을 하다가 귀국한 김영길 박사님이 1981년에 설립했지요. 창조과학회는 미국의 ICR(Institute Creation Research), 일본의 창조과학회 등과 교류하며 일본과는 공동으로 세미나도 개최하지요.

노아 대홍수 이전 사람의 장수에 영향을 끼친 요인에 관해 지질학박사, 물리학박사, 지구과학교사, 화학교사, 창조과학자 등 각 분야 전문가에게 많은 자문을 구하며 제가 터득한 것을 밝힙니다.

첫째, 환경이 상상하기 힘들 정도로 아주 좋았습니다. 현대와 가장 중요한 차이는 하늘에 물층이 있었다는 겁니다. 이 물층은 대단히 두터운 고밀도의 수증기층으로 존재했을 가능성이 많지요. 대량의 물이라면 땅에 떨어졌을 텐데 떨어지지 않을 상태로 존재한 겁니다.

이 물층은 다양한 역할을 한 것으로 생각됩니다. 먼저 태양 광선에 섞여 인체에 해로운 영향을 끼치는 각종 유해 광선을 차단했지요. 노화를 일으키는 자외선, 인체 세포에 치명적인 감마선, 알파선, X선 등을 막아 주었지요. 선크림을 바를 이유가 전혀 없었지요. 뿐만 아니라 지구 전체를 둘러싸는 온실효과를 일으켜 지구 전체가 사람 살기에 가장 좋은 따뜻한 기온을 유지했지요. 열대성 식물 화석이 매우 추운 시베리아에서 발견되는데 이것은 시베리아도 따뜻했다는 증거입니다.

하늘의 물층 못지않게 중요한 환경 요인은 지구의 자기장입니다. 거대한 자석덩어리인 지구는 자기장을 만들어 지구를 감싸고 있지요. 이 자기장이 인체에 해로운 태양 광선을 지구 밖으로 밀어 내거나 아예 땅속으로 빨아들여 사람을 보호한답니다. 그런데 문제는 이 자기장의 힘이 계속 약해지고 있다는 것이 과학자들의 견해입니다. 미국 텍사스의 엘파소 주립대학 교수였던 토마스반스가지구의 자기장이 얼마나 약해지는지 측정했습니다. 1,400년마다자기장의 세기가 반으로 줄어든다는 이 주장에 물리학계는 이견이많은 것 같습니다. 만약 이것이 옳다면 노아 홍수전 지구의 자기장은 현재보다 최소한 8배 이상 강하여 그 효과는 엄청났겠지요.이 학설이 틀렸다고 해도 약해지고 있다는 것은 인정하지요. 즉,노아 홍수 이전에는 자기장이 더 강해서 사람 살기에 좋았던 것은맞지요.

둘째, 영양가 만점의 채식을 했지요. 유해 음식은 찾을 수가 없었지요. 각종 성인병을 유발하는 동물성 고지방 섭취가 원천 차단된 것이지요.

셋째, 하나님의 형상으로 만들어진 사람은 축복을 받아 원래는영원히 살도록 창조되었지요. 그런데 아담 부부가 죄를 지어 죽게된 이후에도 매우 좋은 환경과 건강식으로 엄청난 장수가 가능했지요.

능력 있는 사람들, 아름답고 섹시한 사람들

이 당시 사람들의 능력은 어느 정도이고 생활 태도는 어땠을까요? 이에 대한 중요한 힌트가 창세기 4장 17~22절, 6장 2절에 나타납니다.

먼저 4장을 보면 인류 역사상 첫 살인자 가인의 후손에 관한 기록에서 당시 사람들의 능력 정도를 알 수 있습니다. 가인은 사람의 부부 관계에 의해 태어난 첫 번째 남자로 보이지요. 가인이 동생을 죽인 벌로 하나님 앞을 떠나 살면서 아들을 낳고 성을 쌓았다는 것은 대단한 능력 아닙니까? NIV 영어 성경엔 a city(도시)를 건설한 것으로 표현되어 있습니다. 가인은 직업이 농부였지만 도시 규모의 성을 쌓을 정도의 능력을 지니고 있었습니다. 가인은 동생을 죽인 것 때문에 다른 사람들이 자기를 해칠까 몹시 두려워 하나님께 호소할 정도였지요. 그러니 자기 가족을 보호하기 위해 성벽을 높이 또 빈틈없이 쌓았을 것입니다.

이런 가인의 6대손에 관한 기록은 또 다른 능력을 보여 줍니다. 한 명은 하프와 플루트를 연주하는 음악가들의 아버지가 되었지요. 하프는 현악기, 플루트는 관악기로 당시에 이런 악기를 만들어 음악을 즐겼다니 대단한 문화적 소양과 능력을 갖춘 것 아닙니까?

또 다른 6대손은 구리와 쇠를 가지고 온갖 기구를 만든 것으로 보아 청동기 문화와 철기 문화를 마음껏 누리는 능력이 있었지요.

창세기 4장에 나타난 가인의 후손 계보에는 수명과 출생 시기에 대한 기록은 없지만 창세기 5장의 노아 계보를 참조하면 아담이 생존해 있을 때에 이와 같은 능력이 꽃을 피운 것으로 보이지요. 학교에서 진화론에 입각해 배운 인류의 발생 초기 시대 문화나 능력과는 너무나 차이가 크게 나지요. 겨우 인류 발생 초기 단계에서 어떻게 이런 능력을 가지고 있었을까요? 그 이유는 사람이 하나님의 형상을 따라 창조되어 하나님께로부터 특별한 능력을 받았기 때문입니다. 복으로 받은 선천적 능력에다 건강하게 엄청나게 오랜 세월을 살았으니 경험의 산지식이 쌓이면서 이런 능력이 나타날 수가 있었지요.

이제 사람들의 생활 태도를 살펴봅니다. 이런 탁월한 능력을 지닌 사람들은 사람을 창조한 하나님은 아랑곳 하지 않고 인생을 즐기려고 했지요. 그래서 여자들은 오늘날 여성들이 아름다운 몸을 만들기 위해 노력하듯 아름다움을 추구하였지요.

어떻게 아느냐구요? 창세기 6장 2절을 분석하면 알 수 있지요. '하나님의 아들들이 사람의 딸들의 아름다움을 보고 자기들이 좋아하는 모든 여자를 아내로 삼는지라' 이 구절에서 저는 특이한 점 세 가지를 발견했지요.

첫째, 다 똑같은 사람인데 두 부류로 구분한 것이 눈에 띄지요. 하나님의 (하나님을 섬기는)아들과 사람의 (하나님을 섬기지 않는)딸로 대비시켜 구분했지만 하나님 측에도 딸들이 있었을 것이고 사람 측에도 아들들이 있었습니다. 그럼에도 이렇게 표현된 것은 사람의 딸들의 특성을 강조하기 위함이지요.

둘째, 이 구절은 사람의 딸들은 결혼하고 싶을 정도로 아름답지만 하나님의 딸들은 못 생겨서 결혼하기 싫은 여자로 보입니다. 과연 하나님의 딸들은 못 생겼을까요? 창조주 하나님이 당신을 가까이 하는 여자들을 상대적으로 못나게 만드실 이유가 있나요?

하나님의 딸들도 아름다운 여인들이 많았습니다. 그럼에도 사람의 딸들이 돋보이는 것은 꾸밈에 차이가 있기 때문입니다. 화장, 머리 스타일, 장신구, 입는 옷에서 하나님의 딸들이 흉내낼 수 없는 섹시한 모습을 보여 주었기에 하나님의 아들들의 시선을 사로잡은 것 아닐까요? 요즘 진실한 크리스천 여성이 속살이 훤히 드러나는 시스루(see-through) 옷이나 허벅지를 드러내는 찢어진 청바지를 쉽게 입을 수 있습니까? 야한 색조 화장을 하고 교회에 오기가 쉽습니까? 다 비슷한 수준의 외모이지만 사람의 딸들은 꾸밈에 차별화를 과감하게 했기에 하나님의 아들들의 눈길을 사로잡아 마음까지 훔친 것입니다.

셋째, 하나님의 아들들이 원하면 사람의 딸들은 무조건 따른 것처럼 보여서 많이 생각했습니다. '결혼의 주도권이 남자에게만 있었나? 하나님의 아들들이 여자를 꾀는 능력이 탁월했나? 아니면 사람의 딸들이 좀 더 순수했을 하나님의 아들들을 꾀어 남자들이 당한 것인가? 2절 바로 앞 1절에 인구 증가를 말하며 딸들의 출생을 말한 것으로 보아 여자가 남자보다 너무 많아 하나님의 아들들에게 접근토록 시킨 것인가?'

어쨌든 그 결과 하나님의 딸들은 배우자를 못 찾아 방황 끝에 불신 결혼을 할 수밖에 없었지요. 그런데 불신 결혼의 결과가 매우 좋은 듯한 6장 4절 기록이 눈길을 끌지요. 하나님의 아들들과 사람의 딸들 사이에 태어난 자식들이 고대 사회에서 영웅으로 이름을 떨쳤다니 얼마나 달콤한 열매입니까? 그러나 이런 달콤함으로 인해 하나님의 사람들까지 다 기분내키는 대로, 죄로 충만한 삶을 즐기니 심판이 다가온 것이지요.

그럼, 인구 증가로 대홍수 당시 숨진 사람들은 얼마나 되었을까요? 대홍수는 아담과 그 아내 하와 두 사람의 창조 후 약 1,656년 후에 일어났는데 그동안 인구는 얼마로 늘었을까요?

이를 추정하기 위해서 수명, 전쟁 등의 요인을 감안해 50년마다 인구가 두 배로 증가했다고 치면 2의 33승이 되어 약 85억이 됩니다. 너무 간단히 계산해 황당하다면 경우의 수를 조금만 더 깊이 생각해 보지요.

아담의 사망 이전과 이후의 증가 속도를 달리 계산하는 것입니다. 아담 사망 이전의 두 배 증가 기간을 40년으로 잡으면 930세에 아담이 사망할 당시 인구는 약 830만이 됩니다. 이후 726년

동안엔 100년에 두 배씩 증가했다고 해도 약 10억이 됩니다.

 이런 계산을 하지 않고 노아 홍수 이후 인구와 대비하는 방법도 있습니다. 로마 전성기 중 예수님이 사역한 시기에 로마 제국의 인구는 약 5천만 명, 지구의 인구는 약 1억 5천만 명 정도로 역사가들은 추산합니다. 로마 전성기는 대홍수후 약 2,300년~2,400년 흐른 후입니다. 그리고 네 쌍의 부부(노아가족)로 출발한 것이 한 쌍의 부부(아담과 하와)로 출발해 약 1,656년 흐른 것과 수치상 차이가 있습니다. 그러나 홍수 이후 지구 환경이 매우 나빠졌고 육식으로 인한 각종 성인병의 유발로 수명이 급격히 떨어진 점을 감안하면 홍수 당시의 인구는 로마 전성기보다 많을 것으로 생각되지 않습니까? 아무런 계산과 연구 없이 막연하게 생각한 인구 수와는 너무 큰 차이가 나지요.

 이렇게 많은 사람들을 다 죽여야 할 정도로 창조주의 마음을 괴롭히며 상하게 했다니 너무 안타깝지 않습니까? 하나님 당신이 만든 사람들과 동물들이 다 죽어갈 때 창조주의 마음은 얼마나 괴로웠을까요? 사람들의 죄 때문에 한탄하시고 근심하시며 마음이 아팠다고 창세기 6장 6절은 밝히고 있습니다.

 그런데 이렇게 엄청난 수의 사람들이 다 창조주의 마음을 상하게 했는데 오직 한 사람 노아만은 달랐습니다. 남들이 다 자기 마음대로 사는데 노아만 하나님을 찾으려니 얼마나 외로웠겠습니까? 심지어 형제들뿐만 아니라 자식들도 그를 비웃지 않았을까요?

 5장 끝 절에 노아가 500세 지나서 셈, 함, 야벳을 낳았다는 기록을 좀 깊이 생각해 볼 필요가 있지요. 성경은 족보가 아니기에 모든 사람을 다 기록하지 않고 중요하고 필요한 사람의 이름만 기록하고 있지요. 세 아들을 낳은 시점을 밝혔을 뿐이기에 그 이전에 다른 자식들을 낳았을 가능성이 매우 크지요. 다시 말해 500세 전후로 다른 자식이 있었다고 해도 노아를 따라 하나님을 잘 섬기며 홍수를 대비한, 힘든 건축에도 동참해서 살아남은 사람이 바로 이 세 아들이겠지요. 그래서 이들의 이름만 기록된 것으로 봐야겠지요.

그러니 노아와 세 아들 그리고 이들의 아내들이 얼마나 외롭게 하나님을 섬겼겠습니까? 하나님께서는 이들 8명을 특별히 사랑하셨겠지요? 저도 하나님의 그 특별한 사랑을 느끼며 조금이라도 보답코자 너무 힘든 악조건 속에서도 이 글을 적고 있습니다.

인간의 타락, 특히 하나님의 사람들까지 타락하여 하나님은 심판을 결심하시게 되었지요. 6장 3절에 사람의 날이 120년이 될 것이라고 예고 하셨지요. 그런데 이 120년에 대해 오늘날 수많은 크리스천들이 제대로 인식하지 못해 너무 안타깝지요.

2. 120년의 오해와 노아 방주의 실체

잘못된 귀신론을 좇는 사람

120년에 관하여 제가 겪은 너무 황당한 경험을 소개합니다.

32세 때, 금식 기도 후 죽을 먹고 있던 시기에 신앙이 좋다는 아름다운 여선생님을 만난 적이 있습니다. 하나님의 응답으로 착각할 정도로 아가씨는 모든 면에서 좋았습니다. 첫 만남인데도 대구 반월당 인근의 염매시장에서 팥죽을 먹는 것을 전혀 개의치 않으며 금식한 저를 걱정하는 마음씨가 얼굴만큼이나 예뻤습니다. 하루는 데이트를 즐기다 막차를 놓쳐서 그녀를 제 똥차로 모시게 되었지요. 동성로에서 영천의 시골 마을까지 밤에 환상적인 드라이

브를 하는데 갑자기 다리에 쥐가 났습니다. 갓길에 차를 세우고 달밤에 체조하며 쥐를 푼 후 다시 운전을 하는 저에게 "왜 기도하지 않느냐?"고 나무라더니 "영훈 씨를 위해 방언 기도해도 되겠느냐?" 고 하기에 동의했지요. 그러자 그녀는 꽤 오랫동안 제가 전혀 이해할 수 없는 말로 기도했지요. 저를 위해 열심히 기도하는 것은 좋은데 뭔가 모르게 마음이 혼란스러웠지요. 데이트 도중 그녀의 취미, 특기, 좋아하는 것, 소망 등을 물으면 대답은 다 "예수"로 동일했지요. 다른 것을 요청하면 "예수 믿는 사람이 다른 것을 찾으면 안 된다"고 오히려 저를 나무랐지요. 졸음이 오는 것도 감기도 모두 귀신 탓으로 돌리는 그녀는 늘 귀신을 쫓아내는 기도에 열심이었지요.

너무 이해가 되지 않아 저는 그녀의 정체를 알고자 몰래 그녀 교회의 금요일 밤 기도회에 참석도 해보고 그 교회 목사님 설교 테이프도 들어 보았지만 알 수가 없었습니다. 결혼에 대해 서로 공감을 이루던 중 저는 말했지요. "당신이 믿는 하나님과 내가 믿는 하나님은 뭔가 다른 것 같은데 뭐가 다른지 난 모르겠다. 당신이 그 차이를 밝혀라. 일주일간 성경을 연구해 진리를 따르자. 내가 맞으면 결혼 전에 내가 다니는 교회에 당신이 오고 당신이 맞으면 당장 내가 당신 쪽으로 가겠다."라고 말입니다.

그녀는 제가 처음 듣는 귀신론을 설명했지요. "창세기 6장 3절에 하나님께서 인간의 수명을 120년으로 정하신 것이 나타난다. 그러나 사람이 120년을 못산다. 그래서 120년에 부족한 만큼 귀신이 되어 이 세상을 떠돌며 우리를 괴롭힌다. 그러므로 예수 그리스도의 이름으로 우리는 귀신을 쫓아내야한다" 는 것이었어요. 처음 듣는 말에 할 말을 잊고 억지로 웃으며 헤어졌지요.

천사장 루시퍼가 하나님과 같은 존재가 되려하다가 사탄 마귀가 되었고 루시퍼를 따르던 부하 천사들이 귀신이 되어 아담시대부터 세상 끝날까지 사람을 속이며 괴롭히는 것으로 알고 있던 저는 황당했지요. 담임 목사님이 출타중이라 묻지도 못하고 NIV Study Bible을 펼쳐 유심히 보았지요. 그러다 120년에 대한 해석을 보며 너무 기뻤지요.

"앞으로 120년 후에 인류를 심판하겠다"는 뜻으로 해석되어 있었지요. 귀신론에 대한 잘못된 해석을 설명하고 있었고 귀신론이 틀렸다는 증거로 노아 홍수 이후에도 120년을 더 산 사람들이 소개되어 있었지요.

발견의 기쁨도 잠시였고 제 자신에게 실망했지요. 노아 홍수 이후 120년 넘게 산 아브라함, 이삭, 야곱의 나이를 꿰고 있으면서도 이 문제와 연관시켜 풀지 못한 게 이상했지요. 어쨌든 이 멋진 아가씨를 아내로 맞이할 수 있다는 자신감과 기쁨에 들떠 퇴근 후 동성로의 제 부동산 사무실로 올 것을 요청했지요.

넓은 사무실에 둘만 앉아 NIV 영어 성경을 펼쳐 보이며 설명하자 그녀의 안색이 변했습니다. 그리곤 이 말과 함께 사무실 밖으로 나갔지요. "신앙의 정조를 팔면서까지 당신과 결혼할 수는 없다"

노아는 120년간 방주를 만든 게 아니다

'노아 방주는 120년 동안 만들어졌다.' 저는 어릴 때부터 이렇게 배워왔습니다. "제작 기간이 '120년이냐, 아니냐?'는 중요하지 않다고 생각해 이의를 달지 않았습니다. 그런데 사소한 실수가 크고 중대한 잘못을 낳는 것을 여러 번 봤지요. 조금만 주의 깊게 보고 간단한 계산을 하면 잘못된 견해임을 쉽게 알 수 있는 경우가 많지요. 그런데 그것을 안 하니 성경 해석에 깊이가 없고 헛다리짚는 엉터리 해석을 반복하게 되지요. 그래서 한국 교회에 잘못 알려진 노아의 방주 제작 기간을 바로 잡고자 합니다.

성경에는 제작 기간 기록이 전혀 없습니다. 그럼에도 120년으로 잘못 알려진 것은 귀신론처럼 창세기 6장 3절을 잘못 해석했기 때문입니다. 120년 후에 심판하시겠다고 결심하신 바로 그때 노아에게 방주 제작을 명령하신 것이 아닙니다. 하나님의 결심 이후에 노아가 세 아들을 낳았고(10절) 그 이후 방주 제작 명령이 내려진(13~21절) 것이 순차적으로 나타납니다.

그럼 몇 년일까요? 정확히 몰라도 이를 추측할 수 있는 힌트가 몇 군데 있습니다.

창세기 7장 6절: 홍수가 노아 나이 600세에 시작되었다는 것, 5장 끝절: 노아가 500세 넘어 세 아들을 낳았다는 것, 11장 10절: 홍수가 발생했을 때 셈의 나이가 98세라는 것, 6장 18절: 하나님께서 방주 제작 명령을 내리실 때 세 아들이 모두 결혼한 상태임을 나타내는 말씀.

이 힌트를 보면 셈은 노아 나이 502세에 태어났지요. 나머지 두 아들이 연년생으로 태어났다고 가정하면 504세에 막내가 태어난 것이지요. 노아가 아무리 서둘러도 나이 520세가 되어야 며느리를 다 맞이했다면 홍수는 600세에 발생했으니 방주 제작 기간은 80년을 넘지 못합니다. 만약 두 아들의 출생이 늦든지, 결혼이 늦으면 그만큼 제작 기간도 줄겠지요. 그래서 저는 제작 기간을 70~80년으로 봅니다. 120년도 아니지만 100년도 절대 아닙니다. 오래전 이 부분에 대해 어떤 목사님께 정중히 제 의견을 밝힌 적이 있지요. 그러나 제 의견을 제대로 살피지 않고 '성경 신학자들의 견해는 100년입니다.'란 간단한 답을 주셨지요. 계산 근거에 관심이 없는 이런 성경연구는 해석의 오류를 낳을 가능성이 있기에 안타깝습니다.

노아는 배가 아닌 거대한 목조 건물을 만들었다

하나님께서 이 세상을 심판하실 것을 노아에게 말씀하시며 방주 제작을 명령하셨지요. 우리 한글 성경은 번역이 방주 또는 배로 되어 있어 저도 그렇게 배웠지요. 그런데 30여 년 전 창조과학회 회원인 어느 교수님의 강의로 노아가 목조 건물을 만든 것을 알았지요. NIV, KJV 영어 성경엔 ark로 되어 있지요. 이는 궤, 상자란 뜻입니다.

사실 노아는 홍수를 피하기만 하면 되었지요. 배를 타고 안전한 곳을 찾아 항해해야 할 필요도 없고 갈 곳도 없었지요. 그러니 항해를 위해 양 끝이나 한 쪽이라도 뾰족할 필요도, 노도 필요 없었지요. 물에 떠 있기만 하면 되기에 직육면체 형태로 만든 것이지요. 건물의 길이는 300큐빗, 폭은 50큐빗, 높이는 30큐빗입니다. 1큐빗은 45~50cm이니 길이는 135~150m, 폭은 22.5~25m, 높이는 13.5~15m입니다. 엄청나게 큰 건물 아닙니까? 건물은 3층이며 각 층마다 여러 개의 방을 만들어 동물 숙소와 식량 창고로 활용하였지요.

그리고 방주 재료는 고펠나무, 전나무, 잣나무, cypress, gopher로 번역이 각각입니다. 그래서 26년간 수목원을 경영하고 있는 친구에게 물었지요. 친구는 치과 의사로서 히브리어, 헬라어 성경도 보지요. "고펠나무는 적당한 말을 못 찾아 히브리어 원어를 그대로 옮긴 것이다. 편백나무과에 속하며 삼나무 계통이다. 잣나무는 조선용 목재로는 별로다. 전나무는 잣나무보다는 낮지만 조선용으로 널리 쓰이지 않는다. cypress는 삼나무로 보이는데 방수도 잘 되어 옛날부터 조선용 목재로 많이 쓰고 있다. 지중해 인근 지역에는 삼나무가 많이 자라는 것으로 안다. 또 방수를 위해 바른 역청은 진흙이 아니고 기름 찌꺼기다." 라고 말했습니다.

이렇게 만든 방주 안에는 많은 동물들과 8명의 사람들이 안전하게 1년간 살 수 있어야 합니다. 당시 40일 동안 밤낮없이 비만 내린 게 아닙니다. 큰 깊음의 샘들이 터졌다고 성경은 기록하고 있지요. 엄청난 지각변동이 생기며 지금의 5대양 6대주로 완전히 바뀐 것입니다. 이런 대변혁으로 인해 집채만 한 파도가 쉽게 발생했지요. 그런 악천후 속에서도 물에 떠있는 방주가 뒤집어지지 않고 견딜 수 있어야 합니다.

이런 경우에 대한 모의실험이 대덕 연구단지에서 어떤 기업체의 요청으로 1990년대 초에 있었지요. 당시 카이스트 (KAIST) 연구원인 김명현 교수님이 참관하였답니다. 이 실험 결과가 KBS 뉴스와 여러 일간지에 보도되었다고 김 교수님의 강의에서 들었습니다.

실험은 노아가 만든 배의 크기 비율이 악조건 속에서 얼마나 잘 견디는지를 보는 것이었지요. 방주는 길이와 폭이 6:1, 길이와 높이가 10:1입니다. 이런 비율로 실물 1/50 크기로 방주를 만들어 긴 풀장에 띄웠답니다. 파도의 높이를 달리 하여 많은 파도 속에서 어느 높이까지 배가 전복되지 않는지를 측정하였답니다. 또 노아 방주의 길이, 폭, 높이의 비율과 다른 비율의 배를 많이 만들어 똑같은 실험을 하였답니다. 그 결과 노아의 방주가 가장 안전하다는 것이 드러났고 노아의 방주는 30m 높이의 너울성 파도에도 뒤집어지거나 부서지지 않는다는 결론에 도달하였답니다. 이 실험을 맡았던 분은 이후 기독교인이 되었고 실험을 적극 알리고 있답니다.

노아방주의 비율이 오늘날 다양한 용도의 철선에도 적용되는지 궁금했습니다, 그래서 세계 최고의 조선회사 선박설계팀에 질문하였지요. 설계팀원들은 "물에 떠 있기만 하는 노아 방주와 같은 배가 오늘날에는 없습니다." 라고 하면서 곤란해했지요. 그런데 며칠 후 "노아방주를 굳이 비교한다면 아주 천천히 가는 저속선에 견줄 수 있겠습니다. 저속선의 경우 폭은 길이의 15~25%를 적용하고 높이는 길이의 10% 내외로 적용하여 설계합니다" 라는 대답을 하였습니다. 노아방주가 현대 저속선의 경우에도 적용되고 있는 비율이니 얼마나 놀랍습니까?

그런데 길이가 135m가 넘는 큰 방주를 단 8명이, 그것도 남자는 4명뿐인데 어떻게 만들 수 있었을까요? 몹시 힘은 들었겠지만 얼마든지 할 수 있습니다.

저는 25년 이상 부동산 중개업을 하며 건축 현장을 수없이 보았습니다. 노아는 500년 넘게 살아오면서 배운 지식과 익힌 기술과 풍부한 경험으로 그 능력이 뛰어났습니다. 노아의 세 아들은 여러모로 부족했어도 아버지가 시킨 대로 나무를 자르고 다듬는 것과 건축을 배웠지요. 방수를 위해 역청으로 코팅하는 것은 여자들도 도울 수 있었겠지요. 건축할 때 전 기간의 1/3이상을 인테리어 공사가 차지합니다. 노아 방주는 간단한 칸막이로 방을 구분하기만 하면 되고 항해용이 아니기에 벌목하는 산에서 바로 공사를 하여 목재 운반에 시간을 많이 소비할 필요가 없었지요. 그래서 제작 기간은 70년이라면 아주 넉넉하지요. 이렇게 기간이 넉넉해야 노아 가족이 먹고 살 수 있는 최소한의 활동도 할 수 있었겠지요.

방주 제작보다 더 힘들었던 것은 대인 관계에서 오는 고독이었을 것입니다. 노아는 형제자매들이 많았습니다. 이들은 노아가 수십 년 동안 산속에서 하는 일을 여느 이웃처럼 이상하게 여기고 비웃지 않았을까요? 그때 노아의 심정이 어땠을까요? 더 비통한 일이 생겼을 수도 있지요. 노아가 500세 이전에 낳은 자식들이 있었다면 마음이 얼마나 아팠겠습니까? 노아는 분명 혈육과 이웃에게 하나님의 심판을 말하며 회개를 촉구했겠지요. 그러나 사람들은 노아를 심지어 미친 사람 취급하며 그의 건축을 만류 또는 방해하는 일까지 하지 않았을까요?

견디기 힘든 극심한 외로움 속에서 노아는 오로지 하나님의 위로와 참사랑을 느끼며 하나님과 동행하였지요. 500세 이후 낳은 세 아들과 며느리와 함께 하는 작은 공동체 속에서 서로를 위로하며 하나됨에 힘썼겠지요. 이 보잘것없는 작은 공동체가 하나님 안에서 서로 진정 이해하며 양보하는 사랑을 발휘했기에 절대 고독의 어려움을 견뎌내며 마침내 구원 받았다고 생각되지 않습니까?

3. 대홍수와 새로운 시작

방주에 들어간 동물

"노아 방주에 들어간 동물은 종류별로 몇 마리인가?"라고 물으면 대답은 가지각색입니다. 성경 기록 자체가 각양각색이기 때문입니다. 동물의 수가 중요한 게 아니고 성경을 이해하려는 자세가 중요하기 때문에 이를 살펴봅니다.

동물의 수에 관해 6장에 한 번, 7장에는 세 번 기록했는데 네 번 모두 달리 표현되어 세밀히 그 차이를 살펴야 답이 보입니다. 앞서 두 군데는 하나님의 명령을 기록한 것이고 뒤의 두 군데는 동물들이 방주로 들어가는 모습을 묘사한 것입니다.

그런데 성경 번역본마다 숫자 표기 방식이 달라서 한글과 영어 번역본 일곱 권을 자세히 살폈습니다. 그 결과 동물의 수는 방주 완성 후 입장하는 날에 하나님께서 아주 자세히 말씀하신 7장 2절이 맞습니다. 정결한 것과 새는 암수 일곱 쌍, 부정한 것은 두 쌍입니다. 나머지 세 군데는 입장할 때 짝을 맞추어 사이좋게 들어가는 방법을 나타낸 것입니다. 그리고 같은 동물끼리 네 마리 또는 열네 마리가 무리를 이루되 모두 짝을 지어 질서있게 들어가는 것이지요.

6장 19~20절은 방주 제작 명령 시 수십 년 후 발생할 일을 개괄적으로 말씀하셨기에 정결, 부정의 구분도 없이 암수가 사이좋게 부부로 함께 입장한다는 뜻입니다. 7장 8,9절의 입장 묘사 표현에서 암수 둘씩 입장했다고 하면서도 정결과 부정을 구분지어 기록한 의미는 정결과 부정에 따라 입장 수에 차이가 있음을 나타내는 말이지요. 부정한 것이 대부분이니 그 차이를 소상히 밝히지 않았을 뿐이지요. 마지막 14~16절 기록은 정결 부정의 구분이 없이 암수 한 쌍씩 입장한 것을 묘사했지요. 그러나 한글과 달리 KJV, NIV는 둘씩 또 둘씩 모두 네 마리가 무리로 입장한 것으로 8,9절과 같은 뜻으로 번역했지요.

그런데 이 당시에 벌써 하나님께서 정결한 것과 부정한 것을 구분하셨고 노아도 이를 인식하고 있었으니 놀랍지 않습니까? 더 놀라운 사실은 방주입장객은 사람이든 동물이든 다 짝이 있었다는 것입니다. 누구든 예외 없이 일부일처였지요. 강자독식을 조금도 허락하지 않으신 평화공존의 하나님 사랑이 방주 안 생활의 비결이었지요.

노아가 동물들을 찾아 줄을 세워 입장시킨 것이 아니고 동물들 스스로 줄서서 입장한 것부터 하나님의 특별한 보살핌이 상상을 초월할 정도로 계속되었지요. 종족 간, 다른 동물과 싸우지 않고 오직 자기 짝을 사랑해 아끼고 적게 먹고도 오래 견디게 되었지요. 폭우가 내리는 40일 동안에는 창문을 통해 동물들의 대소변을 버릴 수 없기에 하나님께서 특별한 조치(겨울잠 자는 동물처럼)를 취하신 것 같습니다.

노아 대홍수의 사실적 증거

40일 동안 내린 비만으로 지구의 가장 높은 산까지 다 잠긴 것이 가능했을까요? 이를 이해하기 위해서 당시 홍수 상황을 제대로 알아야 합니다.

첫째, 그 당시의 비는 오늘날의 폭우와는 완전히 다릅니다. 하나님께서 이 세상을 창조하실 때 하늘에도 바다 같은 물층을 두었다고 성경은 말합니다. 이것을 전부 쏟아 부었으니 오늘날 겨우 한두 시간 내리는 장대비 폭우와는 비교가 안 됩니다.

둘째, 땅속에서도 엄청난 지하수가 터져 나왔습니다. 성경은 큰 깊음의 샘들이 터졌다고 표현했습니다. 현재의 5대양 6대주로 형성되는 엄청난 지각 변동을 일으키며 지하수가 터져 나왔습니다. 그래서 세상에서 가장 높은 에베레스트도 물에 잠긴 것이지요. 이에 대한 증거가 계속 발견되고 있습니다.

노아 방주는 홍수 시작 5개월 후, 7월 17일에 해발 5,160m 높이의 아라랏산에 머물렀지요. 노아와 동물들은 7개월간 아라랏산 속 방주 안에서 땅이 마르기를 기다렸지요.

아라랏산은 터키 동부 지방에 있는데 윗부분은 1년 내내 눈으로 덮여 있지요. 이 산의 눈 덮인 계곡에서 큰 목조 건물을 보았다는 증인이 1,800년부터 지금까지 200명이 넘습니다. 여기에 사는 사람들은 이 산을 '노아의 산'이라 부른답니다. 워낙 산세가 험하고 만년설이 덮여 있어서 접근이 힘 드는데도 불구하고 많은 사람이 동시에 노아 방주로 보이는 물체를 목격한 일이 있습니다.

제정 러시아 마지막 황제가 군인들을 이 아라랏산으로 보냈지요. 목적은 노아의 방주로 추정되는 이 건물을 찾아 조사해서 보고하는 것이었지요. 군인들은 눈 속에 묻힌 건물을 어렵게 발견해 파손된 건물의 치수를 측량하며 조사한 결과 노아의 방주라고 결론을 내렸지요. 그런데 이들이 탐사 활동하던 때 러시아는 레닌의 볼세비키 혁명으로 공산주의 사회로 급변했지요. 황제는 사라졌지만 특명을 받은 군인들은 자신들의 목격담을 다른 사람들에게 전해주었지요.

노아 홍수는 전 지구를 물로 덮었기에 그 흔적이 곳곳에 화석 형태로 존재하지요. 따뜻한 지방에서만 자라는 열대 식물 화석이 추운 시베리아에서 발견되는 것을 어떻게 생각하십니까? 노아 홍수 이전에는 시베리아도 춥지 않고 따뜻한 지역이었다는 증거입니다. 왜 따뜻했는지에 대해선 앞에서 설명드렸지요. 그런데 노아 홍수 때 엄청나게 큰 지각 변동이 순식간에 지구 곳곳에 발생하며 따뜻했던 시베리아에서 서식하던 열대 식물이 화석화된 것입니다.

노아 홍수의 또 다른, 큰 증거는 미국 서부의 그랜드캐년입니다. 길이가 450km, 계곡의 깊이가 지리산 높이보다 더 깊은 이곳에서 풍부한 화석이 발견되었지요. 그런데 그랜드캐년 하부 퇴적층에는 화석이 하나도 없답니다. 바닥에서 어느 정도 높이 이상 퇴적층에만 화석이 존재하는 것은 이곳이 천지 창조 때와 노아 홍수, 두 시대에 발생한 엄청난 지각 변동을 동시에 보여 주는 사례이지요.

하나님께서 이 세상을 창조하실 때도 엄청난 지각 변동이 있었지요. 물에 잠긴 땅이 물위로 솟아오르는 과정에서 발생한 것이지요. 하나님께서 물을 모으며 바다와 마른 땅으로 구분하신 후에야 식물을 만드셨지요. 그러니 창조 당시의 지각변동으로 인해 죽은 생명체는 전혀 없었지요. 죽은 생명체가 하나도 없으니 화석으로 변할 것이 없고 오로지 퇴적층만 형성된 것이지요. 천지 창조 때 퇴적층과 노아 홍수 때 퇴적층에는 차이가 날 수밖에 없는데 이 두 가지를 그랜드캐넌이 다 보여 준다니 얼마나 놀라운 곳입니까?

이런 증거에 대한 자세한 설명은 창조 과학회 홈페이지에서 자료를 검색하시면 알 수 있습니다. 유튜브에서 "김명현 교수의 창조 과학 강의" 를 통해서도 도움을 받으실 수 있습니다.

그런데 안타까운 사실은 이런 확실한 증거들을 전혀 다른 시각으로 보는 진화론자들이 세상 학문을 장악해서 이들이 만들어 낸 허점 많은 각종 이론을 마치 진리인 양 가르치고 있는 것입니다.

과학에서는 누구도 이의를 달 수 없는 만고불변의 진리를 "법칙" 이라 부릅니다. 예를 들면 "만유인력의 법칙", "질량 보존의 법칙", "열역학 법칙" 등이 있습니다. 그렇지 않은 것은 "~(이)론"이라고 부릅니다. "~(이)론"이란 꼬리표를 붙이는 이유는 아직도 진리로 입증되지 않아 많은 학자들이 전적으로 동의하지 않기 때문입니다. 그 대표적인 것이 다윈의 "진화론"입니다.

"진화론"이 발표된 지 100년도 훨씬 더 지났지만 아직도 "론"이라는 꼬리표를 떼지 못하는 현실 아닙니까? 진리가 아니기에 여전히 "론"이란 꼬리표를 달고 있지만 학교에선 진리인 양 가르치고 있으니 이 얼마나 이상한 일입니까? 이런 학설적 이론을 가르치지 말라는 것은 아니지만 그렇다고 진리는 아니기에 다른 학설도 함께 가르쳐야 하지 않습니까? 주장을 달리하는 학설은 배제한 채 오로지 진화론과 이에 입각한 학설만 가르치니 그것이 진리인양 세뇌되지 않습니까?

이런 괴상한 교육 과정에 크리스천 교사들의 진리를 향한 노력이 더욱 절실히 요구 됩니다. 역사를 바라보는 시각은 자기 주관대로 기록해 가르치려고 보수와 진보가 한 치의 양보도 없이 다투면서 그보다 더 중요한 진리 문제에 대해서는 말이 없는 교수와 교사들을 창조주 하나님은 어떻게 보실까요?

노아 홍수에 대한 다른 역사적 인문학적인 증거가 또 있습니다. 홍수로 수없이 많은 사람들이 죽었으니 살아남은 자들이 후손들에게 분명히 그 이야기를 교훈으로 들려주지 않았겠습니까? 그런데 말은 몇 단계만 거쳐도 처음 말과 다르게 전달됩니다. 긴 이야기는 더욱 달라져 주인공이나 숫자가 아예 바뀌는 경우가 발생합니다.

노아 가족의 후손들이 말이 다른 부족과 민족으로 발전하며 자연히 노아 홍수 이야기가 자기들 입맛에 맞추어 각색되며 변질되었겠지요. 변했어도 홍수를 배경으로 한 이야기는 지구촌 곳곳에 공통적으로 그 민족의 설화로 남아있지요. 이렇게 남아있는 홍수 설화를 "빛과 흑암의 역사"를 인용해 소개합니다.

티그리스 강과 유프라테스 강 사이 메소포타미아 문명권, 이집트를 중심으로 한 아프리카, 인도, 중국에 이어 아메리카 대륙에 이르기까지 홍수 설화는 존재합니다.

메소포타미아 지역의 수메르 문명에서 발굴된 점토판에 기록된 글입니다. "밤낮없이 비가 내렸다. 나는 캄캄한 하늘을 쳐다보니 너무 두려웠다. 첫날에 남풍이 세게 불어 전쟁이 터진 줄 알았다. 사람들은 산으로 도망갔다. 모든 사람이 다 죽었다."

남미의 과테말라에서 발견된 고문서의 내용입니다. "비가 내렸다. 급하게 차오르는 홍수를 피하려고 사람들은 지붕위로 올라갔으나 지붕이 무너져 떨어져 죽었다. 어떤 사람은 나무위로 올라갔지만 나무가 흔들리며 떨어졌다. 어떤 사람들은 산의 동굴로 피했지만 동굴이 무너졌다. 모든 사람들이 다 죽었다."

서인도 제도와 북중미의 원주민 설화에는 성경과 같은 새 이야기가 나옵니다. 비가 그치고 한참 후에 땅이 얼마나 말랐는지 알고자 창문 밖으로 새를 날려 보냈더니 나뭇잎을 물고 돌아왔다는 것입니다.

노아 홍수의 사실에 비추어 많이 달라졌지만 이들 설화들은 대개 몇 가지 공통점이 있답니다.

첫째, 어떤 신에게든 홍수에 관한 경고를 받고 대피하기 위해 배를 만든 것입니다. 둘째, 살아남은 사람은 남자와 여자이며 동물들을 데리고 함께 살아났다는 것입니다. 셋째, 홍수가 끝난 후 배가 산의 정상 부근에 머물렀다는 것입니다. 넷째, 새와 무지개가 등장하는 것입니다.

내용에 다소 차이는 있지만 홍수 설화가 전 지구촌에 골고루 존재하는 것이 바로 노아 홍수에 대한 증거가 아니겠습니까? 이렇게 계속 조금씩 다르게 기록이 되어있지만 B.C 1450년경 하나님께서 모세에게 알려 적게 한 성경 기록은 그 이후 한번도 각색되거나 변한 게 없으니 얼마나 놀랍습니까?

다스림이 빠진 축복으로 시작된 인류의 새 출발

382일 만에 방주에서 나온 노아에게 하나님은 인류와 동물들이 다시금 번성하여 충만하기를 원하셨습니다. 하나님은 방주에서 나온 노아가 드린 제사의 향기를 받으시고는 결심하셨지요. "사람 때문에 다시는 땅을 저주하지 않겠다. 사람이 어릴 때부터 아무리 악한 짓을 해도 이번처럼 모든 생명을 멸망시키진 않겠다."

사람들이 너무 부패하고 악하여서 모두 심판하실 때 하나님의 마음은 기뻤을까요? 오히려 너무 괴로우셔서 사람들이 아무리 악해도 절대로 다시는 이렇게 하지 않겠다고 결심하신 것 아닙니까?

노아 가족으로 인류가 새 출발하는 상황은 아담 부부의 인류 시작과는 많이 달랐습니다. 사람 살기에 너무 좋은 환경이 완전히 망가졌으니 900년 이상 살던 사람의 수명이 1/10로 급격히 떨어졌지요.

상황이 다르니 하나님께선 아담과는 달리 노아에게 말씀하셨지요.

첫째, 정복과 다스림이 빠진 축복의 명령을 하셨지요. 아담 부부에게는 "생육하고, 번성하라, 땅에 충만하라, 땅을 정복하라, 바다의 물고기와 하늘의 새와 땅에 움직이는 모든 생물을 다스리라"라고 명령하셨지요. 이 다섯 가지는 하나님께서 아담 부부를 만드시고 인류에게 주신 명령임과 동시에 꿈이요 축복이었습니다. 그런데 새 출발하는 노아에게는 뒤의 두 가지는 빼고 "생육하고 번성하라. 땅에 충만하라" 라고만 명령하셨지요.

사람은 어려서부터 너무 부패하고 악하여 하나님이 만드신 동물들을 평화적으로 다스릴 상태가 아님을 너무 잘 아셨기에 다스림을 빼버리신 것 아닐까요? 아담 부부에게 동물을 다스리라고 한 것은 평화롭게 서로 공존하는 다스림이었지요. 당시엔 맹수들도 약한 동물들을 잡아먹지 않았지요. 창세기 1장 30절은 야생 동물들의 먹잇감으로도 육식을 허락하지 않으신 것을 알려 주지요. 29절은 사람에게 채식을 명하신 것을 나타내지요. 사람이건 동물이건 오로지 채식을 명하신 것은 사이좋게 지내라는 뜻 아닌가요? 그런데 사람이 어려서부터 악하게 되는 것을 확실히 경험하셨기에 다스림을 빼실 수밖에 없었던 것 아닐까요?

둘째, 육식을 허락하신 것입니다. 아담 부부에게 채식을 명하신 것과 큰 차이가 납니다. 육식을 하게 된 사람들을 동물들은 무서워하고 두려워하게 될 것이라고 하나님께서 말씀하셨지요. 그런데 동물이 사람을 무서워하므로 피하게 되는 것은 사이좋게 지내기를 원하셨던 하나님의 창조 원리와 동떨어진 것 아닙니까? 그래서 하나님은 육식은 허락하시되 무고한 살육을 금하셨지요. 고기를 먹되 생명되는 피를 함께 먹지 말라고 금하신 것은 동물의 생명도 소중히 여기라는 뜻으로 해석됩니다.

사람의 피를 흘리게 한 자는 사람에 의해 보복을 당할 뿐 아니라 하나님께서도 그 책임을 물어 갚을 것이라고 창세기 9장 5, 6절에 말씀하셨지요. 그 이유가 사람은 하나님의 형상으로 창조되었기 때문입니다.

그런데 동물이 동물의 피를 무고하게 흘려 죽인 경우에도 하나님께서 가해 동물에게 그 책임을 물어 갚게 할 것이라고 하셨으니 얼마나 놀랍습니까? 육식 허락이 다스림의 축복과 권세를 빼앗기는 또 다른 이유가 되었지만 평화의 하나님은 여전히 모든 피조물이 평화롭고 사이좋게 지내기를 원하셨던 것 같습니다. 비록 다스림의 축복이 빠지긴 했어도 하나님의 형상을 따라 창조된 우리 인간이 여전히 만물의 영장 역할을 잘 해주기를 하나님께서 원하셨겠죠?

언약의 상징 무지개

하나님께서 홍수로 다시는 사람과 동물들을 멸하지 않으시겠다고 약속을 하셨지요. 이것을 대부분 성경 한글 번역본은 "언약"으로 번역했습니다. 공동 번역만 "계약"으로 번역했지요. 영어 성경은 NIV, KJV 모두 "covenant"로 번역해서 일반적인 약속의 개념과 차이를 두고 있지요. 이는 하나님께서 맹세하시며 인간과 맺은 약속이란 개념이지요. 이 언약의 특징을 살펴보지요.

첫째, 하나님께서 인간과 맺은 첫 번째 언약입니다. 이 언약이 9

장 9~17절에 길고 소상하게 기록되어 있지요.

둘째, 이 언약은 서로 합의해서 만든 게 아닙니다. 하나님께서 일방적으로 만든 작품입니다. 그래서 언약을 "맺는다"고 하지 않고 언약을 "세운다"는 표현을 하셨지요. 영어로는 "establish"로 역시 세운다는 뜻이지요. 그 이후 인류에게 적용되는 하나님의 언약은 다 일방적인 것입니다. 인간과 합의해 이루어진 언약은 제가 알기로는 단 한번도 없습니다. 왜 그럴까요?

합의를 위해 협상 테이블에 마주 앉으려면 최소한의 조건이라도 갖추어야 하지 않겠습니까? 말로 표현 못할 정도로 거룩하시고 완전하신 하나님 앞에 마주 앉을 정도로 자격을 갖춘 사람이 있을까요? 일방적으로라도 우리에게 득이 되는 언약을 세워 주시면 오히려 고마운일 아닐까요?

노아의 가족들은 홍수 후 비에 대한 공포증이 없었을까요? 공포와 불안에서 해방시키고자 하나님께서는 언약을 세우시는 것을 반복해 말씀하시며 안심시키려고 하셨지요. 그 이후 우리 인간에게 일방적으로 세우신 하나님의 언약은 모두 우리의 유익을 위한 것이니 그저 감사 또 감사할 따름이지요.

셋째, 이 언약은 인간에게만 해당되는 것이 아닙니다. 모든 생명체와 심지어 무생물인 땅에도 적용되는 것입니다. 언약의 대상이 사람만이 아니고 모두에게 해당됨을 분명히 밝히신 이유가 뭘까요? 하나님께서 사랑하시는 모든 생명체와 심지어 땅까지 사람들이 하나님의 사랑으로 대하라는 뜻 아닌가요?

이런 언약의 상징으로 비온 후 날이 개면 구름 사이에 무지개가 나타나게 해주신다고 말씀하셨으니 얼마나 고맙습니까? 그런데 무지개를 볼 때마다 하나님께서 이 언약을 기억하시겠다는 것은 도대체 무슨 말씀일까요? 평소 하나님께서도 이 언약을 잊어버릴 수 있다는 뜻입니까? 그래서 하나님께서 잊었어도 다시 떠올리기 위해 안전장치로 무지개를 만들었다는 뜻인가요? 그것은 절대 아니지요. 제가 생각하는 의미는 두 가지입니다.

첫째, 인간이 아무리 악하더라도 하나님께서 참고 또 참으시겠다는 사랑의 의지를 나타내는 표현입니다. 인간의 악함을 너무 잘 아시기에 인류가 번성할수록, 문명이 발달할수록 하나님께서 참기 힘든 상황이 끊임없이 발생할 것을 미리 아시고 계속 참을 것을 다짐하시겠다는 뜻입니다. 그런데 영원토록 참기만 하실까요? 아닙니다. 세상 끝날이 옵니다. 그때는 물과 홍수가 아닌 다른 방법으로 심판하십니다.

둘째, 무지개를 보고 이 언약을 사람들이 기억하고 안심하라는 뜻입니다. 하나님의 마음은 확고하니 설령 비가 많이 내리더라도 절대로 불안해하지 말고 하나님의 언약을 기억하라는 뜻이지요. 불안감을 떨치고 소망을 주기 위해 무지개의 모양과 빛깔은 얼마나 환상적입니까?

자식들과 함께 하늘에 펼쳐진 환상적인 무지개를 쳐다보며 노아는 불안감을 떨쳐 버린 것은 물론이고 하나님의 언약을 생각하며 얼마나 감사했겠습니까?

4. 손자 저주와 바벨탑으로 얼룩진 새 출발

벌거벗고 잔 노아가 뜬금없이 왜 손자를 저주했나?

창세기 9장 18~27절엔 너무 이상한 사건이 나오는데 그 줄거리는 이렇지요.

홍수 후 세월이 흘러 노아가 포도 농사를 지었는데 하루는 노아가 포도주에 취해 벗은 채 잠을 잤지요. 그런데 아들 함이 아버지가 벗은 몸으로 텐트에서 자고 있는 것을 형제인 셈과 야벳에게 알리니 그들은 아버지의 하체를 안 보려고 뒷걸음질로 아버지께 가서 아버지의 몸을 덮어 주었지요. 술에서 깬 노아는 자기가 잠든 사이에 아들들이 한 일을 알았지요. 그런데 노아가 화를 내며 뜬금없이 함의 아들 가나안에게 너무 심한 저주를 퍼부었지요. 손자 가나안이 노아의 다른 두 아들 집안에 노예가 될 것이라는 저주를 퍼부었지요. 그리고 자기 몸을 덮어준 두 아들 셈과 야벳을 축복했지요.

벗고 잔 아버지 노아의 흉을 아들 함이 본 것 같은데 왜 손자에게 화를 내며 독설을 내뱉었지요? 술에 취해 벗고 잔다고 흉 좀 본 게 그렇게 심한 저주거리가 되나요? 잘못은 자기가 먼저 하고선 그래도 되나요? 노아가 갑자기 손자를 저주한 사건을 해석함에 크게 두 가지 견해가 있습니다.

첫째는, 하나님이 인류를 구원하고자 역사를 이끌어 가시는 구속사적 관점에서 보는 것입니다. 사실 성경은 이런 관점에서 봐야 합니다. 이 관점에서 보면 함의 아들 가나안의 후손은 온갖 죄악으로 멸망 받아야 할 사람들입니다. 그래서 하나님은 모세에게 전멸시켜야 할 가나안의 후손들 6부속을 밝혔지요. 노아는 함을 저주했는데 전멸당해야 할 가나안 6부족이 함의 후손이기에 함대신 가나안이 저주받은 것으로 모세가 기록했다는 것입니다. 노아가 가나안을 저주한 것으로 기록되었지만 실제론 가나안이 태어나기 전의 일이란 것입니다. 그리고 함이 아버지의 수치를 덮어 주지 않고 형제에게 드러낸 것을 성경은 큰 죄악으로 본다는 것이지요. 이해가 쉽지 않은 견해이지요.

둘째는, 노아가 "벗었다"는 히브리어 원어가 "수치, 남색(男色)"

을 의미하는 것에서 힌트를 얻지요. 단정할 수는 없지만 손자 가나안이 술에 취해 벗은 채 자는 할아버지에게 뭔가 해서는 안 될 짓을 한 것 같지요. 그러지 않고서야 아무 잘못도 없는 손자에게 할아버지가 그토록 심한 독설을 할 수 없다는 겁니다. 앞선 견해에 따르면 가나안이 태어나기 전이라는데 태어나지도 않은 손자에게 저주할 수 있나요? 도대체 무슨 짓을 했을까요?

발가벗어 성기를 다 드러낸 할아버지를 보고 가나안의 성적 호기심이나 장난기가 발동한 것 아닌가요? 술에 만취되어 흔들어도 반응 없는 할아버지의 성기를 노리개 삼아 도저히 묵과할 수없는 짓을 한 것 아닌가요? 할아버지의 콧구멍을 막는 짓 따위의 단순한 장난으로 노아가 그렇게 노발대발 했겠습니까?

함이 아버지의 벗은 상태를 알고도 아버지의 몸을 덮어 주지 않은 것은 너무 당황했을 가능성이 크지요. 노아가 깬 후 모든 사실을 안 것으로 보아 이 사건은 모든 가족에게 알려진 것이지요.

10장의 족보 기록에 의하면 가나안은 함의 막내아들로 형이 세 명이나 있었지요. 그럼에도 이 해괴한 사건이 기록된 9장에는 "함은 가나안의 아버지였다"란 기록으로 이 사건의 내용을 시작하고 있습니다. 가나안이 너무 쇼킹한 일을 했기에 형들을 제치고 가나안의 아버지로 기록한 것 아닐까요? 가나안이 해서는 안 될 짓을 한 게 맞는다면 노아의 독설은 이해가 되지요. 그러나 노아에게도 아쉬운 점은 있지요. 사건 발생 시점이 여러 가지 정황상 대낮으로 보이기 때문입니다. 그렇게 믿음이 좋은 노아가 왜 대낮에 취해 인사불성이 되었는지 아쉬운 대목입니다.

너무 큰 저주를 받은 가나안은 후에 할아버지와 아버지 곁을 떠나 남쪽으로 내려가 정착하며 6부족의 조상이 되었지요. 가나안이 정착한 곳이 바로 가나안 땅입니다. 이곳에 최초로 정착한 가나안의 이름을 본 따 지명이 가나안이 된 것이지요.

그런데 후대의 가나안 사람들은 바알과 아세라를 섬기며 온갖 음란한 짓을 즐겼지요. 바알은 남신, 아세라는 여신입니다. 이들 신들의 성행위로 이 땅에 비가 내리며 농사가 풍년을 맞이한다고 하지요. 그래서 이들 신들을 위해 여사제를 두었지요. 여사제는 제사하기 위해 찾아 온 남자들과 합법적인 성관계를 맺고 화대도 받았지요. 그래서 이들을 "신전 창녀"로도 불렀지요.

이렇게 음란한 사람들이 사는 땅을 하나님께서 이스라엘 민족에게 주셨는데 문제가 끊어지지 않았습니다. 모세를 통해 가나안 사람들을 다 쫓아낸 후에 정착할 것을 명했지만 이스라엘은 하나님 말씀을 적당히 따랐기 때문입니다. 그 결과 가나안 사람들이 이스라엘에 섞여 살게 되어 이스라엘 민족도 함께 바알과 아세라를 섬겼지요.

바알과 아세라를 섬김으로 타락한 이스라엘은 급기야 제사장과 선지자들도 부패하고 타락해 마침내 나라가 망하게 되었지요. 나라가 망하는데도 음란한 짓거리는 계속될 정도로 그 뿌리는 깊었지요. 이런 타락은 여자들도 예외가 아니었음을 에스겔은 16장과 23장에 적나라하게 표현해 충격이지요. "하체가 큰 네 이웃 나라 사람과 행음하고(16:26)", "하체(성기)가 나귀 같고 정수(정액)가 말 같은 남자들을 좋아했다 (23:20)", "남자 우상을 만들어 그것과 행음하였다.(16:17)", "우상과 행음하였다.(23:37)" 이 기록은 여자들도 너무 음란했고 심지어 자위에 우상을 사용했음을 나타내 충격이지 않습니까?

남자 우상인 바알은 성기가 우뚝 발기된 상태로 만들고 여자 우상인 아세라는 나무로 된 원형 기둥에 아세라의 나신을 새기는 것입니다. 이것들은 신전에 세우는 것은 크지만 휴대용은 아주 작게 만들어 집에 보관하기도 했지요. 둘 다 여성의 자위 도구로 얼마든지 가능하지요. 가나안의 여자들이 이 정도니 남자는 얼마나 심했겠습니까?

가나안이 만취 상태의 할아버지를 상대로 몹쓸 짓을 했다면 이 모든 음행의 출발점은 가나안이 되니 그 결과가 너무 충격적이지 않나요? 함 대신 가나안이 저주받은 것으로 기록된 것이 옳다면 가나안 6부족이 전멸 당해야 하는 이유가 충분히 납득이 됩니다.

태양신, 母子신 숭배의 발단이 된 바벨탑 공사

인구가 증가하니 또 발생한 이상한 사건을 기록한 창세기 11장 1~9절을 소개합니다.

"시날 땅에서 사람들이 한 도시를 세우며 중심에 하늘 높이 탑을 쌓기 시작했다. 자신들의 이름을 날리고 사람들이 세상에 흩어지지 않기 위함이었다. 돌 대신 구운 벽돌을 쓰며 높이는 계속 올라갔다. 이를 당신에 대한 도전으로 보신 하나님께서 의논하시고 공사를 막기로 하셨다. 갑자기 사람들은 서로의 말을 못 알아들으며 다투게 되었고 대혼란이 벌어지며 공사는 중단되었다. 결국 말이 통하는 사람끼리 모여 다른 곳으로 멀리 흩어지게 되었다. 사람들은 이곳을 바벨이라 불렀다."

"시날"은 유프라테스 강과 티그리스 강 사이의 메소포타미아 지역의 수메르이고 수메르는 인류 최초의 문명이 꽃피운 곳으로 유명하지요.

하나님께서 의논하신 모습은 아버지 하나님, 아들 예수님, 성령님이 함께 하신 모습이지요. 세 분이지만 한 분 이시라고 삼위일체 하나님이라 하지요. 하나님의 뜻은 인류가 흩어져 이 세상을 차지하는 것이지요. 그래서 바벨탑 공사는 다민족 다언어 세상을 만드는 계기가 되었지요.

그런데 이 사건에 몇 가지 의문이 있지요. "도대체 누가 이 공사를 주도했나? 언제 했으며 노아는 살아 있었나? 이 공사가 인류 사회에 무슨 영향을 끼쳤나?" 이 문제에 성경은 침묵하는 듯하지만 힌트가 있습니다. 창세기 10장 노아 후손 족보와 11장 셈 후손 출생 시기가 큰 도움이 되지요.

첫째, 누가 이 공사를 주도했는지 살펴봅니다. 10장의 족보에는 대부분 이름만 나오는데 유독 한사람은 8~12절에 다섯 절에 걸쳐 소개되었지요. 바로 니므롯(님로드, Nimrod)입니다. 함의 손자인 니므롯은 노아 홍수 후 세상에 나타난 첫 번째 영웅, 용사, 장사로 번역본이 모두 비슷한 의미로 표현했습니다. 또 하나님 앞에 (하나님이 인정하시는) 용감한(특이한) 사냥꾼으로 소개되는데 이름의 뜻이 "높은 분, 즉 하나님께 반역하는 자"인 것과 일맥상통하지 않나요?

그는 왕국을 세웠는데 중심 도시를 일곱이나 건설하였지요. 그중 바벨론과 니느웨는 후에 바벨론 제국과 앗시리아 (성경엔 앗수르) 제국 수도가 되었지요. 수메르 문명 유적지에서 고고학자들의 발굴로 아카드 (성경엔 악갓) 왕조의 존재가 확인되었지요. 이는 니므롯이 세운 도시가 성경 속에만 있는 이야기가 아니고 실존했음을 보여주는 사례이지요.

니므롯이 이런 사람이니 바벨탑 공사를 주도하고도 남겠지요? 그럼 왜 이런 대공사를 시작했을까요? 이에 대해 로마시대 유명한 역사가인 요세푸스는 말했지요. "니므롯은 많은 지역을 정복해 도시와 나라를 세웠지만 사람들이 자기를 떠나는 것이 걱정스러웠다. 사람들의 흩어짐을 막기 위해 바벨탑 공사를 시작했다."

니므롯은 자신의 이름을 더 날리고 권력을 더욱 공고히 하고자 바벨탑 공사를 시작한 것이지요. 대홍수에 대해 이야기를 많이 들었을 사람들을 안심시키기 위해, 또 대홍수가 오더라도 하늘 높이 쌓으면 이 탑이 우리를 보호해줄 것이라고 격려했겠지요.

그런데 니므롯에게 숨은 의도가 있다고 생각됩니다. 역사가 요세푸스의 말과 성경을 참조하면 자기를 못 떠나게 하려는 것이지요.

멀리 못 떠나게 하는 가장 효과적인 방법이 무엇일까요? 떠났어도 1년에 몇 번은 꼭 오게 해 마음을 늘 붙잡는 방법이 무엇일까요? 바로 신전입니다. 신전이 있으면 사람의 마음을 자연스럽게 모을 수 있지요. 그럼 하나님을 섬기는 신전으로 이 바벨탑 공사를 강행했을까요? 절대 아닙니다. 그럼 누구를 위한 것이지요? 바로 니므롯 자신을 신으로 만들어 경배 받고자 한 것입니다. 인간 사회에서 자신과 비교될 사람이 없는데도 더욱 교만해졌지요. 사람의 영혼을 사냥하여 자신이 죽은 후에도 경배 받는 신이 되고 싶었지요.

그러나 니므롯의 소망은 하나님에 의해 좌절되는 듯했습니다. "니므롯이 신이 되고자 했다."고 단언할 수 있는 가장 큰 증거가 바벨론 신화입니다. 니므롯이 죽은 후 아내 세미라미스는 니므롯이 태양신으로 다시 태어났다고 환생설을 만들어 냈지요. 니므롯이 환생한 태양신을 마르둑(Marduk)이라 불렀지요. 성경 예레미야 50:2의 다른 번역본에는 "마르독, 므로닥"으로도 번역되어 있지요.

마르둑은 초자연적인 기적으로 세미라미스에게 잉태시켜 아들 담무스를 낳게 하여 세상의 구원자, 구세주로 만들었다고 주장했지요. 세미라미스 자신은 신의 어머니로 하늘의 여왕(왕후 또는 여신)으로 불렸지요. 그리고 아들 담무스와 결혼하였지요. 이들의 신성한 성행위로 인간 세계에 풍요로움을 준다고 했지요. 인류 최초의 태양신, 모자신을 만든 바벨론 신화의 주인공 니므롯은 그리스의 만신전인 파르테논 신전에서 가장 높은 자리에 있답니다.

둘째, 언제 이 바벨탑 공사가 이루어졌는지 살펴봅니다. 창세기 10:25에 큰 정보가 있습니다. 셈의 고손자 이름이 "나눈다"는 뜻의 벨렉입니다. 이름을 그렇게 지은 이유가 벨렉의 때에 세상이 나누어졌기 때문이라고 했지요. 11장에 기록된 셈의 후손 출생 시기를 보면 벨렉은 홍수 후 101년이 지나 태어났지요.

성경은 대홍수 이전과 이후 공히 예수님의 직계 조상 족보만 출생 시기와 수명을 기록하고 있지요. 그래서 니므롯의 나이는 셈의 족보를 비교해 추정할 수밖에 없습니다. 이렇게 추정하면 벨렉이 태어날 때 니므롯의 나이는 약 65~80세 정도로 보이지요. 즉 대홍수 후 약 100년이 지나 성경 연대기로 B.C. 2250년경 니므롯의 바벨탑 공사가 중단되어 말이 통하는 사람끼리 한 집단을 이루어 멀리 이주한 것이지요. 세상이 나누어진 것을 공동번역은 인종이 나누어진 것으로 번역했지요. 노아의 세 아들, 셈은 황인종, 함은 흑인종, 야벳은 백인종의 조상이 되었지요. 이 부분에 대해 땅이 나누어진 것으로 번역한 번역본도 있어 지구가 오늘날의 5대양 6대주로 나누어지는 지각변동이 있었던 것으로 해석하는 견해도 있습니다.

그런데 홍수 후 불과 100년 만에 인구가 얼마나 증가하여서 이런 대공사를 했을까요? 노아의 세 아들 부부와 그 후손들에게 빠른 시일 내 다자녀 출산의 축복을 하나님께서 주신 것이 확실합니다. 홍수 이전 예수님 직계 조상 출생 시기보다 홍수 이후 시기가 비교 안 될 정도로 훨씬 빠르기 때문입니다. 또 예수님의 조상이 모두 장남이라고 볼 수도 없습니다. 셈이 노아의 장남인지 번역본이 일치하지 않는 것도 문제이지요. 어쨌든 당시 인구는 약 10만여명으로 추산되는데 이 정도면 충분히 공사가 가능하지요. 앞서 말했듯 이들 고대인들의 능력은 뛰어났으니까요.

그런데 홍수에서 살아남은 8명은 무엇을 했을까요? 홍수 후 노아는 350년, 셈은 502년을 더 살아 모두 건강했으니 후손들이 하는 짓을 분명 말리지 않았을까요? 아무리 말려도 듣지 않는 후손들을 보는 노아, 셈, 야벳의 마음은 어땠을까요? 손자 니므롯이 일을 벌일 때 함의 마음은 상당히 복잡했겠지요. 어쩌면 니므롯은 자기 막내 삼촌인 가나안에게 퍼부은 노아 증조부의 저주를 떠올리며 할아버지에게 대들었는지도 모르지요.

셋째, 인류 최초의 신화인 바벨론 신화가 인류에게 끼친 영향을 살펴봅니다.

첫 번째는 인간이 신이 되고자 하는 욕망을 지니게 하는 계기가 된 것입니다. 니므롯의 신이 되는 꿈을 아내 세미라미스가 이루며 자신과 아들까지 모두 신으로 만들었지요.

사실 신화는 원래부터 존재하던 신들의 이야기가 아니고 신격화시켜 신들을 만든 인간들이 꾸민 이야기입니다. 신이 되고자 하는 욕망은 이집트, 그리스, 로마 신화에서 쉽게 찾을 수 있지요. 이런 정신은 불교의 근본을 이루기도 하지요.

1984년경 여름, 김천 청암사에 친구 때문에 며칠간 머문 적이 있었습니다. 그곳에서 어릴 때부터 절에서 동자승으로 자랐고, 당시 동국대 인도 철학과 3학년으로 저보다 대여섯 살 많은 한분을 만났지요. 본인도 단식을 하며 여드름으로 고민했던 제 친구에게 단식을 가르쳐 준 이분은 불교 출발지인 인도로 유학가기를 원했지요.

그 분의 "기독교를 한마디로 정의해 보라."는 질문에 대답을 못

했지요. 그는 "기독교는 인간이 자신의 악함과 나약함을 철저히 깨닫고 절대자인 신에게 완전히 의지하는 것"이라고 했지요. 남의 종교를 정확히 간파한 그 분의 말에 놀랐지요. "불교의 근본을 한 마디로 정의해 보라"는 말에 저는 또 침묵을 지켰지요. 제가 몸담은 기독교에 대해서도 답을 못했는데 불교에 대해 제가 어떻게 답을 할 수 있겠습니까? "불교의 근본은 인간이 신이 되고자하는 것"이라고 했지요. 전혀 이해 못하는 저에게 불교의 끝없는 윤회론을 소상히 설명해 주었지요. "아무리 좋은 극락(천상)에서 살아도 죽고 또 태어나고 또 죽고 또 다시 태어나는 지긋지긋한 윤회에서 벗어나지 못하는데 이 윤회를 벗어나는 유일한 방법이 초월적 존재인 부처가 되는 것이다. 부처가 된다는 것은 신이 되는 것이다. 그런데 성당, 교회와 절 모두 이런 근본을 모르고 가르치지 않고 무시하며 그저 복만 비는 현세 기복 집단이 되어 너무 안타깝다."고 했지요. 저는 너무 놀랐고 절을 모르고 자란 게 너무 감사했지요. 아무리 도를 닦고 깨달아도 제가 어떻게 신이 됩니까? 저는 가끔 그 분이 생각나며 그 분의 현재가 궁금합니다.

두 번째는 다른 생명으로 다시 태어난다는 환생설입니다. 니므롯이 마르둑으로 태어나 인간들을 보호한다는 논리가 전 세계에 퍼졌지요. 이 환생 사상은 죽고 또 태어나서 또 죽고 다시 태어나는 윤회 사상으로 인도에서 발전해 힌두교와 불교의 중심 사상이 되었지요.

세 번째는 태양을 신으로 섬기는 사상이 전 세계에 확산된 것입니다. 이집트의 "라", 그리스, 로마의 "아폴로"가 태양신이지요. 남미의 잉카 문명에서도 태양신에게 아들이나 처녀를 제물로 바치는 유적이 발견되었지요.

네 번째는 모자신 숭배입니다. 니므롯이 죽은 후 세미라미스는 아버지가 불분명한 아들 담무스를 낳았지요. 그런데 이 아들은 마르둑에 의해 초자연적인 힘으로 자신이 잉태하여 낳았으니 사람이 아닌 신으로 구세주라고 했지요. 이런 신을 낳은 자기는 신의 어머니로서 하늘의 여왕이 된다고 했지요.

로마의 비문에는 모자신 숭배가 만연했음이 드러납니다. 혹자는 성경 최초 기록보다 바벨론 신화가 약 700~800년 앞서기에 바벨론 신화를 각색 편집해 예수의 탄생 신화를 만들었다고 주장하지요.

사생아로 보이는 담무스를 예수님과 비교하는 것은 예수님과 하나님께 대한 모독입니다. 이런 비교가 되는 이유는 세미라미스가 자신을 너무 높인 것처럼 가톨릭에서 마리아를 높였기 때문으로 생각되어 씁쓸합니다. 결코 신격화하지 않는다고 말하면서도 마리아상을 세우고 그 앞에서 기도하는 게 성경적인가요? 아무리 신을 잉태한다고 해도 처녀의 몸이기에 죽음을 각오하고 잉태를 받아들인 마리아는 너무 믿음 좋고, 너무 용감하고, 너무 축복받은 여인일 뿐입니다. 결코 숭배의 대상이 아니기에 모자신과는 완전히 다릅니다.

이 네 가지 영향으로 고대 그리스의 유명한 역사가인 헤로도토스는 이런 말을 했지요. "이 세상의 모든 신화는 바벨론 신화에서 나왔다."

이 신화를 바벨론의 종교로 확립한 사람은 B.C. 1800년경 고 바벨론 제국의 전성기를 연 함무라비 왕입니다. 역사가들은 이로부터 약 1100년 후의 바벨론을 신 바벨론으로 부르며 함무라비 시대와 구별합니다. "이에는 이, 눈에는 눈"이란 지구상 최초의 성문법을 만든 왕으로 유명한 함무라비는 신화의 세 주인공 중 마르둑을 주신으로 하면서 이큐라스(세미라미스가 신이 된 후의 이름), 담무스까지 숭배했지요. 마르둑 신전의 여사제와 왕이 갖는 성행위를 남신과 여신의 신성한 성행위로 높이며 이렇게 함으로 왕국의 풍요와 안전을 가져다준다고 하였지요.

신전의 여인들은 마르둑에게 제사하려고 온 일반 남자들과도 신성한(?) 성행위를 하며 화대를 챙기는 매춘부 노릇을 했지요. 이런 일이 일반화되었음을 알리는 영어 단어가 있지요. whoredom 의 뜻은 매춘과 우상 숭배이며 또 "매춘부"를 뜻하는 whore에 "우상 숭배를 하다."라는 뜻도 있으니 신전 여인들의 역할을 짐작할 수 있지 않습니까?

음란한 우상 바알과 아세라가 바로 이 마르둑에서 나온 것이지요. 이들은 신전에서의 성행위를 이렇게 신성화시켰지요.

"신전에서 남자와 여자가 신을 대리하여 신성한 성행위를 함으로써 하나로 결합한다. 이렇게 함으로 시간과 공간의 개념이 사라진다. 또 자아의식과 우주가 하나되고 절대와 상대가 하나되는 혼연일체를 이룬다. 마침내 모든 문제에서 벗어나 자유로운 해탈의 경지에 이른다."

지금도 인도에 가면 사원의 벽화에서 남자와 여자, 인간과 동물의 성행위 장면을 볼 수 있다고 합니다. 동물까지 등장하는 것은 이런 이론에 윤회사상이 가미된 것 아닌가요?

저는 요한계시록에서 하나님을 대적하는 세력으로 음녀와 바벨론을 계속 거론하는 것과 음녀를 바벨론과 동일시하는 것을 제대로 이해하지 못했었지요. 그런데 이 바벨론 신화의 실체와 영향을 알고나니 이해가 한결 쉬웠습니다. 계시록이 기록되기 600년 전에 이미 신 바벨론도 페르시아에 의해 완전히 멸망당했음에도 불구하고 세상 종말에 또 바벨론이 망한다고 하는 것은 이 음란한 바벨론이 모든 우상 숭배의 어미로서 대표이기 때문입니다. 그래서 계시록 17장엔 666으로 유명한 짐승을 한 여자가 올라탔는데 그녀의 이마에 "큰 성 바벨론, 땅의 모든 음녀(NIV엔 prostitutes 창녀, 매춘부)와 가증한 것들의 어미"라고 적혔지요.

유럽인들은 성경의 앗수르, 바벨론 기록을 하나의 신화로만 생각했습니다. 1899년 독일의 고고학자인 로베르토 콜드바이에 의해 바벨론 유물이 대량으로 발굴되며 이 생각은 완전히 깨졌지요. 뿐만 아니라 창세기에 기록된 도시들이 하나씩 발굴되어 성경의 사실성이 계속 입증되고 있지요.

대영 박물관에 소장된 한 유물은 앗시리아(성경엔 앗수르)의 살만에셀 왕이 마르둑에게서 왕권을 부여받는 의식을 거행하는 모습을 보여줍니다. 살만에셀은 북 이스라엘을 멸망시킨 왕입니다. 이후 앗시리아의 왕이 된 산헤립이 남 유다의 예루살렘을 포위하고 진을 쳤습니다. 그런데 전투가 시작되지도 않았는데 하룻밤 사이에 갑자기 앗시리아 군사 185,000명이 죽는 이상한 일이 발생했습니다. 성경 열왕기하 19장은 남 유다 히스기야 왕의 기도에 하나님께서 천사를 보내 그렇게 한 것으로 말하지요.

니느웨로 되돌아온 산헤립은 마르둑이 아닌 니스록을 섬겼지요. 니스록은 니므롯으로 보이며 국가적 차원에서 섬긴 게 아니고 개인의 신으로 섬긴 것이지요. 산헤립은 남 유다에 진을 쳤을 때 이런 말을 했지요. "그 어떤 신도 자기를 섬기는 백성들을 내 손에서 구하지 못했다."고 하며 자신을 신의 반열에 올려놓으며 하나님을 모독했지요. 이를 종합해 보면 산헤립은 니므롯처럼 신이 되고 싶었던 것이지요. 그래서 니스록을 만들어 니므롯 흉내를 낸 것이지요.

이를 못마땅히 여긴 두 아들이 아버지를 죽이고 아라랏 산으로 도망갔지요. 성경은 아들이 아버지를 죽인 장소만 밝히는데, 이곳은 아버지 개인의 신인 니스록을 섬기는 곳입니다. 그런데 바벨론의 역사 기록은 "산헤립이 돌아온 지 5년 후 계속 마르둑을 섬기지 않기에 두 아들이 아버지를 죽였다."고 밝힙니다. 두 아들은 전투 한번 없이 185,000명이 죽은 원인이 아버지가 마르둑을 섬기지 않았기 때문으로 생각했겠지요.

산헤립이 죽은 후 앗시리아는 쇠퇴해졌지요. 신 바벨론의 나부콜라사르 왕이 메디아 왕국과 연합하여 앗시리아를 패망시켜 앗시리아 제국은 역사의 무대에서 완전히 사라졌지요. 나부콜라사르는 엄청난 지구라트(하늘의 신과 땅의 인간을 연결하는 탑) 건설의 이유를 이렇게 말했지요. "마르둑은 붕괴된 바벨탑을 쌓으라고 내게 명령했다." 땅바닥 면적이 가로, 세로 공히 91m인 탑을 15m 높이까지 쌓고 나부콜라사르는 죽었지요.

아들 네부캇네사르(성경엔 느부갓네살)이 왕이 된 후 탑의 높이를 91m까지 쌓아 완공하였지요. 네부캇네사르는 탑의 이름을 "에큐메네스"라 불렀는데 이는 "하늘과 땅의 기초가 되는 집"이란 뜻입니다. 네부캇네사르는 이 탑의 가장 높은 곳에 순금으로 만든 마르둑 신상을 놓았지요. 헤로도토스의 기록에 의하면 이 탑 건설에 구운 벽돌이 8,700만개, 금이 22t이나 들어갔다고 했으니 정말 엄청난 대역사 아닙니까? 직접 사막을 횡단하며 많은 곳을 돌아다닌 헤로도토스는 바벨론을 세계에서 가장 웅대한 도시라고 말했지요.

이렇게 엄청난 규모의 탑도 허무하게 사라진 것은 훗날 페르시아가 메디아 왕국과 연합해 신 바벨론을 멸망시켰기 때문이지요. 군사용 망대로 사용되는 것을 막고자 페르시아는 철저히 이 탑을 허물었답니다. 이런 적대 관계가 지금까지 이어져 바벨론의 후예인 이라크와 페르시아의 후예인 이란은 아직도 감정이 좋지 않지요.

2013년 1월에 EBS가 고대 바벨론에 관해 3부작 다큐멘타리를 방영했습니다. 제작진은 바벨탑의 흔적을 찾았다고 했지만 이는 창세기 11장의 바벨탑이 아니었지요. 네부캇네사르 왕이 지은 것이었지요. 제작진은 이라크에만 58개의 지구라트 흔적이 발견되었다고 했지요. 니므롯이 시작한 바벨탑은 최초의 지구라트이지요. 이라크에 존재한다는 58개의 지구라트는 끝없는 인간의 욕심과 무모한 도전의 교만을 보여 주는 듯해 씁쓸합니다.

이스라엘 백성들은 초강대국 앗시리아, 바벨론의 신들을 모르고 지냈을까요? 음란한 우상의 출발이 된 마르둑, 세미라미스, 담무스를 이스라엘 백성들도 열심히 섬긴 사실이 예레미야 44장과 에스겔 8장에 기록되어 있습니다.

솔로몬 사후에 이스라엘은 남북으로 분단되어 북쪽은 그대로 이스라엘, 남쪽은 유다로 불렀지요. 북 이스라엘이 B.C. 720년경 앗시리아에 의해 망한 후 남 유다가 B.C. 586년경 바벨론에 의해 망할 때 발생한 사건이 예레미야 44장에 기록된 것이지요.

남 유다 왕국의 예루살렘이 바벨론에 함락되어 남 유다의 난민들이 떠돌아다니다가 이집트로 도망간 후의 일입니다. 예레미야가 하나님의 말씀을 난민들에게 전했습니다. "내 말을 듣지 않고 이집트로 도망 온 너희들은 다 죽을 것이다. 바벨론의 느부갓네살이 이집트도 침략하여 이집트 사람과 너희들까지 죽일 것이다."

예레미야는 바벨론이 유다로 침공하기 전부터 또 난민들이 이집트로 피난가려 할 때도 이렇게 외쳤지요. "하나님의 말씀이다. 바벨론에 투항해 바벨론을 섬기며 살아라. 그러면 안 죽는다. 하나님이 보호하신다." 아무도 이 말을 따르지 않았지요. 오히려 매국노로 취급당하며 신변에 위협을 느끼면서도 이런 말을 해야 하는 예레미야의 마음이 얼마나 아팠겠습니까?

난민들은 이 말을 안 듣고 예레미야를 붙잡아 이집트까지 왔는데 또 심장 상하는 말을 하니 화가 났지요. 그래서 이런 말을 했지요. "우리는 하늘의 여왕을 섬길 것이다. 그에게 분향하고 제사를 드릴 것이다. 과거 우리 왕들과 선조들 고관들이 하늘의 여왕을 섬길 때는 우리가 평안히 잘 살았다." 하늘의 여왕은 바로 세미라미스입니다. 44장엔 "하늘의 여왕"이 세 번, "그"란 대명사가 세 번 모두 여섯 번이나 세미라미스를 지칭하는 말을 난민들이 하고 있지요. 이들의 말을 보면 상당히 오래 하늘의 여왕을 섬긴 것을 알 수 있지요.

에스겔 8장엔 하나님께서 환상 중에 하나님을 섬기는 성전에서 발생한 모습들 에스겔에게 보여 주신 것이 기록되었지요. 그 중 하나가 성전 바깥 마당에서 여인들이 담무스를 위해 슬피 우는 장면이었지요. 얼마나 담무스를 섬겼으면 하나님의 성전까지 왔는데도 담무스 때문에 웁니까?

이들이 모자신만 섬겼을까요? 에스겔이 본 마지막 장면은 성전 안 마당에서 약 25명의 남자들이 성전을 등지고 동쪽 태양을 향해 엎드려 절하는 것이었지요. 이것은 태양신인 마르둑을 섬기는 모습 아닙니까? 자기 집에서 비밀리에 마르둑과 담무스를 섬기는 것도 있을 수없는 일인데 감히 하나님의 성전에서 하나님을 깡그리 무시하고 모독하는 짓을 공공연히 하고도 무사하겠습니까?

결국 나라가 망해 난민이 되었는데도 "하늘의 여왕을 섬길 때가 좋았다."고 우기고 있으니 이들도 무사하겠습니까? 나라가 망해 가는 와중에도 또 완전히 망해 포로로 잡혀 가든지 아니면 피난민이 되었음에도 음란한 우상 숭배를 즐기고 깨닫지 못하는 이스라엘의 모습이 혹시 저에겐 없는지 한 번씩 돌아보게 됩니다.

하나님은 사랑의 감정도 없이 자신을 무조건 찬양하는 꼭두각시로 로봇으로 사람을 창조하지 않았습니다. 스스로 생각하고 선택해 결정하는 자유의지를 지닌 고품격으로 창조했습니다. 그래서 하나님의 형상을 따라 창조한 인간과 참사랑의 인격적 교제를 나누길 원하셨죠. 그러나 인간은 자유의지로 계속 악한 선택을 해 결국 노아 홍수의 심판을 받았지요.

이런 인류 초기 역사에 노아의 증조부인 에녹은 므두셀라를 낳은 후 자유의지를 잘 선택하여 하나님과 300년간 동행하다가 죽지 않고 승천했지요. 에녹이 아들을 낳은 후에야 하나님과 동행한 이유가 뭘까요? 그 이유는 아들의 이름 때문입니다. 므두셀라는 "멸망시킨다"는 뜻이 내포된 이름입니다. 아들의 이름을 멸망으로 지을 아버지가 어디 있습니까? 이 이름은 하나님이 지어주신 것입니다. 에녹이 므두셀라를 낳을 때 아담이 687세였지요. 이때 벌써 인간의 부패와 악함에 분노하신 하나님께서 인간을 심판하실 것을 결심하시고 에녹의 아들 이름을 이렇게 짓게 하며 경고하신 것입니다. 이 경고를 모두 무시했지만 에녹은 하나님의 뜻대로 이름을 짓고 하나님과 철저히 동행하는 삶으로 변했지요. 증조부 에녹처럼 노아도 하나님의 경고를 마음에 새겼지요. 세상사람 다 비웃어도 하나님 말씀대로 방주를 준비한 노아가족 8명은 인류의 새로운 출발을 이루는 조상이 되었지요. 심판을 경고하셨지만 하나님은 무던히 참기를 무려 969년간 하시며 사람들에게 기회를 주었습니다. 방주를 만든 노아의 경고와 호소도 무시하던 사람들은 결국 다 멸망당했지요.

하나님은 무지개를 보며 또 사람의 악함을 참고 계십니다. 무던히 참으시는 하나님께서 영원히 참으실까요? 성경은 마지막 심판을 누누이 경고하지만 사람들은 노아 때처럼 무시하지요.

"노아가 방주로 들어가는 날까지 사람들이 먹고 마시고 장가가고 시집간 것처럼 마지막 때도 이러할 것이다.(마태복음 24:38)"라고 예수님께서 말씀하셨지요. 이 말씀은 일상생활을 하지 말라는 것이 아닙니다. "먹고"는 탐욕, "마시고"는 술 취한 방종, "장가가고 시집가는 것"은 음란한 성생활을 의미합니다. 정상적인 일상생활을 벗어난 부패와 악함으로 또 바쁘다는 핑계로 마지막 심판 경고를 무시하지 말라는 뜻이지요.

"이러고도 세상이 망하지 않으니 신통하다."라는 말을 우리는 하거나 듣습니다. 하나님이 기회를 주시려고 엄청 참으시기 때문입니다. 그러나 과학의 이름으로 하나님의 영역에 계속 도전하는 인간을 영원히 참으시지는 않을 것입니다. 노아 홍수 때 자유의지를 잘 선택해 방주 안에 들어간 사람만 살아남았듯 마지막 심판의 때에는 자유의지로 예수를 믿어 예수 방주 안에 들어간 사람만 평안히 살아남습니다.

아담의 아내를 죄 짓게 해 죽게 만든 뱀에게 "너는 여자의 후손 발꿈치를 물려다가 도리어 그에게 머리를 밟히리라(공동번역 창세기 3:15)"고 하나님께서 말씀하셨지요. 부부관계에서 태어난 사람은 아버지의 성을 따르며 아버지 즉 남자의 후손으로 적고 말합니다. 하나님께서 말씀하신 "여자의 후손"은 부부관계없이 여자 혼자 아기를 임신하고 낳은 경우를 말합니다. 이는 오랜 기간 후에 마리아가 성령으로 임신해 낳을 예수님을 의미합니다. 죄를 지어 죽게 된 사람에게 지체 없이 예수님이 뱀 즉, 사탄을 이겨 인류를 구원할 소망을 선포하신 것입니다. 그리고 죄의 댓가인 죽음을 바로 내리지 않고 아담을 최소 8백 수 십년을 더 살게 하셨지요. 하나님의 사랑과 인내가 얼마나 놀랍습니까?

02

의인 욥 대신 부름받은 복덩이

아브라함

1. 부름받지는 못했지만, 하나님의 자랑거리 욥

동방의 의인 욥

동방의 우스 땅에 완벽한 의인이면서 엄청난 거부로 7남 3녀를
둔 욥이 살았지요. 하루는 하나님 앞에 천사들이 모였는데 사탄도
함께 끼어 있었지요. 하나님께서 사탄에게 욥에 대해 자랑을 크게
했지요. "욥과 같이 온전하고 정직하며 하나님을 경외하고 악에서
떠난 자는 땅에 없다." 사탄은 이런 말로 대꾸했지요. "욥이 하나
님을 경외하는 이유는 하나님께서 욥을 크게 축복하시고 울타리가
되어 지켜 주시기 때문입니다. 이 모든 것을 쳐서 빼앗으면 주를
향해 욕할 것입니다." 이 말을 듣고 하나님께서 욥의 몸에 손대지
않는 한 욥을 테스트하는 무엇이든 사탄에게 허락했지요.

욥의 열 자녀들은 아들들이 번갈아 잔치를 벌이며 여형제들도 초
대했지요. 하루는 맏아들 집에서 모두 모여 잔치를 했지요. 이 날
네 명의 종들이 거의 동시에 욥에게 비보를 전했지요. "밭을 가는

500겨리(쌍)의 황소와 그 곁에서 풀 먹고 있는 500마리 나귀를 스바인들이 다 빼앗아 가고 종들을 죽였습니다." "하늘에서 불(벼락)이 떨어져 7,000마리의 양과 종들이 죽었습니다." "갈대아인들이 3,000마리의 낙타를 다 빼앗아 가고 종들을 죽였습니다." "맏아들 집에서 모두 모여 잔치하는데 갑자기 사막에서 강풍이 불어 집이 무너져 다 죽었습니다." 이 소식을 동시에 들은 욥은 머리를 빡빡 깎고 옷을 찢고 머리에 재를 뿌리고 땅에 엎드려 이렇게 말했지요. "내가 빈손으로 태어났으니 빈손으로 간다. 주신 분도 하나님이요 가져가시는 분도 하나님이시다. 하나님이 찬양을 받으실지로다."

이후 하루는 또 천사들과 사탄이 하나님 앞에 모였지요. "어딜 다녀왔느냐?"는 하나님의 질문에 사탄은 며칠 전과 똑같이 대답했지요. "땅을 두루 돌아 여기저기 다녀왔나이다." 하나님은 또 욥을 자랑했지요. "네가 나를 충동해 이유 없이 욥을 쳤지만 그는 여전히 자신의 온전함을 지키고 있다." 사탄은 이에 지지 않고 대꾸했지요. "그의 몸을 치면 분명 주를 욕할 것입니다." 하나님께서 다시 사탄에게 테스트를 허락하셨지만 욥의 생명은 살려두도록 하셨지요.

갑자기 욥의 발바닥부터 머리 위까지 고통스런 종기가 생겨 잿더미에 앉아 질그릇 조각으로 몸을 긁고 있는데 욥의 아내가 빈정거렸지요. "이러고도 당신의 온전함을 지키려고 애쓰느냐? 하나님을 욕하고 죽어라!" 이때 욥은 말했지요. "하나님이 주신 좋은 복은 받고 나쁜 화는 안 받을 수 있겠소?"

욥의 소문은 멀리까지 퍼졌지요. 욥의 소식을 들은 세 친구는 각기 다른 지방에 살지만 서로 연락하여 욥에게 가기로 했지요. 너무 변한 욥의 모습 때문에 처음에는 알아보지 못하다가 뒤늦게 안 친구들은 슬피 울며 자기 옷을 찢고 머리에 재를 뿌리고 욥 옆에 멍하니 앉았지요. 7일간 밤낮없이 욥과 세 친구들은 땅바닥에 주저앉아 있으며 말 한 마디도 없었지요. 그 후 욥이 자기 처지를 하소연하는 말을 하니 세 친구들이 번갈아 가며 욥의 반성과 회개를 촉구하면서 욥과 친구들 간에 철학자 같은 열띤 언쟁이 벌어졌지요.

너무 황당한 일이 언제 어디서 발생했으며 욥은 어떻게 하나님을 알고 섬겨 하나님의 자랑거리가 되었는지 살펴봅니다.

첫째, 이 사건은 야곱의 전 가족이 이집트 총리 요셉의 초청으로 이집트로 이주해 살고 있을 때 발생한 것으로 추정됩니다. 욥기의 저자는 유태인으로 추정할 뿐입니다. 누가 언제 적었는지 알 수 없기에 이 사건이 언제 발생했는지 정확히 알 수는 없습니다. 그러나 대략적으로 추정할 힌트는 있지요. 욥의 재산을 약탈한 스바인과 갈대아인, 욥의 친구들 출신지 세 곳이 중요한 힌트입니다.

스바인은 시바 왕국 (현재의 예멘)을 이루기 전의 부족을 일컫고 갈대아인은 바벨론 왕국을 이루기 전과 왕국 멸망후의 민족을 일컫는 말입니다. 시바 왕국은 욥시대 한참 후 건립되어 시바 여왕이 솔로몬을 만나러 온 것으로 유명하지요. 함무라비 왕이 고 바벨론 왕국 전성기를 이룬 후 신 바벨론 제국이 열리기까지 약 1,100년간 갈대아인은 나라 없이 부족 상태로 살았지요. 이 사건의 갈대아인은 함무라비 이전 시대 갈대아인이 아닙니다. 함무라비 이후의 갈대아인으로 추정되는 것은 욥의 친구 데만 사람 때문입니다. 창세기 36장, 야곱의 쌍둥이 형 에서(에돔)의 후손 명단에 의하면 데만이 에서의 손자로 나옵니다. 데만 사람은 영어로 the Temanite로 데만 지역 사람 또는 데만의 후손이란 뜻입니다. 창세기 36장에는 데만이 부족을 이루어 그 부족의 명칭으로 사용되었음을 나타냅니다. 데만은 에서의 장손으로 오촌 아재뻘인 야곱의 아들들보다 나이가 더 많았을 것입니다. 야곱은 형 에서가 손자를 많이 본 나이에 겨우 아들을 보기 시작했지요. 그런데 데만이 한 부족을 이루기 위해서는 100년은 흘러야 가능하지 않을까요? 데만이 부족을 이룬 때는 형 에서를 절뚝거리며 만난 야곱의 전 가족이 이집트로 이주한 뒤였지요. 재미있는 사실은 데만의 아버지가 엘리바스인데 욥을 위로하기 위해 찾아 온 데만 사람의 이름도 엘리바스란 것이지요. 이는 후손들이 선조의 이름을 본 따는 경우가 많기에 에서의 장자 이름을 그대로 본 딴 것이지요. 후에 에서의 후손이 에돔 왕국을 이룰 때는 데만 사람이 왕이 되기도 할 정도로 데만 부족은 강했고 욥을 찾은 엘리바스는 데만 부족의 지도자, 즉 족장으로 보이지요.

둘째, 욥이 살았던 동방의 우스가 어디인지는 아쉽지만 정확히 추정이 안 됩니다. 동방은 멀리는 인도까지 일컬었지만 대개 페르시아 지역을 말합니다. 그래서 우스를 지금의 쿠웨이트 인근으로 추정하기도 합니다. 또 어떤 분은 아브라함이 살았던 갈대아 우르라고 추정하는데 이는 신빙성이 많이 떨어진다고 신학자들은 말합니다.

욥이 살았던 우스가 동방이라 했으니 친구 엘리바스가 살았던 데만 부족의 근거지인 세일산과는 거리가 매우 먼 게 확실합니다. 세일산은 죽음의 바다인 사해 남쪽에 있는데 여기에서 보면 쿠웨이트는 동방치고는 가장 가까운 거리에 속합니다. 그래도 서울 부산 간 거리의 두 배 이상은 됩니다. 이 먼 거리에도 불구하고 이들이 친구로 지냈다니 놀랍지 않습니까? 다른 두 친구의 사는 곳은 알기가 힘들지만 이들도 가까운 곳은 아닌 게 분명하지요. 욥의 세 친구 중에는 욥의 아버지보다 나이가 많은 사람도 있었지요. 멀리 떨어져 살고 있고 나이차도 심한데 어떻게 친구로 지냈을까요?

지역과 나이차를 초월해 우정을 쌓은 것은 뜻과 생각이 같았기 때문입니다. 목표, 뜻, 생각이 어떤 면에서 같았을까요? 하나님을 섬기는 면에서 같았지요. 당시 바벨론 신화의 영향으로 음란한 우상 숭배가 세상에 가득하여 하나님 섬기는 신실한 사람을 찾기가 힘들었지요. 그러니 이런 천연기념물(?) 족장으로 있으면 멀리까지도 소문이 났겠지요. 솔로몬의 소문을 들은 시바 여왕이 멀리서 온 것처럼 이 소문을 확인하기 위해 만남이 이루어지고 우정이 쌓인 것이지요. 이들의 신앙 교제는 오늘날 우리들에게 큰 도전이 됩니다.

셋째, 욥은 어떻게 하나님을 알고 섬겼을까요? 욥은 동방에 살았기에 황인종인 셈족입니다. 욥이 태어날 때 노아뿐 아니라 셈도 이미 죽고 없었지요. 누구에게 하나님 이야기를 듣고 안 것일까요? 아브라함에게 하나님이 나타나셨듯이 욥에게도 "짠"하고 나타나신 것일까요? 그것은 아닌 게 확실합니다. 하나님이 교제를 원하시는 누군가에게 처음 나타나시는 것은 너무 중요해서 성경은 분명히 밝히는데 욥은 이런 첫 만남의 기록이 없습니다. 욥이 하나님의 자랑거리였다는 것이 욥기의 출발입니다. 아무래도 노아와 셈의 훈계를 새겨들은 윗대 선조와 부모를 통해 신앙을 이어 왔을 가능성이 가장 크지요. 그리고 욥의 세 친구들도 마찬가지였겠지요.

그런데 데만 사람 엘리바스의 시조인 데만의 경우는 아버지와 할아버지보다 작은 할아버지 야곱을 통해 하나님을 더 잘 알게 되었지요. 할아버지 에서가 무서워 아무것도 없이 도망간 작은 할아버지 야곱이 엄청난 거부가 되어 돌아 온 것을 분명히 목격한 데만이 작은 할아버지 야곱에게 관심을 가지지 않았을까요? 야곱을 축복한 분이 하나님임을 안 데만은 후에 더 놀라운 소문을 들었지요. 야곱의 열한 번째 아들인 요셉이 세계 최강대국 이집트의 총리가 되어 전 가족을 이집트로 초대해 이주시켰다는 것이지요. 이 소문을 들었을 때는 극심한 가뭄으로 데만도 식량을 구하기 힘들어 어려운 때였습니다. 오촌 아재이지만 자기보다 어린 요셉이 이집트의 총리가 된 것이 하나님을 잘 섬겨 하나님께서 축복하셨기 때문임을 데만이 알았지요. 작은할아버지 집을 부러워하며 자기도 하나님을 잘 섬길 것을 결심하지 않았을까요? 그래서 데만은 하나님을 제대로 섬기지 않는 할아버지 에서의 가문에 속했음에도 불구하고 하나님을 잘 섬기려고 애썼지요. 그 결과 후손인 엘리바스가 고난을 당한 욥을 찾을 정도까지 된 것 아닌가요?

당시 세상은 바벨론 신화의 영향으로 음란한 신전 창녀가 많았습니다. 야곱의 아들 유다를 유혹한 며느리 다말이 신전 창녀로 변장하는 것이 어렵지 않아 그렇게 변장해 시아버지를 유혹했지요. 이에 대해선 2017년에 펴낸 "성경 속 여인들의 인생 반전의 1편" 12~18쪽을 참조하시기 바랍니다. 이런 음란한 시기에 예수님의 족보에도 오르지 못한 욥이 하나님의 자랑거리가 되고, 믿음의 친구들이 있었다는 게 놀랍지 않나요?

욥, 세 친구의 열띤 논쟁과 후배의 질책, 그리고 하나님의 결론

욥기 3~31장에 기록된 욥과 세 친구의 지루한 논쟁은 욥의 한탄성 하소연으로 시작됩니다. 욥은 따뜻한 위로를 바라며 7일간의 침묵을 깼지요. 그러나 데만 사람 엘리바스는 "죄 없이 망한 사람은 없다."라며 자신의 영적 경험까지 소개하며 하나님 앞에 회개할 것을 촉구했지요. 그러자 욥은 자기는 무죄임을 강변했지요.

무죄라는 욥에게 다른 친구가 "자식들이 죄 없이 어떻게 다 죽느냐? 회개하고 다시 시작하면 네 시작은 미약하나 네 나중은 창대하리라."라는 유명한 말을 했지요. 8장에 나오는 이 말씀을 오늘날 액자에 담아 개업 선물로 많이 주는데 좀 생각할 것이 많지요. 성경은 앞뒤를 연결해 봐야 하는데 특정 부분만 쏙 뽑아 보면 뜻이 와전됩니다.

욥이 "잘못도 없는 나를 하나님께서 멸망시키고 있지만 나는 거룩하신 하나님 앞에 바로 선다."고 자신의 의를 내세우며 하나님을 탓하지요. 그러자 또 다른 친구가 욥을 나무라며 회개를 촉구했지요. 회개할 것이 없다는데도 친구들이 번갈아 가며 줄기차게 몰아세우니 욥은 마침내 자기를 불쌍히 여겨 줄 것을 호소하였지요. 또 이 모든 재앙으로 자신을 파멸시키는 분이 하나님으로 생각되기에 하나님을 만나 담판 지으려고 하나님을 찾아 사방을 헤맨 사실도 친구들에게 밝히며 자신의 의로움을 강변했지요. 친구들은 온갖 지식과 지혜를 동원하여 욥을 단죄하였고 욥도 자신의 지식을 활용하여 방어했지요. 이들 중 특히 욥의 지식은 출중하여 천문학, 광물 지질학, 기상학에 매우 뛰어났음을 알 수 있지요. 지구가 둥글고 공전과 자전의 위치를 확실히 지키고 있음을 암시하는 말도 26장에 기록하고 있으니 얼마나 놀랍습니까?

과거에는 많은 사람들에게 왕같이 존귀한 존재였고 약자들에게는 단비 같았지만 지금은 멸시와 조롱거리가 되었으나 억울함을 하나님께 호소하고 친구들에게 변론함으로써 긴 논쟁이 막을 내립니다.

이 네 사람의 논쟁을 계속 듣기만 하던 후배가 네 사람 모두를 싸잡아 나무라는 말을 한 것이 32~37장에 기록되어 있습니다. 나이가 어려 가만히 듣기만 하던 후배가 분개한 이유는 아무리 억울하고 친구들 때문에 흥분되었다고 해도 하나님보다 자기가 더 의로운 듯 욥이 말하기 때문이지요. 또 다른 이유는 욥의 잘못을 전혀 못 찾음에도 불구하고 친구들이 욥을 정죄해 몰아 세웠기 때문이지요. 36장 끝 무렵에 비가 내리는 원리를 오늘의 과학 지식과 똑같이 설명할 정도로 그의 지식은 놀라웠지요. 비록 젊다고 해도 해박하고 핵심을 정확히 짚어내는 후배의 말에 욥과 세 친구는 할 말이 없었지요.

긴 침묵을 깨고 마침내 하나님께서 폭풍 가운데 욥에게 말씀하셨지요. "알지도 못하면서 내 생각을 어둡게 흐리는 이 자는 누구냐? 너는 대장부답게 담대히 하고 내 질문에 답하라." 며 하나님은 당신이 어떻게 천지를 창조하셨는지, 또 피조물들을 하나님께서 어떻게 돌보고 계시는지에 대해 질문을 하셨지요. 욥은 너무 놀라 "저는 비천해 가치가 없는 자입니다. 할 말이 없습니다."라고 고백했지요.

그러나 하나님은 계속 질문을 하시면서 욥의 대답을 요구하셨지요. "너는 내 공의를 부인하느냐? 너의 의로움을 나타내고자 나를 악하다고 할 수 있느냐?"라는 질책에 욥은 부들부들 떨어야만 했지요. "네 능력이 무엇이냐?"라고 물으신 하나님은 "육지에서 가장 커서 꼬리가 백향목나무 같은 공룡 베헤못과 바다에서 가장 무서워 불을 내뿜고 코에서 연기를 내는 공룡 리워야단을 잡을 수 있느냐?"라고 하시며 욥의 교만을 지적했지요. 욥은 "아무것도 모르고 또 알 수도 없는 제가 마구 떠들어 댔습니다. 제 잘못을 깨닫고 제 말을 거두어들입니다. 제가 티끌과 잿더미에 앉아 회개합니다."

욥의 회개를 받으신 하나님은 더 이상 욥의 잘못을 거론치 않으시고 데만 사람 엘리바스에게 말씀하셨지요. "너와 두 친구는 나에 대하여 욥보다 더 잘못했다. 그래서 수소와 숫양 각각 일곱 마리를 제물로 욥이 제사를 지내며 너희를 위해 기도하면 내가 너희들을 용서해 주겠다." 이 말씀대로 욥이 제사 드리며 기도하여 친구들도 용서 받았지요.

이후 하나님은 욥에게 축복을 내려 재산을 전보다 배로 늘려 주셨지요. 7남 3녀의 자녀를 다시 주셨는데 세 딸은 세상에서 가장 아름다운 미인이었지요. 욥기에 아들의 이름도 없는데 세 딸의 이름은 다 기록되었으니 놀랍지요. 이 고난 후 욥은 후손을 4대나 직접 더 보며 140년을 더 사는 장수의 복을 누렸지요.

욥의 아내와 부름받지 못한 욥이 주는 위안

욥의 고난을 묵상하면 그의 아내가 궁금합니다. 다 키워 결혼까지 시킨 자녀를 한꺼번에 다 잃어 살고 싶은 마음이 없을 정도로 슬픈데 남편은 공수래공수거를 외치며 "하나님의 이름이 찬송을 받으리로다."고 하니 아내의 마음이 어땠을까요? 말로 다 할 수 없는 상심 속에서도 하나님을 찬양하던 남편이 깨진 질그릇 조각으로 온몸을 긁는 것을 보는 아내의 심정이 어땠을까요? "그래도 잘난 체 하나님 믿나? 하나님을 욕하고 죽어라"고 악을 쓰는 아내가 인간적으로 충분히 이해되지 않나요?

그 이후 아내가 욥에게 잘 해주었을까요? 욥기 19장 17절을 보면 아내는 남편의 숨 쉬는 것도 불쾌해한 것으로 욥이 말하지요. 남편의 꼴도 보기 싫은 아내의 심정 이해되지 않나요? 남아 있는 종들이 주인인 남편을 무시해도 그 종을 나무라지 않은 것 같지요. 그렇다고 아내가 도망갔나요?

31장 9,10절을 보면 아내는 억지로라도 집을 지키고 있었음을 알 수 있지요. "내가 다른 여자를 좋아한 적이 있다면 내 아내를 남이 범해도 좋다."는 말을 한 시점이 친구와의 논쟁 마지막 말을 할 때이므로 아내는 끝까지 집에 남았던 것이지요. 아내가 집을 나가지 않은 이유가 당시 여자의 경제 활동이 거의 불가능해서인가요? 아내에 대한 욥의 사랑이 식지 않은 것으로 보아 아내도 최소한의 도리는 한듯 합니다. 비록 서로 불만은 있어도 시간이 흐르며 불쌍히 여기는 마음이 싹트지 않았을까요? 그래서 아내를 타인에게 빼앗기기 싫은 마음이 강해져 31:9,10의 말을 한 것 아닐까요? 어쨌든 형제들과 가까운 친구, 친지들이 다 욥의 곁을 떠나고 멀리서 위문 온 친구조차 욥의 마음에 상처만 더 새기는 상황에서도 아내가 끝까지 있었다는 것은 감사한 일 아닌가요?

결혼 후 지금까지 제가 아내의 기쁨 또는 만족이 된 경우는 없는 것 같은데 제 눈 때문에 10년이 넘게 아내에게 부담이 되어 너무 미안하지요. 힘든 상황의 연속에서도 웃음으로 이겨내며 최선을 다하는 아내에게 감사하며 이런 아내를 허락하신 하나님께 너무 감사하지요. 욥의 고난이 몇 달이 아니고 1년 이상 꽤 오래 지속된 것으로 보이기에 끝까지 자리를 지킨 아내에 대해 욥도 분명 감사했을 것입니다.

제 쌍둥이 딸이 1.3kg, 1.1kg의 미숙아로 울산에서 태어나 인큐베이터에 장기 입원하게 되어서 대구 동성로 사무실을 폐업 정리했지요. 아내 근무지 울산에서 3년 반 세 자녀를 돌보는 주부 아빠가 되었지요. 생각지 못한 생활에 아내와 자주 다투었지요. 제 인생의 고난을 알고자 욥기만 8번 정도 계속 읽었지만 깨달은 게 없었지요. 그러다가 눈으로 또 다른 고난을 겪으며 성경이 너무 그리웠지요. 나이 50이 넘어 처음으로 창세기부터 큐티를 시작했지요. 드디어 욥기 순서에서 그동안 알지 못했던 것을 깨달으며 감사했지요.

첫째, 너무 완벽한 욥이 이스라엘 민족의 조상으로 선택받지 못한 것이 놀라웠고 감사했지요. 하나님의 자랑거리를 제쳐두고 실수 많은 보통 사람을 선택해 다듬어 가시는 하나님 뜻이 제게도 해당됨을 깨달으니 눈물이 나더군요. 욥 같은 사람은 거의 없는데 이런 사람만 하나님이 좋아하시면 저같이 흠 많은 사람은 어떻게 됩니까?

둘째, 욥이 이방인이란 점이 큰 위안이 됩니다. 하나님께서 이미 아브라함을 선택해 예수님의 조상으로 세우시고 그 믿음의 계보가 이삭, 야곱을 거쳐 12지파 계보까지 만들어 민족의 단계로 들어서는 선을 넘었지요. 그러나 욥은 이 라인에서 완전히 벗어난 이방인입니다. 그런데 하나님은 이방인이라도 하나님을 섬기는 사람은 누구든 좋아하신다는 사실을 욥을 통해 확실히 보여 주신 것입니다. 성경을 다 뒤져봐도 이와 같은 자랑거리는 이방인 욥뿐이니 하나님의 사랑은 차별이 없음이 나타나지 않습니까?

이스라엘은 샘플 민족으로, 자유의지를 어떻게 선택하고 사용하느냐에 따라 하나님의 사랑과 정의를 모든 사람에게 보여주는 표본으로 선택된 민족일 뿐입니다. 이런 하나님을 섬기면서 욥의 세 친구가 바로 제 모습인 것 같아 부끄럽습니다. 위로하며 세워 주려는 방문 목적을 완전히 망각하고 오히려 화를 돋우어 실수하게 만든 친구들과 다를 바 없었던 저의 삶을 돌아보게 됩니다.

2. 선택받은 노아의 10대손 아브라함

아브라함의 아버지는 가나안으로 가다가 왜 멈추었나?

아브람(아브라함의 첫 이름)과 그 형제들은 모두 갈대아(바벨론)

의 우르에서 태어났습니다. 우르는 당시 문명이 발달된 곳이라고 고고학자들은 밝힙니다. 아브람은 3형제 중 둘째로 보입니다. 형은 아들, 딸을 낳고 우르에서 아버지보다 먼저 죽었지요. 아브람은 10년 아래인 이복동생 사라와 결혼했으나 자식이 없었고 아브람의 동생은 죽은 형의 딸과 결혼했지요. 아브람의 아버지는 우르에서 우상을 섬기며 살았다고 여호수아 24장에서 밝히지요. 아버지는 70세가 되어 세 아들을 두게 되었는데 이때는 노아 홍수 후 302년이 되는 해입니다. 바벨론신화 주인공인 태양신, 모자신 숭배가 행해졌을 때이지요. 아브람의 아버지는 그런 우상을 섬겼을 뿐만 아니라 그런 우상을 만들어 팔며 생활했다는 주장도 있지요.

비록 큰 아들을 잃었지만 아버지는 우르에서 계속 살았는데 갑자기 고향을 떠나 가나안으로 출발했습니다. 아들 아브람과 손자(죽은 아들의 아들)를 데리고 떠났지요. 우르에서 가나안은 거리가 1,200~1,300km나 되어 부산에서 만주까지 보다 더 먼 곳인데 왜 떠났을까요?

하나님께서 아버지에게 "가나안 땅으로 떠나라!"고 계시하신 것 같지요. 창세기 11장을 끝까지 봐도 하나님께서 명령하셨다는 기록은 없습니다.

그런데도 이렇게 보는 이유는 고향을 떠나는 목적지가 가나안이기 때문입니다. 가나안은 하나님께서 이스라엘 민족에게 할당한 약속의 땅입니다. 또 다른 이유는 안 따라 가려는 막내 아들을 남겨 두고서라도 아브람을 데리고 떠났다는 것 때문이지요. 여태껏 함께 살아 온 아들과 헤어지는 아픔을 감수하려면 뭔가 동기 부여가 필요하지 않을까요? 마지막 결정적 이유는 창세기 15장에 기록된 "내가 너를 갈대아 우르에서 이끌어냈다."고 아브람에게 하신 하나님의 말씀입니다. 하나님께서 아브람에게 떠나라고 한 곳은 갈대 아우르가 아니고 하란입니다. 그런데도 하나님께서 아브람을 갈대 아우르에서 이끌어 내었다고 말씀하신 이유가 뭘까요? 어떤 식으로든 하나님께서 아버지에게 가나안으로 갈 마음을 주신 것을 나타내지요. 아브람은 어디로 가야할 지를 모르고 떠났는데 아버지는 어디로 가야할 지를 알았다는 것이 이상하다는 견해가 있지만, 그의 아버지가 가나안을 향해서 고향을 떠난 것으로 성경이 분명히 밝히고 있으니 놀랍지 않습니까?"

아브람의 아버지는 순종해 떠났는데 중도에 멈추어 포기했지요. 왜 멈추었을까요?

첫째, 하나님의 부르심에 대한 확신이 없었기 때문이지요. 단 한 번도 자신이 섬기는 우상의 음성을 들은 적이 없기에 자신이 전적으로 섬기지 않고 또 눈에 안 보이는 하나님의 계시를 끝까지 신뢰할 수가 없어 포기한 것입니다. 아브람의 아버지는 하나님에 대해 너무 둔감했지요.

둘째, 멈춘 곳의 지명이 "하란"으로 죽은 큰 아들의 이름과 같아서 아들에 대한 그리움에 잠긴 것 같지요. 목적지에 반 이상이나 왔는데도 멈춘 것은 믿음이 약한데다 아들 생각에 그냥 주저앉아 버린 것이지요. 그리고는 죽을 때까지 하란에서 살았지요.

아브람은 왜 가나안으로 갔을까?

아버지가 멈추니 하나님은 아들 아브람에게 또 떠날 것을 말씀하셨지요. 하나님이 가라는 곳으로 가면 아브람의 이름을 창대케 하고 큰 민족을 이루게 하고 복이 되게 해 주겠다는 약속도 하셨지요. 아버지가 설득되지 않아 아브람은 아버지와 헤어지며 조카 가족과 함께 떠났지요. 아브람은 왜 순종했을까요?

첫째, 눈에 보이지 않는 음성에 순종할 정도로 하나님을 잘 알았기 때문입니다. 아브람은 노아와 약 50년 이상 같은 시대를 살았지요. 9대조인 셈은 아브람이 죽은 후에도 약 27년을 더 살았지요. 홍수와 하나님에 대해 노아나 셈에게 직접 교육을 받았을 가능성이 크지요. 누구에게 교육을 받았든 아버지보다 마음에 더 새겨 하나님을 잘 알고 신뢰했기에 어디로 가야 하는지도 모르며 순종한 것이지요.

둘째, 아버지에게 떠날 것을 계시하신 하나님께서 오래 지나지 않아 재차 자신에게 말씀하셨기 때문입니다. 첫 번 계시와의 간격과 크지 않았다는 근거는 창세기 11장 30절의 사래(아브라함의 아내 사라의 첫 이름)에 관한 기록입니다. 아버지가 우르를 떠나기 전 사래는 임신을 못해 자식이 없었다고 기록되어 있습니다. 이는 사래의 불임이 상당히 오래 되었기에 굳이 좋지 못한 사실을 밝힌 것 아닌가요? 이 표현으로 보아 사래는 육체적으로 임신 불능의 나이에 점점 가까이 가고 있다는 뜻인 것 같습니다. 아브람이 아버지와 헤어질 때 사래의 나이는 65세였지만 요즘보다 두 배 정도 장수했기에 여전히 임신 가능한 상태였지요. 아버지가 마음을 바꿔 하란에 정착하기로 굳게 최종 결심을 하니 하나님께서 이내 아들에게 재차 말씀하신 겁니다. 하나님의 반복된 말씀을 아브람은 깊이 새긴 것입니다.

셋째, 자식이 없는 아브람에게 민족을 이루게 해 주겠다는 약속 때문입니다. 많은 축복의 약속 중 아브람에게 가장 시급한 것이 자식이지요. 아내는 임신 불능 나이에 점점 가까워지는데 망설일 이유가 있나요?

왜 가나안 땅을 주셨나?

아브라함과 그 후손들에게 가나안 땅을 주신 이유가 뭘까요? 가나안 땅의 특징을 통해 그 이유를 살핍니다.

첫째, 척박한 가나안 땅을 통해 이스라엘이 하나님만 섬기며 의지해 살도록 하기 위함입니다. 가나안을 "젖과 꿀이 흐르는 땅"이라고 한 것은 하나님이 보살펴 주신다는 전제하에 통하는 말입니다. 갈릴리 호수와 요단강변을 제외하면 가나안은 거의 산악 지형으로 비가 안 오면 메마른 곳입니다. 그럼에도 "젖과 꿀이 흐른다."고 하신 것은 비를 제때에 내려 주시겠다는 약속으로 봐야 합니다. 비가 내리는 것은 하나님께 달렸으니 하나님을 잘 섬기라는 뜻이지요.

둘째, 역사적으로 늘 강대국 사이 통로 역할을 한 가나안 땅의 약소국 이스라엘을 통해 전 세계에 하나님을 알리고자 한 것입니다. 북쪽의 메소포타미아는 "두 강 사이"라는 뜻으로 인류 최초로 문명이 발달한 곳입니다. 북쪽의 강대국은 이곳을 지배하고자 했습니다. 그래서 지배권자는 바벨론, 앗시리아, 히타이트, 앗시리아, 바벨론, 페르시아, 그리스, 로마 순서로 계속 바뀌었습니다.

북쪽 강대국이 계속 바뀌었지만 가나안 남쪽 강대국 이집트는 로마 시대까지 건재했습니다. 이집트 초기엔 흑인 파라오(이집트의 왕을 일컫는 말)가 통치했지만 왕조가 여러 번 바뀌는 가운데도 이집트는 2,000년 넘게 존재했지요.

그런데 북쪽의 강대국들은 나일강을 낀 곡창지대 이집트에 대한 정복 욕심에 계속 불탔지요. 이집트도 이에 맞섰기에 그 중간에 끼인 가나안은 이들의 각축장이 되었지요. 로마는 수륙양면으로 이집트를 공격했지만 그 외는 반드시 이스라엘을 거쳐 이집트로 갔지요. 이집트도 자기 땅보다 통로인 이스라엘을 이용해 전쟁하고자 했지요.

이런 상황에서 하나님은 이스라엘을 초강대국으로 만들지 않았습니다. 강대국이 되면 사람들은 왕을 칭송하며 받들 뿐, 하나님께 관심 가지지 않지요. 오히려 강대국 사이의 약소 민족을 보호함으로 이들이 섬기는 하나님을 이 세상에 알리는 좋은 방법이 되지요. 약소국을 통해 하나님을 알리는 이유는 누구든 특히 약자에게 하나님을 알고 섬길 기회를 주고자 함입니다.

아브라함을 다듬기 위해 열 번이나 당신을 경험케 하신 하나님

가나안에 어렵게 왔는데 문제가 발생했지요. 가뭄이 심해 이집트로 갔지요. 그런데 사래가 너무 예뻐 이집트인들이 자기를 죽이고 아내를 빼앗을 것을 아브람은 걱정했지요. 그래서 부부가 아닌 남매로 행세했지요. 사래의 미모에 관한 소문이 파라오의 귀에 들어갔지요. 당장 사래를 왕비로 삼은 파라오의 집에 하나님께서 재앙을 내리셨지요. 재앙의 원인이 사래인 것을 안 파라오는 사래와 동침 한번 못하고 아브람에게 돌려주었지요.

이런 어설픈 아브람을 하나님께서 자신의 사람으로 계속 다듬어 가셨지요. 하란에서 아브람에게 말씀하신 이후 모두 열 번이나 하나님을 경험케 하셨지요. 직접 말씀하신 것이 일곱 번, 이집트 사건처럼 누군가를 통한 간접 경험이 세 번이지요. 75세에 아버지와 헤어진 후 이집트 사건으로 첫 경험을 한 것이지요. 그 후 1~2년 사이에 목초지로 갈등을 빚는 조카와 헤어진 후 두 번 하나님의 축복 음성을 들었지요. 그 후 99세에 연달아 세 번을 경험하기까지 20년 이상 하나님을 경험치 못하며 살았지요. 99세의 경험은 매우 중요하지요. 하나님께서 부부 이름을 "아브라함(만국의 아버지란 뜻), 사라(만국의 어머니란 뜻)로 바꾸어 주셨지요. "할례를 하라"는 말씀에 집단 할례를 했고 생리가 끊어진 사라가 1년 후 아들을 낳을 것을 약속하셨지요. 조카가 사는 소돔성의 멸망을 막고자 여섯 번이나 하나님께 호소하며 대화했지요. 그런데 이집트 사건이 또 발생해 89세 사라가 팔레스타인 왕의 아내가 되었지요. 하나님은 이번에도 사라가 왕과 동침하기 전에 아브라함에게 돌려주셨지요.

이렇게 아브라함을 다듬어 가신 하나님은 100세에 마침내 낳은 아들 이삭을 위해 첩과 첩의 아들을 내보내라고 말씀하셨지요. 가슴 아픈 말씀에 순종한 아브라함에게 십여 년 후, 장남을 내보내는 것보다 훨씬 더 혹독한 "아들 이삭을 제물로 바치라"는 말씀이 임했지요. 아내 사라에게 말 한마디 없이 아들을 데리고 산으로 가 돌제단 위에 아들을 올려놓았지요. 칼을 들어 아들을 내려치려는 순간 아브라함은 생애 마지막으로 하나님 음성을 들으며 축복받았지요. 어이없는 실수를 반복하는 아브라함을 하나님께서 계속 다듬으셨기에 이런 시험까지도 무난히 통과할 수 있었지요. 아브라함은 아내 사라가 죽은 후 종을 통해 하나님을 마지막으로 경험하며 며느리를 맞이했지요. 인본주의 사람에서 신본주의 사람으로 다듬는 과정을 성경은 소상히 밝히고 있지요.

장자권 있는 장남들이 선택받지 못한 이유는 무엇인가?

하나님께서 하란에서 아브라함을 불러내시며 하신 축복의 언약은 아들 이삭과 손자 야곱을 통해 후손들에게 계속 이어졌지요. 그런데 이상한 것은 이어지는 축복과 믿음의 계보 중심에서 장남이 계속 벗어났다는 사실입니다. 하나님은 장남을 싫어하시는가요? 동서고금을 막론하고 부모들은 장남이 더 잘되기를 원해 장자권이란 특권을 주었지요. 남녀평등과 핵가족 시대를 겪은 사회에서는 장자권이 제도적으로 사라지는 추세이지만 심정적으로는 여전히 존재하지요. 하나님도 장자권을 인정하셔서 장자권에 대한 율법도 주셨지요. 그런데 누가 왜 그 권리를 못 누리고 벗어났는지 살피며 교훈을 얻고자 합니다.

첫째, 믿음의 시조인 아브라함도 장남이 아니지요. 형이 일찍 죽어 장남 역할을 한 것은 잠깐입니다. 아브라함은 아버지의 말씀에 순종해 고향을 떠났고 아버지가 하란에 머무르니 함께 머물렀지요. 철저히 아버지께 순종한 그가 "아버지를 떠나라!"는 하나님 말씀에도 순종함으로 진짜 장남이 되었지요. 반면에 동생은 고향에 눌러 앉아 불순종함으로 새로운 시작의 중심에서 벗어난 것입니다. 아브라함을 따라간 조카는 충분히 복을 함께 누릴 수 있었지만 욕심에 이끌려 소돔성을 선택해 벗어났지요. 외적에 사로잡힌 조카를 삼촌 아브라함이 구해 주었을 때 돌이킬 기회가 있었지만 조카는 계속 음란한 쾌락의 소돔성을 고집해 결국 망했지요. 망했으면 깨닫고 유일한 혈육인 삼촌에게 와야 하는데 두 딸을 데리고 아무도 없는 산으로 간 게 또 실수였지요. 두 딸은 소돔에서 배운 대로 아버지를 만취시킨 후 성관계를 가져 둘 다 아들까지 낳았으니 어떻게 축복의 대열에 끼일 수 있었겠습니까?

둘째, 아브라함의 두 아들을 살핍니다. 장남은 하나님이 허락해 낳은 아들이 아니고 인간적인 생각으로 낳았기 때문에 출발이 잘못되었지요. 사라의 나이가 많다고 첩을 두어 아들을 얻는 것은 사라와 아브라함의 인본주의적 오판이지요. 그뿐 아니라 하나님의 뜻을 무시하고 그분의 약속을 완전히 불신하는 행동이지요.

이렇게 얻은 장남을 첩과 함께 집에서 내보낼 때 장남은 17~18세 정도였지요. 태생적 한계를 극복할 만큼 그동안 아버지 밑에서 하나님 섬기기를 배우며 13세에는 엄청난 경험도 했지요. 아버지와 함께 할례를 받으며 하나님을 잘 섬길 것을 다짐했겠지요. 집으로 찾아온 하나님의 사자들께 식사 대접하는 아버지를 보며 또 다짐했겠지요. 아버지가 사촌형이 사는 소돔성의 멸망을 막으려고 안간 힘을 쓴 것도 들었겠지요. 그럼에도 불구하고 소돔성의 멸망을 봤을 때 또 다짐했겠지요. 14세에는 생리가 끊어진 큰 엄마 사라가 90세에 동생 이삭을 낳는 기적도 보았지요.

  이렇게 하나님을 엄청나게 경험했지만 장남은 집을 떠난 후에는 완전히 하나님과 등졌지요. 현재 고등학교 2,3학년 나이에 큰엄마와 아버지께 쫓겨난 충격을 이기지 못한 게 너무 안타깝지요. 그 충격을 이길 수 있을 만큼 하나님을 경험했음에도 이기지 못한 것은 친엄마에게도 잘못이 있지요. 친엄마는 큰엄마 사라의 몸종이었지만 졸지에 주인의 첩이 되어 임신했을 때 아기를 못 낳는 사라를 무시했지요. 그래서 사라에게 혼이 나서 도망간 친엄마는 광야에서 천사를 만나 "네 주인 사라에게 복종하고 잘 섬겨라. 네 후손을 셀 수 없이 많게 해 주겠다."는 말을 듣고 되돌아갔지요. 이런 경험이 있기에 사라가 이삭을 낳은 이후에는 조심하도록 아들 교육을 철저히 해야 했지요. 그런데 14살이나 어린 동생을 놀렸으니 사라가 폭발한 거지요. 아들을 쫓아내기까지 고민을 거듭하며 괴로워한 아버지를 보았기에 쫓아내는 것이 아버지의 뜻이 아님을 충분히 알 나이입니다. 비록 쫓겨나도 아버지의 복을 어느 정도 누릴 수 있었을 터인데 충격을 이기지 못해 아버지와 함께 경험한 하나님마저 등진 것은 너무 안타깝지요.

  반면에 동생 이삭은 형이 집에서 쫓겨난 그 비슷한 나이에 죽음을 각오하고 순종했지요. 자기를 제물로 바치려는 아버지가 "돌제단 위에 올라 앉으라"라고 할 때 군소리 없이 순종했지요. 아버지가 칼을 높이 들고 자기에게 내려치려고 하는데도 가만히 있었지요. 아버지가 자기보다 100살이나 더 많기에 힘은 자기가 더 셌지만 저항을 전혀 안했지요. 자신이 하나님께 바쳐지는 제물이 되는 것을 기꺼이 받아들인 것입니다. 그 아버지에 그 아들로 계보를 이을 자격이 충분하지요.

셋째, 이삭의 쌍둥이 아들을 살핍니다. 아내가 쌍둥이 아들을 임신했을 때 하나님은 차남을 선택하셨지요. 그 이유는 이들의 사고방식과 삶을 보면 알 수 있습니다.

형 에서는 활달하고 용감해 사냥도 잘하는 사내 대장부였지만 생각이 얕고 하나님을 크게 의식하지 않았지요. 반면 동생 야곱은 가사를 도우며 부모의 뜻에 따르고 꾀가 많고 하나님 앞에서도 욕심이 많았지요.

하루는 사냥에서 돌아온 형이 팥죽을 끓이는 동생에게 좀 달라고 하였지요. "형의 장자권을 내게 넘기면 주겠다."는 말에 허기진 형은 "장자권을 네게 준다."고 하곤 얻어먹었지요. 40세에 형은 부모가 싫어하는 두 여자와 결혼한 반면 동생은 70세가 되도록 부모의 뜻을 기다렸지요. 70세에 동생 야곱은 아버지를 속여 형이 받을 아버지의 축복 기도를 가로챘지요. 이후 부모는 야곱을 멀리 외삼촌에게 보내며 그 집에서 아내를 맞이할 것을 당부했지요. 야곱은 외삼촌 집에서 7년을 일한 후 외사촌 동생들과 결혼했지요.

동생이 외삼촌에게 간 것을 안 에서는 부모가 신앙이 다른 자기 아내들을 너무 싫어하는 것을 확실히 깨달았지요. 그래서 부모의 환심을 얻고자 큰아버지를 찾아 사촌동생과 결혼했지요. 에서의 이런 행동을 아버지 이삭과 하나님께서 좋아했을까요? 아버지의 뜻이 무엇인지 아버지께 물었으면 이런 짓을 안했을 것입니다. 이 삭과 이삭의 형은 아버지 아브라함의 장례를 함께 치렀을 뿐 신앙 관도 완전히 달라 이삭의 형은 우상을 섬기는 이방인이 된 지 오 래지요. 하나님은 아브라함을 생각해 장남을 축복했으나 믿음의 계보에서는 완전히 벗어났지요.

마지막으로 야곱의 열두 아들을 생각합니다. 야곱은 외삼촌에게 속아 두 여동생을 1주일 간격으로 아내로 맞이했지요. 두 아내가 아들에 대한 욕심으로 자기 여종들을 각각 야곱에게 첩으로 주어 야곱은 네 명의 아내에게서 열두 아들을 낳았지요. 열두 아들의 후손들이 각기 지파를 이루어 이스라엘은 12지파로 구성됩니다.

그런데 장남은 아버지 야곱의 셋째 부인과 불륜의 정을 통하며 장자의 힘을 잃었지요. 둘째와 셋째는 할례를 악용해 대학살 극을 벌여 역시 힘을 잃었지요. 넷째 유다는 열한 번째 아들 요셉만 편 애하는 아버지에게 불만을 품고 동생 요셉을 노예로 판 후 아버지 집을 뛰쳐나가 역시 힘을 잃은 듯했지요. 아버지가 진정 사랑했던 아내가 힘들게 낳은 요셉은 아버지의 사랑을 독차지했지만 노예로 팔렸으니 인생이 끝난 것 같았지요.

그러나 열두 아들 중 장자 역할은 이집트의 총리가 된 열한 번째 요셉이지요. 그렇지만 후손이 받은 복은 넷째 유다 지파가 으뜸이 지요. 다윗, 솔로몬을 거쳐 예수님까지 유다의 후손으로 태어났지 요. 어떻게 이런 축복이 가능하지요?

첫째, 둘째, 셋째 아들들은 자신의 잘못을 철저하게 회개한 모습 을 성경에서 찾을 수가 없지요. 반면 넷째 유다는 며느리와 이상 한 관계를 만든 이후 완전히 사람이 바뀌었지요. 그리고 요셉은 억울하게 노예가 되었지만 노예로 최선을 다하며 하나님을 나타냈 지요. 이 두 사람에 대한 자세한 분석은 2017년에 출간한 "성경

속 여인들의 인생반전" 중 1편을 참조하시기 바랍니다. 완전히 달라진 유다를 아버지 야곱뿐 아니라 하나님도 기뻐 받아 예수님의 조상이 된 것입니다.

노예로 팔린 요셉이 이집트 총리가 되어 장자의 역할을 했지요. 후에 가나안을 배분 받을 때 요셉지파는 두 몫을 받았지요. 이스라엘이 남북으로 분단되었을 때는 북이스라엘의 맹주가 되었지요. 그러나 예수님의 계보와는 동떨어졌지요. 저는 그 이유를 요셉의 아내 때문으로 봅니다. 그녀는 이집트에서 우상을 섬기는 사제의 딸이었는데 이집트의 파라오가 붙여 주었지요. 이것이 요셉의 장자 역할에 한계를 드러낸 것 같지요.

결론적으로 하나님은 장남이라고 우대하지도 장남이 아니라고 차별하지도 않습니다. 사람의 진정한 회개를 받으시고 중심과 행동을 보시고 사람을 사용하십니다. 정말 공평하신 분입니다.

3. 남자 성기를 덮은 껍질 끝을 잘라버려라

언약의 첫 의무 규칙, 할례

아담을 창조하신 이후 하나님께서 "이것을 대대로 지켜라"고 요구하신 것이 전혀 없었지요. 그런데 아브라함의 나이 99세에 "네 집에 거하는 모든 남자들의 성기 끝부분 껍질을 베어 버리라. 네 집에 태어나는 모든 남자는 생후 8일에 이 할례를 행하라"고 하나님께서 명령하셨지요. 여태껏 하나님을 섬김에 의무 사항이 없었는데 갑자기 생긴 의무로 아브라함의 집에서 한바탕 큰 소동이 벌어졌지요.

그에게 자식이라고는 사라의 몸종이었던 첩이 낳은 13세 아들뿐이었지요. 그러나 사병과 종의 가족을 합하면 할례 받아야 할 남자는 천 명도 넘었을 것입니다. 아브라함과 아들이 먼저 할례를 받았겠지요. 나머지는 외적 방어와 가축 보호를 위해 몇 번으로 나누어 실시했겠지요. 오늘날처럼 진통제도 없이 날카로운 돌칼로 시술하고 꿰맸으니 얼마나 아팠겠습니까? 꼼짝도 못하고 1주일 이상 고통스런 나날을 보내야 하는데 하나님께서 왜 이것을 요구하셨지요? 할례의 의미를 살펴봅니다.

첫째, 자기 자신을 철저히 깨끗이 하고 회개하라는 것입니다.

할례, 즉 포경 수술을 안 하면 남자의 성기는 정말 더럽고 냄새가 심하지 않습니까? 몽정과 자위할 나이가 되면 성기를 덮은 껍질 속에 오줌 방울, 정액 찌꺼기, 옷 먼지 등 온갖 찌꺼기가 쌓여 구린 냄새가 지독해 자칫하면 병 걸릴 수도 있지요. 요즘처럼 매일 샤워할 환경이 안 되었던 청소년 시절에 저는 이런 현상으로 꽤 고민했지요. 요즘은 어린 나이에 포경 수술을 하니 젊은 세대는 이 고충을 잘 모를 겁니다. 그런데 할례를 받으면 성기 귀두가 드러나고 찌꺼기를 감출 껍질이 없으니 위생상 깨끗해지지요.

이와 같이 자신을 돌아보아 냄새나고 더러워 병에 걸릴 만한 나쁜 것을 다 제거하라는 것이 할례의 뜻입니다. 그런데 할례에는 엄청난 고통이 뒤따르듯 진정한 회개에도 반드시 상한 마음이 있어야 한다는 겁니다. 상한 마음의 진정한 회개는 대개 눈물이 있지요. 사람에게 보이기 위한 것이 아니고 하나님을 향해 통회자복하는 눈물이지요. 할례가 평생에 한번이듯 이런 회개도 한번이면 됩니다. 할례 후 성기를 간단히 씻듯이 이런 회개 후에는 진심어린 간단한 고백으로도 하나님은 흔쾌히 받아 주십니다.

둘째, 하나님만 섬기며 절대 순종의 결연한 의지를 보이라는 겁니다.

여태껏 하나님께서 일방적으로 베푸시는 축복의 약속을 누리며 사람은 하나님을 섬기기만 하면 족했습니다. 섬기는 방법은 요즘처럼 매주 예배를 하고 헌금을 드리는 것도 아니고 중심이 하나님을 향하고 우상을 멀리 하면 족했지요. 이렇게 섬기면 하나님이 인간의 종이 되어 인간의 요구만 들어주는 이상한 존재가 되겠지요. 그래서 인간 중심의 인본주의적인 신앙에 빠질 가능성이 높지요. 그러므로 하나님 중심의 신본주의적인 단계로 격상시키고자 엄청난 고통이 따라도 하나님 말씀에 무조건 순종함을 보이라는 것이 할례의 뜻입니다.

그런데 하나님의 말씀에 순종하는 것이 아브라함에게 쉬운 일이었을까요? 먼저 본을 보이는 것은 오히려 쉬웠겠지요. 그러나 13살 아들에게 행하는 것은 자신의 아픔보다 더 컸겠지요. 또 아무리 자기 수하의 사람이라도 천 명이 넘는 사람을 한 명도 빠짐없이 하게 하기는 쉬운 일이 아니지요. 그리고 1년 후 그토록 기다려 마침내 백세에 얻은 갓난아기에게 행하기는 정말 쉽지 않은 것 아닌가요? 아브라함은 이 모든 것을 망설임 없이 기쁨으로 완수했지요.

할례 사건

할례가 이스라엘 생활에 얼마나 큰 비중을 차지하였는지 크고 작은 성경의 예를 살펴보고자 합니다.

첫째, 할례를 악용한 대학살 극입니다.

아브라함의 손자 야곱이 20년간 피신했던 외삼촌 집에서 돌아오며 극적으로 형 에서와 화해를 했지요. 그러나 여전히 형이 무서워 멀리 떨어진 세겜에서 살았지요. 하루는 야곱의 딸이 중심가를 구경하러 나갔다가 강간을 당했지요. 딸을 강간한 세겜 족장의 아들은 족장과 함께 야곱을 찾아 딸과의 결혼을 청했지요. 이 사실을 알고 격분한 열 명의 오빠 중 둘째, 셋째가 결혼 전제 조건으로 부족의 모든 남자들이 할례를 받을 것을 제시했지요. 족장과 그 아들은 야곱 가족과의 통혼을 통해 야곱의 엄청난 재산을 세겜 사람들이 차지할 수 있을 것이라며 할례받기를 설득했지요. 갑부의 사위가 되고 싶은 욕심에 세겜의 모든 남자들이 할례를 받아 꼼짝도 못하고 있었지요. 이 때 야곱의 둘째, 셋째 아들이 주동하여 형제와 종들을 이끌고 세겜의 모든 남자들을 다 죽이고 여동생을 구하며 여자들과 재물을 약탈했지요. 이를 주도한 둘째와 셋째 아들은 야곱의 눈 밖에 났지요. 뒷이야기는 "성경속 여인들의 인생반전" 1편 23쪽과 24쪽을 참조하시기 바랍니다.

둘째, 모세가 사우디아라비아의 미디안 광야에서 이집트로 떠날 때 행한 할례입니다.

이집트의 파라오를 피해 도망갔던 모세가 40년 만에 이집트로 돌아가는 길이었지요. 하나님의 부르심을 받아 자기 민족을 구출하려고 출발했지요. 그런데 하루는 시나이산 근처 숙소에서 하나님이 모세를 만나 죽이려고 했지요. 이 위급한 순간에 모세의 아내는 난데없이 돌칼로 두 아들에게 할례를 행해 베어낸 포피를 모세의 발에 갖다 대었지요. 그러자 하나님은 모세를 놓아 주어 계속 이집트로 가게 했지요.

하나님이 모세를 불러 보내 놓고는 오히려 죽이려 했으니 이상하지 않습니까? 모세는 죽을 위기에 처했는데 이방인인 아내의 행동도 너무 이상하지요? 천사에게 달려들어 남편을 구할 생각은 않고 두 아들에게 할례를 했으니 이것을 어떻게 봐야 하지요? 어쩌면 모세는 그 이유를 몰랐지만 이방인인 아내는 그 이유를 정확하게 알고 있지 않았나 하는 생각입니다. 남편을 죽이려 하는 천사가 누구이며 천사의 의중이 무엇인지 알고 있었고, 남편을 죽이지 않을 거라는 확신이 있었기 때문에 할례를 행할 수 있었겠지요. 또 천사가 아내에게 할례를 행하도록 힌트를 준 게 틀림없지요. 그렇게 위급한 상황에서 할례로 비상사태가 해결된 것을 보면 할례가 얼마나 중요한 지 알 수 있지요

아브라함, 이삭, 야곱으로 이어지는 이스라엘 민족은 출생 8일만에 다 할례를 받았지요. 고통스런 할례를 행하는 민족은 이스라엘 뿐이었지요. 세계 2차 대전 때 독일군이 유태인 식별 방법으로 할례 유무를 살핀 장면이 안소니 퀸 주연의 영화 "25시"에 나올 정도였지요. 그래서 유태인은 이방인에 대한 별칭으로 "할례 받지 못한 자"로 불렀지요. 이는 이방인을 무시하고 아주 얕잡아 보는 말로 사용되어 이들과 함께 식사하고 교제하는 것을 수치로 생각했지요. 반면에 "할례 받은 자"란 호칭을 타민족과 대비해 자신들에게 즐겨 사용하며 우월감을 누렸지요.

그런데 모세의 두 아들이 할례 받지 못한 사실이 드러나면 모세가 민족의 지도자 역할을 제대로 하겠습니까? 이렇게 중요한 할례를 모세가 두 아들에게 행하지 않은 이유가 뭘까요? 도망자로 오랜 세월 민족과 떨어져 홀로 살다 보니 둔감해졌든지 처가에 얹혀 살면서 이방인인 처가를 설득할 힘이 없었기 때문이겠지요. 남편의 민족에게 할례가 얼마나 중한지를 아내가 언제부터 알았는지는 모릅니다. 어쨌든 남편의 위급 상황 이유를 정확히 알았던 아내 덕분에 모세는 무사했지요. 정말 하나님이 모세를 죽이고자 했다면 아내가 할례를 마치기까지 시간을 끌지 않았겠지요. 아무 준비도 없이 갑자기 돌발적인 할례를 두 아들에게 황급히 해도 최소한 10분 이상 걸리지 않았겠습니까? 이미 모세를 죽이려는 상황이

시작되었기에 10초안에 끝날 것을 계속 기다려 준 것입니다. 갑작스런 할례에 두 아들이 순순히 응해준 것을 보면 두 아들이 어린 나이였을 가능성이 크지요. 할례를 마친 아내가 모세를 "피 남편"으로 부른 것은 원망 섞인 말이지요. 아내로 인해 모세는 흠 없이 민족의 지도자로 나설 수 있었지요.

셋째, 역사상 전무후무한 약 60만 명의 집단 할례 사건입니다.

출생 8일 만에 모두 할례를 받았는데 이스라엘 역사상 딱 한번 그렇지 못한 경우가 있었지요. 할례 받은 아기는 아물 때까지 그 집에 가만히 누워 있어야 하는데 아기를 데리고 어디를 가야 하는 상황이면 할례를 행할 수가 없지요. 모세의 지도하에 이스라엘 민족이 이집트를 떠나 가나안으로 가는 40년이 그런 상황이었지요.

250만 명이 이동한다고 해도 한 달이면 족한 거리를 40년이나 걸린 이유가 있지요. 하나님께 불순종하고 불평을 쏟아 놓으며 악한 짓을 계속했기 때문입니다. 특히 가나안 땅을 정탐하고 온 12명중 10명의 부정적 보고를 듣고서는 불평, 불만이 극에 달했지요. 이에 하나님은 긍정적인 믿음의 보고를 한 2명 외 20세 이상의 사람들은 단 한명도 약속의 땅, 가나안에 못 들어가고 광야에서 다 죽을 것이라고 하셨지요. 그래서 20세 이상 모든 사람이 다 죽는 40년 동안 계속 광야에서 이동하는 생활을 했지요. 이 40년 동안 태어난 아기들에게는 언제 이동할지 몰라 할례를 베풀 수가 없었지요.

어쨌든 할례 받지 못한 자들이 가나안 땅을 차지하는 것을 하나님은 원치 않으셨지요. 그래서 가나안의 첫 번째 정복 대상지인 여리고 앞 평지에서 모두 할례 받을 것을 명하셨지요. 곧 전쟁할 적군을 앞에 둔 상황에서 거의 60만 명 남자들에게 굳이 할례를 받으라고 하신 이유가 뭘까요? 앞서 말씀드린 할례의 의미 그대로

입니다. 광야에서 죽은 선조들의 잘못을 절대 따르지 말고 자신을 돌아보아 철저히 회개하라는 것입니다. 그리고 적군이 앞에 있는 비상 상황에서도 하나님만 섬기며 믿고 절대 순종하라는 것입니다. 그리하면 하나님께서 적군을 막아 주신다는 뜻이지요. 하나님께서 어떻게 이스라엘을 도우셨는지 "성경 속 여인들의 인생반전" 중 2편 42쪽과 43쪽을 참조하시기 바랍니다.

넷째, 할례를 둘러싼 베드로의 위선적 실수와 바울의 책망입니다.

부활하시고 승천하신 예수님을 구주로 믿는 초대교회 당시 할례는 중요한 이슈였지요. 유태인 성도는 다 할례를 받았으나 이방인 성도가 문제였지요. 예수께서 이 땅에 오셨고 부활 승천하셨으니 하나님을 섬기는 방법에 많은 변화가 일어났지요. 그런데 아직은 변화가 시작에 불과해 성전에서의 각종 제사에 크리스챤도 참석하는 과도기적인 혼란기였지요. 이런 상황인지라 할례가 크리스챤 사회에서 큰 이슈가 되었지요.

크리스챤에 대한 핍박으로 성도들이 예루살렘과 유대 지역을 떠나 객지로 흩어져 이방인에게도 복음이 전해졌지요. 특히 바울을 통해 많은 이방인 성도가 생기며 할례가 이슈화 된 것이지요. "예수님을 구주로 섬기는 것은 그 분을 보내신 하나님 아버지를 섬기는 것이다. 그러니 이방인도 하나님께서 명령하신 할례를 받아야 한다."

이 주장은 얼핏 보면 일리 있어 보이지만 이방인에게 전도한 예수님도 요구하지 않은 것이지요. 유태인은 아무 의식이 없는 아기 때 예수님을 알기도 전에 부모에 의해 일방적으로 받은 할례를 이방인에게 강요하는 것은 억지 아닌가요? 다 큰 이방인이 크리스챤이 되었다고 고통스런 할례 받기가 쉽습니까? 예수님도 요구하지 않은 할례를 강요하는 것은 복음 전파에 오히려 걸림돌이 될 수 있지요. 이 문제로 초대교회의 모든 지도자들이 예루살렘에 모여 총회를 연 사실이 사도행전 15장에 나오지요. 갑론을박 끝에 "이 방인 성도에게 할례의 부담을 주지 말자."는 결론이 났지요. 그러나 모두가 흔쾌히 수긍하는 분위기는 아니었음이 후에 나타나지요. 총회 결과를 다른 지역에 알렸지요.

그 이후 하루는 예수님의 수제자 베드로가 안티오키아 (성경엔 안디옥)에 왔지요. 선교사 파송의 중심지 안티오키아는 인구가 100만으로 로마시대 세 번째 큰 도시였지요. 베드로가 이방인 성도들과 한 식탁에서 식사 도중 예루살렘에서 오는 할례주의자들이 곧 들어 온다는 소식을 들었지요. 할례 받지 않은 이방인과 함께 식사한다는 구설수에 오르는 게 두려워 베드로는 자리를 옮겼지요. 그러자 다른 사람들도 자리를 옮겼고 마침내 바울의 단짝도 엉거주춤 따라했지요. 이 단짝은 바울과 함께 약 14년간 이방인에게 복음을 전하는 선교 여행을 한 사람이지요. 이에 격분한 바울이 모든 사람들이 보는 가운데 하늘같은 대선배 베드로에게 직격탄을 날렸지요. "당신은 유태인이면서 유태인이 아닌 것처럼, 이방인인 것처럼 행동한다. 이렇게 위선을 행하며 어떻게 이방인에게 유태인처럼 믿으라고 할 수 있느냐? (할례를 받는 것 같이 율법을 지킴으로 구원받는 것이 아니고 예수를 믿음으로 구원받는다)."

베드로와 다른 유태인들이 자리를 옮길 때 함께 먹던 이방인 성도의 마음은 어땠을까요? 교회에 계속 오고 싶겠습니까?

베드로가 자리를 떠난 이유를 율법이 금한 부정한 음식물을 이방인과 함께 먹었기 때문으로 해석하는 분도 있습니다. 이는 갈라디아서 2장에 기록된 이 사건을 잘못 해석한 것입니다. "할례자들이 두려워" 베드로가 일어선 것임을 밝히고 있는 것을 간과한 잘못된 견해입니다. 게다가 율법의 최초 의무이면서 대표격인 할례로 인해 바울이 개척한 갈라디아 교회가 겪고 있는 혼란을 수습하고자 갈라다아서를 기록한 목적이 곳곳에 나타나는 것과도 대치되는 잘못된 견해입니다. 예루살렘 총회에서 "이방인에게 할례 부담을 주면 안 된다."는 의견을 밝힌 베드로도 위선적인 행동으로 이방인 성도의 마음에 상처를 줄 정도로 할례주의자들은 막무가내로 성도를 괴롭혔지요. 예루살렘 총회에 참석했기에 누가 무슨 말을 했으며 결론이 어떤지 바울과 그 단짝도 잘 알고 있었지요. 갈라디아서 2장과 사도행전 15장을 대비해 자세히 살피면 예루살렘 총회가 끝난 지 아주 오랜 후가 아니고 얼마 안 되어 베드로가 안티오키아를 방문한 것으로 보이지요. 초대교회에 막강한 영향력을 끼치는 베드로가 얼마 전 자기 발언을 뒤집는 위선적 행동을 하여서 잘못된 영향을 막고자 바울이 공개적으로 바로 그 자리에서 질책한 거지요. 바울과 함께 14년이나 외국을 돌아다니며 선교한 단짝마저 베드로의 위선을 따르니 바울이 얼마나 화가 났겠습니까?

어느 순간 할례가 형식에 그치자 하나님께선 마음의 할례를 받을 것을 모세와 선지자들을 통해 여러 번 강조하셨지요. 그래도 할례의 참 뜻은 생각지 않고 육체의 할례를 고집하며 이방인을 괴롭히는 사람들에게 바울은 말했지요. "육체의 할례를 받은 자가 유태인이 아니고 마음의 할례를 받은 자가 참 유태인이다." 오늘날 우리도 하나님의 뜻과 예수님의 가르침과 상관없이 전통과 관습의 율법을 만들어 성도를 얽어매는 사례가 제법 있기에 이 사건을 깊이 새기고자 합니다.

4. 예쁜 아내로 인해 대를 이은 팔레스타인 조약

아브라함의 팔레스타인 화친 조약

99세에 아브라함은 할례를 받았고 1년 후 이삭을 낳을 것을 약속 받았지요. 그리고는 조카가 사는 소돔성을 위해 여섯 번이나 기도 했지만 의인 10명이 없어 소돔은 멸망했지요. 그 후 갑자기 아브 라함은 팔레스타인 (성경엔 블레셋: 당시 그랄과 여러 성으로 이 루어짐)으로 이주했지요. 아브라함은 고향을 떠날 때부터 타국에 갈 때마다 너무나도 아름다운 아내 사라와는 남매사이로 행세했지 요. 89세 사라는 생리가 끝났기에 1년 후 아들을 낳을 것이란 예 언에 코웃음을 쳤지만 여전히 아름답고 또 젊게 보였지요. 그래서 팔레스타인의 왕이 사라를 왕비로 맞이했지요.

꿈에 하나님께서 사라를 왕비로 맞이한 것을 꾸짖으시고 벌을 내 릴 것을 왕에게 말씀하셨지요. 아브라함이 속여서 왕은 모르고 한 짓이니 용서해 줄 것을 애원했지요. "당장 사라를 돌려주고 아브 라함이 너를 위해 기도하면 용서해 주겠다."고 하나님께서 말씀하 셨지요. 왕은 아브라함을 꾸짖었고 아브라함은 궁색한 변명을 하 고 왕을 위해 기도했지요. 그러자 왕의 여자들이 불임에서 풀려 임신과 출산이 가능해졌지요.

아마 사라의 몸속엔 이미 이삭이 잉태되고 있었던 것 같습니다. 해가 바뀌어 드디어 약속의 아들 이삭이 태어났고 잘 자라며 젖을 뗐지요. 젖 뗀 어린 이삭을 14살 더 많은 이복형이 놀리기에 사라 는 이복형과 그 엄마를 집에서 내보낼 것을 남편에게 요청했지요. 고민하는 아브라함에게 "네 장남도 내가 축복할 것이니 사라의 말 을 따르라."고 하나님께서 말씀하셨고 이에 순종했지요.

사라 때문에 혼이 났던 팔레스타인의 왕은 그동안 계속 아브라함을 살피고 있었지요. 꿈에 나타난 하나님께서 아브라함을 도우고 계심을 확신한 왕은 군대 장관을 데리고 아브라함에게 갔지요. "하나님이 너와 함께 하심을 보았다. 너는 전처럼 나와 내 아들과 손자를 속여 벌 받게 해선 안 된다."고 말하며 화친 조약 맺기를 요청했지요. 이에 아브라함은 자기 종들이 판 우물을 왕의 사람들이 빼앗아 간 것을 항의했지요. 왕은 "그런 일이 있었는지 몰랐다. 앞으로는 바로 알려달라."고 하며 화친 조약을 맺고 융숭히 대접받은 후 기분 좋게 돌아갔지요.

아무리 작은 나라라 해도 일국의 왕이 어린 아들 하나만 있는 노인을 찾아 먼저 화친을 제의했으니 얼마나 놀랍습니까?

이삭의 팔레스타인 화친 조약

이삭이 40세에 결혼해 60세에 쌍둥이 에서와 야곱을 낳았지요. 에서가 사냥을 즐기며 배가 고파 야곱이 끓인 팥죽 한 그릇에 장자권을 판 때는 이삭의 나이가 약 80세 정도 되었지요. 이 때 큰 가뭄이 들어 이삭은 이집트로 가고자 했지요. 그런데 하나님께서 "이집트로 가지 말라"고 하시고 팔레스타인으로 인도하시며 하나님께 순종하면 그곳에서 복을 주시겠다고 약속하셨지요. 이집트행을 막은 것은 곡창지대인 이집트를 의지하지 말고 비록 가뭄이 들었어도 하나님을 의지하면 도와주시겠다는 뜻이지요. 팔레스타인으로 인도하신 이유는 이삭을 통해 이방인에게 하나님을 알려 함께 복을 누리게 함이지요.

그런데 이삭은 아름다운 아내를 그곳 사람들에게 여동생으로 말했지요. 하루는 팔레스타인 왕이 창문을 통해 아내를 껴안는 이삭을 보았지요. "왜 속였느냐?"는 왕의 호통에 "아내를 빼앗기 위해 사람들이 나를 죽일까 봐 그랬습니다."라고 이삭은 궁색하게 말했지요. "너 때문에 우리가 큰 죄를 지을 뻔했다."고 크게 나무란 왕은 아무도 이삭 가족을 해하지 못하도록 명령을 내렸지요.

날이 가뭄에도 하나님의 약속대로 이삭은 축복을 받아 100배 수확으로 마침내 거부가 되었지요. 이를 시기한 사람들은 아브라함이 팠던 우물을 돌과 흙으로 막았고 급기야 왕도 이삭을 쫓아 버렸지요. 이삭은 쫓겨난 곳에서 또 우물을 팠는데 그 곳 사람들이 시비를 걸자 힘들게 판 우물을 두 번이나 양보해 넘겨줬지요. 그런데도 계속 잘되는 이삭을 유심히 지켜본 왕은 군대 장관을 데리고 이삭을 찾았지요. "하나님이 너와 함께 하는 것을 보았다."고 말하며 왕은 화친 조약을 제의했지요. 이삭은 기꺼이 조약을 맺고 왕을 극진히 대접해서 돌려보냈지요.

이삭과 조약을 맺은 왕은 아브라함과도 조약을 맺은 왕입니다. 창세기 21장 끝부분과 26장에 기록된 왕과 군대 장관의 이름이 똑 같은 것이 그 증거입니다. 너무 놀랍지 않습니까?

왕이 아브라함과 조약을 맺을 때 벌써 손자가 있었다 해도 여자에 약한 젊었을 때이지요. 여자를 밝히는 젊은 왕이기에 자기보다 수 십 살 많은 사라를 왕비로 삼을 정도로 예쁜 여자를 욕심낸 것 아닙니까? 그런데 이삭이 동생이라 속인 아름다운 여인에게는 어떻게 초연했지요? 왕의 나이 100세가 훨씬 더 지나 이젠 여자도 싫어졌나요? 아브라함의 나이 137세에 사라가 죽었는데 그 후 아브라함이 재혼해 자녀까지 낳은 것을 보면 왕도 얼마든지 그럴 수 있지 않나요?

나이보다도, 왕이 젊은 시절 사라를 통해 경험한 하나님을 의식했기 때문으로 보이지요. "너 때문에 죄지을 뻔했다."고 이삭에게 말했는데 누군가를 의식한 말 아닌가요? 하나님 앞에 죄짓는 것을 두려워하는 말입니다. 하나님을 잊지 않고 있었기에 이삭을 도우시는 분이 하나님인 것을 알 수 있었지요. 그래서 체면도 버리고 이번엔 아들 이삭을 찾아 화친을 먼저 제의한 것입니다. 왕이 모든 자존심을 다 버리고 쫓아낸 사람을 먼저 찾아 가게 된 것은 하나님에 대한 생각이었습니다. 왕은 하나님이 축복하시는 자를 통해 함께 축복 받기를 소망한 겁니다. 왕이 장수하며 오랫동안 왕위를 지킬 수 있었던 것은 이런 마음을 하나님께서 인정하셨기 때문 아닐까요? 참된 크리스천은 다른 사람들도 이렇게 알아보지요.

인간이 자유의지를 어떻게 사용하느냐에 따라 창조주와 사랑의 교제를 누리거나 징벌받음을 모두에게 확실히 보여주는 샘플로 하나님은 이스라엘 민족을 세우셨습니다. 그런데 그 시조로 완벽한 욥을 세우지 않고 가는 곳마다 아내를 누이로 속이는 어설픈 아브라함을 세운 사실에 저는 너무 힘을 얻지요. 결점이 큰 사람을 다듬고 또 다듬어 100세에 얻은 아들을 주저 없이 바칠 수 있을 정도까지 다듬으시며 기다리신 하나님께 결점이 너무나 많은 저도 의탁합니다.
 그리고 하나님을 알고 경험하는 방법에 대해 아브라함과 저를 비교해 봅니다. 아브라함은 성경이 없었습니다. 어릴 때 남에게서 들은 게 전부였는데 75세에 하나님 음성을 직접 들으며 경험했지요. 그 후 100년을 더 살며 하나님 음성을 직접 들은 것이 7회 더 있고 남을 통한 간접 경험이 3회 더 있었지요. 그런 아브라함이 오늘날 우리보다 하나님을 더 잘 알고 믿을 수 있었을까요? 많은 사람들이 하나님을 직접 경험하기를 원해 이 심리를 악용한 사악한 무리들이 잘못된 신비주의로 현혹하고 있습니다.

아브라함은 하나님께 순종해 고향을 떠났지만 자손 약속의 말씀을 듣는 신비한 경험 후 시일이 흐르며 자식에 대한 믿음은 사라졌지요. 세 번째 나타난 하나님께 "아이는 없는데 더 늙어 가니 나의 가장 신실한 종에게 내 모든 것을 물려줄 것입니다."라고 밝힐 정도였지요. 그런 그에게 하나님은 또 약속했지만 아브라함의 믿음이 오래 갔을까요? 믿음이 또 사라지니 인간적 편법을 따라 첩을 두어 86세에 아들을 낳았지요.

뒤늦게 낳은 아들을 금이야 옥이야 키우며 하나님 약속의 말씀을 완전히 잊은 99세에 하나님은 네 번째 나타나셨지요. 현재 아들이 자기 후사가 될 것이라고 말하는 아브라함에게 사라를 통해 내년 이맘때 아들을 낳을 것을 하나님께서 약속하셨지요. 99세의 하나님 경험은 여느 때와 사뭇 달라 너무 찐한 경험의 연속이었지요. 부부의 이름을 하나님께서 바꿔 주셨고 고통스런 할례 명령에 순종했지요. 생리가 끝난 사라의 불신을 하나님께서 나무라셔서 혼이 났지요. 또 하나님의 사자들과 함께 식사를 하며 많은 대화를 했지요. 게다가 조카가 사는 소돔성의 멸망을 막고자 하나님을 설득하는 긴 대화도 했지요. 결국 소돔과 고모라가 망하며 연기가 피어오르는 광경도 멀리서 봤지요. 이렇게 신비한 경험을 연속적으로 아주 강하게 했지만 아브라함과 사라는 1년 후 아들을 낳을 것을 굳게 믿었을까요?

너무 아쉽지만 이런 경험을 한꺼번에 하고도 생리가 끝난 사라뿐 아니라 아브라함도 믿음이 약했습니다. 믿음이 강했다면 사라가 팔레스타인 왕의 아내가 되도록 행동했겠습니까? 오래전에 이집트로 갔을 때는 가뭄이 들었기 때문이지만 이번에는 별 이유도 없이 아내를 빼앗길 팔레스타인으로 왜 갑니까? 사라의 나이가 89세라

"설마!"하고 방심했나요? 부부가 다 나이가 많긴 해도 부부생활을 할 수 있었는데 왜 하나님의 말씀을 굳게 못 믿었는지 너무 아쉽지 않습니까?

하나님의 음성을 듣고 신비한 체험을 많이 한다고 해서 바른 믿음을 지니는 것이 아님을 아브라함이 잘 보여줍니다. 아브라함에게 없었던 성경이 제게 있는 것이 너무 감사합니다. 이 성경을 통해 하나님 음성을 듣고 하나님을 경험하며 하나님과 대화도 합니다. 제가 궁금해 질문을 하든, 힘들고 고단해 도움을 요청할 때면 깨달음으로 답을 주시고 선하신 방법으로 해결하심을 맛보게 하셔서 저도 인격적인 하나님을 경험합니다. 저는 아브라함보다 더 좋은 환경에서 하나님을 알고 섬기고 있어서 정말 감사합니다.

아버지가 자신을 제물로 삼아 죽이려 해도 순종했던 이삭에게도 결점이 있었지요. 아름다운 아내를 뺏기지 않으려고 어이없는 잘못을 범하고 큰 아들을 편애하는 너무 큰 잘못도 범했지만 그런 이삭을 다듬어 가신 분도 하나님이시지요. 욕심 많은 야곱은 결점이 더 많았지요. 남을 속인 만큼 남에게 속임을 당하며 하나님의 다듬어 가심을 받은 야곱으로 인해 이스라엘의 12지파가 나왔다는 것이 저에게는 또 위안이 됩니다.

연약한 저희 부부와 자녀들을 다듬어 가시며 또 다른 본보기로 만드시길 소망하며 기대합니다. 다듬어 가실 뜻을 가지고 결점 많은 아브라함을 불러내실 때 약속하신 말씀이 저희 가족에게도 그대로 이어짐을 믿음의 눈으로 봅니다.

"너는 복이 될 것이다. 너를 축복하는 자를 내가 축복하고 너를 저주하는 자는 누구든지 내가 저주할 것이다. 이 세상 모든 사람이 너를 통해 복을 받을 것이다. (You will be a blessing. I will bless those who bless you, and whoever curses you I will curse, and all peoples on earth will be blessed through you. 창 12:3)

"복 중에 가장 큰 복은 무엇일까요? 하나님께서 부여하신 자유 의지를 잘 선택해 아브라함의 후손으로 오신 예수님을 믿어 창조주와 참사랑의 관계를 회복해 천국 백성이 되는 것입니다. 모든 것을 누리고 천하를 얻고도 마지막에 영원히 꺼지지 않는 불의 지옥 백성이 된다면 무슨 소용이 있겠습니까? 저의 후손들은 천국 백성으로서 이 땅의 삶에 필요한 부수적인 복도 함께 누리고, 하나님이 주시는 축복의 통로가 되길 기도합니다.

03

말더듬이 모세와 그를 섬긴 형

아론

1. 말더듬이를 살리고 지도자로 세우신 하나님

모세를 나일강에서 살린 공주와 모세를 죽이려 한 파라오는 누구인가?

기독교인은 거의 알고 있고 비기독교인조차 많이 아는 내용이지만 그 역사적 사실성을 살펴보고자 이 이야기를 소개합니다.

야곱의 70인 가족(남자만 헤아린 수)이 이집트 총리가 된 열한 번째 아들 요셉의 초청으로 가뭄을 피해 이집트로 갔지요. 총 430년 거주 기간 중 약 350년이 흐르니 히브리인("강을 건너온 사람"이란 뜻으로 노예 계층의 이방인을 지칭하는 말. 이스라엘을 얕잡아 부른 별칭)이 기하급수적으로 늘어 파라오(Pharaoh "큰 집"이란 뜻, 성경엔 "바로"로 표기, 이집트의 정치적 종교적 최고 통치자, 즉 왕을 일컫는 말)가 고민했지요. 외적과의 전쟁 시 이들이 외적을 도울 것을 우려해 남자가 태어나면 다 죽일 것을 산파들에게 명령했지요. 하나님을 두려워한 산파들이 이 명령을 잘 따르지 않자 태어나는 남자 아기들을 나일강에 버리도록 명령했지요.

이때 할례를 악용해 대학살극을 일으킨 야곱의 셋째 아들 레위의 후손인 레위 지파의 한 집에 사내 아기가 태어났지요. 아기를 너무 사랑한 엄마는 아기를 나일강에 버리지 못하고 석 달을 숨죽이며 키웠지요. 더는 몰래 키울 수 없다고 판단한 엄마는 갈대로 바구니를 만들어 방수 처리한 후 부드러운 작은 요를 깔고 아기를 눕혀 나일강 갈대숲 사이에 띄웠지요. 그리고 아기의 누나에게 이 바구니를 지켜보게 했지요.

마침 나일강에 파라오의 딸인 공주가 목욕하러 왔지요. 바구니의 아기를 발견한 공주는 히브리인의 아기임을 직감했지만, 동정심이 크게 생겼지요. 지켜보던 누나는 공주에게 다가가 아기를 키워줄 유모를 소개하겠다고 제의했지요. 허락이 떨어지자 누나는 엄마를 데리고 왔고 공주는 유모로 알고 경비를 줄 테니 아기를 잘 키워 데려올 것을 명령했지요. 아기를 다시 집으로 데리고 간 엄마는 공주의 보호 아래 양육비까지 받으며 정말 기쁘게 아기를 키웠지요.

아기가 젖을 떼고 어느 정도 자라 마침내 왕궁으로 들어가 공주의 양아들이 되었지요. 아기를 물에서 건졌다고 하여 이름을 모세라고 공주가 지었지요. 이후 모세는 왕궁에서 공주의 아들로 자라며 모든 이집트 학문과 종교를 배웠지요. 그러나 모세는 친엄마에게 받은 교육을 가슴에 새겼고 간혹 친가족들을 만나며 히브리인임을 잊지 않았지요.

나이 40세쯤에 외출한 어느 날, 히브리인을 괴롭히는 이집트인을 보았지요. 주변에 아무도 없음을 확인한 모세는 그 이집트인을 때려죽여 땅에 파묻었지요. 얼마 후 또 외출한 모세는 같은 히브리인끼리 다투는 것을 보고 말렸지요. 잘못한 사람이 "네가 뭔데 간섭이냐? 이집트인을 죽이더니 나도 죽일 거냐?"고 모세에게 대들었지요. 이집트인을 죽인 것이 널리 알려졌음을 직감한 모세는 고민했지요. 이 사실을 안 파라오는 모세를 죽이려고 체포 명령을 내렸지요.

졸지에 도망자가 된 모세는 지금의 사우디아라비아 광야까지 가서 한 우물 옆에서 쉬고 있었지요. 우물에서 물을 길어 양떼들에게 먹이는 여인들을 어떤 목동들이 괴롭히는 것을 본 모세는 여인들을 구해 주었지요. 그 지방 사제의 딸들을 구해준 인연으로 모세는 그 집 데릴사위가 되어 처가의 양떼를 돌보며 40년을 살았지요. 그 사이에 모세는 두 아들을 얻었고 모세를 죽이려 한 파라오는 죽고 그의 아들이 파라오가 되었지요. 이때 시나이산(성경엔 시내산, 호렙산으로 표기)에서 80세가 된 모세로 하여금 이스라엘을 이집트에서 구출하는 지도자로 하나님께서 부르셨지요.

이상의 이야기에서 공주는 모세의 누나가 데리고 온 유모가 아기 엄마임을 분명 눈치 챘겠지요. 그런데도 친엄마에게 돈까지 줘가며 모세를 맡길 정도로 통이 큰 공주였지요. 후에 모세가 왕궁에서 생활할 때 이런 공주의 배려로 가족과 만남도 어렵지 않았겠지요. 80세 된 모세가 83세 형 아론을 쉽게 알아보고 반가워한 것이 과거에 이런 교류가 있었다는 증거이지요.

이런 이야기에서 저는 궁금한 점이 많았습니다. 아무리 공주라고 해도 아버지인 왕이 내린 명령을 거역하고 히브리 사내 아기를 양아들로 삼아 키운다는 것은 힘든 것 아닌가? 이토록 대담한 공주는 누구일까? 아버지도 못 말릴 정도로 비범한 공주의 양아들이 사람을 학대한 이집트인을 때려죽인 것이 용서받지 못하고 죽어야 할 죄인가? 이런 이유로 모세를 죽이려 한 파라오는 누구인가? 혹시 이 파라오는 공주와의 관계가 나빠서 이를 빌미로 모세를 죽이려 한 것은 아닌가? 80세 된 모세가 이스라엘을 구출하기 위해

맞부딪힌 파라오는 누구인가? 이 파라오의 장남이 정말 재앙으로 죽은 게 이집트 역사에도 나타나는가?

제 눈이 세상을 다시 보게 된 5,6년 전 이런 의문을 풀고자 많은 자료를 찾았지요. NIV Study Bible, 성경 주석, 브리태니커 대백과사전, 동아 대백과, Wiki 백과를 다 섭렵해도 부족했지요. 도서관에서 고대 이집트 관련 서적을 몽땅 빌려와 탐독했지요. 제가 이렇게 획득한 지식이 Exodus(히브리인이 이집트를 떠나 가나안으로 가는 여행)를 이해함에 도움이 되길 바랍니다.

Exodus가 이집트에서 출발했기에 이를 제대로 이해하려면 고대 이집트 역사를 알아야 합니다. 고대 이집트는 지구상에서 가장 오래 존속한 국가입니다. 고대 이집트 역사가들(편의상 이하에선 "역사가들"로 표기함)의 주장으로는 B.C. 30년 로마에게 완전히 망하기까지 3,000년 이상 존속했다고 합니다. 이는 노아 홍수 이전에 고대 이집트가 존재한 것을 의미하기에 저는 수긍이 안 되지요. 성경 연대기에 의하면 노아 홍수는 B.C. 2350년경으로 추정되지요. 오차가 있을 수는 있어도 B.C. 3000년경에 노아 홍수가 일어난 것은 절대 아닙니다. 어쨌든 고대 이집트는 성경 연대기로 보아도 최소한 2,000년 이상 존속했을 뿐만 아니라 워낙 오래전에 존재해 당시의 연대표기 방식이 현재와 너무 달라서 학자간 연대기 계산에 많은 차이가 있지요.

고대 이집트는 지리적으로 상이집트(Upper Egypt)와 하이집트(Lower Egypt)로 구성됩니다. 하이집트는 현재의 카이로에서 북쪽의 지중해에 이르는 지역으로 나일강 하류의 삼각주 델타지역이 포함되지요. 상이집트는 카이로에서 남쪽으로 나일강 발원지인 폭포에 이르는 지역입니다. 처음엔 상이집트와 하이집트 각 지역조차 확실한 지배자 없이 서로 다투었지요. 전설에 의하면 나르메르(Narmer, 메네스와 동일인)에 의해 통일 왕국시대가 열렸다고 하지요.

고대 이집트는 완전히 망하기까지 모두 32왕조가 들어섰지요. 이를 고왕국 시대, 제1중간기, 중왕국 시대, 제2중간기, 신왕국 시대, 제3중간기, 말기왕조 시대로 역사가들은 구분합니다. 중간기는 통일 왕국 시대가 나누어져 여러 왕국으로 분열되어 다툰 시기입니다. 고대 이집트의 마지막 32왕조는 이집트도 정복한 고대 그리스 정복자 알렉산드로스 대왕의 부하인 프톨레마이오스 장군에 의해 세워졌지요. 프톨레마이오스 왕조의 마지막 파라오는 절세미인 클레오파트라 7세였지요. 그녀는 재혼한 남편 안토니우스가 옥타비아누스(성경엔 가이사 아구스도) 로마 황제에게 패하자 자살했고 이로써 고대 이집트 역사는 완전히 끝났지요.

모세가 고대 이집트 역사에 등장하는 시기에 대해 학자들의 견해는 두 가지가 있습니다. 두 가지 견해 모두 신왕국 시대가 배경이고 고대 이집트의 전성기였습니다,

먼저 고대 이집트의 황금기라 불리는 람세스(Ramses) 2세 때 발생했다는 주장을 살펴봅니다. 람세스 2세는 19왕조의 세 번째 파라오인데 24세에 즉위해 66년간 장기 집권했지요. 그의 치세 때 고대 이집트 역사상 가장 활발한 건축 붐이 일어났지요. 주로 신전과 각종 신상을 만들었지요.

모세가 람세스 2세와 함께 이집트의 고등 영재 교육을 받은 후 왕권을 놓고 서로 다투었다고 하지요. 왕권 경쟁에서 밀린 모세가 도망을 갔다가 야훼(하나님의 이름)의 부름을 받고 80세에 되돌아와 이번에는 히브리인의 해방 문제로 람세스 2세와 다시 다투어

이긴다는 게 그 내용입니다.

그러나 모세를 람세스와 연결하는 것은 완전히 빗나간 주장입니다. 모세가 인도한 출애굽 사건 Exodus는 B.C. 1446년경으로 성경은 밝힙니다. 람세스 2세는 이보다 약 150년 후에 파라오가 되었지요. 성경 연대기와는 전혀 안 맞는 인물을 연결시키려니 앞서 제기한 여러 궁금증은 하나도 안 풀리고 성경과는 완전히 다른 내용이 속출하지요. 모세를 나일강에서 구해 양자로 삼은 사람이 공주가 아니고 왕비라는 식으로 바뀌지요.

시기가 다름에도 이 주장이 대중에게 널리 퍼진 것은 많은 영화와 드라마, 뮤지컬, 소설의 영향 때문이지요.

1962년 미국에서 제작한 "십계(The Ten Commandments)"를 중학생 때 처음 보고 성인이 되어 또 봤지요. 이 영화에서 모세를 상대한 파라오는 람세스 2세이지요.

프랑스의 이집트 고고학자인 크리스티앙 자크가 1997년 발간한 소설 "람세스(Ramses)"는 1,100만 부 이상의 베스트셀러로 람세스 돌풍을 일으켰지요. 모두 5권으로 된 이 소설이 한국어로 번역 출간되었을 때 저도 재미있게 다 읽었지요. 그런데 모든 것이 성경과 너무 달라 실망이 컸지요. 고대 이집트 생활상을 이해하는 데 도움 되었을 뿐이지요. "이 소설이 역사를 너무 왜곡시켰다."라고 평가하는 역사가들이 많지요.

저자는 모세를 람세스 2세의 어린 시절 친구로 만들었지요. 이집트가 모세로 인해 해를 당한 것은 전혀 없었다고 했지요. 그런데도 람세스가 이스라엘 민족을 보내 준 것은 친구 모세에 대한 우정으로 사랑을 베푼 것이라 표현했지요.

미국의 드림웍스(Dream Works)가 1998년 전 세계 영화관에서 상영한 "이집트 왕자(The Prince of Egypt)"는 모세를 주인공으로 삼았지요. 그래서 람세스가 주인공인 소설보다는 성경 내용을 많이 담고 있지요. 그러나 모세를 양자로 삼은 사람을 람세스의 부모로 만들었지요. 자기가 히브리 사내 아기를 죽이라는 명령을 내려놓고 왕비가 발견한 모세를 양자로 받아들이고 후계자 교육까지 했다는 게 말이 되나요?

2014년 역시 미국에서 제작된 "엑소더스 신들과 왕들 (Exodus; Gods and Kings)" 영화도 람세스 2세를 모세의 상대로 내세우지요. 람세스의 건축물이 많이 남아 있고 이런저런 이유로 람세스가 널리 알려져서 모세를 람세스와 대면시킨 것은 분명 잘못입니다.

이제 NIV Study Bible과 많은 성경학자의 견해를 밝힙니다. 모세는 18왕조 시대의 사람이란 견해에 저도 전적으로 동감합니다. 문화적으론 람세스가 속한 19왕조가 앞서도 국력에선 18왕조가 더 강했지요. 이 18왕조에 모세를 대입하면 톱니바퀴가 맞물리듯 이야기가 맞아 듭니다. 이 경우에도 역사가들의 연대 계산과 성경의 연대기에는 차이가 있지만 대체로 비슷하니 신뢰가 가지요. 어차피 역사가들이 주장하는 연대도 일치하지 않으니 10여년 정도 차이의 연대보다는 맞물리는 내용의 일치가 더 중요하다고 생각되지요.

히브리 사내 아기를 죽이라고 명령한 파라오는 18왕조의 3대 파라오 투트모세(Thutmose) 1세입니다. 그는 장군으로서 선왕인 아멘호테프(Amenhotep) 1세의 사위가 되었기에 후계자 없이 죽은 장인의 뒤를 이어 파라오가 될 수 있었지요. 투트모세 1세는 영토를 넓히고자 전쟁을 자주 했지요. 그러니 히브리인이 외적과 한통속이 될까 봐 히브리인 사내 아기를 죽이라고 명령한 거지요.

모세를 나일강에서 살린 공주는 하트셉수트(Hatshepsut)이지요. 그녀는 투트모세 1세와 첫째 왕비 사이의 무남독녀였지요. 그녀는 정복자 아버지의 명령을 어기고 모세를 양자로 삼을 정도로 대담하고 배포가 큰 공주였지요. 고대 이집트 역사에 돋보이는 그녀에 관한 기록이 많지 않은 것은 정적이 기록을 없앴기 때문입니다. 그녀는 권력에 대한 욕심으로 어릴 때부터 병약했던 이복동생(오빠란 설도 있음) 투트모세 2세와 결혼해 왕비가 되었지요. 왕비의 양자인 모세는 비로소 왕자 대접을 받으며 입지가 더 튼튼해졌지요.

병약한 투트모세 2세는 즉위한 지 몇 년 안 되어 죽었으며 후궁이 낳은 일곱 살 아들 투트모세 3세에게 왕위를 물려 주었지요. 투트모세 3세가 너무 어려 고모이자 계모인 하트셉수트가 섭정하며 아예 공동 파라오가 되었지요. 고대 이집트 역사상 여왕으로서는 가장 길게 21년간 통치했지요. 엄마가 파라오가 되었으니 이제 모세는 이집트의 파라오가 되는 야망도 가질 수 있었지요.

그러나 할아버지의 정복욕을 이어받은 투트모세 3세가 자라고 있었지요. 그가 성인이 되고도 근 10년 가까이 하트셉수트의 통치가 계속된 것은 그녀가 워낙 강했기 때문이겠지만 그의 야망도 대단했지요. 하트셉수트가 죽음으로 그녀의 통치는 끝났는데 어떻게 죽었는지 밝혀진 게 없어 의문이지요. 그녀가 죽은 후 투트모세 3세는 18회의 원정 전투를 통해 이집트의 영토를 역사상 최대로 넓혔지요. 유프라테스강 건너까지 정복한 투트모세 3세를 역사가들은 "고대 이집트의 나폴레옹"이라고 부르지요.

모세가 악한 이집트 감독관을 때려죽인 사건은 하트셉수트가 죽은 후 발생했지요. 모세를 감싼 그녀가 죽었기에 모세를 죽일만한 사건이 아님에도 불구하고 그녀의 잔존 세력을 소탕하기 위해 그 중심에 있는 모세를 죽이고자 했던 거지요. 투트모세 3세 말기엔 하트셉수트의 동상, 기념비를 파괴하고 그녀에 관한 기록물을 말소시키기도 했지요. 모세는 이런 투트모세 3세에게 선처를 구할 엄두도 못 내고 도망치기 바빴지요. 이런 역학 관계를 히브리인들도 잘 알았기에 싸움을 말리는 왕자 모세에게 감히 대드는 것이 가능했지요.

투트모세 3세는 장남 아멘호테프 2세에게 왕권을 넘기며 죽었지요. 하트셉수트의 외손자인 아멘호테프 2세는 외삼촌인 80세 노인 모세의 청을 거절했지요. 이스라엘이 가나안으로 가도록 이집트를 떠날 수 있게 허락을 구하는 요청을 계속 거절하여 이집트는 각종 재앙에 시달렸지요. 마지막 재앙으로 이집트의 모든 장남이 죽을 때 아멘호테프 2세의 장남도 죽었지요. 이집트의 기록은 장남의 사망 원인을 성경과 달리해 그들의 교만한 자존심을 지키고 있지요. 장남이 죽고 없어 동생인 투트모세 4세가 파라오가 되었다고 기록했지요.

하나님께서 모세를 사용하신 시기가 고대 이집트 역사상 가장 강성했던 시대인 이유는 무엇일까요? 초강대국 이집트의 노예로 전락한 히브리인들을 구출함으로써 하나님의 존재를 전 세계에 알려 누구든지 하나님을 믿고 섬기게 하려는 것입니다.

모세의 콤플렉스와 동생을 섬기게 된 아론의 심정

이집트 왕자로 잘 나가던 젊은 모세를 민족의 지도자로 부르지 않고 사막의 처가살이로 히브리인의 자아의식마저 잊어버린 80세 노인을 하나님께서 부르신 이유는 뭘까요? 더군다나 이 노인은 심한 열등감에 사로잡혀 있었는데 왜 불렀을까요? 그 궁금증을 살핍니다.

시나이산(성경엔 호렙산, 시내산)에서 모세가 장인의 양떼를 돌보고 있었지요. 산의 나무에 불이 붙었는데 나무가 타지 않는 이상한 광경을 본 모세가 그곳으로 갔지요. 불붙은 나무의 불꽃 가운데서 갑자기 "모세야, 모세야!" 음성이 들려 "내가 여기 있나이다."라고 대답하니 "더 가까이 오지 말라. 네가 선 곳은 거룩한 곳이니 신을 벗어라. 나는 네 조상 아브라함과 이삭과 야곱의 하나님이다."란 음성에 모세는 땅에 엎드리며 두려워 얼굴을 가렸지요. "이집트에서 학대받는 네 형제 이스라엘을 구출해 아브라함, 이삭, 야곱에게 약속한 가나안으로 인도하기 위해 파라오에게 가라"는 청천벽력 같은 명령에 모세는 이 핑계 저 핑계를 대며 다섯 번이나 사양했지요.

출애굽기 3장과 4장에 기록된 하나님과 모세의 시소놀이 같은 대화에서 모세의 콤플렉스가 확연히 나타나지요. 모세의 지팡이가 뱀이 되고 뱀 꼬리를 잡으니 다시 지팡이가 되는 기적과 손을 옷 속에 넣었다가 빼니 문둥병이 심하게 걸렸고 또 옷 속에 넣었다가 빼니 깨끗이 나은 기적을 체험하고도 처음 만난 하나님을 못 믿어 항의하듯 네 번째로 거절한 이유를 살핍니다.

"저는 본래부터 말을 잘 못 합니다. 그런데 하나님께서 저더러 파라오에게 가라고 명령하신 이후에도 똑같습니다. 입이 뻣뻣하고 혀가 둔합니다." 입이 뻣뻣하고 혀가 둔한 것은 말더듬이 증세를 말합니다. NIV는 "I am slow of speech and tongue."으로 말더듬이 증상을 극복하기 위해 말을 천천히 해야 함을 잘 나타냅니다. 말을 조리있게 잘 못하는 것은 둘째치고 나이 80이 되도록 말더듬이에서 벗어나지 못하는 열등감이 하나님과 대화를 한참 한 이후에 나타난 것은 왜 그럴까요? 80년 동안 더듬었기에 고치는 것을 체념했는데 하나님의 기적을 보니 "혹시나 내게도!" 하는 기대가 생겨 자신의 고충을 말한 것입니다. 과거 젊은 시절엔 막강한 하트셉수트의 양아들로 왕자였기에 이 열등감을 이겼지요. 그러나 하트셉수트가 죽은 후엔 노예 계층의 히브리인조차 얕잡아 보는 데에 이 말더듬이가 한몫을 한 것입니다.

그런데 하나님께서 사명을 맡기시면서 왜 고쳐주지 않느냐는 뜻으로 지금도 말을 더듬고 있음을 말한 거지요. 이에 "귀머거리, 벙어리, 맹인도 내가 만들었다. (그들이 살 수 있게 내가 돕듯이) 내가 널 돕고 할 말을 가르쳐 줄 테니 가라!"고 하나님께서 말씀하셨지요. 치유를 기대했는데 치유의 약속이나 확답 없이 "가라"고 하시니 모세는 "다른 사람을 보내소서!" 라며 다섯 번째 맞섰지요. 마지막 다섯 번째 거절 전 세 번째까지는 갈 뜻이 조금은 있는 것처럼 하나님께 질문을 계속했지요. 모든 답을 들었지만, 치유의 답이 없으니 마지막으로 "다른 사람을 보내라"고 대든 거지요. 결국, 대로하신 하나님께서 모세의 대변인으로 3세 위의 형 아론을 이미 발탁해 모세에게 보냈음을 밝히셨지요.

두 번의 기적을 체험한 후 여태껏 체념했던 자신의 장애를 밝혔는데 안 고쳐주니 다른 사람을 보내라는 것은 치유를 원하는 우회적인 강한 표현 아닙니까? 그런데 하나님은 말 잘 하는 사람을 붙여 주었을 뿐입니다. 모세의 말 더듬는 장애는 계속되었음이 출애굽기 6장에 나타나지요. 하나님께 순종해 파라오를 만나 이스라엘의 해방을 구한 결과가 정반대였지요. 벽돌 굽는 연료인 지푸라기를 주지도 않고 전과 같은 개수를 만들라는 파라오의 명령에 이스라엘은 더욱 신음했지요. 이런 명령이 모세가 파라오를 화나게 했기 때문이라는 것을 안 백성들은 모세의 말을 거부하고 원망했지요. 이런 가운데 하나님께서 또 파라오를 찾아 말할 것을 모세에게 명령하셨지요. 이때 모세가 "이스라엘도 제 말을 안 듣고 저는 입술이 둔한데 파라오가 어찌 제 말을 듣겠습니까?"라고 두 번이나 답했지요. "입술이 둔하다"를 NIV는 "I speak with faltering lips."로 말더듬이를 나타내지요. 모세의 말 더듬는 장애는 죽을 때까지 계속된 것이지요.

왜 고쳐 주지 않고 말 잘하는 사람을 붙여 주었을까요? 첫째는 모세가 하나님만 의지하게 하려는 것이고 둘째는 이런 부족한 사람을 통해 하나님의 존재를 모든 사람에게 확실히 알리기 위함입니다. 이 장애로 인해 모세는 겸손하였고 땅에서 가장 온유할 수 있었지요. 젊은 시절 모세를 이집트의 파라오로 만들어 이스라엘을 구하는 시나리오를 택할 수 없는 이유도 바로 이런 맥락입니다. 하나님께서는 자신을 알리는 효과적인 방법으로 모든 것을 갖춘 자보다는 크게 부족해도 겸손히 하나님만 의지하며 순종하는 사람을 즐겨 사용하십니다. 하나님이 모든 것을 갖고 계시기에 하나님이 사용하는 사람이 모든 것을 갖추어야 할 이유는 전혀 없습니다.

모세의 형 아론이 모세를 만나려고 출발한 시점이 한국 교회가 가장 많이 애용하는 개역 개정 성경과 KJV성경에는 명확하게 나타나지 않습니다. 표준새번역, 공동번역(카톨릭과 함께 번역), NIV성경에는 하나님이 모세를 부르실 때 이미 출발한 것으로 되어 있지요. 모세가 어디 있는지도 모르며 엄청 먼 길을 떠난 것으로 보아 하나님께서 아론에게도 뭔가 계시하신 것이지요. 모세도 이집트로 출발했기에 하나님께서 아론에게 갈 곳을 지시해 형제는 시나이산에서 반갑게 만났지요.

3살 더 많은 아론이 태어난 때는 아무 문제가 없어 부모의 품속에서 자랐고 모세를 만난 때는 이미 손자도 둔 상태였지요. 모세는 하나님께서 맡기신 사명과 행하신 기적을 형에게 다 말했지요.

그 먼 길을 온 이유가 말더듬이 동생의 대변인 역할을 맡기 위함임을 깨달은 아론의 심정은 어땠을까요? 모세를 하나님과 같은 존재로 세워 주겠다는 하나님의 약속도 모세가 형에게 밝혔을까요?

놀랍게도 아론은 형으로서의 자존심을 내세우지 않았습니다. 동생의 이야기와 동생을 만나도록 자신을 이끄신 하나님께서 아기 때부터 동생을 특별히 보호하신 것을 생각했지요. 그리고 동생의 대변인 역할을 하기로 순순히 결심했지요. 그뿐만 아니라 모세와 함께 아멘호테프 2세 앞에 섰을 때 동생이 시킨 대로 했지요. 동생이 더듬거리며 "지팡이를 던지라" 해서 던졌더니 뱀으로 변했지요. "지팡이로 나일강을 치라" 해서 그랬더니 나일강이 피로 변했지요. "지팡이로 땅의 티끌을 치라" 해서 쳤더니 이집트 사람의 몸에 이가 득실거렸지요. 이렇게 동생의 말에 복종할 때마다 놀라운 기적이 일어나 하나님 말씀대로 동생 모세는 형 아론에게 하나님 같은 존재가 되었지요. 아론은 하나님께서 사용하시는 동생에게 군말 없이 기쁨으로 순종했지요.

이집트를 통해 자신을 알리려 하신 야훼(여호와) 하나님

하나님께선 모세와 아론을 통해 열 가지 재앙을 내리셨지요. 나일강이 피로 변하고 식탁, 침대 등 어느 곳이든 개구리가 들끓어 날뛰고 이집트인의 온몸에 이가 득실거리고 이집트 전역과 모든 건물에 파리 떼가 벌집 쑤신 듯 날아다니고 전염병으로 가축이 죽고 악성 종기가 사람들을 괴롭히고 천둥 번개와 함께 우박이 떨어지고 메뚜기떼가 이집트를 갉아먹고 사흘간 낮에도 암흑천지가 되고 마지막엔 사람이든 가축이든 처음 태어난 장자와 처음 태어난 수컷은 다 죽었지요.

이 열 가지 재앙을 내리는 목적이 "하나님을 알리려는 것"이라고 하나님께서 네 번, 모세가 두 번, 모두 여섯 번이나 밝혔지요. 그리고 이스라엘이 사는 곳에는 재앙을 내리지 않음으로 하나님의 존재를 확실히 보여 주셨지요.

하나님은 왜 이토록 당신을 알리려 하셨을까요? 엑소더스를 기념하여 이스라엘 역사상 첫 번째 명절인 유월절 기간을 하나님께서 제정하셨는데 그 참가 자격을 보면 알 수 있지요. 이스라엘 민족뿐 아니라 이들 틈에 섞여 있는 이방인도 할례를 받았다면 참가 자격이 있지요. 이스라엘 사람이라도 할례를 받지 못하면 참가 자격이 없었으니 공평한 조건이지요. 할례는 자신을 돌아보고 회개하며 하나님만 섬기겠다는 각오를 나타내는 의식이지요.

하나님을 알리려는 열 가지 재앙을 통해 하나님을 발견한 이방인들은 하나님을 섬기고자 이스라엘을 따라나섰지요. 하나님은 이들을 공평히 받아들여 이스라엘에 귀화해 살 수 있게 해 주셨지요.

2. 시나이산에서 무슨 일이 있었나?

시나이산 꼭대기에서 울려 퍼진 십계명

역사상 첫 유월절 저녁 식사를 마친 후 한밤중에 이스라엘은 쫓겨나듯 이집트에서 나왔지요. 파라오의 장남을 비롯해 집집마다 죽은 장남 때문에 통곡이 요동치는 중 파라오의 명령으로 한밤에 떠나게 된 것이지요. 이때 히브리인을 두려워한 이집트인들은 히브리인이 요구하는 금, 은, 옷 등을 다 주었고 히브리인들은 그동안 노예로 일한 대가를 한꺼번에 챙겨 나왔지요. 이렇게 이집트를 떠나 시나이산에 이르는 3개월은 기적이 일상화되었지요. 낮에는 뜨거운 햇볕을 가려 주는 냉방용 구름 기둥, 밤엔 추위를 막아 주는 난방용 불기둥이 하늘에 생겼지요. 홍해 바다가 갈라져 도보로 바다 한가운데 땅을 건넜지요. 외적 아말렉 민족과의 최초 전쟁에서 모세가 팔을 들면 이기고 내리면 져서 두 사람이 한쪽 팔씩 붙들어 주어 대승했지요. 목마를 때 바위에서 샘물이 강물처럼 터져 흘렀지요. 매일 새벽마다 하늘에서 '만나'라 불린 먹을 것이 내렸고 고기를 먹고 싶을 때는 밤에 메추라기가 날아왔지요.

약 250만 명의 인구가 이런 기적을 경험하며 시나이산 아래 광야에 진을 쳤지요. 산 위로 올라온 모세에게 하나님께서 이렇게 말씀하셨지요. "너희가 내 말을 잘 순종하면 너희는 내게 모든 민족 위에 뛰어난 특별한 보배(a peculiar treasure unto me above all people)가 되고 제사장 나라가 될 것이다.(KJV 출애굽기 19:5,6) 모세를 통해 하나님의 말씀을 전해 들은 백성들은 무엇이든 순종할 것을 대답했지요. 다시 산에 올라간 모세는 백성들의 답을 하나님께 전해 드렸지요. 이에 하나님은 오늘과 내일 모두 옷을 빨고 몸을 깨끗이 한 후 셋째 날 나팔 소리가 길게 나면 모두 산 밑에 모여 하나님의 강림을 기다릴 것을 명령하셨지요. 또 경계를 정하고 보초를 세워 하나님을 보려고 산 위에 올라서 죽는 사람이 없도록 경고하셨지요.

모세가 전한 대로 모든 준비를 마친 셋째 날 아침이 밝았지요. 산 정상에 천둥, 번개가 치며 빽빽한 구름이 생기고 큰 나팔 소리가 울려 퍼졌지요. 산꼭대기엔 옹기 가마의 연기처럼 불꽃 위로 연기가 피어올랐지요.

이 광경에 무서워 떠는 백성들을 이끌고 모세는 산 아래로 갔지요. 하나님은 자신을 맞으려고 올라온 모세를 내려 보내시며 아론과 함께 올 것과 다른 사람들의 산 위 접근 금지를 또 명령하셨지요. 백성들에게 하나님 말씀을 전한 모세가 미처 산 위로 오르기 전에 굉음 같은 소리가 하늘에서 울려 퍼졌지요. "나는 너를 종살이하던 이집트에서 구해낸 야훼 하나님이다." 라며 자신을 소개하신 후 백성들이 지켜야 할 십계명을 선포하셨지요. 벌벌 떨며 십계명을 다 들은 백성들은 멀리 떨어진 모세를 불러 부탁했지요. 겁이 나서 더 이상 못 듣겠으니 대표로 혼자 듣고 전해 달라고 간곡히 부탁했지요. 이에 모세는 산 위로 올라가 일상생활에서 사람들이 지켜야 할 생활 율법과 세 명절에 관해 다 듣고 내려와 백성에게 전했지요.

하나님이 선포하신 십계명을 들은 사람을 영어 성경은 you로 적어 단수인지 복수인지 알 수가 없지요. 한글 성경은 "너"와 "너희"로 번역이 양분되어 있지요. 히브리어 원어 성경엔 단수로 기록되어 있음을 확인했지요. 들은 사람이 최소 약 60만인데 왜 단수로 기록했을까요? 십계명은 하나님의 모든 명령을 대표하기에 모든 율법이 개개인에게 적용됨을 강조하는 표현 아닌가요? 하나님께서 우레와 같은 음성으로 십계명을 선포하시며 단수 호칭인 "너, 네"를 20회 이상 부르실 때 듣는 자들의 마음이 얼마나 두려웠겠습니까? 십계명 선포는 약 2분이면 족하지요. 그 짧은 시간에 개개인을 부르는 "너"란 소리가 20~30회나 하늘에서 울려 퍼졌지요. 계속해서 자기를 부르는 천둥 같은 소리가 울리는데 더 들을 수 있는 간 큰 사람이 있겠습니까? 산 밑에 모인 60만의 장정뿐 아니라 광야의 캠프에 있던 사람들도 함께 듣고 겁났겠지요. 그러니 모세가 대표로 듣고 오기를 간청한 것이지요.
하나님은 왜 모두가 가슴 졸이며 듣는 가운데 십계명을 선포하셨을까요? 십계명이 모든 율법의 핵심이기 때문이지요. 십계명 이외의 모든 율법은 모세를 통해 전달되었지요. 유독 십계명만 모두 벌벌 떨며 들었기에 말더듬이 모세의 위치는 더욱 확고해졌지요. 모세가 자유롭게 만나는 하나님의 두려운 위엄을 이런 식으로 보이심으로써 모세를 확실히 세우고자 하신 것 같기도 하지요.

아론을 선택하신 하나님, 금송아지를 만든 아론

지켜야 할 많은 율법을 말씀하신 하나님은 아론과 그의 첫째, 둘째 아들과 70인 장로들을 데리고 올라올 것을 모세에게 명하셨지요. 백성에게 돌아간 모세는 하나님이 주신 법을 가르쳐 주었지요. 백성들은 하나님께서 말씀하신 모든 법을 지킬 것을 한 목소리로 약속했지요. 모세는 하나님의 말씀을 다 기록해 '언약서'를 만들었지요. 다음날 아침 일찍 일어나서 모세는 백성들과 함께 소를 잡아 하나님께 제사를 드린 후 전날 기록한 언약서를 낭독했지요. 백성들은 또 하나님의 말씀을 다 지키겠다고 대답했지요.

이후에 모세는 아론과 그의 첫째, 둘째 아들과 70인 장로들을 이끌고 하나님을 만나러 산 위로 올랐지요. 이들은 산꼭대기 구름 속에 계신 하나님을 보았지요. 모세만 가까이 접근이 허락되었고 나머지는 약간 멀리 떨어졌지만, 충분히 볼 수 있었지요. 이들이 하나님의 발밑을 보니 사파이어로 포장된 듯했고 청명한 하늘처럼 보였지요. 이들은 하나님 앞에서 식사하는 영광을 누렸으니 얼마나 감개무량했겠습니까? 하나님께서 모세에게 줄 것이 있으니 모세만 더 가까이 올라오기를 명하셨지요. 이에 모세는 일행 중 아론과 한 다른 지도자에게 백성을 부탁하고 더 높이 구름 속으로 올라갔지요.

구름 속으로 들어간 모세는 이번엔 40일을 지내며 하나님의 말씀을 들었지요. 하나님께서는 모든 백성에게서 금, 은, 동과 청색, 자색, 홍색 실과 각종 보석 등을 헌물로 받고 일꾼을 세워 하나님을 섬길 성전을 천막 형태로 만들 것을 명하셨지요. 또 성전에 필요한 성물은 무엇이며 어떻게 만드는지 상세히 말씀하셨지요. 이 성전에서 하나님을 섬기는 제사장으로 아론과 그의 네 아들을 지명하셨고 이들이 입을 옷을 만드는 방법도 가르쳐 주셨지요. 특히 대제사장 아론이 입을 성의는 금실까지 사용해 만들게 하셨지요. 어깨와 가슴에 14개의 보석을 달고 붙이게 해 정말 화려하게 만들도록 했지요. 양어깨에 다는 큰 호마노 보석엔 이스라엘 12지파의 이름을 하나에 여섯 지파씩 새기도록 했지요. 가슴에 다는 12 보석엔 한 개에 한 지파씩 이름을 새기라고 하셨지요.

모세도 일반 백성과 똑같은 평상복을 입고 있는데 아론과 그의 아들에겐 특별한 옷을 만들어 입혀 하나님을 섬길 것을 명하셨으니 아론이 받은 복이 매우 크지요. 아론이 입을 옷은 화려할 뿐 아니라 옷에 달린 14개의 보석에 새겨진 이름의 의미가 남다르게 보이지 않습니까? 모세보다 더 크고 중요한 지도자인 것 같은 느낌이 들 정도 아닌가요?

하나님의 마음이 이렇게 아론에게 있는데 아론은 이때 무엇을 했을까요? 이번처럼 오래 모세가 하나님을 만난 경우가 이전엔 없었지요. 한 달이 지나도 모세가 내려오지 않으니 불안해진 백성들은 아론에게 모였지요. 모세가 어떻게 되었는지 모르니 우리를 인도할 신을 만들어 달라고 요청했지요. 어떻게 이런 요청을 할 수 있지요? 이날까지 숱하게 많은 하나님의 기적을 경험하고도 이럴 수 있나요? 이날 아침도 하나님께서 내리는 음식을 거두어 먹고서 "신을 만들어 달라!"니 말이 됩니까? 불과 한 달여 전 십계명을 들고도 이럴 수 있나요? 그런데 먼발치에서라도 하나님을 보고 하나님 앞에서 식사하는 영광을 누렸던 지도자들은 왜 백성을 못 말렸지요?

아론은 백성의 귀고리를 모아 녹여 금송아지를 만들고는 말했지요. "이것이 야훼 하나님"이란 망언을 하며 현실과 타협하는 어처구니없는 짓을 했지요. 인간의 필요로 인간이 신을 만들어 섬기는 웃기는 짓은 이집트에서 수없이 겪은 일이지요. 하나님을 금송아지로 만들어 버린 아론은 다음날을 금송아지 하나님께 제사 드리는 축제일로 선포하며 백성의 비위를 맞추는 기막힌 짓도 했지요.

이스라엘이 하나님을 떠나 금송아지를 만들어 제사하는 타락한 모습을 하나님께서 모세에게 알렸지요. 이스라엘을 멸망시키고 (아브라함을 불러 이렇게 큰 민족을 이루었듯) 모세를 큰 나라로 만들어 줄 테니 자신의 이스라엘 처벌을 말리지 말 것을 하나님께서 말씀하셨지요. 그러나 모세는 아주 간절한 마음으로 하나님의 분노를 누그러뜨렸지요. "이곳에서 다 죽으면 이집트에서 이스라엘을 이끄신 하나님을 이방인들이 비웃을 겁니다. 목적지로 이끌 능력이 없어서 산 아래 광야에서 다 죽게 했다고 비웃을 터이니 하나님의 이름을 위해서 참아 주십시오." 실제로는 이스라엘을 멸망시키기 싫은 하나님의 본심을 모세가 잘 알고 분노를 가라앉힌 거지요. 모세는 하나님께서 친히 새겨 주신 증거판인 두 돌판을 받아 백성들에게 갔지요. 먹고 마시고 술에 취해 노래 부르고 뛰놀고 남녀가 엉겨 붙으며 완전히 난장판이 된 광경을 본 모세는 하나님이 만들어 주신 두 돌판을 던질 정도로 격분했지요. 40일 만에 나타난 모세가 "도대체 백성들이 어쨌기에 형이 이런 짓을 했소?"라며 화를 냈지요. 놀란 아론은 진정한 회개로 용서를 구하지 않고 구차한 변명을 늘어놓았지요. "이 백성이 얼마나 악한지

내 주도 잘 알지 않습니까? 백성들의 요청을 못 이겨 이렇게 금송아지가 만들어졌습니다."

이런 변명을 늘어놓기만 했던 아론에 대해 하나님도 모세도 질책 한마디 없으니 너무 의아스럽습니다. 하나님의 특별한 은혜를 많이 받은 아론이 하나님을 배신하는 일을 한 번의 거절도 없이 오히려 금송아지 제작과 숭배를 주도하고도 왜 멀쩡한지 이해가 안 됩니다. 모세의 간절한 기도로 아론의 잘못에 대해서도 하나님께서 화를 푸셨는가? 말더듬이 동생에게 아직도 대변인이 필요해 봐 주신 건가? 여태껏 동생을 잘 섬겼으니 한번 봐 준 건가? 대제사장으로 선택했으니 기회를 주신 건가? 이사야 58장에 "하나님의 생각은 인간의 생각과 다르다"라고 하지 않았는가? 많은 목사님께 물어보아도 나와 같다. 내 머리로 어떻게 창조주 하나님을 다 알 수 있나? 내가 섬기는 하나님이 내 머리로 다 이해 못 할 정도로 한계가 없이 크신 분이니 오히려 좋지 않은가? 알 수 있는 범위 내에서만 최선을 다해 알자. 자신에게 너무 과분한 계획을 하나님께서 진행하시는 그 순간에 하나님의 격분을 자아내는 짓거리를 하는 아론의 모습이 바로 내 모습 아닌가?

눈물을 삼키며 칼을 든 레위인

아론의 궁색한 변명을 들은 모세는 외쳤지요. "하나님 편에 설 자는 내게로 나아오라." 이 말을 듣고 모세에게 온 사람은 놀랍게도 모세와 같은 레위 지파뿐이었지요. 이들은 같은 지파인 모세와 아론이 이스라엘을 이끄는 게 대단히 자랑스러웠지요. 그래서 이들의 지도에 적극적으로 협조했겠지요.

할례를 악용해 대학살극을 벌인 시므온과 레위는 아버지 야곱이 죽을 때 저주성 예언을 들었지요. 그 결과 레위의 후손은 가장 적어서 모세 당시 이스라엘 인구의 약 1/40 정도밖에 안 되었지요. 이는 금송아지 사건 후 시행된 첫 번째 인구 조사를 보면 알 수 있지요. 레위 지파를 제외한 20~60세 남자가 603,550명인데 출생 후 한 달 이상 된 레위 지파 남자는 22,000명뿐이니 나이를 맞춰 보면 이 수치가 나오지요. 12 지파 중 가장 적은 보잘것없는 지파에서 최고 지도자가 나왔으니 개천에서 용 난 것 아닙니까? 비록 말더듬이라도 모세 덕분에 레위 지파의 자부심은 대단했지요. 모세가 말을 더듬기에 더욱 협조하며 하나님의 도우심을 기도했겠지요.

이런 레위 지파 사람들인데 모세가 나타났으니 하나님 편에 서는 것은 당연하지요. 이들은 백성들이 아론에게 신을 만들 것을 요청했을 때 말리진 못했지만 마음속으론 반대했던 겁니다. 모세를 보고 그들의 속마음이 용기를 내어 확실히 나타난 것이지요.

앞으로 나온 레위인에게 모세를 통해 전달된 하나님의 명령은 실행하기 힘든 것이었지요. "허리에 칼을 차고 백성들이 진 친 이 끝에서 저 끝까지 다니며 (이 악행에 앞장선 사람은) 형제든 친구든 누구든지 닥치는 대로 찔러 죽여라." 너무도 섬뜩한 명령이 내려질 것을 예상치 못한 레위인의 마음이 어땠을까요? 난장판 분위기가 되돌아온 모세로 인해 숨죽임으로 바뀌었지요. 주동자들도 이 명령에 감히 저항하지 못했지요. 레위인들은 친구, 형제뿐 아니라 "살려 주세요"라고 절규하는 자기 아들까지 눈물을 삼키며 죽여야 했지요.

이런 피의 심판이 있고 난 뒤 모세는 레위인에게 축복을 선포했지요. "아들을 죽이면서까지 하나님께 헌신했으니 하나님께서 너희들을 축복할 것이다." 모세의 말대로 레위지파는 야곱의 저주에서 완전히 벗어났지요. 그뿐만 아니라 축복의 반열에 확실히 들어섰지요.

야곱은 둘째와 셋째 아들의 대학살극을 상기시키며 그 벌로 후손들을 저주했지요. 다른 아들들은 한 사람씩 예언 받았지만, 이 둘은 형제로 불리며 한 묶음으로 동시에 같은 저주를 받았지요. 모두 자기 땅이 있어도 이 두 후손은 자기 땅이 없이 흩어져 다른 지파에 빌붙어 살게 된다는 저주를 들었지요.

그러나 시나이산에서 보여준 레위인의 처절한 결단이 저주의 흩어짐을 축복의 흩어짐으로 바꾼 것입니다. 몇 달 후 시행된 최초의 인구 조사에서 레위 지파는 따로 구분되어 인구 조사가 시행되었지요. 야곱이 가장 사랑했고 이집트의 총리가 되어 장남 역할을 한 열한 번째 아들 요셉의 후손을 두 지파로 계산해 레위 지파를 빼고도 12지파로 만들어 조사했지요.

이스라엘 12지파는 전쟁에 나갈 수 있는 나이의 장정이 인구 조사의 대상이지요. 레위인은 병역 징집 대상에서 면제되는 특권을 누리며 출생 후 한 달 이상 모든 남자가 조사 대상이 되었지요. 또 다른 특권은 돈 버는 경제 활동을 안 하고 성전에서 봉사하는 일만 해도 충분히 먹고 살 수 있게 된 것이지요.

45년 후 약속의 땅 가나안을 정복해 지파별로 땅을 배분받을 때 레위인은 야곱의 예언대로 땅을 할당받지 못했지요. 이스라엘 전역에 흩어져 살게 되었지요. 그러나 이는 저주가 아닌 축복이었지요. 다른 지파는 땅이 재산이었지만 레위인은 하나님께서 책임져 주신다고 하셨지요. 흩어져 사는 곳의 주민들에게 하나님의 말씀을 가르치는 지도자가 되게 함으로써 땅이 없어 비참한 신세가 아니고 존귀한 대상으로 만든 것입니다.

반면 함께 저주를 받은 둘째 아들인 시므온의 후손은 저주에서 벗어나지 못했지요. 시므온 지파는 최초 인구 조사에서는 59,300명으로 12지파 중 세 번째로 큰 지파였지요. 그런데 40년 후 시행된 두 번째 인구 조사에선 22,200명으로 12지파 중 가장 적었지요. 그뿐만 아니라 땅을 배분받을 때는 12지파 중 가장 커서 시므온 지파보다 약 3.4배 큰 유다 지파에 레위 지파가 복속되어 야곱의 저주대로 되었지요. 똑같은 저주를 받은 두 지파의 미래가 이렇게 달라지게 한 레위인의 처절한 순종 앞에 고개를 숙이게 됩니다.

약 3,000명을 칼로 죽인 레위인의 심판 실행 후 모세는 이스라엘을 용서해 줄 것을 또 간절히 기도했지요. 레위인이 미처 처단하지 못한 자들을 하나님께서 직접 치심으로 금송아지 사건은 수습되었지요.

엄청난 비용이 든 성막 (천막 성전)과 성의 제작

이후 모세는 이스라엘 캠프 바깥에 한 천막을 세워 회막(the tent of meeting)으로 부르며 누구든 하나님을 만나 묻고 기도하는 장소로 활용했지요. 하나님께서 이곳에서 모세를 만날 때는 친구와 대면해 대화하듯 말을 주고받았고 구름이 회막을 덮었다고 출애굽기 33장은 밝히지요. 하나님의 영광을 보여 달라는 모세의 요청에 하나님께서 모세 앞을 지나가시는 장면을 보여 주셨지요. 죄인인 인간이 하나님의 얼굴을 보면 죽기 때문에 모세는 하나님의 뒷모습인 등을 보았지요.

하나님의 명대로 자신이 깨트린 증거판과 같은 크기의 두 돌판을 만들어서 다시 산 위로 오른 모세는 또 40일간 하나님과 함께 지냈지요. 하나님의 말씀을 듣고 새로 십계명을 새겨 주신 두 돌판을 들고 내려온 모세의 얼굴엔 광채가 났지요. 광채 나는 모세를 모두 두려워해서 모세는 수건으로 얼굴을 가리고 하나님을 대변했지요.

 하나님 말씀을 전한 후 아론의 금송아지 사건으로 지연된 성막 제작이 비로소 시작되었지요. 하나님의 임재를 소망하며 섬기는 성전이 천막 형태로 만들어진 이유는 이스라엘이 계속 이동 중이었기 때문입니다. 그래서 그 많은 사람들도 모두 텐트 생활을 했지요. 성막 또는 회막으로 부르는 성전의 배치 단면도는 다음과 같습니다.

 모세는 산에서 이런 단면도뿐 아니라 성물의 모든 설계도를 하나님께서 보여 주시고 설명해 주신 대로 제작했지요. 경기도 평택에 있는 성막 센터에는 모세 당시 제작된 성막을 실제 크기로 만든 모형이 있습니다. 그곳을 방문하시면 성막에 대한 이해가 쉬울 것입니다. 이 책에서는 부족하나마 간단히 설명해 드립니다.

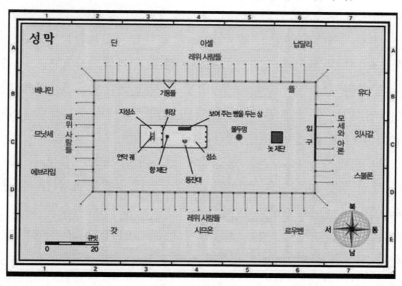

【성막단면도】

위 도면을 보면 동서 길이가 45~50m, 남북 길이가 22.5~25m

인 직사각형 형태의 울타리 동쪽에 출입문이 있지요. 이 문은 하나님을 만나는 천막의 문이라 하여 회막문(the entrance to the Tent of Meeting)으로 불렀지요. 마당(뜰)은 회막문 바깥마당과 안마당으로 자연히 구분되었지요. 여인들은 회막문 안뜰로 들어가지 못하고 바깥뜰에서 기도했지요.

"회막문 앞마당에 들어서면 각종 제물을 놓아 제사를 드리는 놋제단이 있고 그 서쪽에 물두멍이 있어서 제사장이 성소에 들어가기 전에 손을 씻지요."

그 서쪽에 높이가 4.5~5m, 남북 길이도 4.5~5m, 동서 길이는 13.5~15m인 직육면체 천막이 있지요. 좁은 의미로는 성소와 지성소가 있는 이 천막을 성막 또는 회막으로 부르지요. 이 천막 동쪽의 문을 회막문(the entrance to the Tent of Meeting)으로 불러 울타리의 출입문과 같아 혼동하기 쉽지요. 이 문에 들어서면 내부는 그룹(천사)이 수놓아진 화려한 커튼이 중간에 쳐진 것 외엔 천장, 바닥, 사방의 벽면이 모두 금으로 도금되어 빛나지요. 오른쪽 북쪽 벽면에 금으로 도금된 상이 있지요. 상위에는 누룩 없이 만든 빵이 두 줄로 모두 12개 있지요. 이 빵은 1주일에 한 번, 안식일, 즉 토요일 아침에 새 빵으로 교체되지요. 새로 만든 빵을 놓을 때 기존에 있던 빵은 제사장만 먹을 수 있지요.

남쪽 벽면엔 금으로 만든 등잔대가 있는데 올리브로 만든 등유로 온 종일 불을 밝히지요. 내부가 온통 금인데 등잔대의 일곱 개 램프 불빛이 빛나며 반사되는 장면이 얼마나 경이로울까요? 그룹(천사)을 수놓은 커튼 앞에는 도금된 작은 제단이 있고 그 위에는 온종일 향내를 풍기며 타는 금향로가 있지요. 금상, 금등잔대, 금제단이 있는 이곳을 '성소'로 불렀지요. 성소 내 향과 등불이 꺼지지 않고 빵의 이상 유무를 매일 관리하는 책임은 제사장에게 있지요.

성소의 커튼 뒤에는 역시 금으로 도금된 약 70cm 높이의 상자가 있는데 이를 언약궤 또는 증거궤 또는 법궤로도 부르지요. 언약궤의 길이는 약 1.2 m, 폭은 약 70cm이지요. 이 안에는 하나님께서 십계명을 새겨 주신 두 돌판이 보관되어 있지요. 이 언약궤 위에는 언약궤와 같은 폭과 길이로 만든 "속죄소 the atonement cover (긍휼의 자리 mercy seat로도 부름)"를 놓았지요. 속죄소도 금으로 만들었는데 영어에 cover 단어가 포함된 것으로 보아 속죄소 판이 언약궤의 덮개, 즉 뚜껑으로 사용된 것을 알 수 있지요. 이 속죄소 판 양 끝에 두 날개를 하늘로 펼친 두 그룹 천사가 서로 얼굴을 마주 보고 있지요. 두 그룹은 속죄소 판에 붙여 만들어져 분리가 안 되지요. 그룹의 크기에 대해선 성경에 언급이 없어 알 수가 없지요. 언약궤가 그 위 양 끝에 놓인 두 그룹의 무게를 충분히 지탱해야 하기에 그룹의 높이는 1m에 미치지 못했겠지요. 이 두 그룹도 금으로 만들었지요. 하나님은 이 속죄소에서 모세를 만나겠다고 하셨지요.

언약궤가 있는 이곳이 가장 거룩한 곳으로 '지성소'로 불렀지요. 지성소는 정사각형으로 높이도 각 변의 길이와 같으며 성소의 딱 절반 면적이지요. 지성소 출입은 모세만 자유로웠고 그 외는 대제사장이 1년에 단 하루 들어와서 백성들이 범한 죄에 대해 용서를 비는 의식을 할 수 있었지요.

성소와 지성소에서 사용되는 그릇을 비롯한 모든 성물도 다 금으로 만들었지요.

이 성막은 붉은색으로 염색한 숫양 가죽으로 덮었고 그 위에 방수를 위해 바다 수달인 해달 가죽으로 완전히 덮었지요. 해달을 다른 번역본엔 돌고래, sea cow로 번역했으나 지중해에 생존하는 생물이라 쉽게 구할 수 없었지요.

언약궤, 금제단, 금상과 성소와 지성소의 벽면 널빤지용 목재는 모두 시팀 (shittim)나무입니다. 조각목으로 번역된 시팀나무는 아카시아과에 속하지요. 한국의 아카시아는 건조할수록 단단해진 다고 합니다. 반면 지중해 인근에서 서식하는 시팀나무는 100% 건조하면 모래처럼 퍼석해져 약간만 건드려도 쉽게 부서진답니다. 그래서 어느 정도 말려 단단해지면 더 마르지 않게 코팅을 해야 목재로 사용 가능하다고 합니다. 성막에 사용된 모든 시팀나무는 모양을 만든 후 도금하여 더 이상의 건조를 막은 것이지요.

겉은 천막으로 다소 초라해 보일지언정 성소와 지성소의 내부는 너무 화려하지 않습니까? 하나님은 이런 곳에서 얼마나 오래 흔쾌히 머무셨을까요? 약 500년 후 이보다 훨씬 더 화려하고 웅장한 성전을 솔로몬이 지었지요. 그런데 성막 성전과 솔로몬 성전 둘 다 외적에 점령되어 금, 은, 동이 벗겨져 약탈당하는 일이 자주 발생했지요. 이는 이렇게 화려한 것보다 사람의 마음과 순종을 더 원하신다는 증거이지요. 그런데도 내부를 이렇게 만들라고 하신 이유는 뭘까요? 사람이 금을 좋아하듯 하나님을 금처럼 아니 그 이상으로 가장 귀하게 모시고 사랑하며 순종하란 뜻이겠지요. 그렇지 않았을 때 이 화려한 성물들이 약탈당하는 것을 후대에 계속 보여 주셨지요.

성막 제작에 얼마나 많은 돈이 들었을까요? 출애굽기 38장 기록 중 금과 은만 가지고 계산해 보지요.

금이 29달란트 730세겔로 약 900kg입니다. 은이 100달란트 1,775 세겔로 약 3,000kg이지요. 이 정도 금, 은이 요즘 시가로 얼마인지 2017년 9월 대구의 유명한 금방에 문의해보니 금은 450 억 원, 은은 16억 원으로 계산해 주었습니다. 겨우 20평 남짓한 공간에 들어간 돈이라고 하기는 너무 엄청나지요.

이해를 돕기 위해 금, 은의 양을 당시 가치로 계산해 보지요. 당시는 은화 중심 시대였지요. 은전 반 세겔은 노동자 하루 품삯입니다. 은전 1달란트는 3,000세겔로 6,000일 동안 일해야 버는 돈이니 공휴일을 고려하면 약 20년간 직장 생활을 해야 되는 돈이지요. 금전 1달란트는 은전 15달란트로 금화는 은화의 15배 가치가 있었지요.

노동자의 하루 품삯을 10만 원으로 치면 은 1세겔은 20만 원, 은 1달란트는 6억 원이 됩니다. 금 1세겔은 300만 원, 금 1달란트는 90억 원이 됩니다. 이를 토대로 성막 제작에 들어간 은의 가치를 계산하면 603억 5,500만 원이 되고 금의 가치는 2,631억 9천만 원이 됩니다. 합산하면 3,235억 4,500만 원이 되지요. 겨우 스무 평 남짓한 천막 공간에 들어간 돈이 너무 어마어마해 믿기 힘들겠지만 사실입니다. 놋제단, 물두멍, 울타리 제작과 제사장들이 입을 성의 제작비용은 이에 견줄 수는 없어도 그 비용도 많이 들었지요.

이렇게 어마어마한 비용을 도대체 어떻게 모았을까요?

첫째, 의무적으로 내야 하는 참여금이 있었지요. 레위인을 제외한 남자 장정들 모두가 1인당 반 세겔씩, 즉 하루 일당을 냈지요. 모든 여자와 20세 이하 남자, 60세 이상 남자는 다 제외되었지요. 의무 참여금이라 해도 노약자는 다 빼고 능력이 되는 사람에게만 부과한 것입니다.

경제 활동을 하는 건강한 남성에게 하루 일당인 10만원은 부담 되지 않는 돈이지요. 이 정도 금액은 전쟁에 나갈 정도로 건강한 사람은 예외 없이 다 부담해 성전 건축에 100% 한마음으로 참여하라는 뜻으로 하나님께서 명하신 것이지요. 성전 제작이란 좋은 일에 부자가 아닌 사람도 쉽게 참여토록 하여 단 한 명도 소외되지 않게 한 것이지요.

이 의무 참여금은 몽땅 성소와 지성소 천막 제작에만 사용되었지요. 즉 장막을 지탱하는 받침대와 연결하는 갈고리를 만드는 데다 사용되었으니 그 뜻이 남다르지요. 모든 백성이 공평하게 참여한 정성이 성막의 기초가 되고 모든 백성의 하나 된 마음이 성막의 연결용 갈고리를 통해 나타나며 이 가운데 하나님의 임재가 있음을 뜻하는 것 아닌가요?

둘째, 의무 참여금 외에는 기뻐서 자원하는 헌물 또는 헌금만 받도록 하나님께서 명하셨지요. 은을 제외한 모든 헌물은 자원해서 기꺼이 내는 자의 것만 받았습니다. 그런데도 헌물이 넘쳐 더 가져오지 말라는 명령을 모세가 했을 정도였지요. 그렇게 모인 금만 해도 은의 4배 이상 값어치가 있었지요.

의무 참여금에 만족하지 못한 사람들은 자기 형편대로 기꺼이 냈지요. 돈은 없어도 재능이 있는 자는 자기 재능으로 봉사했고 재능도 없는 자는 몸으로 때우며 잡일을 했지요. 이 일에 여인들도 적극적으로 동참해 성소의 커튼과 울타리용 천막과 각종 성의를 만들었지요. 의무 참여금 외에 헌물을 강요하거나 부담되는 분위기를 만들지도 않았지요. 하나님께서는 그런 것을 원치 않았기 때문이지요.

오늘날 한국의 예배당 건축에는 이와 다른 모습이 많지요. 예배당 건축을 앞두고 외부 강사나 간증자를 초빙해 헌금하는 분위기를 강하게 만들고 심지어 작정 금액을 적도록 유도하거나 강요하는 때도 있지요. 교인들에게 부담을 주어 헌금을 많이 못하는 교인은 심지어 죄의식에 사로잡히거나 마음이 너무 괴로운 사람도 생기지요. 이런 예배당 건축은 과연 누구를 위한 것인지 의아스럽지요.

요즘 교회에서 흔히 행해지는 "건축 헌금 작정"은 성경 어디에 기초한 건지 궁금합니다. 앞에서 살펴보았듯 모두가 참여하는 것은 좋은 일이지요. 그러나 이는 충분히 감당할 수 있어 마음에 부담되지 않는 범위 내라야 즐겁지요. 성막 제작 시 지금 가지고 있는 것 중에서 내라고 하셨지요. 장차 수입이 들어올 것을 "믿고" 작정하거나 내라는 말씀이 성경 어디에 나오는지 궁금합니다. "그때는 없었지만 주실 것을 믿고 작정해 드렸더니 축복해 주셨다"는 간증을 액면 그대로 믿을 수 있나요? 생각해 볼 필요가 있지요. 축복받고 싶은 심리에 불붙이기 위해 간증을 이용해 작정하게 하고 내는 것을 하나님이 기뻐하실까요?

부끄럽지만 제 경험을 진솔히 밝힙니다. 저는 지금까지 세 번 건축 헌금을 작정했지요.

첫 번째는 중학교 1학년 때 2만 원을 작정해 약 2년간 다 바쳤지요. 당시 2만 원은 1년 치 공납금에 해당하여 정기용돈 없이 매일 왕복 차비 30원을 받는 저에겐 너무 벅찬 금액이었지요. 하지만 저도 동참하는 게 너무 기뻐 힘든 줄 몰랐지요.

지름길로 가야 50분 걸리는 길을 걷다가 도중에 비를 만나 생쥐가 되어도 좋았지요. 목욕비와 이발비를 아끼려고 대구에서 가장 싼 노동회관을 찾았지요. 그때 옮은 기계충으로 제 머리는 지금도 흉한 흔적이 있지요. 신문지를 모아 정육점에 가져가 무게를 재어 100원짜리 동전을 두, 세 개 받는 기쁨은 저만의 행복이었지요.

지하를 파더니 이내 지상으로 골조가 올라가는 예배당 공사 현장을 보면 너무 좋았지요. 이 현장에서 아버지도 틈틈이 잡일을 하시며 저처럼 기뻐하셨지요. 제가 하나님께 바친 돈은 힘들게 마련했지만 이 예배당의 완공은 너무 기뻤지요. 온갖 풍상을 겪은 이 교회를 뜻하지 않게 떠난 세월이 20년이 되었지만 제겐 여전히 생명 같은 교회이지요.

두 번째는 1989년 30세 때 1,600만 원을 작정했지요. 여러 가지 상황을 보니 건축이 하나님의 뜻이라고 아버지와 저는 의견이 일치해 복 받고자 작정했지요. 그때 저희는 보증금 없이 10개월 치 월세 150만 원을 선불로 내는 사글세로 살고 있었지요. 다행히 동성로여서 부동산 중개업을 하면서 2년 안에 모두 정리했지요. 그 후 저희 집은 처음으로 3,000만 원 전세로 그것도 신축 아파트로 옮겼지요.

세 번째는 뒤늦게 결혼해 3남매를 둔 2004년 45세에 울산에서 1억 원을 작정했지요. 5천만 원을 하려는데 "믿음이 그것밖에 안 되느냐?"고 아내가 불을 질렀지요. 큰 복을 원하며 1억으로 감히 하나님께 미끼를 던졌지요. 그때 부동산 사무실 직원이 12명으로 자신도 있었지요. '크게 받자'라는 욕심으로 던진 미끼에 제가 꼬였지요. 매주 100만 원씩 몇 달간 잘 내다가 눈에 이상이 오고 사무실 경영도 어려워져 적자에 허덕이다 2007년 가을에 문을 닫았지요. 문 닫으며 이내 "신용 불량자"가 되어 만 2년 더 지나 가까스로 벗어나기까지 죽을 고생을 했지요. 그때 저는 하나님 앞에 한없이 울며 회개했지요. 평일에 온갖 독촉과 심지어 협박까지 받으며 시달리다 주일에 교회에 가면 흐르는 회개의 눈물을 주체할 수가 없었지요.

"하나님! 죽을죄를 지었습니다. 벌레만도 못한 제가 감히 창조주께 미끼를 던지며 창조주를 제 욕심을 채워 주는 종으로 삼고자 했던 극악무도한 교만을 용서하옵소서. 다시는 당신과 거래하려는 오만불손한 생각을 하지 않겠습니다. 새벽마다 당신 귀를 소란스럽게 했던 절 불쌍히 여기시고 신용 불량에서 해방시켜 주셔서 너무 감사합니다. 작정하고 남은 미납금 8천만 원은 형편이 되는 대로 조금씩 바치겠습니다. 사람에게 소소하게 진 빚들도 함께 갚아야 하니 시일이 오래 걸릴 것 같습니다. 용서해 주시고 기다려 주십시오." 2009년 말 신용 불량에서 풀린 후 이런 기도를 드렸지요. 이후 지금까지 눈 때문에 집에서 쉬는 가운데도 앞 못 보는 저를 믿고 부동산 중개의뢰를 받고 생긴 수익을 생활비, 작정 헌금, 빚갈이로 3분해 빚을 줄였지요. 그렇게 해도 작정 헌금은 남아있고 받기를 사양하는 빚이 약간 남아있지요. 이것들은 지금까지와 같이 수입이 생기는 대로 천천히라도 정리할 생각입니다. 너무 부끄러운 수치를 드러내는 이유는 이 땅의 잘못된 작정 헌금 풍토를 바로 잡는 데 조금이나마 보탬이 되길 소망하기 때문입니다.

중학생 시절 작정 헌금을 바치고자 최선을 다한 것은 힘든 줄 전혀 몰랐고 오히려 즐거웠지요. 헌금으로 인해 복 받을 것이란 생각과 욕심이 없었고 그저 기쁘고 좋았지요. 그런데 나이가 들며 예배당 건축을 복 받는 기회와 수단으로 여기며 변질되었지요. 속으론 하나님과 거래를 생각하며 겉으론 믿음 좋은 척했던 저의 변질에는 한국 교회의 잘못된 풍토가 크게 작용했지요. 성경에 없는 작정 헌금을 만들어 낸 것은 성경에 없는 '목회 성공'이란 단어를 좇으며 교인을 성공의 도구로 생각하는 목사의 잘못된 욕망과 현세기복적인 교인의 욕심이 어우러져 빚어진 것이지요.

하나님께 바치는 것은 성막 제작처럼 감사와 기쁨으로 순수한 마음으로 해야 합니다.

3. 초대 대제사장 아론의 시련

위임식 후 첫 임무 수행에서 두 아들을 잃은 아론

출애굽기 40장과 레위기 8~10장 내용을 조합하면 다음과 같은 비극적 드라마가 펼쳐집니다.

이집트에서 나온 지 거의 1년이 된 둘째 해 1월 1일에 완성된 성막 (회막으로도 부름)이 세워졌지요. 이 안에 언약궤를 놓고 그 위를 두 그룹이 마주 보는 속죄소로 덮고 커튼을 쳐 가렸지요. 커튼 앞 빈 공간 북쪽 벽면 중앙에 금상을 놓고 그 위에 빵을 진설하고 맞은편에 금등잔대를 놓고 일곱 램프에 불을 켰지요. 커튼 앞에 금향단을 놓고 향을 피운 후 성막문(회막문)을 달았지요. 뜰에 번제단과 물두멍을 놓고 물두멍 안에 물을 부었지요. 울타리용 포장을 치고 틀 문에 커튼을 달았지요.

이후 백성이 보는 가운데 아론과 네 아들을 제사장으로 세우는 위임식을 1월 7일까지 7일간 했지요. 먼저 이들의 몸을 씻긴 후 속옷부터 몽땅 성의로 입혔지요. 아론의 성의는 아들과 차이가 있었지요. 머리에 쓰는 관에 금테가 둘러 처져 있고 양어깨에 이스라엘 12 지파 이름을 새긴 호마노 큰 보석이 달려 있었지요. 목에 흉패를 써 가슴을 덮었는데 가슴 쪽에 또 12지파의 이름을 새긴 12개의 갖가지 보석이 달려 있었지요.

성의를 입힌 후 모세는 관유를 성막과 그 안의 모든 것에 바르며 거룩하게 하였지요. 그리고 성의를 입은 아론과 아들들 머리에 관유를 부어 구별하였지요. 성막과 모든 성물에는 관유를 찍어 일부에만 발랐는데 제사장에겐 관유를 머리에 부었으니 왜 그랬을까요? 머리에서 흐르는 기름이 깨끗이 차려입은 성의에 스며들며 그

야말로 기름 범벅이 되어 골치 아플 텐데 왜 이렇게 했지요? 성막의 모든 성물보다 사람, 즉 제사장이 훨씬 더 중요하다는 뜻 아닌가요? 기름을 붓는 것은 하나님의 영, 성령을 붓는 것을 의미하지요. 제사장이 늘 성령 충만한 상태를 유지하길 바라는 뜻 아닌가요? 세례도 성경대로 하면 물에 완전히 잠기는 침례가 타당하지요. 그래서 약식으로 찍어 바르는 것보다 화끈하게 붓도록 하나님께서 시킨 것입니다.

기름 범벅이 된 아론은 자신과 아들의 죄에 대해 용서를 구하는 속죄제와 자신과 아들을 하나님의 종으로 바치는 뜻으로 제물을 몽땅 태우는 번제를 드렸지요. 이후 위임식용 제물인 숫양의 피를 모세가 아론과 아들들의 오른쪽 귓부리, 오른쪽 엄지손가락과 엄지발가락에 발랐지요. 이는 이들이 생명의 근원이시고 강하신 하나님의 종으로 구별되었음을 의미합니다. 당시 종은 귀 부리에 구멍을 뚫었는데 구멍 대신 생명의 상징인 피를 바른 겁니다. 오른손은 힘을 상징하여 전능하신 하나님의 종이란 거지요. 제사장의 발은 항상 구별되어 거룩한 곳에 있어야 하기에 엄지발가락에도 피를 바른 거지요.

성막을 세우고 위임식까지 마치며 하나님의 명령대로 다 하니 회막에 구름이 덮였지요. 밤에는 불이 구름 속에 있어 주위를 은은히 밝히며 따뜻하게 했지요. 구름이 회막 위로 높이 뜨면 짐을 싸 구름이 이동하는 곳으로 따라가 구름이 멈추는 곳에 회막을 치고 그 사방에 백성들이 진 치는 생활이 40년간 이어졌지요.

위임식을 마치고 1월 8일에 아론은 첫 임무를 수행했지요. 대제사장 아론은 우선 자신의 속죄제와 번제를 드렸지요. 이는 제사장이 남을 위해 제사하는 때에도 먼저 자신을 돌아보는 의미에서 하나님께서 명하신 것입니다. 자신이 깨끗해야 남을 위해 빌 수 있다는 것이지요.

첫 임무는 백성을 위한 제사였지요. 백성의 죄 용서를 비는 속죄제와 백성을 온전히 바치는 번제를 드린 후 하나님과 백성의 관계 회복을 소망하는 화목제를 드렸지요. 모든 제사를 마치고 아론과 모세가 백성을 축복할 때 하나님 앞에서 불이 나와 번제단 위의 제물을 태웠지요. 이 광경에 백성들은 기뻐 외치며 땅에 엎드렸지요.

이후 아론의 첫째, 둘째 아들이 하나님께 분향했는데 하나님이 명령하지 않은 다른 불로 향을 피웠지요. 하나님 앞에서 또 불이 나오며 이 두 아들은 그 자리에서 불에 타 즉사했지요. 너무 무서운 순간에 모세를 통해 하나님께서 말씀하셨지요. "나를 가까이 섬기는 자에게 내 거룩함을 나타내고 백성들에게 내 위엄을 보이겠다."

아들의 잘못을 아는 아론은 벙어리 냉가슴 앓듯 아무 말도 못 했지요. 모세는 자기 사촌 형제에게 시체를 밖으로 치우게 한 후 아론과 두 조카에게 경고했지요. "가족이 죽었다고 머리를 풀거나 옷을 찢으며 슬퍼하지 마라. 그러면 너희도 죽고 백성들에게 화가 내릴 것이다. 이 일로 회막문 밖으로 나가면 죽는다."

모세의 냉정한 말이 끝나자 바로 하나님께서 직접 아론에게 경고하셨지요. "너와 네 아들이 회막에 들어 올 때는 포도주나 술을 마시지 마라. 마시고 들어오면 죽는다. 이것을 자손 대대로 지켜라. 그래야 (술을 안 마셔야 맑은 정신으로) 거룩한 것과 속된 것을 구별하고 정결한 것과 부정한 것을 구별하고 백성에게 내가 명한 것을 가르칠 수 있다."

멀쩡한 아들이 둘이나 즉사했는데 장례는커녕 슬퍼하지도 못하고 제사장 임무를 계속해야 하는 기막힌 상황이 이해되나요? 죽은 두 아들은 아버지와 함께 하나님께 초대받아 하나님을 보며 식사하는 영광까지 누렸는데 이게 뭡니까? 과분한 영광을 누린 게 오히려 교만해져 하나님 명령을 무시한 것이 화근이지요. 하나님께 분향하는 향로의 불은 반드시 회막안 뜰의 번제단 불을 사용해야 했지요. 아론의 두 아들이 이를 몰랐을까요? 분명히 알았습니다. 그런데도 무시한 이유는 술을 마셔서 판단력이 흐려졌기 때문입니다. 레위기 10:9~11에 하나님이 "술 마시지 말라"는 경고를 갑자기 하신 이유가 두 아들이 술 때문에 자기 마음대로 했기 때문입니다. 죽음을 경고하고 안 마셔야 하는 이유까지 설명하신 것은 이런 사태의 재발을 막고자 함입니다.

위임식이 거행되는 7일간 아론과 네 아들은 회막안 좁은 공간에만 있었으니 답답했겠지요. 8일에 자유의 몸이 되자마자 하나님 말씀을 무시할 정도로 두 아들이 술을 마셨으니 평소 얼마나 술을 즐겼는지 알 수 있지 않습니까? 1월 8일은 제사장 임무 개시 첫날인데 첫날부터 술에 끌려 다녔으니 이게 뭡니까? 제사장의 임무가 시작되는 첫날부터 자기 마음대로 하는 것을 봐 주면 걷잡을 수 없으니 일벌백계로 다스린 것이지요.

두 사람의 죽음은 삼촌인 모세와 아버지인 아론과 두 동생이 다 슬펐지만 대처하는 마음은 달랐지요. 모세는 최고 지도자로서 인간적 감정보다 하나님의 마음을 더 헤아려 냉정했지요. 아론의 마음은 정말 복잡했지만, 첫 임무 끝 무렵에 발생한 비극에 잠기기보다 잘 마무리하는 것이 훨씬 더 중요했지요.

슬픔을 속으로 삼키며 겨우 마무리했는데 모세가 남은 두 아들에게 크게 화를 내니 아론의 마음은 정말 두려웠지요. 백성들의 속죄제물인 염소 고기가 완전히 불탄 것을 본 모세가 남은 두 조카에게 크게 노했지요. "너희가 왜 속죄제물의 고기를 거룩한 회막

안 뜰에서 먹지 않았느냐?" 이 말은 지정되지 않은 장소, 즉 아무 데서나 고기를 먹은 것을 나무라는 말로 오해할 수 있는 번역입니다. 이 부분을 다번역성경 앱에서 제공하는 7개 번역본을 살피면 아무데서나 먹은 게 아니고 아예 안 먹은 것으로 밝혀집니다. 공동 번역이 가장 확실하지요. 레위기 6장 26절에 속죄제물의 고기는 제사장만 먹을 수 있는데 회막안 뜰에서 먹어야 한다고 말하지요. 반면 30절엔 속죄제물의 피를 성소에서 조금이라도 뿌리거나 바르기 위해 회막 안으로 가지고 간 경우는 절대로 못 먹고 완전히 태워 재를 버리는 곳에 버리도록 명령하고 있지요.

겁이 나서 모세에게 아무 말도 못 하는 두 아들을 대신해 아론이 말했지요. "오늘 백성들의 속죄제와 번제까지 드리고도 두 아들이 즉사하는 비극을 당했습니다. 이런 상황에서 무슨 염치로 고기를 먹습니까? 제가 고기를 먹는 것을 하나님이 기뻐하시겠습니까?" 이 말은 속죄제의 염소고기를 먹지 않고 불태운 것은 삼부자가 반성하는 의미로 한 것이고 하나님 말씀을 어기려고 한 것이 아니기에 오해를 풀라는 말이지요. 아론의 말을 듣고 모세는 화를 풀고 비로소 형과 조카를 위로할 여유가 생겼지요. 두 조카가 잠시 전에 죽었는데 남은 두 조카마저 하나님 말씀을 무시한다고 오해해 빚어진 촌극이지요. 남은 두 아들을 오해에서 구했지만, 아론은 임무 개시 첫날에 너무 마음이 복잡했지요. 제사장은 아론 가문의 무한한 영광이지만 방심하면 가문이 멸절될 수도 있음을 뼈저리게 느낀 하루였지요. 자신의 금송아지 사건보다 가볍게 보이는 아들의 잘못을 이렇게 응징함은 이제 제사장이 되었으니 더는 봐 주지 않겠다는 하나님의 신호로 보여 아론은 무거운 마음으로 임무 첫날을 마감했지요.

흑인과 재혼한 모세에 대한 누나와 아론의 항명

대제사장 위임식을 마친 후 두세 달 지나 모세가 구스(현재 에티오피아) 여성과 재혼했지요. 이에 대한 자세한 설명은 "성경 속 여인들의 인생반전" 2편 61~69쪽을 참조하시기 바랍니다.

흑인 이방 여인과의 재혼을 못 마땅히 여긴 누나와 아론은 동생을 비난하며 동생에게 대드는 말을 했지요. "하나님이 모세를 통해서만 말씀하셨나? 우리를 통해서도 말씀하지 않았느냐?"

이 말을 들은 하나님께서 모세, 아론, 누나를 회막 앞에 서도록 불렀지요. 그 중에 아론과 누나를 앞으로 불러내신 하나님이 대로하셨지요. "내가 다른 선지자에겐 환상이나 꿈으로 말한다. 그러나 충성스러운 내 종 모세는 나와 대면하며 내가 명백히 말하며 심지어 내 형상을 본다. 너희와 차원이 다른 내 종을 감히 비방하고 대드느냐?" 하나님께서 떠나신 후에 누나는 갑자기 문둥병자가 되었지요. 문둥병자가 된 누나를 본 아론은 모세 앞에 엎드려 자신들의 어리석음을 용서해 달라며 누나를 고쳐줄 것을 빌었지요. 이어 모세의 간절한 기도에 "7일간 누나를 이스라엘 진영 밖에 감금한 후 돌아오게 하라"고 하나님께서 명하셨지요.

모세의 재혼을 비방한 것이 잘못임을 밝히며 하나님께서 아론을 나무라신 것으로 보아 모세의 재혼은 하나님께서 허락하신 것이겠지요. 하나님과 대면해 대화하는 모세에게 흑인 여성과의 재혼을 먼저 말씀하신 것인지도 모르지요. 그런데 아론은 대제사장이 되고도 여전히 하나님께 둔감하니 왜 그럴까요? 모세를 통해 반포된 하나님의 명령인 율법의 근본이 "하나님 사랑, 이웃 사랑"임을 깨닫고자 노력하지 않은 증거 아닌가요? 이스라엘에 섞여 함께 이집트를 떠난 이방인도 똑같은 이웃으로 보는 율법 곳곳의 정신을 이해하지 못한 것 같지요. 또 이방인도 할례를 받았다면 이집트를 떠나던 밤의 첫 번째 유월절과 그 후의 유월절에 차별 없이 참여할 수 있게 해주신 하나님 마음을 아직도 이해 못한 것 같습니다. 누나에게도 하나님의 말씀을 가르쳐야 할 제사장임에도 불구하고 하나님의 말씀을 깨닫지 못했으니 누나를 말리기는 커녕 맞장구친 것 아닐까요?

불과 두세 달 전에 두 아들이 교만으로 죽었는데도 여전히 하나님의 마음을 모르니 모세에게 대들었겠지요. 그런데도 누나만 벌을 받고 아론은 무사했으니 아론을 향한 하나님의 사랑이 특별하지 않나요?

제사장직을 탐낸 사촌 고라의 항명과 아론에 대한 특별한 보호

민수기 16~17장의 사건은 이집트를 떠난 후 1년 6개월, 아론의 위임식후 6개월이 지나 발생했지요. 모세와 아론의 사촌인 고라의 항명은 이렇지요.

아론의 제사장직을 탐낸 고라가 앞장서서 모세에게 불만 있는 사람들을 모아 당을 만들어 대들었지요. 중간 지도자들이 무려 250명이나 동조한 것은 약속의 땅, 가나안에 빨리 못 들어가고 광야를 계속 헤매는 불만 때문이었지요. 백성들이 하나님을 불신해 빚어진 방황을 모세와 아론 탓으로 돌린 것이지요.

모세는 고라를 비롯한 불만자 250명과 아론이 모두 자기 향로에 불을 담고 향을 피운 채 다음 날 아침에 회막문으로 모이게 했지요. 회막문에는 이들 외에도 많은 사람이 모였지요. 고라가 군중을 선동해 모세와 아론에게 대들었지요. 하나님께서 이들을 다 죽일 테니 모세와 아론은 군중에서 멀찍이 떨어지라고 하셨지요. 모세와 아론은 땅에 엎드려 한 사람의 욕심으로 생긴 일이니 모두를 벌하지 말 것을 간청했지요. 하나님께서 고라와 두 주동자의 텐트에서 멀리 떨어질 것을 명하셨지요. 모세가 3명의 텐트 주변 사람들을 대피시킨 후 반역자들의 처벌을 하나님께 요청했지요. 3명의 주동자가 선 곳에 갑자기 지진이 나며 땅이 갈라져 이들이 텐트와 함께 땅속으로 떨어진 후 땅이 도로 붙었지요. 이때 성소에서 불이 나와 회막 앞에 향로를 들고 선 추종자 250명을 태워 죽였지요. 놀라고 겁이 난 백성들이 모두 도망갔지요.

다음날 백성들이 "너희가 많은 사람을 죽였다"고 불평하며 회막 앞에서 모세와 아론에게 달려들었지요. 이때 하나님께서 "이들을 당장 다 죽일 테니 너희들은 멀리 떨어지라"라고 모세에게 말씀하셨지요. 땅에 엎드린 모세가 아론에게 말했지요. "하나님의 진노로 전염병이 생겨 백성이 죽고 있소. 형의 향로에 번제단의 불을 담아 향을 피워 들고 백성에게 가서 그들을 위하여 하나님께 용서를 비시오." 아론이 모세가 시킨 대로 향로를 들고 백성에게 가서 하나님께 용서를 빌고 죽은 자와 산 자 사이에 서니 전염병이 그쳤지요. 이날 전염병으로 죽은 자는 무려 14,700명이나 되었지요.

이후 하나님께서 모세에게 명령하셨지요. "12지파 지도자의 지팡이를 한 개씩 가지고 와 이름을 적어라. 레위 지파는 아론의 지팡이를 가져와라. 12개 지팡이를 언약궤 앞에 놓아라. 내가 선택하는 지팡이가 싹을 내리니 이로써 백성들이 너희에게 더 불평하지 못할 것이다."

명령대로 한 후 모세가 다음날 12개 지팡이를 언약궤 앞에서 다들고 나왔지요. 11개는 변함이 없었는데 아론의 이름이 적힌 지팡이는 싹이 났고 꽃이 피었고 아몬드 열매까지 달린 것을 모두 보았지요. 열매까지 맺은 아론의 지팡이를 지성소 안 언약궤 앞에 두라고 하나님께서 명하셨지요. 백성들은 모세뿐 아니라 아론도 하나님이 택하신 지도자임을 확실히 깨닫고 잘못을 이렇게 고백했지요. "우리는 죽게 되었다. 망하게 되었다. 모두 망하게 되었다. 우리는 다 죽어야 합니까?"

고라는 모세, 아론과 같은 레위인입니다. 레위인은 특혜를 받았지만 고라는 만족하지 못했지요. 사촌인 아론뿐 아니라 조카들의 지도와 감독을 받는 것이 자존심 상했지요. 자연히 제사장직이 탐나 다른 레위인들을 부추겼지요. 고라와 고라에게 동조한 레위인들은 "분수가 지나치다"라고 타이르는 모세의 말에 한 명도 따르지 않았지요. 실수 많은 아론 집안 후손만 제사장이 되어 자기들을 지도, 감독하는 것을 이해할 수 없었고 용납되지 않았지요.

고라의 항명은 자족을 모르며 남과 비교하는 인간의 욕심이 끝이 없음을 보여 주는 대표적인 사건입니다. 레위인의 역할과 고라 사건이 고라 자손에게 미친 영향과 이를 극복한 고라 자손에 대한 설명은 "성경 속 여인들의 인생 반전" 4편 118~121쪽을 참조하시기 바랍니다.

아내 사라를 타국의 왕비로 준 것은 하나님의 약속을 불신하고 망각한 아브라함의 결정적 실수였지요. 제사장직 수행 중 금송아지를 만든 것은 아론의 결정적 결함이었지요. 그러나 하나님께서 실수 많은 아브라함을 다듬듯 또한 실수 많은 아론도 다듬어 가셨지요. 그 과정은 아픔의 연속이었지요. 두 아들을 잃으며 배웠고 누나의 문둥병을 통해 배웠지요. 이제 하나님의 말씀과 마음을 깨닫게 된 아론은 고라 사건 때 비로소 스스로 모세와 함께 하나님 앞에 엎드렸지요. 하나님 앞에 엎드리기 시작한 아론을 백성에게 확실히 높인 사건이 아론의 지팡이가 열매까지 맺게 한 것이지요.

아론의 결점을 너무 잘 알아 사촌이 항명을 일으켰을 정도이지만 하나님은 오히려 아론을 더 확실히 세우셨으니 아론이 얼마나 감사했겠습니까? 이어 제사장과 레위인의 각자 책임 사항을 하나님께서 아론에게 직접 말씀하시며 레위인을 잘 지도할 것을 명령하셨지요. 아울러 제사장의 몫까지 챙겨 주신 것이 민수기 18장에 기록되었으니 아론이 얼마나 감개무량했겠습니까? 하나님은 고라의 항명에 가담하지 않은 레위인을 배려하는 것도 잊지 않으셨지요. 이스라엘이 바치는 십일조가 그들의 몫이 될 것을 모세에게 말씀하셨지요. 남은 레위인의 마음도 홀가분했겠지요.

이후 아론은 123세에 죽기까지 실수 없이 제사장직을 잘 감당했지요.

모세의 후손, 아론의 후손, 인정받은 사독의 후손

이집트를 떠난 지 40년 되는 해 5월 1일에 아론은 대제사장 의복을 셋째 아들에게 물려줌으로 사명을 다하고 산에서 123세에 죽었지요. 아론이 죽은 후 몇 차례 전쟁을 치르며 요르단강 (성경엔 요단강) 동편에 진을 쳤지요. 자기 후임을 세운 모세는 높은 산에 올라가 요르단강 서편 약속의 땅, 가나안을 하나님이 보라는 대로 지중해까지 자세히 구경하고 120세에 죽었지요.

두 지도자의 후손은 어떻게 되었을까요?

먼저 모세의 후손입니다. 모세와 비교할 수 없는 후손들은 지극히 평범한 레위인으로 살아서 이름을 찾기도 힘들지요. 다윗왕 시대에 모세의 한 후손이 왕궁 내 하나님께 바치는 보물 창고 관리를 맡았다는 기록이 있지요. 그 외 절대다수는 성전에서 제사장인 아론 후손의 지도 감독 하에 일을 했지요.

더 놀라운 사실은 모세의 한 손자가 먹고살기 위해 우상을 섬기는 제사장이 된 것입니다. 이 손자의 후손은 북이스라엘이 망할 때까지 대대로 우상 섬기는 제사장 노릇을 했지요. 이 기막힌 이 야기는 이 글 4편에서 자세히 다루겠습니다.

이제 아론의 후손입니다. 첫째와 둘째 아들은 자식도 없이 어이 없게 죽었지만, 아론에겐 아주 뛰어난 손자 비느하스가 있었지요. 셋째 아들의 아들인 비느하스가 이스라엘을 위기에서 구한 사람입 니다.

그는 이집트에서 태어났으니 최소한 40세가 지났을 때입니다. 할 아버지가 죽은 지 불과 한 달 지나 모압과 미디안 여인들이 무더기 로 이스라엘 남자들을 유혹했지요. 여인들의 노골적인 모습에 이스 라엘 남자들이 쉽게 끌려갔지요. 이들은 여인들이 시킨 대로 음란 한 우상 앞에 절까지 하며 그 여인들의 유혹에 넘어갔습니다.

여인들이 이스라엘 남자를 집단으로 꾄 것은 한 거짓 선지자의 작품이지요. 이스라엘이 가까이 오자 요르단강 동편의 모압왕은 불안했지요. 거짓 선지자에게 선물을 바치며 이스라엘을 망하게 할 방법을 찾았지요. 거짓 선지자는 이스라엘을 저주하라는 왕의 요구를 세 번이나 거절했지요. 그러나 받은 선물이 탐나서 성적으 로 이스라엘을 타락시켜 망하게 할 방법을 가르쳐 주었지요. 왕은 그 계략대로 여인들을 동원했지요.

이스라엘 남자들을 동시에 집단으로 상대할 정도로 음탕한 여인 들이 그렇게 많았다니… 이들 여인 중엔 지도자의 딸도 있었으니 우상 숭배의 탈을 쓰고 합법적으로 즐긴 것이지요.

남자들의 타락에 분노하신 하나님께서 이스라엘에 전염병이 생기 게 했지요. 이 일 때문에 회막문에 모인 백성들은 흐느껴 울고 120세 모세는 주동자들의 처단을 명하고 있었지요. 이때 한 지도 자가 미디안 여인과 희희덕거리며 대담하게도 대낮에 모두 보는 가운데 텐트로 들어갔지요. 이젠 여자를 찾는 게 아니고 아예 자기 텐트로 스스럼없이 끌어들일 정도였습니다. 텐트 안의 거친 숨소리가 밖으로 새어 나가도 아랑곳없으니 완전히 눈에 콩깍지가 씐 것 아닙니까? 아무도 이를 못 말리고 뻔히 보고만 있는데 아론의 손자 비느하스가 창을 들고 텐트로 들어갔지요. 맨살로 붙어 있는 그들을 힘을 다해 찔러 그들은 벌거벗은 채로 한 덩이가 되어 죽었지요. 이 여인은 미디안 추장의 딸로 드러났지요.

 비느하스의 용기 있는 행동을 기뻐하신 하나님은 전염병을 그치게 했지요. 이 전염병으로 24,000명이나 죽었지요. 그 일로 비느하스는 하나님의 축복을 받았지요.

 축복받은 아론의 자손이 얼마나 번성했는지 통계로 살펴보지요. 아론 당시엔 전체 장정이 약 62만입니다. 제사장 수는 5명으로 출발했지만, 임무 개시 첫날 두 명이 죽어 3명으로 시작된 셈입니다. 이는 전체 인구 대비 약 0.0005%밖에 안 되지요. 에스라 2장을 보면 약 930년이 흐른 후 바벨론 포로로 잡혀갔다가 70년 만에 되돌아온 인구는 49,897명입니다. 이 중 제사장이 4,289명이지요. 귀환 인구 대비 제사장의 비중은 약 8.6%나 되어 너무 놀랍지요. 이 비율을 아론 당시와 견주기엔 여러 가지 변수가 있어 단순 비교는 무리입니다. 그러나 에스라 2장의 귀환 제사장 수만 따져도 아론 당시보다 무려 1,400배 이상 증가한 것은 확실하지요. 이 기간에 다른 12지파의 인구 증가가 10배에 미치지 못하는 것을 보면 아론의 후손은 엄청 복을 받았지요.

 자손 번성의 남다른 복을 받은 아론의 후손이 모두 비느하스처럼 인정받았을까요? 너무 놀랍게도 정반대입니다. 이스라엘이 남북으로 분단된 지 약 150년이 지났을 때 호세아 선지자를 통해 하나님이 하신 말씀은 충격의 연속입니다. 호세아 4장 7절을 가장 명확하게 번역한 NIV와 공동 번역을 소개합니다. "The more the priests increased, the more they sinned against me (제사장이 많아지면 많아질수록 그들이 나에게 짓는 죄도 많아지니)" 6장 9절엔 믿기 어려운 하나님의 탄식이 있지요. "강도떼가 (매복해) 사람을 기다림같이 제사장의 무리가 세겜(으로 가는) 길에서 (매복해) 살인하니..."

하나님의 말씀을 가르치고 지도해야 할 제사장이 모범은 커녕 타락의 온상이 되었지요. 백성과 제사장이 똑같아져 하나님께선 아모스 선지자를 통해 아모스 8장 11~13절에 말씀의 기근을 경고하셨지요. 먹고 마실 것이 없는 기근이 아니고 하나님의 말씀에 굶주려서 나타나는 기근이지요. 말씀을 찾기 위하여 비틀거리며 바다로 북쪽으로 동쪽으로 어디를 찾아 헤매도 하나님 말씀을 발견할 수가 없다는 것입니다. 하나님 말씀을 무시하는 제사장의 행태는 나라가 망하는 상황에도 또 나라가 망했음에도 계속되었지요. 구약 성서의 마지막인 말라기는 총 4장인데 1~3장은 이런 제사장에 대한 경고로 가득 차 있지요. 병들고 훔친 것을 제물로 바치지 말고 백성들의 십일조와 헌물을 도적질하지 말고 하나님께로 온전히 돌아올 것을 애타게 말씀하셨지요. 그렇지 않으면 제사장의 똥을 제사장의 얼굴에 바르겠다고 경고하셨지요.

이렇게 아론의 모든 후손이 타락했지만 비느하스 같은 후손이 있었지요. 바벨론으로 잡혀간 지 25년, 나라가 완전히 망한 지 14년이 되었을 때 에스겔 선지자는 하나님의 성전을 환상으로 보았지요. 한 사람이 성전을 측량하며 구석구석을 보여주었지요. 그가이 성전에서 일할 제사장은 "사독의 후손"이라고 세 번이나 말했지요. 사독은 다윗왕 시대의 신실한 제사장이지요. 사독의 후손이 성전의 일을 맡게 된 이유를 에스겔 40장, 43장, 44장에 "하나님께 가까이 나아와 수종을 드는" 제사장이기 때문으로 밝히지요. 성전에서 봉직할 수 있도록 인정받은 사독의 자손에게는 엄청난 축복이 약속되었지요. 축복 이유를 에스겔 48:11에 이렇게 밝히고 있지요. "직분을 지키고 이스라엘과 레위인이 그릇된 것처럼 그릇되지 않았다." "직분을 지키고"를 NIV는 "the Zadokites, who were faithful in serving me (나를 섬김에 있어 신실했던 사독 자손)"로 번역했지요.

수많은 제사장조차 그르게 사는데 사독의 후손만 별종 인간처럼 바르게 살자니 얼마나 힘들고 외로웠을까요? 사독의 후손 가운데서도 5대손인 에스라가 돋보입니다. 에스라는 남 유다가 망한 후 포로로 잡혀간 사독의 후손으로 태어났지요. 에스겔이 환상을 본 한참 후에 그는 페르시아에서 예루살렘으로 되돌아온 2차 그룹을 이끌었지요. 그는 예루살렘에 돌아온 후 유태인의 회개 운동을 주도하며 성경을 가르쳤지요. 그로 말미암아 사독의 후손을 하나님께 더욱 인정받을 수 있었지요. 사독의 후손에 대한 축복이 무엇인지는 "성경 속 여인들의 인생반전" 7편 277~281쪽을 참조하시기 바랍니다.

자유의지를 잘못 선택해 범죄한 인간이 용서받도록 하나님께서 세운 속죄 제도가 있지요. 잘못을 희생양에게 전가시켜 제물로 바치는 제사와 이 제사를 대리하여 용서 비는 중보 역할을 하는 제사장입니다. 이 속죄제도의 완결판으로, 하나님은 당신의 아들 예수님을 모든 인류의 죄를 짊어질 희생양과 진정한 중보자인 대제사장으로 삼아 참사랑의 관계 회복을 원하셨지요. 그래서 인간은 예수님을 통해서만 창조 당시처럼 하나님과 참사랑의 관계를 가질 수 있고 이렇게 회복된 관계는 다시는 깨지지 않습니다.

과거의 부귀영화를 다 잊고 양치기 생활에 만족했던 모세는 80세에 드디어 민족의 지도자로 부름을 받았지요. 말더듬이 약점이 있는 모세는 감사하며 하나님만 의지했기에 이 땅에서 가장 온유한 (겸손한) 사람으로 성경에 기록될 수 있었지요. 그의 민족사랑은 남달랐지요. 아론의 금송아지 사건 때 드린 모세의 기도는 아무나 못하지요. "이 백성을 용서치 않으시려면 주님이 기록한 책에서 제 이름을 빼 주십시오." 여기의 책은 천국에 가는 사람의 이름을 기록한 생명책입니다. 이런 지도자를 만나긴 정말 힘들지요.

아론은 동생 덕분에 민족의 지도자가 되었지요. 아론에 대한 하나님의 특별한 대접은 이해가 안 될 정도였지요. 그러나 대제사장이 된 후엔 아들과 누나를 통해 혹독한 훈련을 받았지요.

어릴 때 저는 "큰 꿈을 가지라"는 말을 많이 들으며 자랐고 모세를 너무 좋아했지요. 80세 시골 노인의 인생이 완전히 바뀐 것은 저에겐 늘 감동이었지요. 모세를 생각하며 "나도 할 수 있다. 늦지 않았다."를 외치며 신기루를 좇았지요. 그러다가 눈 수술을 11회나 받으며 모세를 부르신 하나님을 진정으로 만났지요. 그분의 마음을 조금씩 알게 되었지요. 모세는 모든 욕심을 다 버린 후 주님을 만났는데 저는 욕심으로 이글거리며 모세가 되겠다고 발버둥쳤으니 웃기지 않습니까? 저 같은 사람이 모세가 되면 얼마나 많은 사람이 고통을 겪겠습니까? 한 사람의 욕망 때문에 많은 사람이 고통당하는 모습을 교회에서도 쉽게 보지 않습니까?

하나님 섬긴다고 모두 모세와 아론이 될 수 있습니까? 신기루에서 깨어나 모세의 자족을 배우며 주님의 이끄심에 감사함으로 따라야 하겠지요.

모세는 아들과 손자에게 아버지의 지위에 기대지 말고 레위인으로 자족하며 감사로 신실하게 살도록 가르쳤지요. 아론도 아들과 손자에게 죽은 두 아들을 상기시키며 늘 겸손하게 자신을 살피며 하나님 앞에서 신실하게 살도록 가르쳤지요. 모세와 아론은 자기 사명을 다한 후 하나님의 부르심대로 산에서 홀로 죽었지요.

전에는 관심도 없었던 그것을 제가 해야 할 일로 여기고 감사와 자족으로 최선을 다하는 모습을 제 아이들에게 보여 주고자 합니다. 그리고 모세와 같이 겸손하고 이웃을 자기 생명처럼 소중히 여기는 지도자를 만나는 만남의 축복을 기도합니다. 모세와 아론이 사명을 다한 것처럼, 사독의 후손이 직분을 다한 것처럼, 저와 제 아이들도 해야 할 일을 다 하길 소망합니다.

04

여인에 빠진 괴력의 장사

삼손

1. 막가파 같은, 단 지파 출신 삼손

야곱의 다섯째 아들 단의 숨기고 싶은 가족사

드디어 가나안 땅을 차지한 이스라엘은 모세 후임이 죽자 재판관인 사사가 다스렸지요. 나라가 어려우면 회개하며 도움을 간청하는 백성의 기도에 그때마다 하나님께서 사사를 세워 이스라엘을 구했지요. 도와주면 이스라엘은 하나님을 또다시 배반하는 악순환이 계속 되었지요. 삼손은 총 14명 중 12대 사사였지요. 삼손의 뿌리인 단 지파의 기원을 살펴보겠습니다.

야곱은 외삼촌에게 속아 일주일 차이로 사촌 여동생 레아, 라헬과 차례로 결혼했지요. 언니 레아가 아들 4명을 낳았지만, 야곱이 사랑한 예쁜 동생 라헬은 무자식이었지요. 질투심에 불탄 라헬은 "내게도 아이를 낳게 하지 않으면 죽겠다."고 말하며 자기 몸종을 야곱의 셋째 아내로 주었지요. 몸종은 라헬의 소망대로 아들을 둘이나 낳았지요. 이에 레아도 자기 몸종을 야곱에게 넷째 아내로 주어 두 아들을 낳았지요.

당시는 엄마가 자식의 이름을 지었지만 몸종 출신 아내가 낳은 네 아들 이름은 몸종의 주인이 지었지요. "자신의 처지를 하나님이 보시고 기도를 들으셨다."고 하며 라헬은 몸종이 낳은 첫 아들을 "단"으로 지었지요.

두 몸종이 낳은 야곱의 네 아들은 첫째 부인이 낳은 네 명의 형들과 첫째, 둘째 부인이 낳은 네 명의 동생들과는 처지가 달랐지요. 자기들 이름을 친엄마가 못 짓고 큰엄마들이 자신들의 감정에 따라 지었지요. 또 여전히 자기 엄마를 종 부리듯 하는 큰엄마 눈치를 살피며 친엄마에게 가야 했지요. 형들의 기세에 눌린 것은 물론 아버지가 별나게 사랑했던 동생 요셉에게도 치였지요.

그런데 단과 동생의 이름을 지었던 큰엄마 라헬이 야곱의 막내아들을 낳으며 죽은 후 단과 그 동생에겐 맏형을 죽이고픈 사건이 발생했지요. 맏형이 자기들의 친엄마 텐트로 들어갔지요. 여러 정황상 맏형이 단의 엄마를 강간한 것으로 보이지요. 자신의 주인이 죽어 가며 낳은 갓난아기를 키워야 하는 단의 엄마가 남편의 맏아들을 유혹했다고 보기는 힘들지요. 소문이 다 퍼져 야곱도 알았지만 100세를 훌쩍 넘긴 데다 다리를 저는 야곱은 아무 조치도 못했지요. 단과 동생은 맏형에 대한 증오가 불탔지만 힘이 약하니 어쩔 수 없었지요.

이런 가운데 하나님은 두 몸종의 네 아들 중 첫째인 단을 축복하셨지요. 모세 당시 인구 조사를 2회 했지요. 단 지파는 첫 번 조사에서 62,700명, 40년 후 조사에서 64,400명으로 2회 모두 12지파 중 유다 지파 다음인 2위를 차지했지요. 야곱이 죽기 전 단은 당당히 한 지파를 이룰 것이라고 한 말대로 된 것이지요.

단의 후손이 성막 제작에 큰 공을 세우기도 했지요. 성막 제작은 특별한 재능이 있는 두 사람의 지도로 이루어졌지요. 그 중 한 명이 단 지파 사람으로 커튼을 만들고 그 위에 수놓는 작업을 책임졌지요. 지성소에 드리워진 수놓아진 커튼은 그의 작품이었지요. 불행했던 단의 성장기에 대한 하나님의 배려가 놀랍지 않습니까?

남의 우상과 배정 받지 않은 땅을 무자비하게 빼앗은 단 지파

야곱은 12아들에게 유언 기도를 할 때 단이 말 뒤꿈치를 깨물어 말 탄 자를 뒤로 떨어뜨리는 뱀과 같다고도 했는데 이 말이 이루어진 기막힌 사실을 살펴보겠습니다.

이스라엘 12지파가 단결하여 모세 후임자의 지도로 가나안의 많은 강한 민족과 부족을 다 정복했지요. 모세 후임자가 죽기 전 남은 소소한 원주민은 지파별로 해결하기로 하고 땅을 추첨 분배한 후 발생한 사건을 먼저 소개합니다.

한 산간 마을에 엄마 돈 1,100 세겔을 훔친 후 도적놈에 대한 엄마의 저주가 마음에 걸려 돈을 돌려준 사람이 있었지요. 돈을 찾은 엄마는 훔친 아들을 하나님 이름으로 오히려 축복했지요. 그리곤 아들에게 은 약 2kg으로 우상을 만들어 줬지요. 우상을 선물 받은 남자는 자기 사당에 그것을 두고 자기 아들을 제사장으로 삼고 제사장이 입을 의복도 만들었지요.

이때 모세의 한 손자가 먹고 살기가 힘들어 자기가 살던 곳을 떠나 헤매다가 이 남자의 집까지 왔지요. 이 남자는 자기 집에 온 청년이 레위인임을 알고는 자기 사당의 제사장이 되어 달라고 요청했지요. 그 대가로 1년에 은 10세겔과 옷, 음식을 주겠다고 했지요. 은 10세겔은 노동자의 20일 치 임금인데 모세 손자는 좋은 조건으로 생각해 우상의 제사장이 되었으니 얼마나 딱합니까? 겉옷은 당시 저당 잡힐 정도로 비쌌지만 그래도 안타까운 일이지요.

이때 단 지파는 모세 후임을 통해 추첨으로 배정받은 땅 일부만 차지해 약 25만 인구가 목축과 농업을 하며 다 살기엔 좁았지요. 그래서 새 땅을 찾고자 정탐꾼을 보냈지요. 정탐꾼들이 이 남자의 집에 있는 모세 손자를 만났지요. 모세 손자의 사정을 들은 후 그에게 부탁했지요. 이 정탐 활동의 성공 여부를 하나님께 물어 봐 줄 것을 우상 제사장인 모세 손자에게 부탁했지요. "하나님" 운운하면서 우상을 만들어 섬기고 우상 제사장을 의지하는 이상한 풍토는 모세 후임이 죽은 후 생겼지요. 사사가 다스리는 시대엔 사람들이 자기 마음대로 했지요. 우상의 제사장이 된 모세 손자도 하나님 이름으로 정탐 성공을 예언함에 익숙했지요.

정탐꾼은 너무 좋은 땅을 발견했지요. 지중해 연안에 거주하는 지배권자는 지중해와 이 땅 중간에 가로 놓인 레바논 산맥 때문에 군사를 파견하기 힘들었지요. 그래서 방치된 땅이었죠. 나무랄 데가 없는 이 땅 주민들은 태평스러운 평화를 누리며 살았지요. 주변 어떤 나라와도 관계를 맺지 않았고 심지어 지배권자와도 적극적이지 않았지요. 무장하지도 않고 홀로 평화와 자급자족을 누렸지요.

정탐꾼의 보고를 받은 단 지파는 600명의 정예 부대를 보냈지요. 이들은 가는 길에 모세 손자를 고용한 집에 들러 우상과 제사장 의복을 빼앗았지요. 모세 손자를 자기들이 강탈한 우상의 제사장으로 삼아 데려갔지요. 이왕 제사장 노릇할 바엔 한 가정보다 한 지파의 제사장이 되는 것을 더 좋아한 모세 손자는 기꺼이 따랐지요.

단 지파는 평화롭게 살며 군사도 없어 제대로 저항하지 못하는 주민들을 칼로 다 죽였지요. 모든 가옥을 불태운 후 새로운 성읍을 건설했지요. 새 성의 이름은 조상의 이름을 본따 "단"으로 지었지요. 이곳에서 모세 손자는 자손 대대로 단 지파가 강탈한 우상을 섬기는 제사장이 되었지요. 이상의 이야기는 사사기 17장, 18장과 여호수아 19:40~47의 내용입니다.

단 지파는 12지파 중 부동의 2위로 성막 제작 시 자부심도 남달랐지만 이후 처신은 좋지 않았지요.

모세가 시나이산에서 하나님 말씀을 한창 가르칠 때 싸움이 벌어졌지요. 감정이 격해진 단 지파의 한 사람이 하나님을 욕하며 저주하는 일까지 벌어졌지요. 이 사람은 잡혀 모세 앞으로 끌려 왔지요. 아버지는 이집트인, 어머니가 단 지파 여인인 이는 신성 모독죄로 백성이 던진 돌에 맞아 죽은 첫 번째 사람이 되었지요.

죽음을 눈앞에 둔 모세가 과거 40년을 회상하며 백성에게 고별 설교한 것이 신명기입니다. 신명기 20:10에 의하면 가나안 땅이 아닌 곳과 전쟁을 해야 할 경우엔 반드시 화평을 먼저 제의할 것을 명했지요. 화친 조약을 거부해 서로 사이좋게 지내지 못하면 그곳의 남자는 다 죽여도 여자와 어린아이들은 살려 두라고 했지요. 남녀노소를 다 전멸시킬 대상은 17절에 여섯 민족으로 한정했지요. 이 여섯 민족은 음란한 바알과 아세라 숭배를 즐겼지요. 이들을 살려 두면 이스라엘을 유혹해 결국 이스라엘까지 물들게 되기에 전멸을 명한 것이지요.

단 지파가 건설한 단의 원주민은 화평의 대상인가요, 전멸의 대상인가요? 혹자는 이곳도 가나안 땅으로 봐야 하기에 전멸의 대상이 될 수 있다고 합니다.

저는 그렇게 생각지 않습니다. 그 이유는 첫째 전멸해야 할 여섯 민족에 들지 않는 부족으로 보이기 때문입니다. 둘째는 가나안 땅분배에서 이곳이 제외되었기 때문입니다. 분배를 추첨으로 한 것은 모든 것을 하나님께 맡기고 순종한다는 뜻입니다. 하나님께서 추첨으로 주신 것은 힘드니 차지하지 않고 추첨에서 제외된 곳을 쉽게 빼앗는 것은 하나님의 추첨을 무시하는 짓이지요.

하나님의 방식을 무시하고 인간적 방법을 택한 단 지파가 그 후 하나님을 잘 섬겼을까요? 천만에 말씀입니다. 남의 우상과 제사장도 강탈한 단 지파가 세운 이스라엘의 최북단 도시 단은 우상 숭배의 온상이 되었습니다. 레위인은 하나님이 택한 사람이란 상식은 있어서 모세 손자를 제사장으로 삼은 것도 웃기지 않습니까? 완전히 제멋대로인 단 지파의 미래는 어떻게 되었을까요? 괴력의 사나이 삼손을 살피며 단 지파의 미래를 알아봅니다.

삼손을 임신 전 나실인으로 세워 단 지파에 기회를 주신 하나님

사사는 특정 지파 출신이 독식하지 않고 다양했지요. 하나님을 떠나 또 마음대로 사는 이스라엘을 팔레스타인이 40년간 통치하며 괴롭힐 때 단 지파에게도 기회는 왔지요.

자녀를 낳지 못한 단 지파의 한 부인에게 천사가 나타났지요. "네가 임신해 아들을 낳으리니 너는 포도주와 모든 술을 마시지 말고 부정한 것을 먹지 마라. 네가 낳을 아들의 머리는 절대 깎지 마라. 이 아이는 모태에서부터 하나님께 구별되어 바쳐질 나실인이다. 이 아이가 이스라엘을 팔레스타인의 손에서 건져내기 시작할 것이다."

여인은 남편에게 이 사실을 알렸지요. 그러자 남편이 하나님께 기도했지요. "한 번 더 우리에게 오셔서 태어날 아들을 어떻게 키워야 할지를 가르쳐 주십시오."

남편의 기도를 들으신 하나님은 천사를 밭에 있는 여인에게 다시 보냈지요. 천사를 본 여인은 급히 남편에게 달려가 남편과 함께 천사에게 왔지요. 남편이 천사에게 태어날 아이가 지켜야 할 규칙과 해야 할 일이 무엇인지를 물었지요. 천사는 이미 여인에게 명령한 것을 다 지켜야 함을 말했지요. 그러면서 또 여인이 부정한 것과 술 뿐 아니라 포도나무에서 난 것은 어떤 것도 먹어선 안 됨을 강조했지요.

남편은 대화를 나누는 상대가 하나님의 천사임을 아직 깨닫지 못해 천사에게 염소 고기를 대접하고자 했지요. 천사는 먹지 않을 테니 염소를 전부 하나님께 번제물로 바치라고 했지요. 남편은 "당신의 말이 이루어지면 당신을 경배할 테니 이름을 가르쳐 주십시오."라고 부탁했지요. 이름을 묻는 남편을 나무란 천사는 비밀이라며 알려주지 않았는데 개역개정 성경은 천사의 이름을 "기묘자"로 밝혔지요 기묘자는 예수님을 뜻하기에 예수님께서 이들 부부에게 나타난 것으로 보는 견해도 있지요. 이후 남편이 바위에서 하나님께 제사를 드렸지요. 천사가 제물의 불길을 타고 하늘로 오르는 모습에 부부는 놀라 땅바닥에 엎드렸지요.

그제야 하나님의 천사를 만난 것을 깨달은 남편은 죽을까 봐 두려워했지요. 처음부터 하나님의 천사임을 직감한 아내는 죽지 않을 테니 안심하라고 남편을 달래었지요.

천사의 말대로 1년 후 아들이 태어났고 여인은 아들의 이름을 삼손으로 지었지요. 장성한 삼손이 고향을 떠나 단에 있을 때 하나님의 영이 처음으로 그에게 임했지요.

민수기 6장에 기록된 나실인 규정을 알아봅니다. 나실인은 하나님 앞에 뜻한 바가 있어 자기를 평소와 구별해 자신이 정한 기간 동안 거룩한 생활로 뜻을 이룰 것을 서원한 사람을 말합니다. 나실인의 준수 사항은 머리를 깎지 않고 술과 부정한 음식을 안 먹고 사람이든 동물이든 시체 곁에 있는 것도 안 되는 것입니다. 혹 자기가 있는 자리에서 누가 죽으면 지금까지 지킨 것은 무효가 되고 나실인은 머리를 완전히 빡빡 깎은 후 다시 시작해야 하지요. 머리를 안 깎고 길게 자라게 함은 나실인을 드러내는 명확한 표시지요. 이렇게 함으로 타인이 나실인임을 모르고 술을 권하는 등의 행위를 막아 협조할 수 있지요. 정한 기간을 무사히 잘 준수하면 머리를 깎고 전처럼 자유롭게 포도주를 마셔도 되지요.

먹어도 되는 정결한 것과 먹어선 안 되는 부정한 것의 구분은 레위기 11장에 상세히 규정하고 있지요. 발굽이 갈라지고 되새김질하는 육상 동물, 닭 같은 가금류, 지느러미와 비늘이 있는 생선은 먹어도 되는 것이지요. 이는 누구나 지켜야 합니다. 그럼에도 나실인의 준수 사항에 부정한 것을 먹지 말라고 한 것은 사람들이 이를 제대로 지키지 않는 현실 때문에 강조된 것이지요. 음식에 관한 이런 구분은 예수님께서 완전히 깨셔서 이젠 무슨 음식이든 자유롭게 먹고 있지요.

삼손이 나실인이 된 것은 자기 뜻이 아니었지요. 하나님께서 일방적으로 삼손을 나실인으로 세운 것은 세상과 구별된 깨끗한 사람을 강력히 원하신 뜻이지요. 일방적으로 평생 포도주 한 잔도 못 마시게 한 것도 그만큼 절제된 사람이 필요하다는 뜻 아닐까요? 삼손을 통해 민족을 구원할 계획이 있고, 우상 숭배가 극심한 단 지파를 바로 잡을 기회를 주고자 삼손을 택하신 것 같지요. 그래서 삼손을 임신하기 전에 엄마까지 나실인과 같이 구별된 생활을 하도록 한 것이지요.

삼손의 아버지는 영적으로 둔감했지요. 아내가 하나님의 천사로 보이는 사람이 나타났다고 말했는데도 몰라 봤지요. 더군다나 자기 기도에 응답해 천사가 왔는데도 계속 몰라 봤으니 딱하지요.

또 아들을 어떻게 키워야 할지를 천사에게 물은 것은 이미 아내에게 천사가 말한 것을 무시한 처사지요. 남편은 천사를 섬기겠다는 말까지 할 정도로 영적 상태가 엉망이었지요. 자기가 살 일인지 죽을 일인지도 판단 못 해 아내의 위로와 가르침을 받을 정도로 우매했던 것이 단 지파 삼손의 아버지였지요.

이런 단 지파 가정에 민족을 구원할 삼손을 나실인으로 세우신 것은 매우 큰 축복 아닌가요? 자신의 생명이 잉태되기도 전에 민족을 구할 지도자로 예언 받은 유일한 사람, 삼손의 삶은 어떠했을까요?

2. 적국 여인을 닥치는 대로 사랑한 삼손의 비극

적국 여인과의 결혼을 이용해 적국을 응징한 삼손

장성한 삼손은 팔레스타인 처녀와의 결혼 허락을 부모에게 강력히 요청했지요. 삼손을 이기지 못한 부모는 삼손과 함께 처녀의 집으로 갔지요. 부모와 거리를 두고 가는 삼손에게 갑자기 사자가 나타났지요. 그때 하나님의 영이 삼손에게 임하며 염소 새끼 찢듯 사자를 찢어 죽였지만, 부모에겐 이 사실을 알리지 않았지요. 양가 상견례를 마친 얼마 후 결혼식을 하러 다시 처녀에게 갔지요. 가는 길에 얼마 전 죽인 사자 사체가 있는 곳을 찾았지요. 사체에 벌 떼가 있고 꿀이 고인 것을 보았지요. 삼손은 나실인의 준수 의무를 무시하고 사체의 꿀을 먹었고 한 움큼 떠서 달려가 부모에게 먹게 했지만 꿀의 출처를 밝히진 않았지요.

처녀와 결혼한 삼손은 풍습대로 잔치를 베풀었지요. 잔치에 참석한 30명의 팔레스타인 젊은이에게 삼손이 내기 수수께끼를 제의

했지요. 지는 편이 얇은 옷 30벌과 겉옷 30벌을 내기로 했고 삼손이 낸 수수께끼는 이렇지요. "먹는 자에게서 먹는 것이 나오고 강한 자에게서 단 것이 나온다." 잔치 기간 7일내에 풀어야 하는데 3일이 지나도 전혀 알 수 없었던 사람들이 삼손의 아내에게 말했지요. "남편을 꾀어 답을 우리에게 알려 주지 않으면 너와 네 아비와 이 집을 불태울 것이다. 우리 것을 빼앗으려고 잔치에 초대했느냐?" 남은 4일간 아내는 울면서 삼손에게 답 알려 주기를 애원했지요. 마침내 마지막 날에 답을 들었지요. 신부를 협박해 답을 안 30명은 삼손에게 말했지요. "꿀보다 단 게 무엇이며 사자보다 강한 게 무엇인가?"

아내 때문에 내기에 진 삼손에게 하나님의 영이 또 강하게 임했지요. 다른 도시로 간 삼손은 팔레스타인 사람 30명을 쳐 죽이고 벗긴 옷 60벌을 들고 가 나누어 줬지요. 화가 난 삼손은 아내를 남겨 놓은 채 본가로 갔지요. 결혼한 지 10일도 안 되어 신랑이 화를 내며 떠났기에 장인은 파혼으로 생각했지요. 그래서 결혼식에 들러리 섰던 친구에게 소박맞은 딸을 재혼시켰지요. 시일이 지나 밀 추수할 때가 되어 화도 풀리고 아내가 보고 싶은 삼손이 처가에 갔지요. 놀란 장인은 "자네가 내 딸을 미워하는 줄 알고 자네 친구에게 내 딸을 주었네. 대신 더 예쁜 여동생을 자네에게 줄 테니 이해하시게."라며 화난 사위를 달랬지요. 그러나 삼손은 "내가 팔레스타인에 무슨 짓을 해도 이번엔 아무도 나를 비난하지 못할 것이다."라고 말하며 밖으로 나갔지요.

여우 300 마리를 잡은 삼손은 두 마리씩 서로의 꼬리를 단단히 묶고 그 가운데 홰를 꽂았지요. 홰에 불을 붙이자 여우들은 추수해 쌓아 놓은 곡식단 뿐 아니라 아직 추수하지 않은 밀밭과 포도원과 올리브 농장까지 미친 듯이 뛰어다니며 모두 불 태웠지요.

삼손의 장인이 삼손의 아내를 다른 사람에게 주어 이런 사건이 발생한 것을 팔레스타인 사람들이 알았지요. 그들이 삼손의 아내와 장인의 집을 불 태워 죽였지요. 아내와 장인을 죽인 것을 빌미로 삼손은 아내에 대한 복수를 선언했지요. 닥치는 대로 그곳의 팔레스타인 사람들을 죽이고 그 곳을 떠난 삼손은 어떤 동굴에 숨었지요.

삼손을 잡기 위해 팔레스타인이 군대를 보내 유다 지파의 한 마을을 짓밟고 진을 쳤지요. 이에 유다 지파에서 3,000명을 삼손이 있는 동굴로 보냈지요. 이들은 삼손의 행동을 나무라면서 순순히 밧줄에 묶여 팔레스타인 진영으로 가 줄 것을 간청했지요. 이들의 애원으로 밧줄에 묶인 삼손의 모습을 보고 팔레스타인 군인들이 소리를 질렀지요. 이때 하나님의 영이 또 삼손에게 강하게 임했지요. 삼손은 자기를 묶은 밧줄을 불탄 삼처럼 끊고 주변에 있던 당나귀 턱뼈를 잡았지요. 나귀 턱뼈를 휘두르며 팔레스타인 군사를 무려 천명이나 죽였지요. 혼자 천명이나 죽이고 너무 목마른 삼손이 물을 구하는 기도를 했지요. 하나님께서 샘물이 솟아나게 해 삼손의 갈증을 풀게 하셨지요. 이후 삼손은 팔레스타인 지배에서 20년간 민족을 이끌었지요.

삼손의 이런 행위를 하나님이 기뻐하셨을까요? 이스라엘을 지배하는 팔레스타인을 칠 기회를 얻고자 삼손이 적국의 여성과 결혼하는 것이 하나님에게서 나왔다고 사사기 14:4에 나타나지요. 삼손의 부모는 하나님에게서 나온 것을 몰라 적국 여성과의 결혼을 반대했다고 성경은 말하지요. 이 기록은 삼손의 결혼을 하나님이 주도한 작품으로 보이게 하지요. 그래서 삼손의 결혼과 복수극을 정당화하는 견해가 많지요. 과연 정당한가요? 이런 식이 아니면 적국을 응징할 수 없나요? 이방인과의 결혼을 금하신 하나님이 삼손에겐 예외를 인정해야 기회를 겨우 얻을 수 있나요? 얄팍한 수를 두려고 자신이 만든 법을 어겨야 할 정도로 하나님이 불완전한 분인가요?

하나님이 이 일을 주도한 것이 절대 아닙니다. 삼손의 생각을 지켜보며 나실인의 올바른 자세를 기다린 것뿐입니다. 이는 창조 당시 일부일처제에 대한 하나님의 생각은 후에도 변함이 없지만 사람들이 안 지키는 현실을 고려해 여러 가지 율법을 주신 것이 오히려 일부다처제를 인정한 것처럼 오해한 것과 같지요. 일부일처제에 대한 자세한 설명은 "성경 속 여인들의 인생반전" 4편 114~116쪽을 참조하시기 바랍니다.

대다수 일반인도 지키는 이방인과의 통혼 금지 규정을 인간적인 생각으로 쉽게 깨는 것은 나실인에겐 있을 수 없는 일이지요. 결혼관이 무너진 삼손은 나실인의 규정도 무시했지요. 자기가 죽인 사자 사체를 일부러 찾은 짓은 점점 더 무너지는 삼손의 모습이지요. 이는 "시체를 접한 자는 부정하니 몸을 깨끗이 씻으라"는 율법 때문에 일반인도 하지 않는 부정한 짓이지요.

하나님은 삼손에게 거룩히 구별된 나실인의 삶을 원했는데 삼손이 반대의 삶을 보인 이유는 뭘까요? 영적으로 너무 둔감한 아버지 때문에 부모가 제대로 가르치지 못했나요? 부모의 말을 무시하고 결혼 승낙을 계속 졸라댄 것으로 보아 삼손이 애초부터 반항 기질이 있어 부모의 말을 안 들었나요?

지킨 것이라곤 머리를 기른 것 뿐이기에 삼손의 괴력은 긴 머리에서 나왔다고 대부분 생각하지요. 과연 그런가요? 절대 아니지요. 삼손이 괴력을 발휘할 때마다 하나님의 영이 강하게 임했다고 성경은 누누이 밝히지요.

결코 나실인 같지 않은 삼손에게 왜 하나님의 영이 강하게 임하셨을까요? 생명이 잉태되기도 전에 택하셨으니 마음에 안 들어도 무조건 도와 줘야 하나요? 위기에 빠진 삼손을 구해주며 철들기를 기다린 것 같지요. 결혼과 그의 행위를 지켜보며 마지못해 도와주면서 참된 나실인의 삶이 오기를 손꼽아 기다리신 것 아닐까요?

창녀도 밝히며 거짓된 사랑에 눈 먼 삼손의 비참한 최후

하루는 삼손이 가자에 갔지요. 가자는 지금도 팔레스타인이 자치 정부를 이루어 이스라엘과 때때로 총격전을 일으켜 뉴스에 자주 나오는 지역입니다. 가자의 탕녀와 함께 지낸다는 소문에 가자 사람들이 삼손을 암살코자 성문 주위에 매복했지요. 그러나 삼손은 성문 양 끝의 기둥까지 통째로 뽑아 어깨에 메고 높은 곳으로 옮기는 괴력을 발휘해 삼손 암살은 실패했지요.

이후 삼손은 한 팔레스타인 여인을 정말 사랑했지요. 여인과의 사랑에 눈먼 삼손은 거의 매일 찾았지요. 이 소문을 들은 팔레스타인의 다섯 왕은 삼손의 괴력을 제거할 방법을 알아주면 여인에게 각각 1,100 세겔씩 주겠다고 약속했지요. 다섯 왕에게 모두 받으면 5,500 세겔인데 이는 노동자가 11,000일 즉 30년간 하루도 쉬지 않고 일해야 버는 돈이지요. 주 5일 근무제인 요즘으로 치면 40년간 직장 생활해야 버는 돈이지요.

엄청난 수익을 탐낸 여인은 평소보다 훨씬 더 섹시한 용모와 자태로 최상의 서비스를 제공하며 장난투로 말했겠지요. "당신의 괴력은 도대체 어디서 나오는 거예요? 어떻게 하면 당신의 힘이 없어져 꼼짝도 못 하게 되나요?" 삼손도 장난기로 말했지요. "마르지 않은 신선한 버드나무 일곱 가지로 날 묶으면 힘이 없어져 보통 사람처럼 약해진다." 여인은 왕들의 도움으로 모든 것을 준비했을 뿐 아니라 군인까지 집에 매복시킨 채 삼손을 기다렸지요.

어김없이 찾아온 삼손에게 온갖 교태를 부리며 잠재우기에 바빴지요. 마침내 잠 든 삼손을 준비한 것으로 단단히 묶고 "팔레스타인 사람들이 왔다."고 외쳤지요. 벌떡 일어난 삼손은 불탄 삼실 끊듯 자기를 묶은 것을 다 끊고 매복한 군인들을 다 쳐 죽였지요.

난장판이 된 상황에서 여인은 자기가 한 짓에 대한 미안함도 당황함도 없이 오히려 뻔뻔스럽게 큰소리쳤지요. "당신은 날 바보로 만들었다. 내게 거짓말했다. 어떻게 해야 당신을 잡을 수 있는지 바로 말해라." 삼손은 여인에게 화도 안 내고 능청스럽게 말했지요. "한 번도 사용 안 한 새 밧줄로 날 묶으면 힘 못 쓴다." 다시 왕들의 도움으로 준비하고 군사도 매복시켜 삼손을 기다렸지요. 잠자는 삼손을 새 밧줄로 묶고 "팔레스타인 사람들이 왔다."고 외쳤지요. 이번에도 삼손은 밧줄을 끊고 군사들을 쳐 죽였지요.

시체가 널브러진 난장판 속에서 여인은 더 당당히 삼손에게 종알거렸지요. "당신은 여전히 날 가지고 놀며 계속 거짓말한다. 진실을 밝혀라." 삼손은 화도 안내고 말했지요. "내 머리카락 일곱 가닥을 베틀의 날실에 섞어 짜면 된다." 여인은 잠자는 삼손의 머리카락을 베틀에 짠 뒤 또 외쳤지요. 삼손은 베틀에서 머리를 풀고 군사들을 또 다 죽였지요.

세 번이나 삼손을 잡으려고 안간 힘을 쓴 여인은 더욱 뻔뻔스럽게 "당신은 날 사랑하지 않고 놀리기만 한다."면서 날마다 졸랐지요. 삼손은 시달려 죽을 지경이었지요. 마침내 삼손은 나실인으로 태어난 출생의 비밀과 머리카락을 자른 적이 없었음을 밝혔지요. 진실을 안 여인은 한번만 더 군사를 보내 줄 것을 왕들에게 부탁했지요. 절제할 줄 모르고 어리석은 삼손에게 마지막 육체의 쾌락을 제공한 여인은 자신의 무릎에 잠자는 삼손의 머리를 뉘었지요. 나실인의 의무 중 유일하게 지킨 삼손의 머리카락이 밀릴 때 하나님의 영이 떠났지요. 여인의 외침에 일어난 삼손은 "전처럼 힘을 떨치리라"고 말했지만 군사에게 꼼짝 못하고 잡혔지요.

두 눈이 뽑히고 발은 놋사슬에 묶여 감옥에서 맷돌을 돌리게 되었지요. 비참한 상황에서 삼손은 한없이 울며 회개했겠지요. 날마다 회개하는 사이에 머리는 다시 자라며 삼손은 비로소 참된 나실인의 삶을 감옥에서 강제로 살게 되었지요. 하루는 팔레스타인의 주신에게 큰 제사를 지내기 위해 다섯 왕과 많은 사람들이 모였지요. 이들은 "우리 신이 우리를 괴롭히는 삼손을 우리 손에 넘겨주셨다."고 말했지요. 그러다 삼손을 불러내 재주를 부리게 할 것을 요구했지요. 신전 마당에 앞 못 보는 삼손을 세워 놓고 난쟁이들이 때리며 놀리는 공연을 벌였지요. 이를 구경하려고 신전 지붕에 앉은 사람만 3,000명이 되었지요.

쉬는 시간에 자기 손을 잡아 주는 종에게 삼손이 부탁했지요. "몸을 기대고 싶으니 이 신전을 받치는 가장 큰 기둥으로 날 인도해 달라." 기둥에 기댄 삼손은 "하나님! 절 기억하시고 한 번만 더 힘을 주셔서 두 눈을 뽑은 팔레스타인에 단번에 원수를 갚게 하소서."라고 기도했지요. 두 중앙 기둥 사이에 선 삼손은 양팔을 벌려 두 기둥을 잡고 "팔레스타인과 함께 죽으리라"라고 외치며 있는 힘을 다해 두 기둥을 밀어 쓰러뜨렸지요. 무너진 건물 더미에 깔려 죽은 사람 수가 이전에 삼손이 죽인 사람을 다 합한 것보다 더 많았지요. 삼손은 20년간 민족을 이끌었지만, 팔레스타인의 손에서 완전히 구하지 못 한 채 사사의 생을 마감했지요.

삼손의 비밀을 끝내 알아낸 여인은 여러 가지 정황상 창녀임이 틀림없습니다. 삼손은 사사가 된 이후에도 나실인의 거룩한 삶에 신경 쓰지 않았기에 창녀를 계속 찾은 것이지요. 자기를 잡아 죽이려고 하는 여인을 계속 찾은 것은 너무 이상하지요.

이런 삼손에 대한 하나님의 사랑에 저는 눈시울이 붉어지며 감사의 고백을 합니다.

당신께서 생명이 잉태되기 전에 이미 선택하신 그 사랑에 변함이 없음을 발견했습니다. 삼손이 그렇게 엉망이어도 당신의 영이 위기의 순간마다 함께 하심은 쉽게 이해되지 않았지요. 그때마다 빨리 철들기를 기다려 주신 당신의 아픈 마음을 이제야 압니다. 당신께서 "이제는... "하시며 기다린 세월이 최소한 20년 이상임을 깨달으니 당신의 인내가 너무 놀랍습니다.

삼손의 일그러진 인생을 그대로 끝내기를 당신께서 원치 않으셨지요. 그래서 강제로라도 깨닫도록 만드셨지요. 팔레스타인이 삼손을 드디어 잡았을 때 삼손에 대한 증오심이 너무 커서 바로 처참하게 죽일 수도 있었지요. 그러나 두 눈이 뽑히고 사슬에 묶인 채 감옥에서 맷돌을 돌리면서도 살게 한 것은 삼손에 대한 당신의 사랑임을 느낍니다. 그때 당신의 마음은 얼마나 아팠겠습니까? 처참한 꼬락서니가 되어서야 회개하고 당신을 찾으니 당신의 마음은 얼마나 무거웠을까요? 그래도 당신은 이렇게라도 해서 삼손을 나실인으로 바로 세우고자 하셨음을 느낍니다. 타의에 의해 삼손의 머리카락이 밀렸지만, 이것으로 지난 잘못된 나실인 생활을 무효로 만들었지요. 그리고 새롭게 출발할 기회를 주신 당신의 뜻이 놀랍습니다. 악에 받친 팔레스타인 사람들이 처참하게 죽였다면 새 출발도 없었겠지요. 감옥에서의 나실인 생활은 유혹하는 것이 없으니 오히려 쉬웠지요. 감옥에서 머리카락이 자라고 있음을 성경이 굳이 기록한 이유는 당신이 택한 나실인의 회복을 의미하기에 저는 감사합니다. 비참해도 삼손의 회복을 원하신 당신께서 역시 앞 못 보는 저의 구별된 삶의 회복을 원하심을 강하게 느낍니다.

지금보다 훨씬 건강했을 때는 저 역시 당신이 원한 구별된 거룩한 생활을 못 했지요. 20년 이상 삼손을 기다리신 것처럼 당신은 저를 그 이상 기다렸지요. 어떨 때는 철드는 듯 하다가 이내 이중 생활을 즐기는 저를 보고 당신은 얼마나 속이 쓰렸겠습니까? 삼손처럼 앞을 못 보게 되며 비로소 완전히 구별된 삶에 들어섰을 때 당신의 마음도 안타까웠겠지요. 삼손처럼 강제로 시작된 삶에서 당신의 말씀이 너무 그리웠지요. 그런데 40년 이상 당신 주변을 맴돌았는데도 암기된 당신의 말씀이 없어 너무 슬펐지요. 그렇게 성경이 보고 싶기는 그때가 처음이었지요. 근 2년간 못 보다가 2007년 여름 각막 이식 수술로 다시 잠시 세상을 보았지요. 그러다 또 시력을 잃고 있을 때 미친 듯이 당신의 말씀을 외우기 시작했지요. 또 앞을 못 보는 상황이 되어도 되새김질할 수 있는 당신의 말씀을 제 마음에 담고자 처절하게 노력했음은 당신이 가장 잘 아시지요. 이렇게 암송한 약 700구절의 말씀은 제 기도를 더 깊이 이끌었지요. 그래서 당신을 깊이 경험하며 삼손과 같이 비참한 상황에서도 감사의 눈물을 많이 흘렸지요. 더 건강했을 때 지금처럼 살지 못한 게 정말 죄송해서 운 적도 많지요.

비참한 상황의 삼손을 잊지 않으신 당신께서 비참한 상황의 저를 기억하시니 어떻게 감사하지 않을 수 있습니까? 눈뿐 아니라 온몸이 엉망이 되어 무기력하게 살 수밖에 없음에도 제게 늘 새 힘을 주시는 당신을 찬양하지 않을 수 없지요. 인간적으론 비참해도 당신을 경험할 수 있어 평안을 누리며 이것을 고통받는 자들과 나누고 있지요. 아무것도 없이도 주님 한 분만으로 기뻐 즐거워한다는 어느 선지자의 노래가 이제야 마음에 진정 울려 입으로 나오지요. 주님! 그런데도 부탁이 있습니다. 잘못된 삶을 당신이 강제로 바꿀 때는 인간적으론 비참한 상황이 됨을 제 주변 사람들이 확실히 깨닫기를 소망합니다. 그런 상황이 없기를 바라지만 삼손처럼 꼭 필요하다면 저처럼 잘 이기도록 이끌어 주시길 간절히 소망합니다."

3. 요한이 본 구원의 명단에 누락된 단 지파

이스라엘이 남북으로 나뉜 후 남 유다는 하나님을 잘 섬기는 듯했지요. 그러나 실상은 그렇지 못했지요. 특히 나라가 망할 무렵엔 바알과 아세라 뿐 아니라 마르둑, 하늘의 여왕, 담무스까지 섬기며 쾌락을 즐겼지요. 이런 짓은 북이스라엘이 훨씬 더 심했지요. 이에 관해선 "성경 속 여인들의 인생반전" 6편 전체를 참조하시기 바랍니다. 북이스라엘 중에서도 단 지파가 건설한 도시 단이 가장 심해 우상 숭배의 온상이 되었지요. 삼손을 통해 단 지파를 바로 세울 기회가 있었지만 삼손 자신이 엉망이라 단 지파는 더 했겠지요.

이런 단 지파가 구원받을 명단에서 제외된 충격적인 사실을 아시나요?

사도 요한이 종말에 일어날 환상을 보았지요. 환상에서 구원받을 인원수를 천사에게서 들었지요. 요한계시록 7장에 기록된 수는 상징적 의미를 지니지요. 이스라엘 각 지파별로 12,000명씩 구원받는데 유독 단 지파만 빠졌지요. 12, 10, 7, 3은 성경에서 완전수를 의미합니다. 12,000은 완전수의 곱하기로 형성되었지요. 즉 12 곱하기 10곱하기 10곱하기 10으로 10이 세 번 나오는 것도 완전수의 배합이지요. 이는 지파별로 12,000명만 구원받는다는 의미가 절대 아닙니다. 이는 하나님을 섬기며 예수를 구주로 믿고 마음에 모시면 누구든지 완전히 구원받는다는 뜻입니다. 그리고 구원받을 수가 하나님이 마음에 둔 범위까지 완전히 채워진다는 뜻이지요. 단 지파가 빠진 것은 우상 숭배의 온상인 단에 대한 경고입니다.

단을 완전히 버린 게 아니고 경고로 보는 근거는 두 가지가 있지요.

첫째는 에스겔 48:1입니다. 나라가 망해 바벨론으로 잡혀간 에스겔이 포로 생활 25년 되는 해에 환상 중 성전을 보았지요. 성전을 중심으로 땅을 12지파에게 다시 분배하는데 단 지파에 최 북쪽 땅을 약속했지요. 단 지파가 한 명도 구원 받지 못한다면 이런 약속을 하나님이 할 수가 없지요.

둘째는 요한계시록 21:12입니다. 사도 요한이 본 종말의 환상 마지막 장면이 단 지파에게도 소망이 있음을 나타내지요.

요한은 현 세상은 없어지고 새 하늘과 새 땅, 새로운 세상을 보았지요. 새 세상에 하나님으로부터 하늘에서 새 예루살렘 성이 내려오는 것을 보았지요. 이 성은 너무 좋은 곳으로 우상 숭배자, 음란한 자, 고통, 죽음 등이 없고 하나님의 영광과 좋은 것만 있는 곳이지요. 이곳은 구원받은 자만 들어가 살지요. 이 성은 정사각형으로 남북한을 합한 면적의 약 22배 되는 큰 성이지요. 이 성의 높이도 가로, 세로와 같아 에베레스트산보다도 약 250배 높지요. 성벽을 넘어 들어가기는 불가능하지요. 이 성벽 밑에는 12사도의 이름이 새겨진 12개의 주춧돌이 있지요. 이 성벽 동서남북 4면에 각각 3개씩 모두 12개의 성문이 있는데 천사들이 지키고 있었지요. 이 12개의 성문 위에 이스라엘 12지파의 이름이 적혀 있지요. 단 지파도 12지파에 속하니 당연히 이름이 있지요.

에스겔이 본 환상과 사도 요한이 마지막으로 본 환상에 단 지파가 있음은 너무 큰 소망입니다. 이로 인해 구원받을 명단에서 단 지파가 빠진 것은 시종일관 우상 숭배한 단 지파에게 내린 강한 경고로 보이지요.

엉망진창인 삼손의 삶을 그대로 끝내지 않으시고 회개시키고 강제로 나실인의 삶을 살게 하신 것이 단 지파에도 적용된 것입니다. 삼손의 후손인 단 지파의 이름을 구원받을 명단에서 빼는 초강수를 통해 단 지파를 강제로 회개시키고자 한 주님의 마음이 편했을까요?

계시록 7장의 구원받을 명단을 자세히 들여다보면 아주 흥미로운 사실이 눈에 띕니다. 이름의 순서가 여태까지와 많이 달라진 게 보이지요.

1위는 예수님과 다윗 왕을 배출한 유다 지파입니다. 이는 모세 시대부터 인구를 비롯한 모든 면에서 유다 지파가 대부분 1위를 치지한 그대로이지요. 2위를 야곱의 장남 자손이 차지한 것은 놀라운 발전이지요. 장남이 아버지의 셋째 아내인 단의 엄마를 욕보인 후 장남의 지위를 잃었지요. 아버지가 죽을 때 "더이상 맏이가 아니다."란 말을 들었고 각종 순위에서 동생들에게 밀리기도 했었는데 2위까지 회복된 것은 놀랍지요.

3~5위를 차지한 것이 야곱의 셋째, 넷째 아내의 아들 자손인 것은 정말 눈부신 비약입니다. 이들의 엄마는 몸종 출신이었기에 순위에서 실제보다 밀렸던 게 보통이었지요. 몸종 출신의 네 아들은 실제로는 5~8위였지요. 그러나 열 두 아들 소개에서는 늘 정실부인이 낳은 동생들이 먼저였지요.

몸종 출신의 네 아들 중 첫째인 단은 구원 명단에 아예 빠졌는데 동생들이 실제보다 더 앞선 자리를 차지했으니 놀랍지요. 하나님께 특별히 선택받은 레위 지파가 8위로 밀린 것을 보면 이들의 비약은 멋진 인생반전 아닌가요? 반면 단의 누락은 가슴 아프지요. 단 지파가 이렇게 누락되지 않도록 단 지파를 바로 잡을 기회가 삼손에게 있었지만 기회를 놓친 것은 매우 안타깝지요.

반면, 모세는 저주받은 레위 지파를 살렸지요. 할례를 악용해 대학살극을 벌인 레위는 아버지께 저주를 받았지요. 저주받은 레위 지파 후손 모세가 삼손과 달리 너무 신실하니 같은 레위인들이 적극 모세를 도왔지요. 금송아지 사건으로 하나님의 분노를 산 민족을 구함에 레위인이 나섰지요. 주동자는 아들이라도 죽인 레위인의 비장한 결단이 저주를 축복으로 바꾼 계기가 되었음을 3편에서 소상히 밝혔지요. 삼손도 모세처럼 할 수 있는 위치였는데 안타깝지요.

삼손처럼 태어나기도 전에 나실인으로 구별된 사람이 또 있지요. 바로 사무엘입니다. 삼손은 하나님에 의해 선택받았지만 사무엘은 엄마에 의해 나실인이 되었지요. 사무엘의 엄마는 혼탁한 시대에 나실인처럼 거룩하게 구별된 사람을 하나님이 원하심을 깨달았지요. 그래서 아들을 주시면 나실인으로 키워 바칠 것을 서원했지요. 모세와 아론에게 대들다 망한 고라의 자손으로 사무엘이 태어났지요. 나실인 사무엘은 존경받는 14대 마지막 사사가 되었고 망한 가문도 완전히 세웠지요. 사무엘 출생 당시 사회상과 엄마의 서원, 고라 자손의 흥망성쇠에 관해선 "성경 속 여인들의 인생반전" 4편 118~136쪽을 참조하시기 바랍니다. 평생 나실인이었던 두 사람의 삶이 극명하게 달랐던 만큼 그 결과도 달랐지요.

왕이 없던 사사시대에는 모두 자기 마음대로 살아 본을 보여야 할 레위인과 사사들조차 버젓이 첩을 둘 정도로 타락했지요. 레위인임에도 두 아내를 둔 사무엘의 아버지에 비해 오랫동안 자녀를 생산하지 못하였어도 일부일처를 지켰던 삼손의 아버지가 더 돋보이지요. 더군다나 가장 타락한 단 지파에 속해 있으면서도 아들 삼손이 이방 여인과 결혼하는 것을 반대하여 하나님의 법을 지키겠다는 신념을 지닌 것은 놀랍지요. 그러나 어머니는 사무엘의 어머니가 월등하게 더 훌륭해보이지요.

 모세, 삼손, 사무엘을 대비하며 저주받은 가문에도 인생 반전의 기회를 주시는 하나님의 사랑을 느낍니다. 그리고 저보다는 아내의 역할이 훨씬 소중함을 다시 깨닫기에 아내의 건투를 더욱 기도합니다. 저의 자녀와 후손에게는 삼손과 단 지파에 가해진 충격요법이 필요 없기를 간절히 기도합니다. 아울러 제 자녀들은 혼탁한 시류에 휩쓸려 자기 마음대로 살지 않고 자유의지를 잘 선택하여 예수님을 왕으로 모시고 살기를 기도합니다.

05

왕이 되고서도 망한

사울

1. 초라한 베냐민 출신으로 겸손했던 초대 왕 사울의 교만

성폭행범을 옹호해 동족에게 칼을 들고 막나간 베냐민 지파의 몰락

이스라엘의 초대 왕 사울은 베냐민 지파 출신입니다. 베냐민은 야곱의 12번째 아들로 막내입니다. 야곱이 가장 사랑했던 둘째 아내가 죽어 가면서 낳은 아들로 유일하게 야곱이 이름을 지었지요. 장남부터 11번째 아들인 요셉까지는 바로 아래, 위 터울이 모두 거의 1년이지요. 그런데 친형인 요셉과 베냐민의 나이 차는 10년 이상이지요.

요셉이 10명의 이복형에 의해 노예로 팔리며 집에서 사라진 후 베냐민은 요셉이 받던 아버지의 각별한 사랑을 대신 받았지요. 그 결과 베냐민은 형들보다 매우 일찍 결혼해 많은 아들을 낳았지요.

이집트 총리가 된 요셉의 초청으로 야곱의 전 가족이 이집트로 이주했지요. 이때 베냐민의 나이는 30세가 못 되었는데 아들이 무려 10명이나 있었지요. 이주한 야곱 가문의 남성 70명 중 베냐민 식구가 11명이니 엄청난 비율이지요. 그러나 430년이 흐른 후 이집트를 떠날 때 베냐민 지파는 35,400명으로 12지파 중 11위였지요. 40년 후 두 번째 인구 조사에선 45,600명으로 많이 늘었지만 7위에 그쳤지요.

이런 베냐민 지파가 전멸할 뻔했던 황당한 사건이 사사시대 초기에 발생했지요. 아론의 손자로 민족을 전염병에서 구한 비느하스가 제사장이었던 때 발생한 사건을 소개합니다.

모범이 되어야 할 한 레위인이 아주 먼 지방에 사는 여인을 첩으로 맞이했지요. 첩은 바람피운 후 친정집으로 도망갔지요. 4개월 후 첩을 데려오려고 남편은 처가로 갔지요. 장인은 잘못을 저지른 딸이 구박받지 않게 사위를 극진히 대접했지요.

돌아가는 길에 레위인은 베냐민 지파 기브아성의 한 노인 집에서 유숙했지요. 그날 밤 불량배들이 노인 집으로 몰려와 손님과 동성애를 하고 싶으니 밖으로 내 보내 줄 것을 요구했지요. 노인은 "손님에게 그런 짓을 하면 안 된다. 대신 시집 안 간 내 딸과 손님의 첩을 줄 테니 마음대로 하라."는 타협안을 제시했지요. 노인의 말에 불량배들이 쉽게 따르지 않았지요. 이때 레위인은 자기가 살고자 첩을 집 밖으로 내보냈지요. 여인을 본 불량배들은 마음에 들었던지 난동을 멈추고 여인을 끌고 사라졌지요. 밤새도록 한 여인을 번갈아 강간하며 온갖 나쁜 짓을 한 후 날이 밝아 오자 여자를 놓아주었지요. 만신창이가 된 여인은 겨우 노인의 집에 왔지만, 문을 두드릴 힘도 없어 문 앞에 쓰러졌지요. 첩을 내주고도 잠을 잘 잔 레위인은 문 앞에 쓰러져 죽은 첩을 나귀에 싣고 자기 집으로 돌아왔지요.

복수심에 불탄 레위인은 첩의 시신을 열두 토막으로 잘라 12지파에 보내는 엽기적인 사건을 벌였지요. 시신을 한 토막씩 받은 이스라엘은 발칵 뒤집혔지요. 12지파의 지도자들이 먼저 모여 이 사건을 의논하지 않고 바로 총회가 열렸지요. 칼을 든 사람 40만 명이 바로 총회로 모여 레위인의 뜻대로 성난 민심이 만들어졌지요. 불량배들이 자기를 죽이려 했다는 선동적 과장까지 하며 레위인은 성난 민심에 불을 더 세게 지폈지요.

이스라엘에서 차출된 군인들이 기브아성을 치려고 모였지요. 베냐민 지파는 이런 움직임을 보며 동족들이 불량배뿐 아니라 기브아성, 심지어 베냐민 지파 전체를 말살시키려 한다는 의구심을 갖게 되었지요. 그래서 불량배들을 넘겨 달라는 동족의 요구를 거절한 베냐민 지파는 오히려 기브아성을 지키기 위해 기브아로 26,000명 군사가 몰려들었지요.

기브아성 인근에 진을 치며 전투 준비를 마친 이스라엘은 어느 지파가 선봉에 나설지를 하나님께 물었지요. 유다가 선두에 서라는 답을 받았지요. 유다가 선두에 서기 전에 베냐민이 성문을 열고 나와 22,000명의 동족을 죽였지요. 전열을 가다듬어 전투 준비를 끝낸 이스라엘은 또 하나님께 묻고 답을 들었지만 18,000명이 전사하며 또 졌지요.

하나님께 묻고 답을 들었는데 왜 두 번이나 졌지요? 이 싸움은 하나님의 생각과 무관한 것으로 사람들이 자기감정과 생각대로 결정했기 때문입니다. 만약 이겼다면 성난 민심의 분위기로 보아 베냐민 지파는 한 명도 살아남지 못했을 겁니다. 이는 하나님의 뜻이 절대 아닙니다.

하나님께 물은 것도 형식적 절차일 뿐이었지요. 이 전쟁은 원수 나라와 하는 게 아니고 골육상쟁의 비극 아닙니까? 그런데도 가장 중요한 문제인 싸움을 할 것인지 말 것인지는 묻지도 않고 자기감정으로 결정한 게 하나님을 존중하는 것인가요? 미리 전투 대형까지 모두 갖추고 누가 선봉에 설 것인지와 "한번 졌는데 지금 다시 또 칠까요?"란 질문이 정말 올바른 태도인가요? 총회에서 제비뽑기로 어느 지파가 선봉에 설 지를 결정하자고 했기에 묻는 방법도 제비 뽑는 형태였던 것 같지요. 이렇게 한 결과를 하나님의 응답으로 여긴 것 같지요.

두 번의 실패를 겪은 후 이스라엘은 번제와 화목제 제사를 드리며 하나님과의 관계 회복에 나서며 하나님 마음을 알려 했지요. 금식하며 자신을 돌아보고 모든 결정을 내려놓으니 질문 내용이 바뀌었지요. "다시 칠까요? 그만둘까요?" 가장 중요한 결정을 하나님께 맡기니 하나님의 대답은 명확했지요. "가라! 내일 그들을 너희 손에 넘겨주겠다." 추첨으로 들을 수 없는 명확한 승리의 대답을 들은 이스라엘은 유인술로 베냐민 군사를 성 밖으로 끌어냈지요. 매복한 군사들이 기브아성 안으로 들어가 불을 질렀지요. 광야로 도망간 600명 외에 베냐민 지파는 전멸 당했지요.

동족의 성난 민심이 무서워 스스로 자기방어에 나선 베냐민 지파는 파렴치한 악인들을 감싸는 짓까지 해 자멸했지요. 스스로 먼저 악인들을 처단하고 용서를 빌었다면 이런 비극은 없었겠지요.

광야로 도망간 600명 외에 베냐민 사람들이 다 죽은 사실로 인해 이스라엘은 반성하며 고민했지요. 하나님이 세우신 베냐민 지파의 회복 방법을 모색했지요. 베냐민을 친 후 다시 모인 총회에서 베냐민 사람에게 자기 딸을 아내로 주지 말 것을 하나님의 이름으로 맹세했기에 딸을 줄 사람이 없었지요. 그래서 그 총회에 한 명도 참석 못 해 맹세를 못 했던 지역 주민의 처녀 400명을 잡아 왔지요. 광야로 도망친 베냐민 사람들을 달래 400명 처녀를 아내로 주기로 했지요.

아직 모자란 200명의 신부를 구하기 위해 곧 있을 축제를 이용키로 했지요. 아내가 없는 200명이 포도원에 숨어 있다가 축제의 풍습에 따라 길에서 춤추는 처녀 중 누구라도 붙잡는 여인을 아내로 주기로 결정했지요. 붙잡힌 처녀의 부모와 형제는 지도자들이 설득하기로 했지요. 한 지파의 소멸을 원치 않으신 하나님의 마음을 뒤늦게 깨달은 이스라엘의 노력으로 베냐민은 다시 출발했지요. 압도적 1위로 출발해 11위로 떨어졌다가 7위까지 회복했던 베냐민 지파는 꼴찌로 완전히 추락해 이스라엘에서 가장 약하고 보잘것없는 존재가 되었지요.

베냐민 지파에 얽힌 이 사건을 기록한 사사기 19~21장은 사람들이 이런 식으로 자기 마음대로 하였음을 계속 밝히지요. 잘못된 레위인의 엽기적 행동에 전 민족이 선동당한 것은 모두 자기 생각대로 했기 때문입니다. 지도자도 일반인도 감정이 앞서며 올바른 판단을 할 수가 없었지요. 하나님께 묻는 것도 습관적 형식적 절차에 그치며 하나님의 마음을 아는 데는 관심도 없었지요. 회복의 방법도 자기 생각이었지 하나님의 생각을 알려고 하지 않았지요.

이런 일들이 오늘날 교회의 지도자에게서 쉽게 발견되어 안타깝지요. 형식적 습관적 절차에 그치는 기도와 잘못된 성경 해석과 적용이 사라지도록 정말 저를 포함해서 모두 깨어야 할 때이지요.

겸손했던 초대 왕 사울의 서글픈 출발

기브아 전투로 베냐민 지파가 몰락한 지 약 300년 후 이스라엘의 초대 왕 사울의 등극 과정을 살펴봅니다. 14대 사사 사무엘의 두 아들이 늙은 아버지 대신 사사 역할을 하였을 때 백성들의 원망이 컸지요. 불만 많은 백성이 왕을 세워 주기를 요구하여 이스라엘도 왕을 세우게 되었지요.

이때 복구된 기브아성의 한 유지가 아들 사울에게 종을 한 명 데리고 잃어버린 암나귀들을 찾아오라고 했지요. 아주 멀리까지 사흘이나 찾았으나 먹을 것도 떨어진 사울은 포기하고 집으로 가려 했지요. 그런데 종이 이곳에 사는 하나님의 사람을 만날 것을 권했지요.

사울이 사무엘을 만나기 전날 "내일 베냐민 땅의 한 사람을 네게 보내리니 그를 이스라엘의 지도자로 기름 부어 세워라"고 하나님께서 사무엘에게 말씀하셨죠. 사무엘이 사울을 봤을 때 하나님이 "이 사람이 이스라엘을 통치할 자다."라고 사무엘에게 알려 주셨죠. 사무엘의 집을 묻는 사울에게 자신을 밝히며 사무엘이 말했지요. "나귀들은 찾았으니 걱정하지 말고 오늘 나와 함께 먹고 내일 가라. 온 이스라엘이 바라는 자는 바로 너다." 사울이 대답했지요. "저는 가장 보잘것 없는 베냐민 출신입니다. 게다가 저의 집은 베냐민 중에서도 가장 미약한 가족입니다. 어떻게 그런 말씀을 하십니까?"

이렇게 겸손한 사울에게 관유를 부은 사무엘은 백성들을 넓은 장소에 모아 왕을 뽑는 절차를 진행했지요. 12지파 중 베냐민이 뽑혔고 베냐민 지파 중 사울이 뽑혔지요. 이미 왕으로 기름 부음 받은 사울은 너무 부담스러워 그때 숨어 있었지요. 뽑힌 왕을 찾는 소동이 벌어졌지요. 짐 꾸러미에 숨은 것을 하나님이 알려주셔서 사울을 찾아 백성들 앞에 세웠지요.

다른 사람보다 머리 하나만치 더 큰 사울을 초대 왕으로 사무엘이 선포했지요. 왕은 뽑혔는데 왕을 모실 신하도 없고 왕을 호위할 군사도 없었지요. "사울 왕 만세!"를 외친 백성들은 자기 집으로 돌아갔지요. 왕에게 예물을 바친 사람도 있었지만, 사울을 얕잡아 보며 사울 면전에서 비꼬는 말을 하는 사람도 있었지요. 뽑힌 왕을 따르는 유지들도 몇 명 있었지만, 왕궁도 없는 사울은 아무 미련 없이 고향 기브아로 돌아가 여전히 농사를 지었지요.

이때 암몬(현재의 요르단)이 쳐들어와 이스라엘 사람들의 두 눈을 다 뽑을 것이라고 위협했지요. 이 소식을 듣고 낙심하는 백성들의 모습을 본 사울에게 하나님의 영이 강하게 임했지요. 농토를 갈던 두 마리 겨리 소를 잡아 쪼개 한 덩이씩 12지파에게 보내며 사울은 말했지요. "당장 군사 소집에 응하지 않는 지파의 소는 이렇게 죽이겠다." 사울의 명령을 들은 백성들의 마음을 하나님이 움직여 33만 군사가 모였지요. 군사를 3부분으로 나눠 이끌며 사울은 적을 완전히 궤멸시켰지요. 승리로 들뜬 백성들은 사울이 왕으로 뽑힐 때 "사울이 나라를 이끌 수 있겠냐?"고 무시한 자들을 죽이겠다고 흥분했지요. 사울은 이들을 만류시켰고 백성들은 사울을 다시 왕으로 세우고 하나님께 제사를 드렸지요.

나귀를 3일이나 최선을 다해 찾았던 성실한 사울! 종의 말도 귀담아듣는 열린 마음의 사울! 아버지가 대단한 유지인데도 가장 미약한 가족이라며 겸손했던 사울! 왕으로 뽑혔지만 짐 꾸러미에 숨어 자신을 낮춘 사울! 왕을 무시한 자들도 포용했던 사울! 이런 사울이 이스라엘의 초대 왕으로 즉위한 나이는 30세(NIV성경, 표준 새번역성경) 또는 40세(개역 개정성경, 개역 한글성경)였지요.

이내 초심을 잃고 거듭된 승리에도 예루살렘을 방치하며 하나님과 멀어진 사울

사울이 왕이 된 나이와 통치 기간을 기록한 사무엘상 13:1은 번역본에 따라 차이가 있습니다. 재임 초에 아들 요나단이 군사였던 것으로 보아 요나단의 나이는 20세 이상이었지요. 그러면 사울은 40세에 왕이 된 것이지요. 그러나 산부인과와 비뇨기과 두 베테랑 의사에게 들은 바에 의하면 10세에 아빠가 되는 것도 가능하다고 합니다. 이에 대해선 "성경 속 여인들의 인생반전" 1편 13쪽에서 14쪽을 참조하시기 바랍니다. 그러니 30세에 왕이 되었다는 번역본도 완전히 무시할 수는 없지요.

사울의 통치 기간은 사도행전 13:21엔 40년으로 바울이 밝히지요. NIV와 표준 새 번역은 사무엘상 13:1에 42년으로 번역했지요. 그런데 사울의 통치기간 40년 또는 42년을 기산하는 시점이 사울이 왕이 되었다고 하는 30세 또는 40세부터 기산하지 않고 사울이 사무엘에게 기름부음 받은 때로부터 기산해야 한다는 견해가 있습니다. 어쨌든 사울 재임 2년 즈음에 요나단 왕세자가 큰 공을 세웠지요. 요나단이 팔레스타인의 수비대를 기습 공격해 타격을 입히자 팔레스타인이 발끈했지요. 위기를 느낀 사울이 군사 소집령을 내려 이스라엘 백성이 모였지요. 당시 팔레스타인이 이스라엘 내 철공소를 다 없앤 지 오래 되었지요. 그래서 칼과 창 같은 무기를 소지한 사람은 사울과 요나단뿐이고 일반 백성은 농기구나 지팡이를 들고 모였지요.

반면 팔레스타인은 중무장한 병거와 마병들이 가득했지요. 이에 겁먹은 이스라엘 백성들이 사울 곁을 떠나 동굴 같은 곳으로 숨었지요. 자기 주변 사람이 600명으로 줄자 사울도 초조해 더 이상 사무엘을 기다리지 못하고 자신이 직접 제사를 하나님께 드렸지요.

번제를 마치자 도착한 사무엘은 화를 냈고 사울은 어쩔 수 없었다는 궁색한 변명을 했지요. 제사장이 제사를 주관해야 한다는 하나님의 명령을 어긴 사울의 왕권을 다른 사람에게 옮길 것이라고 경고한 후 사무엘은 떠났지요.

이런 뒤숭숭한 분위기에서 하루는 요나단이 자기 무기를 든 병사에게 말했지요. "나와 함께 적진에 침투하자. 하나님이 도와주실 것이다. 하나님이 주시는 승리는 사람의 많고 적음에 관계없다." 어디든 왕자를 따르겠다는 한 명의 병사와 함께 요나단은 암벽을 기어올라 적진에 침투했지요. 여기저기의 보초병을 20명 정도 죽였을 때 땅이 크게 흔들렸지요. 팔레스타인 군사들은 심한 공포에 휩싸이며 서로 죽이는 혼란이 벌어졌지요.

멀리서 적진의 이상한 혼란이 점점 커짐을 목격한 사울은 아들 요나단이 사라진 사실을 그때야 알았지요. 함께 있던 자들과 적의 대혼란을 보고 되돌아 온 자들에게 사울은 추격 명령을 내리며 이상한 말을 하며 맹세를 시켰지요. "적에게 복수하는 오늘 밤 전에 무엇이든 먹는 자는 저주를 받을 것이다." 적에게 빼앗은 것도 못 먹고 배고픔을 참으며 추격한 이스라엘은 이내 기운이 빠졌지요. 이상한 맹세 때문에 먹을 것이 있어도 먹지 못했지요. 이런 사실을 모르고 길가의 꿀을 먹으며 추격에 나선 요나단은 일체의 식사 금지령을 뒤늦게 알았지요.

밤이 되자 사울은 추격을 계속 할지 말지를 하나님께 물었지만 답이 없었지요. 대답이 없는 이유를 누군가 죄를 지었기 때문으로 생각한 사울은 범인을 찾는 추첨을 했지요. 그 결과 요나단이 뽑혔지요. "왕의 명령과 맹세를 모르고 꿀을 조금 먹었지만 어쨌든 왕의 명령을 어겼으니 달게 죽겠습니다."고 요나단이 말했지요. 자기의 이상한 명령을 모르고 어긴 아들을 사울이 죽이려 하자 백성들이 모두 말렸지요. "하나님과 함께 동역하며 오늘의 승리를 있게 한 요나단 왕자를 죽여선 절대 안 됩니다."

백성들이 요나단을 구한 이후 사울은 근 20여 년간 외적과의 싸움에서 승리를 이어가며 왕권을 굳혔지요. 거듭된 승리로 사울은 왕권을 옮길 것이란 사무엘의 경고를 잊어버렸고 겸손했던 초심을 완전히 잃었지요. 요나단의 믿음과 용기를 높이 사신 하나님이 지진을 일으키며 승리를 안겨 준 사실을 백성들도 아는데 사울은 자기 위신 때문에 이를 무시하려고 할 정도로 변했지요. 이렇게 변한 사울은 말로만 하나님을 찾았지요. 실제론 하나님의 뜻을 알려고 하지 않았지요.

그 대표적 사실이 예루살렘을 방치한 것입니다. 예루살렘은 베냐민 지파에 분배된 땅입니다. 40년 전 가나안 정복 전쟁 당시 예루살렘도 정복했었지요. 그런데 베냐민 지파가 방치한 사이 원주민이 다시 예루살렘을 재건했지요. 그 이후 동족상쟁의 기브아 전투 결과 전멸하다시피 했던 베냐민은 예루살렘을 탈환할 생각조차 못했지요.

그런데 베냐민 출신의 사울이 승승장구하면서 예루살렘을 계속 방치한 것은 하나님 마음에 무관심했기 때문이지요. 후에 예루살렘이 이스라엘의 중심이 될지는 전혀 몰랐다 해도 방치해 둘 땅은 아니었지요. 이는 400년 전에 하나님께서 분배해 주시며 하셨던 말씀을 조금도 생각지 않았다는 증거이지요. 예루살렘을 다윗이 정복해 이스라엘의 수도로 삼은 것은 "성경 속 여인들의 인생 반전" 5편 157쪽에서 160쪽을 참조하시기 바랍니다.

사무엘상 17장 54절에 다윗이 골리앗과 싸움에서 이긴 후 골리앗의 머리를 예루살렘으로 보냈다고 기록되어 있습니다. 이것은 명백한 오기입니다. 앞서 설명했듯이 예루살렘은 다른 원주민(여부스족)들이 지배하고 있었는데 다윗이 골리앗의 머리를 예루살렘으로 보낼 이유가 없지요. 57절에 의하면 승리한 다윗이 사울을 만날 때 골리앗의 머리를 손에 들고 있었다고 기록하지요. 그래서 다윗이 골리앗의 머리를 보낸 장소는 예루살렘이 아니고 사울이 기거하는 기브아성으로 봐야 합니다. 그런데 왜 이런 오기가 발생했을까요? 이것은 성경 원본을 필사하는 과정에서 필사가들이 착각하여 예루살렘으로 기록한 것으로 보이지요. 이런 성경 상의 오기에 관하여는 '성경 속 여인들의 인생 반전' 7편 241쪽에서 244쪽을 참조하시기 바랍니다.

이내 초심을 잃고 하나님과 멀어져 간 사울의 왕권을 빨리 옮기지 않은 것은 왜 그랬을까요? 삼손이 철들기를 오래 기다리신 하나님 사랑의 인내가 사울에게도 나타났음을 느낍니다. 삼손처럼 자기 마음대로 해도 잘되니 실제론 오히려 하나님과 멀어진 사울의 모습이 바로 제 모습임을 느낍니다. "뭔가 될 때 더 조심해야 한다."고 많이 외쳤지만, 실제로는 그렇지 못했던 제 자신이 부끄럽습니다.

2. 사울, 요나단, 다윗의 삼각관계

시기, 의심으로 가장 든든한 신하요 사위인 다윗을 죽이려 했던 사울

이스라엘이 모세의 인도하에 이집트를 떠났을 때 아말렉은 아녀자가 많은 이스라엘의 후미를 치며 만행을 저질렀지요. 아말렉을 괴롭히거나 잘못한 게 없는데 무방비 상태의 이스라엘을 노략질한 것이지요. 생각지 못한 아말렉과의 전투에서 두 사람이 모세의 두 팔을 높이 들며 기도함으로 이기긴 했지만 피해가 컸지요. 그래서 아말렉을 반드시 벌하실 것을 모세를 통해 하나님께서 말씀하셨지요. 약 450년이 흐르는 동안 국제 사회에서 아말렉의 비겁한 약탈과 만행이 계속되었지요. 오래 참으신 하나님께서 마침내 사무엘을 통해 아말렉을 철저히 응징할 것을 사울에게 명하셨지요. 21만 대

군을 이끌고 아말렉 징벌에 나선 사울은 또 자기 마음대로 했지요. 동물도 다 죽이라 했지만 병들고 나쁜 것만 죽이고 좋은 것은 다 끌고 왔으며 아각왕도 사로잡아 왔지요.

"내 말을 따르지 않는 사울을 왕으로 세운 것을 후회한다"는 하나님의 말씀을 들은 사무엘은 자신의 승전 기념비를 세운 사울을 만났지요. 불순종한 사울의 왕위를 다른 사람에게 줄 것이란 사무엘의 말을 사울은 들어야했지요. 떠나려는 사무엘의 옷을 사울이 세게 붙잡아 찢어진 가운데 애원했지요. "내가 잘못했소. 하지만 다른 사람들 앞에 내 체면을 봐서라도 남아 있어 제사하게 해 주시오."

직접 아각왕을 처단한 사무엘은 죽을 때까지 더는 사울을 만나지 않았지요. 사무엘은 하나님의 명을 따라 멀리 다윗의 집으로 찾아갔지요. 장차 이스라엘의 새 왕으로 8형제의 막내인 10대 소년 다윗의 머리에 기름을 부었지요. 기름부음 받은 다윗에게 하나님의 영이 강하게 임했지요. 반면에 그동안 사울에게 임했던 하나님의 영은 사울을 떠났지요. 대신 악령이 사울에게 들며 괴롭혔지요. 악령에 시달리는 사울을 음악으로 치료하고자 선발된 하프 연주자가 소년 다윗이었지요. 성령이 충만한 다윗이 하프를 연주하면 사울은 악령에서 해방되기에 사울은 다윗을 너무 좋아했지요.

음악 치료사로 사울과 처음 대면한 다윗이 15세 정도였을 때 팔레스타인과 또 전쟁이 벌어졌지요. 키가 3m나 되는 거인 골리앗이 자기와 1:1로 싸워 이 전쟁을 끝낼 사람은 나오라고 아침, 저녁으로 외쳐도 겁먹은 이스라엘은 잠잠했지요. 골리앗을 이기면 왕의 사위로 삼겠다고 부상을 걸어도 아무도 나설 수 없었지요. 이때 소년 다윗이 하나님을 향한 믿음과 평소의 물맷돌 던지는 실력으로 골리앗을 이긴 이야기는 너무 유명하지요.

골리앗을 죽여 전쟁을 승리로 이끈 다윗을 사울은 전쟁터에 계속 보냈지요. 다윗은 어리지만 지혜롭게 처신하므로 사울이 다윗을 군대장으로 삼을 때 모두 좋아했지요. 다윗이 돌아오니 여인들이 환영하며 노래하기를 "사울이 죽인 자는 천천이요, 다윗은 만만이로다."라고 했지요. 이 노래를 들은 사울은 다윗의 높은 인기를 시기하며 나라를 빼앗길까 경계하게 되었지요.

이튿날 또 악령이 든 사울을 위해 하프를 연주하는 다윗에게 사울은 단창을 두 번 던지며 죽이려 했지만, 다윗은 잽싸게 피했지요. 다윗이 두려운 사울은 왕궁에서 내보내며 다윗을 일선 부대의 천부장으로 임명했지요. 백성들을 거의 매일 만나게 된 다윗의 인기는 더욱 높아져 사울은 더 초조해졌지요.

사울은 팔레스타인과의 전투를 통해 다윗을 죽이려고 자기 딸을 이용했지요. 골리앗과 싸움에 부상으로 걸었던 맏딸과의 결혼을 다윗은 사양했지요. 그런데 둘째 딸 미갈이 다윗을 사랑함을 알고 결혼을 미끼로 다윗을 죽이려 했지요. 다윗은 내심 좋아했지만, 처음엔 결혼을 사양했지요. 거듭된 설득에 다윗은 받아들이고 왕이 요구하는 결혼 선물을 드렸지요. 팔레스타인 남자 포피 백 개인 선물을 준비하는 과정에서 다윗이 죽기를 바랐던 사울은 사위가 된 다윗과는 평생 적이 되었지요. 마침내 사울은 사위 다윗을 죽이라는 명령을 내렸지요.

다윗은 사울에게 충성을 다했고 나라를 빼앗으려는 언행과 마음이 전혀 없었는데 사울이 왜 그랬을까요? 그 이유는 여러 가지가 있겠지만 저는 사무엘상 16장 13, 14절을 주목합니다. 13절에 기름 부음 받은 다윗에게 하나님의 영이 강하게 임했음을 기록했지요. 바로 연이어 14절엔 하나님의 영이 불순종한 사울에게서 떠나고 악령이 사울에게 들어갔음을 기록했지요. 연달아 기록된 것으로 보아 이 두 사건은 거의 동시에 이루어진 것으로 보이지요. 하나님의 영, 즉 성령은 두 사람에게 동시에 머물 수 없어 사울을 떠났나요? 이것은 절대 아니지요. 그런데 성령이 없으면 악령이 들어오나요? 이것도 다 그런 게 아니지요.

어쨌든 악령이 사울을 심히 괴롭힐 때 다윗에게 단창을 던지며 죽이려 했지요. 정신이 들면 다윗이 미워질지언정 겉으론 내색을 하지 않았지요.

그런데 이런 악령을 하나님의 부하로 부리는 것처럼 표현하여 의아하지요. 성경 개역 개정과 개역 한글은 "여호와께서 부리시는 악령", 표준 새 번역은 "주께서 보내신 악한 영", 공동 번역은 "야훼께서 내리신 악령", NIV, KJV는 "An evil spirit from the LORD (주에게서 온 악한 영)" 으로 표현했지요. 사탄과 그의 부하인 악령, 즉 귀신이 하나님을 조금도 이기지 못함은 누구나 아는 사실입니다. 하나님이 우주 만물을 다스리기에 사탄의 세력이 사람을 자기 마음대로 죽이거나 괴롭힐 수는 없습니다. 하나님의 통제 안에서 괴롭힐 뿐입니다. 만약 하나님의 통제가 없다면 이 세상은 정말 엉망진창이 되어 벌써 비참하게 망했을 것입니다. 의인 욥을 테스트하는 것뿐만 아니라 북이스라엘의 악한 왕 아합을 죽이는 것도 사탄과 거짓 영, 즉 귀신이 하나님의 재가를 받아야 가능했지요. 하나님은 악령을 부하처럼 활용해 사람을 괴롭히는 분이 아닙니다. 악령이 거하기 딱 좋게 불순종하며 심령이 메마른 사울에게 악령이 들어감을 묵인했을 뿐입니다. 더 머물 수 없어 성령이 사울을 떠나는 순간에 오랫동안 사울을 노린 악령이 들어 온 것뿐입니다.

예수님께서 말씀하신 귀신 이야기가 생각납니다. 어떤 사람에게서 한 마리 귀신이 나와 자기가 거할 다른 메마른 장소를 찾았지요. 마땅한 장소를 찾지 못한 귀신은 자기가 나왔던 집으로 되돌아갔지요. 그 집이 청소되어 정리정돈이 잘되었지만, 아직 그 안에 아무도 없이 비어있는 것을 보았지요. 귀신은 자기보다 더 악질인 귀신 일곱 마리를 꼬드겨 함께 빈 집으로 들어갔지요. 그 사람의 상태는 그 이후 전보다 훨씬 더 나빠졌지요. 귀신이 그 사람을 떠났을 때는 귀신이 더 이상 있을 수 없게 그 사람이 변했기 때문이지요. 그런데 그 변한 사람에게 하나님의 영이 없는 것이 문제였지요. 정리정돈이 잘된 사람으로 변했기에 귀신이 혼자는 자신 없어 더 사악한 놈들을 일곱 마리나 끌어들인 것이지요.

이내 겸손의 초심을 잃었지만 하나님의 영은 사울을 20여 년간 떠나지 않았지요. 아무리 사울이 나빠졌어도 하나님의 영이 계실 때는 악령이 들어올 수 없었지요. 악령이 사울을 노리고 있어 사울의 회복을 기다리신 하나님의 마음은 얼마나 답답했을까요? "순종이 제사보다 낫다."는 사무엘의 지적에도 불구하고 참된 회개를 하지 않고 자기 체면만 생각하는 사울을 떠날 때도 하나님의 마음은 얼마나 아팠을까요? 불순종을 회개로 정리할 줄 모르는 사울의 시기와 교만한 마음이 악령이 거하기 좋은 메마른 상태였던 것이지요.

사탄의 유혹에 걸려 넘어진 적은 많았어도 악령이 저를 지배하진 못했지요. 예수님을 주님으로 영접한 제 속에 성령이 계시기 때문이지요. 성령이 안에 계시기에 성령께 귀 기울여야 할 사울이 그러지 못했던 것처럼 저도 많이 그랬지요. 그런데도 성령이 저를 떠나지 않은 것이 너무 감사합니다. 이제 성령이 떠나지 않은 것에 만족하지 않고 성령이 제 남은 삶을 강하게 이끌도록 성령께 제 생각과 언행을 맡기고자 힘쓰지요. "육체의 소욕과 성령의 원함이 날마다 내 속에서 싸운다."라는 바울의 고백을 온몸으로 느끼며 성령을 따르고자 합니다.

하나님 뜻을 알고 어린 다윗과 우정을 쌓은 왕세자 요나단

아버지의 음악 치료사로 왕궁에 온 어린 다윗을 지켜 본 요나단은 골리앗을 이겨 그 머리를 들고 부왕을 만난 소년 영웅과 한 마음이 되며 그를 자기 생명처럼 사랑했지요. 하나님에 대한 다윗의 믿음이 자기보다 훨씬 큼을 느끼며 골리앗을 상대하지 못한 자신의 믿음을 부끄럽게 여겼는지도 모르지요. 따로 다윗을 만난 요나단은 나이를 초월해 변치않는 우정을 약속하며 자기 군복과 무기를 주었지요.

이 때 왕세자 요나단과 소년 다윗의 나이는 얼마였을까요? 요나단이 사울과 함께 한 날에 죽은 며칠 후 다윗이 30세에 왕이 되었지요. 사울의 통치기간은 40년 또는 42년인데, 재위 2년에 요나단이 군인(복무 나이: 20세~60세)이었으니 최소 약 60세에 죽었고 다윗보다 약 30세가 많지요. 이와 다른 견해가 있는데 사울의 통치 기간을 기름부음 받은 젊은 때부터 기산하는 것입니다. 이 견해를 따라도 요나단이 다윗보다 최소 8세 이상 많은 것으로 봅니다. 어떻게 보든 요나단과 다윗은 친구가 되기엔 나이 차이가 심합니다. 그리고 골리앗과 싸울 때 다윗의 8형제(역대상은 7형제로 기록) 중 위 3명만 군인이었으니 막내 다윗의 나이는 약 15세로 보지요.

나이 차이가 심해도 같은 군인이면 둘 사이에 얼마든지 우정의 관계가 될 수 있지요. 그런데 다윗이 아무리 영웅으로 떠올랐다고 해도 15세 소년을 부하로 삼지 않고 장성한 왕세자가 친구로 삼은 것은 너무 파격적이지 않나요? 훨씬 나이 많은 왕세자와 15세 소년 영웅 사이의 약속을 누가 주도해 맺었을까요? 소년은 감히 왕세자와 언약을 맺을 엄두도 나지 않았는데 왕세자가 제안하였던 것 같습니다. 믿음 좋은 왕세자와 언약을 맺는 것은 좋은 일이니 다윗은 감사하며 받아들였겠지요.

언약을 맺은 다윗이 매제가 되니 더욱 좋았는데, 다윗의 인기를 시기하여 부왕이 다윗을 죽이려고 하니 다윗을 숨긴 요나단은 부왕께 간청했지요. "다윗은 아버지께 좋게 합니다. 골리앗을 이겨 나라를 구했을 때 얼마나 기뻐했습니까? 잘못이 없는 다윗을 죽이는 죄를 지어선 안 됩니다." 이 호소에 사울은 다윗을 안 죽인다는 맹세까지 했지요. 다윗은 다시 왕궁에 있게 되었지요.

또 팔레스타인과 전쟁을 치르며 승리한 후였지요. 단창을 손에 든 사울을 또 악령이 괴롭혀 다윗이 하프를 연주했지요. 사울은 단창을 던져 죽이려 했으나 다윗은 피했고 집으로 도망갔지요. 사울은 전령을 보내 "숨어 있다가 아침에 다윗이 집에서 나올 때 죽이라" 했지요. 아내 미갈은 창문으로 다윗을 달아내려 도주시켰지요. 미갈은 남편이 아파 누운 것처럼 침대를 꾸며 다윗이 멀리 도주할 시간을 벌게 도왔지요.

미갈과 생이별한 다윗은 사무엘에게 갔지요. 이 사실을 들은 사울이 다윗을 잡고자 세 번이나 보낸 전령들은 모두 사무엘 앞에서 선지자처럼 예언만 했지요. 이상한 소식을 계속 듣고 사울이 직접 갔지요. 사울도 사무엘 앞에서 예언했는데 그는 아예 알몸으로 하루 반나절을 누워 있었지요.

이 때 사무엘을 떠난 다윗은 요나단을 찾아 항의와 호소를 했지요. 다윗을 생명처럼 사랑하는 요나단에겐 이런 일들을 사울이 비밀로 했기에 다윗의 상황을 요나단은 전혀 몰랐지요. 요나단은 다윗의 부탁대로 부왕의 진심을 알아내 다윗을 보호하기로 했지요. 그리고 왕세자가 도망자에게 부탁했지요. "내가 사는 날 동안 너는 하나님의 인자하심을 내게 보여 날 죽이지 말고 네 원수가 다 망해도 너의 인자함을 내 후손에게 영원히 베풀라." 위기에 처한 도망자 다윗이 할 말을 왕세자가 호소하고 있으니 이상하지 않나요? 그 이유는 하나님이 다윗과 함께 함을 요나단이 확실히 알았기 때문 아닌가요? 영안이 밝은 요나단은 이런 내용의 언약을 다윗과 함께 하면서 다윗의 대적을 하나님이 치시길 기도했지요. 다윗의 대적이 자기 아버지인 상황에서 하나님의 뜻을 따르는 가슴 아픈 기도가 아닌가요? 다윗과 우정의 맹세를 다시 한 요나단은 식사 자리에서 아버지의 본심이 다윗을 죽이려는 것임을 알았지요. 다윗의 은신을 아들이 도와 준 사실을 안 사울이 요나단에게 패역무도한 계집의 소생이라고 욕했지요. "다윗이 살아 있는 한 너와 네 나라는 보장되지 못하기에 그 놈은 죽어야 한다. 네가 그 놈 편을 드는 것은 네 어미가 벌거벗은 것 같은 수치다." "다윗이 왜 죽어야 하며 무슨 잘못을 했습니까?"라고 따지는 요나단에게 흥분한 사울은 창을 던져 죽이려 했지요.

너무 충격받은 요나단은 다윗이 숨은 들로 갔지요. 다윗은 멀리서 왕세자에게 세 번 엎드려 절하며 그동안의 사랑에 감사했지요. 두 사나이는 울며 우정의 맹약을 다시 떠올린 후 가슴 아픈 이별을 했지요.

이 후 세월이 흘러 다윗을 잡으려고 부왕이 이끈 군대에 요나단이 어쩔 수 없이 합류한 적이 있지요. 이 때 부왕 몰래 다윗을 만난 요나단은 하나님을 굳게 의지하도록 격려했지요. "아버지는 널 못 죽인다. 네가 이 나라의 왕이 될 것이다. 나는 네 다음이다. 심지어 내 아버지도 이렇게 될 것을 안다." 이 말로 위로한 후 요나단은 또 다윗과 맹약을 했지요. 도망자를 붙잡고 애원하다시피 언약을 계속 상기시키는 이유가 뭐지요? 하나님께서 다윗의 앞날을 책임지심을 확실히 믿기에 그런 것 아닌가요?

믿음의 눈으로 15세 소년을 정확히 보고 먼저 다가가 자기 생명처럼 사랑한 장성한 왕세자 요나단! 소년과 맺은 약속을 세월이 흘러도 계속 되새김질하며 왕위도 양보하는 무욕심의 요나단! 잘못된 아버지에 대해 하나님의 처벌을 예상하면서도 죽기까지 아버지와 함께 했던 장남 요나단! 아내와 생이별하고 자식도 없는 도망자를 붙잡고 다윗의 후손도 요나단의 후손에게 이 약속을 지키길 원했던 요나단!
왕이 된 후 이내 초심을 잃고 죽기까지 엉망으로 살았던 사울은 잘못을 많이 저질렀지만 요나단이 있었기에 베냐민 지파가 다윗의 후손인 예수님의 사랑을 누린 것 같지요. 망한 이스라엘 민족의 전멸 위기에서 민족을 구한 페르시아 왕후 에스더와 총리 모르드개, 초대 교회사에 가장 큰 업적을 남긴 사도 바울이 베냐민 출신인 것은 우연인가요? 자신의 왕위까지도 하나님 뜻을 따라 완전히 포기하며 후손을 염두에 둔 요나단의 믿음이 낳은 열매로 보는 것은 지나친가요?

저는 좋은 친구를 사귀고 싶어 했지요. 그래서 많은 사람이 좋은 만남의 축복을 원해 기도하듯 저도 그랬지요. 아주 중요한 기도인데 매우 이기적 기도지요. 제가 먼저 요나단처럼 상대에게 좋은 사람이 되고자 기도하고 노력하는 모습이 없이 제게 보탬이 되는 좋은 사람 만나기만 바랬으니 하나님이 좋아하셨을까요? 상대가 한만큼만 하는게 아닌 요나단의 모습이 제게는 부족함을 눈에 이상이 온 40대 중반에 발견했지요. 창피한 것은 세 아이를 낳은 후 가훈을 "꼭 필요한 사람, 잘 베푸는 사람"으로 정해 오랫동안 거실에 건 사실이지요. 요나단과 예수님의 참 사랑을 깨닫지 못하고 이기적인 기도만 한 게 부끄러웠지요. 그동안 저를 경험했던 주변 사람들 특히 제 부동산 사무실에서 함께 일했던 동료 직원들이 저에 대해 어떻게 보았을지 자신이 없습니다. 반면에 앞도 못 보고 집에만 있는 볼품없는 제게 변치 않는 사랑을 퍼부어 준 친구들과 목장 식구와 이들을 주신 하나님께 너무 고맙고 또한 죄송하지요.

기도가 바뀌었지요. 저와 제 가족이 요나단처럼 하긴 힘들어도 주변 사람에게 조금이나마 먼저 좋은 사람이 되길 기도하게 된 지 10여년이 지났지요. 그런 가운데 2012년 말부터 시작된 전화 사역이 생색내기에 그치지 않도록 조심하지요. 너무 억울한 일을 당해 육체적 정신적 고통이 극심한 생면부지의 어떤 분 하소연을 전화로 들으며 사역이 시작되었지요. 2014년 여름에 만난 두 번 째 벗에겐 의욕이 넘쳐 몇 달간 거의 매일 성경 이야기를 들려드렸지요. 저보다 9세 위인 그 분은 3년간 통화를 하였고 천국에 가셨는데 제가 얼마나 힘이 되었는지 궁금합니다. 저보다 19세, 21세 연하의 상처 많은 두 총각에게 나이를 떠나 요나단같이 되고 싶지만 부족함 많은 제가 폼만 잡는 것 같아 미안하지요. 누가 부탁한 것도 아닌데 암환자에게 엄청 긴 문자를 보내고 전화를 했지요. 이 일을 계속 해야 할지를 고민하면 "당신이 할 수 있는 일은 하세요. 아무 것도 안하면 안돼요."라며 아내가 독려했지요. 한 사람에게 조금이라도 도움 되어 좋은 만남을 만드는 작은 요나단이 되고 싶습니다.

3. 다윗의 아둘람 동굴 운명 공동체와 사울의 비참한 최후

쫓기며 적국에 망명하려다 침 흘리며 미친 척해 겨우 살아난 다윗의 찬송

요나단과 헤어진 다윗은 성막이 있는 곳으로 도망갔지요. 도망자 다윗을 보고 놀라 떠는 대제사장에게 다윗은 먹을 것을 부탁했지요. 대제사장은 "여자를 가까이하지 않았다면 거룩한 빵을 주겠다."라고 말하며 다윗과 동료들의 상태를 물었지요. "3일간 저와 함께한 모두가 여자를 가까이하지 않았습니다."고 다윗이 말했지요. 성소 안 북쪽 상에 놓였던 거룩한 빵과 함께 성전 창고에 보관 중인 골리앗의 칼도 대제사장이 다윗에게 주었지요. 이를 사울의 가축을 책임진 이방인 출신 목자장이 봤지요.

다윗은 팔레스타인에 망명하러 갔지요. 팔레스타인 왕도 도망자 다윗의 처지를 알았기에 호감을 느끼고 다윗을 만났지요. 그런데 신하들이 "우리 영웅 골리앗을 죽여 이스라엘의 영웅으로 여인들이 칭송한 다윗을 받아들이면 큰일 납니다."고 반대했지요. '망명은 고사하고 까딱하면 죽겠다.'는 위기를 느낀 다윗은 갑자기 미친 척했지요. 침을 턱수염 밑으로 질질 흘리며 이상한 표정을 한 다윗은 왕 앞에서 쫓겨났지요. 그래도 성 밖으로 내쫓지 않으니 미친 짓을 더 했지요. 성 문짝에 아무렇게 낙서하고 몸을 더럽게 하며 속히 추방되기만 기다렸지요. 마침내 "미치광이를 추방하라!"는 왕의 명령이 떨어졌지요.

겨우 살아난 다윗은 서너 명의 동료에게 "나와 함께 하나님을 찬송하자."고 했지요. 참 부끄러운 상황에서 다른 사람에게 찬송하자는 말을 쉽게 할 수 있나요? 이때 다윗이 지은 시가 시편 34편입니다. 시편 34편 서두에 아비멜렉 앞에서 미친 척해 쫓겨난 후 지은 시라고 밝혔지요. 아비멜렉은 팔레스타인의 왕을 뜻하는 칭호입니다. 이집트의 파라오, 러시아의 차르와 같은 개념이지요.

미친 짓을 해 겨우 산 사람이 어떻게 이런 내용의 시를 지었는지 놀랍지요. "나는 항상 하나님을 찬양한다(1절), 내 영혼이 하나님을 자랑한다(2절), 나와 함께 하나님께 영광 돌리고 그 이름을 높이자(3절), 하나님의 선하심을 맛보아 알아라(8절), 하나님을 경외하면 부족함이 없다(9절), 내가 하나님 경외하기를 가르칠 테니 내게 오라(11절) "

하나님에 대한 무한 신뢰가 평소 생활화되었기에 비참한 상황을 다 잊고 감사가 넘쳐 찬양이 나오게 하였지요.

반면에 사울은 다윗의 도주를 도와준 대제사장과 이를 알고도 신고하지 않은 제사장들을 모두 불러들였지요. "이들을 다 죽이라!"고 명령했지만 제사장 죽이길 신하들 모두 꺼렸지요. 그러자 제사장들을 고발한 이방인 출신 사울의 목자장이 나섰지요. 그는 85명 제사장과 그 가족과 가축까지 다 죽였지요.

제사장 몰살 소식을 듣기 전에 34편을 지었지요. 처지를 바꿔 제가 젊은 시절에 이런 일을 겪었다면 저는 이런 찬송을 절대 못 했을 겁니다. 그러나 미친 척해 겨우 살고 제사장 몰살 소식을 듣고 계속 쫓기면서 지은 시편 23편을 지금은 너무 좋아합니다. 다윗은 너무 힘든데도 "여호와는 나의 목자시니 내가 부족함이 없다."고 말할 정도로 평안을 누렸지요. 쫓겨 사망의 음침한 골짜기를 다니며 목숨이 경각에 달려있었는데도 하나님이 함께 하시니 두렵지 않다는 고백은 객기 부리는 말이 아니지요. 하나님의 집, 즉 천국에 영원히 거한다는 마지막 6절의 확신이 있기에 가능한 고백이지요. 저도 이런 확신이 있기에 수시로 하나님과 속삭이며 고난을 넉넉히 이기는 다윗의 고백을 하지요.

환란 당하고 빚지고 원통한 자여, 다 아둘람 동굴로 모여라!

미친 척해 겨우 살아난 다윗은 갈 곳이 없어 아둘람 동굴에 숨었지요. 다윗 때문에 힘들어진 부모, 형제, 친척들이 동굴로 찾아왔지요. 그뿐만 아니라 환란을 당해 힘든 자, 빚 때문에 노예 될 위기에 처한 자, 억울한 일로 원통한 자들이 속속 모였지요. 갈 곳 없는 사람 약 400명이 모였는데 이 중엔 외국에서 온 이방인도 제법 있었지요. 그들의 처자식을 고려하면 천 명은 족히 넘었겠지요.

이들의 두목이 된 다윗은 건달 같은 오합지졸의 이 무리를 프랑스의 유명한 외인부대같이 용맹한 군사로 만들었지요. 운명을 함께 한 아둘람 공동체는 후에 다윗을 왕으로 세우는 1등 공신이 되지요. 또 이 아둘람 공동체 출신이 다윗 왕국에서 중요 역할을 맡아 나라를 이끌게 되지요. 사무엘하 23장과 역대상 11장에 기록된 다윗의 30인 용사와 이들의 최고 그룹인 두 팀의 3인 용사도 아둘람 공동체 출신이지요. 가장 으뜸가는 3인 용사는 홀로 수백 명의 적을 죽여 도망갔던 아군들이 돌아와 전리품만 줍게도 했지요. 하루는 다윗이 아둘람 동굴에서 고향 베들레헴의 우물물을 마시고 싶다는 푸념을 했지요. 이때 이 3인 용사가 베들레헴에 진 친 팔레스타인 군대를 뚫고 우물물을 길어 왔지요. 목숨 걸고 길어 온 물을 마실 수 없어 다윗은 하나님께 부어 드리며 "이 물을 결코 마시지 않겠습니다."고 반성했지요.

많은 사람이 동굴에서 살기가 힘들어 다윗은 아둘람 공동체를 이끌고 이웃 모압 나라로 갔지요. 모압왕의 허락을 받아 모압에 머물면서 이후 선지자를 통해 하나님 지시를 받아 유다 지파의 땅으로 갔지요. 팔레스타인이 침략한 유다 지파의 성을 도우라는 하나님의 말씀대로 아둘람 공동체가 그 성을 구했지요. 이때 사울이 제사장들을 몰살할 때 유일하게 피신한 제사장 한 명이 다윗에게 왔지요. 다윗이 유다의 한 성에 있음을 안 사울은 군사를 출동시켰지요. 이 소식을 들은 다윗은 자기가 구해준 성 주민이 자기를 사울에게 넘기는 배은망덕한 짓을 할 것인지 하나님께 물었지요. 그럴 것이란 답을 들은 다윗은 600명이 된 공동체를 이끌고 피했고 사울은 출동을 멈추었지요.

사울은 다윗의 은신처를 찾았지요. 이 와중에 요나단이 몰래 다윗을 만나 힘내도록 독려하고 또 언약을 맺는 마지막 만남을 가졌지요. 다윗은 유다 지파 출신이고 유다의 한 성을 구해 주었지만, 유다 지파 사람들은 자기 땅에 숨은 다윗을 사울에게 알렸지요. 다윗을 포위해 가까이 접근하던 도중 팔레스타인의 침공 보고에 사울은 군사를 돌렸지요. "유다 땅에 머물라!" 하신 하나님이 위기 때마다 다윗을 보호하신 것이지요.

팔레스타인을 물리친 사울이 또 다윗의 은신처를 들었지요. 사울이 다윗을 쫓다가 뒤가 마려워 동굴로 급히 들어갔지요. 동굴 깊숙이 다윗과 부하들이 숨어 있었지요. 몰래 기어 사울의 겉옷 자락을 조금 잘랐을 뿐인데도 다윗은 양심에 찔렸지요. 사울을 죽이려 하는 부하 둘에게 "하나님이 기름 부어 세우신 왕을 죽이지 말라!"고 명령했지요. 사울이 동굴에서 나가 멀찍이 떨어지자 다윗이 불렀지요. "보소서! 제가 왕을 죽일 수 있었지만 옷자락만 베었습니다. 하나님께서 판단하셔서 저를 위해 왕께 보복할 것입니다. 제 손으로 왕을 해하진 않겠습니다. 하나님이 재판장이 되사 저와 왕 사이를 심판하시길 원합니다." 사울이 대답했지요. "네가 나보다 낫다. 하나님이 널 축복해 네가 왕이 될 것이다. 왕이 되면 내 후손을 멸하지 않겠다고 맹세해다오." 다윗이 맹세하자 사울은 돌아갔지요.

이후 사무엘이 죽어 장례를 치렀지요. 다윗은 유다 지파 한 거부의 목축업을 강도떼와 외적의 손에서 보호했지요. 당시 양털은 비싼 겉옷을 만드는 좋은 재료였지요. 많은 수익을 올리는 양털 깎는 시기에 다윗에게 보답은커녕 다윗을 멸시한 부자에게 아름답고 지혜로운 아내가 있었지요. 하나님께 벌 받은 부자가 죽은 후 그 여인이 다윗의 아내가 되어 아둘람 공동체의 식량문제에 큰 도움이 되었지요. 다윗의 두 번째 아내에 관한 자세한 내용은 "성경 속 여인들의 인생반전" 5편 160쪽에서 164쪽을 참조하시기 바랍니다.

또 유다 지파 사람이 다윗의 은신처를 알려 사울이 출동했지요. 행군에 지친 사울과 군사들이 모두 깊은 잠에 빠졌지요. 다윗의 3인 용사 중 한 명이 사울을 창으로 찔러 죽이려 했지요. 이때 다윗이 "하나님이 사울을 쳐서 죽이든지 전쟁에서 죽게 하든지 하실 것이다."고 말하며 부하를 말렸지요. 대신 사울의 창과 물병을 들고 갔지요. 멀리 높은 곳에 선 다윗은 군대 장관을 불러 깨웠지요. 왕을 제대로 호위하지 않는 장관을 나무라는 다윗의 음성에 사울도 깼지요. 또 자기를 살려 준 다윗을 더는 쫓지 않을 것을 사울이 약속했지요. "하나님은 사람의 공의와 신실함을 따라 갚으십니다. 제가 오늘 왕의 생명을 귀중히 여긴 것처럼 하나님께서 제 생명을 귀중히 여겨 어떤 어려움에서도 건져내실 것입니다."라고 다윗이 말했지요. 병사를 보내 창과 물통을 돌려받은 사울은 돌아갔지요.

다윗의 아둘람 공동체는 받은 상처가 너무 많고 커서 남을 믿지 않고 오기와 독기로 똘똘 뭉친 개성 강한 사람들의 집합체였지요. 통제 불능 상태의 이들을 다윗이 어떻게 이끌었을까요? 두목인 다윗도 오갈 데 없는 상처투성이기에 이심전심으로 부하들을 이해하고 위로할 수 있었지요. 이것은 공동체가 하나됨에 크게 기여를 했지요. 그런데 이것만으로 공동체가 훗날 왕국의 지도자를 대거 배출하는 간부 사관학교 같은 역할을 할 수 있었을까요? 다윗의 리더십 바탕이 무엇이었을까요?

이에 대해 시편 57편이 그 비결을 보여 주지요. 이 시는 다윗이 사울을 피해 아둘람 동굴에 있을 때 지었지요. 동굴에 사람들이 계속 모이니 자기 마음을 하나님께 고백한 시 같지요.

1절에 모든 재난이 지나기까지 주의 날개 아래 그늘에 피하니 불쌍히 여겨 달라는 기도로 시작했지요. 자기를 위해 모든 것을 이르시는 지존하신 하나님께 부르짖음을 2절에 밝혔지요. 기도하면 하늘에서 응답하시고 자기를 쫓는 자에게서 구원하심을 3절에 노래하지요. 그래서 4절에 사자들 한가운데 누운 듯한 처지를 하소연하면서도 5절에 하나님을 찬양할 수 있었지요. 찬양의 이유를 더 세밀히 밝힌 6절에 자기를 잡으려고 그물을 치고 함정을 팠던 자들이 오히려 그 함정에 빠졌다고 단정지었지요. 사울 때문에 동굴에 숨어 있으면서 자신 있게 확언하는 다윗의 믿음이 놀랍지요. 하나님에 대한 무한 신뢰를 바탕으로 다윗은 자신의 마음을 확고히 정했음을 7절에 선포했지요. 8~10절은 확고히 정한 마음으로 자기 혼과 모든 악기를 깨워 준비해 하나님의 높으심과 사랑을 찬양하며 고요한 새벽을 깨우겠다는 의지를 드러내지요. 이런 마음으로 마지막 11절에 하나님을 찬양함으로 이 시는 끝나지요.

기도, 하나님에 대한 믿음, 찬양이 단계적으로 이어지며 하나님의 영이 충만했기에 다윗은 아둘람 공동체를 간부 사관학교로 만들 수 있었지요. 이를 바탕으로 다윗은 하나님을 목숨 걸고 신실하게 경외했지요. 하나님을 모독한 3m 거인 골리앗과 목숨 건 대결을 한 그 정신으로요. 하나님 경외하는 법을 남에게 가르쳐 주겠다고 할 정도였지요. 사울은 언어 습관으로 하나님을 들먹이며 "하나님 이름을 망령되이 일컫지 말라"는 계명을 범하는 게 생활화되었지요. 반면 다윗은 원수 사울을 하나님이 기름 부었다는 이유로 살려 줄 만큼 하나님을 경외했지요. 그런 다윗은 당시의 성경인 모세오경을 열심히 공부했지요. 그래서 자신에게 도망 온 제사장에게 아둘람 공동체의 성경 교육을 맡겼겠지요. 하나님 말씀대로 하나님을 경외하며 겸손한 사랑으로 이끄니 모두 흔쾌히 따랐지요. "사울을 죽이지 말라"는 따르기 힘든 명령에 부하들이 복종한 이유는 생사고락을 함께하며 다윗의 이런 됨됨이를 알았기 때문이지요.

저희 목장이 시련을 당할지라도 말씀과 기도로 성령의 훈련을 통해 주님을 맛보는 아둘람 공동체가 되길 간절히 소망합니다.

다윗이 사울을 두 번이나 살려준 것을 현대 교회가 과하게 애용하고 있지요. 목사의 잘못은 하나님께서 알아서 처리하신다며 지적조차 못하게 만든 분위기는 이상하지요. 다윗은 사울을 해하지 않았을 뿐 할 말은 다 했지요. 심지어 하나님께서 보복하실 것이란 말도 했지요. 목사의 사소한 실수를 벌집 쑤시듯 해선 안 됩니다. 그러나 명백한 잘못에 대해 스스럼없는 사랑의 지적조차 힘든 분위기는 결국 모두에게 더 큰 상처가 됨을 오늘날 교회에서 보게 됩니다.

적국에 망명해 적국의 군사로 동족과의 전투에 나선 아둘람 공동체의
비극

사울을 또 살려준 다윗은 이러다간 조만간 사울에게 죽을 것을
염려해 팔레스타인에 망명했지요. 수년 전과 달리 팔레스타인 왕
은 28세가 된 다윗과 그의 공동체를 받아들였지요. 이 소식을 듣
고서야 사울은 다윗 수색을 포기했지요. 아둘람 공동체가 머물 성
을 달라는 다윗의 요청에 왕은 시글락을 주었지요. 시글락은 가나
안 땅 분배 때 유다 지파가 배정받은 성이지만 점령하지 못해 여
태껏 팔레스타인의 소유로 남아 있었지요.

다윗은 1년 4개월간 팔레스타인에 머무는 동안 아말렉, 그술 등
을 쳐 많은 가축과 옷을 왕에게 선물했지요. "이번엔 어디를 공격
했느냐?"는 왕의 질문에 다윗은 이스라엘의 어디를 쳤다고 거짓말
을 했지요. 거짓말을 지키려고 다윗은 습격한 곳마다 다 죽였지
요. 혹 생존자가 있어 거짓말이 탄로나지 않게 했던 것이지요. 거
짓말에 속은 왕은 다윗이 사울뿐 아니라 이스라엘 동족에게도 원
수가 된 것으로 착각했지요. 또 완전히 자기 부하가 된 것으로 생
각하며 다윗을 좋아했지요.

팔레스타인과 이스라엘 사이에 큰 전쟁이 발생했지요. 팔레스타
인 왕은 다윗을 자신의 호위대장으로 삼아 그 부하들을 데리고 출
전했지요. 사울을 피해 적국에 갔는데 이제 사울뿐 아니라 동족과
목숨 걸고 싸우게 된 다윗과 600명의 마음은 어땠을까요? 싸움을
반기는 자, 다윗을 원망하는 자, 등등 마음 상태가 복잡했겠지요.

왕의 호위를 맡은 다윗의 사람들이 왕과 함께 가장 뒤에 선 것을
각 지방에서 출동한 영주들이 봤지요. 이들은 다윗의 출전 불가를
왕께 강력히 밝혔고 왕은 괜찮다고 이들을 설득했지요. "사울과

동족의 환심을 사려고 다윗이 후방에서 우리를 칠 게 뻔합니다."
라고 영주들이 말했지요. 절대 불가하다는 영주들을 왕은 더는 설
득할 수 없었지요. "아침 일찍 시글락으로 돌아가라!"는 왕의 명령
을 내심 반기면서 다윗은 싸울 기회를 달라고 큰소리쳤지요. "제
가 잘못한 게 뭐 있습니까?"라고 따지는 다윗을 왕은 달래 돌려보
냈지요.

 겨우 위기를 모면하고 3일 후에 시글락에 도착한 이들은 기절초
풍했지요. 처자식들이 다 사라졌고 불탄 성 안 광경에 너무 놀라
대성통곡했지요. 이들은 더는 울 힘이 없도록 울었지요. 부하들은
이 모든 게 두목 때문에 발생한 비극으로 생각하여 "다윗을 돌로
치자!"고 말했지요. 두 아내를 잃고 공동체에 닥친 비극으로 비통
해 울던 다윗이 이때 하나님을 힘입어 용기를 얻었지요. 다윗은 "
제가 이곳을 습격한 군대를 추격하면 잡을 수 있습니까?"라고 하
나님께 물었지요. "추격해라! 구출할 것이다."라는 하나님의 대답
을 들은 다윗과 600명은 추격에 나섰지요.

 워낙 급히 추격하니 매우 지쳐 뒤에 처진 200명을 놔두고 다윗
은 400명만 데리고 계속 갔지요. 추격 도중 들판에서 3일 밤낮을
아무것도 못 먹고 쓰러진 한 사람을 봤지요. 물과 음식을 받아먹
고 기운을 차린 사람이 말했지요. "저는 이집트 사람으로 아말렉
사람의 종입니다. 제가 아프니까 주인이 3일 전 이곳에 절 버렸습
니다. 아말렉은 유다 땅과 시글락을 습격해 불태웠습니다." 다윗
이 종에게 아말렉 본거지로 자기들을 안내해주길 부탁했지요. 종
은 다윗을 인도했지요. 그때 아말렉은 많은 전리품으로 기분이 좋
아 잔치로 흥청망청하고 있었지요. 다윗과 400명 용사는 새벽부
터 다음날 저녁까지 아말렉과 싸웠지요. 낙타를 타고 도망친 400
명 젊은이 외엔 아말렉 사람은 다 죽었지요.

다윗은 잡혀갔던 처자식들과 빼앗겼던 것들을 다 찾았고 많은 전리품도 생겼지요. 추격 도중 뒤처진 200명이 금의환향하는 다윗을 반갑게 맞이했지요. 그러자 아말렉과 싸운 자들 중 일부가 말했지요. "우리와 함께 싸우지 않은 자들에겐 처자식만 돌려주고 되찾은 가축과 물건은 우리끼리 나누어 가지자." 이 말을 들은 다윗은 "아니다! 하나님이 지켜주셔서 우리가 이겼는데 그렇게 하면 안 된다. 목숨 걸고 싸운 자나 뒤처진 자나 똑같이 분배할 것이다."라고 말했지요. 이 규칙은 후에도 지켜졌지요. 다윗은 전리품을 유다 지파 각 성의 장로들에게 선물했지요.

다윗의 두 아내는 아말렉의 두목급에게 강간당했다고 봐야 합니다. 당시 도적떼는 사로잡은 여인을 승리의 기념으로 즐기며 첩으로 삼았지요. 600명의 아내들도 많이 당했지요. 구출은 했지만 말 못할 상처는 엄청 컸지요.

도대체 왜 이런 비극이 생겼을까요? 하나님께 묻지 않고 다윗이 자기 마음대로 망명했기 때문입니다. 다윗은 무슨 결정에 앞서 하나님께 잘 묻는 사람이었지요. 그런데 세 차례 망명을 결정할 때는 이상하게도 한 번도 묻지 않았지요.

묻지 않은 첫 번째 망명에서 미친 척해 겨우 산 것을 잊었나요? 얼마 안 가 이젠 공동체를 이룬 상태에서 두 번째는 다른 나라인 모압으로 갔지요. 모압 왕의 호의로 지내던 중 유다 지파 땅에 머무는 게 하나님 뜻임을 듣고 유다로 돌아왔지요. 그런데 유다 사람이 계속 일러바치고 사울이 계속 뒤쫓으니 유다에 있으라는 하나님 말씀을 잊었지요. 유다에 있을 땐 사울에게 쫓기긴 해도 항상 하나님이 보호하셨지요. 이 사실을 간과하고 결국엔 잡혀 죽을 것이란 인간적 생각과 걱정이 세 번째 망명을 결정케 해 이런 비극을 낳았지요.

하나님께 묻지 않고 적국에 망명한 다윗은 아말렉과 같은 강도떼의 두목으로 전락했지요. 팔레스타인 왕을 믿게 하자니 전리품을 계속 바쳐야 했지요. 전리품을 얻자니 약탈해야 했지요. 동족을 털 순 없기에 아말렉, 그술 등을 쳤지요. 아말렉은 쳐도 충분히 명분이 있지만 그술은 생각할 게 많지요.

그술은 요르단강(성경엔 요단강) 동남의 지역입니다. 이스라엘이 점령해야 할 땅인데 그술인이 살고 있었지요. 하나님이 정복하라고 명한 땅이니 괜찮다는 생각으로 다윗은 그술을 쳤지요. 그런데 다윗은 하나님 말씀을 지키는 정복의 목적으로 그술을 친 게 아닙니다. 순전히 약탈의 목적으로 쳤지요. 다윗은 그술을 친 후 1년이 채 안 되어 왕이 되었고 왕이 된 후 첫 번째 결혼한 아내가 그술 왕국의 공주입니다. 그술을 친 후 그술 왕국과 결혼 동맹을 맺기까진 불과 2~4년 정도의 기간이 걸렸지요. 이 결혼으로 태어난 아들이 다윗에게 반란을 일으킨 이야기는 "성경 속 여인들의 인생 반전" 5편 172~180쪽을 참조하시기 바랍니다.

정복해 동족을 이주, 정착시킬 힘이 없기에 애초부터 약탈이 목적이었지요. 약탈을 정당화 할만한 곳을 골랐지만 어쨌든 날강도에 불과한 것 아닌가요? 더군다나 거짓말 들통을 막으려고 무자비하게 다 죽였는데 하나님의 말씀을 충실히 이행한 것으로 하나님이 기뻐하셨을까요?

하나님께 묻지 않았지만, 동족과의 싸움은 하나님께서 막아 주셨지요. 왕은 다윗을 믿는데 영주들이 다윗을 절대 못 믿은 건 하나님 작품이지요. 그러나 동족과 싸우는 것도 묻지 않고 출전한 다윗에게 원수 아말렉을 통해 엄청 큰 벌을 내리신 분도 하나님이지요. 그동안 쌓인 잘못에 대해 일벌백계로 다스리니 다윗은 다시 하나님께 묻는 생활을 회복했지요.

2007년 사무실을 정리하고 신용 불량자가 된 저에게 2008년 동업 제의가 들어왔지요. 넓은 땅과 자기 건물로 식당을 크게 하시는 제 고객이 경비는 자기가 다 댈 테니 부동산 중개업을 같이 하자고 했지요. 제 눈 상태를 알고도 함께 하고 싶다는 그 분은 좋은 분이었지만 사주 철학을 깊이 공부했지요. 철학관 운영을 소망해 제가 함께 할 수 없는 분이었지요. 그런데 저는 하나님이 주신 기회로 착각해 추진했지요.

저는 당시 PBM에서 하나님의 음성 듣기 훈련을 받으며 "No!"를 들었지요. 또 아내의 꿈으로도 "하지 말라!"는 뜻을 들었지요. 찜찜한 마음을 없애려고 동업 약정서를 확실히 하려다가 삐걱해 제가 동업 포기를 선언했지요. 냉각기를 가진 후 어정쩡한 관리 사장 형태로 출발했지요. 다윗이 자기합리화를 위해 그술 등을 쳤지만 결국 강도짓에 그쳤던 것처럼 저도 제 자신을 합리화하여 동업은 안 한다고 선언했지만 결국 이상한 관계를 만들었지요. 그 후 6개월 만에 아프게 헤어졌지요.

유다에 있으라는 하나님 말씀을 잊고 무시했던 일로 인해 다윗이 큰 아픔을 겪었듯 욕심에 이끌려 하나님 뜻을 무시했던 저도 아팠지요. 제가 나온 반년 후 대로변 요지의 1층 사무실이 철학관으로 바뀐 것을 들으며 더욱 가슴을 치며 회개했지요.

무당을 찾은 사울의 비참한 최후

팔레스타인과 큰 전쟁을 하게 된 사울은 하나님께 전쟁에 관해 물었지요. 선지자를 통하든 꿈으로든 대답을 못 들은 사울은 답답해 신접한 여인을 찾았지요. "죽은 사무엘을 불러올리라."고 여인에게 부탁했지요. 사무엘의 모습을 한 영이 땅에서 올라오자 사울이 엎드려 절했지요. 사무엘은 왜 성가시게 부르느냐고 짜증내며 사울을 나무랐지요. 사울은 "팔레스타인과 전쟁을 해야 하는데 하나님이 전혀 응답지 않아 제가 해야 할 일을 알고자 당신을 불렀습니다."라고 말했지요. 사무엘은 "하나님이 네 적이 되셨는데 왜 내게 묻느냐? 네가 하나님께 불순종해 나라를 다윗에게 주셨고 내일 너와 네 아들은 나와 함께 있을 것이고 이스라엘은 질 것이다."고 말했지요. 사울은 너무 두려워 완전히 엎어져 기력을 잃고 겨우 돌아갔지요.

전쟁은 이스라엘의 완전 패배로 끝났지요. 요나단과 그 동생 둘도 죽었지요. 중상을 입은 사울이 "할례받지 못한 놈들에게 죽긴 싫다. 나를 찔러 죽여라."고 자기 무기를 드는 병사에게 말했지요. 병사가 망설이자 사울은 스스로 자기 칼 위에 엎드려 죽었지요. 이튿날 시체 수습에 나선 팔레스타인은 사울의 시체를 발견해 목을 베어 본국으로 보내고 나머지 시신은 성벽에 못 박았지요.

사울이 대화한 사무엘은 귀신입니다. 귀신이 사무엘의 모습으로 나타난 것입니다. 신접한 여인이 주술을 부려 천국의 사무엘을 불러낼 수는 없지요. 사울은 영안이 어두워 신접한 여인을 찾았고 귀신에게 절한 것입니다.

하나님의 응답이 없을 때 사울은 왜 회개하지 않았을까요? 응답을 듣기 위해 사울은 선지자를 불렀지요. 왕을 만난 선지자는 하나님이 응답 않는 이유를 말하며 회개를 촉구해야 하는데 왜 아무것도 안 했을까요? 사울 주변엔 엉터리 선지자만 있었던가요? 말해 봐야 안 들을 거니 안 한 건가요? 신접한 여인을 찾아 인생을 마무리하는 사울이 너무 안타깝지 않나요? 인생 마지막에 신접한 여인을 찾았기에 그런 사울을 초대 왕으로 선택하셨던 하나님의 마음은 얼마나 아팠을까요?

제 아버지가 2009년 81세로 천국 가실 때 성령에 이끌려 보름간 밤낮없이 큰 소리로 회개, 용서, 감사, 축복의 기도와 찬양으로 인생을 마무리하신 것은 복이지요. 이에 대해선 "성경 속 여인들의 인생반전" 311~314쪽을 참조하시기 바랍니다. 올해 83세인 제 모친도 인생 마무리를 염두에 두고 관계 회복에 적극적이지요. 제 모친은 두루 원만한 편이지만 혹 모친에게 섭섭한 마음을 가진 사람이 있는지 없는지를 작년부터 깊이 생각하셨지요. 모친의 잘못이 크든 상대의 잘못이 크든 모친이 먼저 스스로 노력하니 아름답지요. 저도 몸이 이러니 가끔 인생 마무리를 생각하지요.

창조주는 인간을 꼭두각시나 로봇으로 만들지 않았지요. 스스로 생각해 뭔가를 선택, 결정하는 자유 의지를 지닌 최고품으로 만드셨지요. 이런 인간과 품격 높은 인격적 참사랑의 교제를 원하셨기 때문이지요. 꼭두각시 인형처럼 하나님을 찬양, 경배하는 저차원의 관계는 싫어하셨지요. 사람도 단순한 로봇은 싫어서 인간 수준에 근접한 인공 지능과 감각을 지닌 것을 만들려고 하지 않습니까? 사람이 스스로 판단해 창조주를 알고 높이고 스스로 느껴 하나님께 감사하며 이를 기초로 스스로 선택해 최고의 사랑을 나누길 원하셨지요. 피조물인 사람이 감히 창조주와 이런 교제가 가능한 고품격으로 창조된 게 너무 감사한 것 아닌가요?

그런데 사람이 삼손, 사울처럼 자기에게 주어진 자유 의지를 저급하게 선택, 사용한 게 잘못이지요. 저도 자유 의지를 잘못 사용한 때가 많아 죄송합니다. 젊은 시절엔 친구들과 어울려 안 가야할 곳도 갔지요. 인터넷이 발달한 이후엔 혼자 있으면서도 자유의지를 잘못 선택해 안 봐야 할 것을 즐기기도 했지요. 부동산 사무실 직원들의 단합을 위해 사장으로서 어쩔 수 없다는 핑계로 나이트클럽과 노래방은 회식 코스가 되었지요. 술 안 먹고 제가 먼저 자리를 뜨면 된다는 괴상한 논리로 합리화시켰던 것이 부끄럽습니다. 이런 저를 선택해 자유 의지를 바로 사용해 참사랑의 교제를 시작한 사람이 되기까지 인내해 주신 하나님께 황송하고 그저 감사할 따름입니다. 바울의 고백처럼 제 안에도 육체의 소욕과 성령이 늘 다투고 있어 제 자유 의지를 성령께 맡기도록 힘쓰고 있지요. 육체의 소욕이 너무 강할 때는 자유 의지가 없이 무조건 성령께 고정된 인형 같은 존재가 되었으면 좋겠다는 생각도 들지요. 그렇게 되면 사랑의 감격이 없겠지요. 자유 의지로 사랑의 감격을 강하게 체험할 수 있는 고품격의 사람으로 창조해 주신 하나님께 진정으로 감사드리며 그 선택에 부응코자 최선을 다하겠습니다.

4. 사울의 기브온 학살에 대한 뒤늦은 처벌

사무엘하 21장에 이해하기 힘든 가뭄 사건이 기록되어 있지요. 사울이 죽고 최소 8년 정도 흐른 후부터 3년간 가뭄이 심해 다윗이 기도했지요. "사울이 기브온 사람을 학살했기에 기근이 생겼다."고 하나님이 말씀하셨지요. 사울이 죽은 지 최소 10년이 지났는데 여전히 기근이 계속됨은 너무 이상하지 않나요? 기브온은 베냐민 지파 땅인데 베냐민 출신의 사울이 왜 기브온 사람들을 학살했지요? 기브온 사람을 위로하는 의무가 왜 다윗에게 주어졌나요?

기브온 사람들은 가나안 땅의 원주민으로 모세 후임인 여호수아를 속이고 화친 조약을 맺으며 이스라엘에 귀화했습니다. 가나안이 아닌 먼 곳 사람으로 속였고 전멸당해야 할 대상이었지만 하나님은 이들을 받아들였지요. 그 이유는 하나님을 두려움으로 섬기기로 하고 목숨 걸고 하나님을 선택했기 때문이지요. 그래서 기브온 사람을 보호하고자 이스라엘은 생명 건 전투를 했고 하나님은 기적을 일으켰지요. 기브온 사람에 대한 자세한 내용은 "성경 속 여인들의 인생 반전" 2편 53쪽에서 58쪽을 참조하시기 바랍니다. 기브온 사람이 귀화한 지 약 400년이 지났는데도 사울은 이방인으로 취급해 학살했지요.

기근의 원인을 안 다윗이 기브온 사람들을 불렀지요. "내가 어떻게 해야 너희가 이스라엘의 복을 빌겠느냐?" 왕의 말에 기브온 사람들이 대답했지요. "사울과 우리 사이는 돈으로 풀 문제가 아닙니다. 우리는 이스라엘 사람을 죽일 수 없습니다. 사울의 자손 7명을 저희가 처분하도록 넘겨주시면 사울의 고향 기브아에서 하나님 앞에 목매달아 놓겠습니다."

다윗은 이들의 요구대로 사울의 첩이 낳은 두 아들과 사울의 딸이 낳은 다섯 손자를 넘겨주었지요. 이 7명은 산 위에서 목매달려 죽었지요. 때가 보리 추수를 시작한 때였지요. 사울의 첩은 상복을 만드는 재료인 천을 바위에 펴고 그 위에 앉아서 죽은 두 아들 시신을 보호했지요. 낮엔 새를 쫓고 밤엔 들짐승을 막았지요. 우기가 와 비를 맞으면서도 이런 일을 했지요. 6개월이 지나 시신은 부패해 냄새가 심했지요. 그래도 비를 맞으며 계속되는 어머니의 소문을 다윗이 들었지요.

기브온 사람의 한을 풀어 준 다윗은 사울 첩의 마음도 달래야 했지요. 다윗은 십여 년 전에 죽어 묻힌 사울과 요나단의 뼈를 찾아와서 목매달려 죽은 사울의 아들, 손자들의 뼈를 사울과 요나단의 묘에 함께 묻었지요. 기브온 사람과 사울 첩의 상한 마음을 달랜 후에 하나님께서 흡족한 비를 내려 기근을 끝내며 기도를 들어 주셨지요.

잘못은 사울이 했는데 왜 다윗이 왕일 때 기근의 벌이 내렸지요? 만약 사울 시절에 기근이 내렸고 그 이유가 자신의 기브온 학살임을 알았다면 사울이 어떻게 했을까요? 기브온 사람에게 용서 빌고 하나님께 회개했을까요? 초심을 잃고 완전히 변한 사울은 도리어 기브온 사람을 더 괴롭히지 않았을까요?

왕이 된 후 사울의 변화를 살펴보면 한 마디로 하나님 말이 통하지 않는 사람이 되었지요. "하나님은 받아 주었어도 나는 못 받아들인다."는 오만불손한 태도가 기브온 학살을 낳은 것 아닌가요? 그러고도 자기는 나라를 위해 잘하는 것으로 생각했음을 성경은 암시하지요. 이런 사울을 3년 기근으로 바로 잡을 수 있나요? 오히려 역효과를 일으킬 것 같으니 말이 통하는 다윗 시대에 벌을 내려 사울의 잘못을 바로 잡은 것이지요.

하나님은 인정하는데 사람이 인정 안 하는 것은 자신의 고정 관념 때문입니다. 저도 잘못된 고정 관념에 얽매인 경우가 많았지요. 10여 년 전 저와 친했던 분의 아들이 결혼했지요. 신부의 혼전 임신을 이유로 목사님은 주례를 거부했지요. 이에 상처받은 그분 가족은 모두 그 교회를 떠났지요. 저도 30대 초까진 목사가 이런 주례를 해선 안 된다는 생각에 사로 잡혀 있었지요. 그런데 "예수님 이라면?"을 생각해 보았지요. 예수님이 주례 부탁을 받았다면 혼전 임신의 잘못을 가르쳐 회개시킨 후 기꺼이 주례하지 않았을까요?

이런 율법적 전통에 의한 새로운 고정 관념이 교회에 제법 있어 안타깝지요.

사울은 고정관념에 사로잡힌 이상한 열심으로 나라를 위한다며 기브온 학살에 열심이었다고 성경은 밝히지요. 이와 같이 저도 잘하는 것으로 착각해 열심을 내며 남을 무시했던 때가 있었던 것 같아 부끄럽습니다. 하나님이 인정하고 귀하게 여기는 것을 알기 위해선 하나님의 마음을 알아야 하지요. 하나님 마음을 알기 위해선 성경을 깨달아야 하는데 수십 년간 성경을 읽으면서도 피상적으로 알고 있었던 것이 매우 부끄럽습니다. 가난한 자, 몸이 불편한 자에게 무심하면 이들을 지으신 창조주께 무심함인 줄 모르고 건강했던 시절에 이들에게 무관심하고 냉담했던 지난날을 돌아봅니다. 저도 사울처럼 꽉 막혀 유연성이 없어 말이 안 통하는 경우가 있어 상대를 곤혹스럽게 한 바 있기에 제 자신을 살핍니다.

자유 의지를 잘 선택해 이스라엘의 종으로 살더라도 하나님을 섬기겠다는 기브온을 하나님은 기꺼이 받아들여 이스라엘 민족과 똑같이 사랑했지요. 기브온을 보호하신 하나님은 누구든 받아들이고자 아들 예수님을 평화의 왕으로 이 땅에 보내셨지요. 예수님을 믿어 왕으로 모신 자는 누구든 그 분만 줄 수 있는 은혜와 평강을 누리며 살게 되지요. 저도 주님이 주시는 은혜와 평안을 맛보며 주님의 마음을 더 잘 알고 닮아 가고자 합니다.

06

페르시아 왕후 에스더,

총리 모르드개

1. 유태인의 디아스포라

디아스포라는 "흩뿌리거나 퍼트리는 것"을 뜻하는 그리스어에서 유래된 말입니다. 이 말이 인류사에 사용되었지요. 그 의미는 자의든 타의든 한 민족이 자기 본거지를 떠나 다른 곳으로 이동해 흩어지는 현상을 말합니다. 이스라엘만큼이나 디아스포라를 많이 당한 민족은 찾아보기 힘듭니다. 이는 하나님 말씀을 무시하면 이 땅에서 흩어 버릴 것을 모세를 통해 수차례 경고하신 대로 된 것입니다. 나라를 세우기는커녕 민족의 터전도 확보하지 못 했을 때부터 듣기 시작한 경고를 무시한 결과입니다. 디아스포라는 민족성을 없애는 정책입니다. 그런데 철저한 디아스포라를 당해 1,000년 이상 헤매고도 민족이 사라지지 않고 지금까지 당당히 살아 있는 민족은 이스라엘뿐입니다.

앗시리아에 의한 첫 번째 디아스포라의 산물, 사마리아 혼혈인

B.C. 720년경 최강국 앗시리아가 북이스라엘을 멸망시켰지요. 이에 대해선 열왕기하 17장에 자세히 기록되어 있지요. 앗시리아는 고대 근동의 지배자가 된 후 디아스포라를 처음으로 실시한 나라입니다. 정복당한 민족이 다시 힘을 모아 앗시리아에 대항하는 것을 막기 위해 실시했지요. 이로 인해 북이스라엘 사람들이 끌려가 여기저기에 흩어졌지요.

반면 북이스라엘의 수도 사마리아엔 여기저기에서 잡아 온 포로들을 끌어들여 정착시켰지요. 사마리아는 많은 민족이 섞여 살며 모두 각 민족의 정체성을 심하게 잃어 갔지요. 700여 년이 지난 후 예수님 당시 사마리아인은 유태인에게 철저히 멸시 당했고 유태인은 사마리아인을 개 취급하며 상종을 안 했지요. 사마리아를 지나야 빨리 갈 수 있어도 빙 둘러 우회할 정도로 사마리아에 발 디디길 싫어했지요.

그러나 예수님의 마음은 달랐습니다. 앗시리아 때문에 어쩔 수 없이 그 누구에게도 환영받지 못하게 된 처지와 상한 마음을 불쌍히 여기셨지요. 예수님은 일부러 사마리아를 찾았지요. 햇볕이 가장 뜨거운 정오에 아무도 물 길러 오지 않는 시간에야 올 수 있는 여인을 만나기 위함이었지요. 다섯 번의 결혼에 실패해 여섯 번째 남자와 동거 중인 이 여인은 사마리아에서도 왕따 당해 사람 만나길 싫어했지요. 우물가에서 이 여인을 기다려 물 좀 달라고 하신 예수님께 "유태인이 어떻게 사마리아 여자에게 물 달라고 부탁하느냐?"고 여인이 답했지요. 이 말은 당시의 상황과 여인의 상한 마음을 고스란히 드러내지요.

여인에게 복음을 전하신 예수님은 사마리아인을 높이 평가하는 이야기도 했지요. 강도 만나 쓰러진 사람을 제사장과 레위인은 못 본 체 했지만 사마리아인은 지극 정성으로 보살폈다고 했지요. 이 이야기는 당시 종교 지도자들을 부끄럽게 만든 반면 멸시받던 사마리아인을 격려한 것이지요. 사마리아를 이 지경으로 만든 앗시리아는 약 100년 후 B.C. 609년경 바벨론에게 망해 그 민족 자체가 사라진 것 같지요. 오늘날 앗시리아의 후손을 찾기가 매우 힘들지요.

바벨론에 의한 두 번째 디아스포라, 바벨론 유수

남 유다 사람을 유태인으로 불렀지요. 유다 지파, 베냐민 지파만 속하는 이 호칭은 북이스라엘이 망한 후엔 12지파 전체를 뜻하는 호칭이 되었지요. 빌립보서 3:5에 바울이 자신을 베냐민 지파로서 히브리인 중의 히브리인으로 소개했지요. 이것은 남 유다 왕국의 후손임을 은연중 자랑하는 말입니다. 남 유다가 B.C. 587년경 바벨론에게 망한 후엔 유태인 호칭이 이스라엘 전체를 뜻하는 용어로 더 널리 사용된 것입니다.

남 유다의 멸망 과정에 대해서는 예레미야 37~44장, 52장, 다니엘 1장 서두와 열왕기하 24, 25장과 역대하 36장에 자세히 기록되어 있지요. 이를 종합하면 이렇습니다.

남 유다는 4차에 걸쳐 3명의 왕이 잡혀갔지요. 1차는 B.C. 605년경 왕족과 귀족만 잡혀가면서 남 유다가 바벨론에 조공을 바치기로 했지요. 이때 다니엘이 잡혀갔지요. 2차 침공은 남 유다가 조공을 3년만 바치고 바벨론을 배반했기에 발생했지요. B.C. 598년경에 왕을 비롯한 많은 사람이 2차로 잡혀갔지요. 그 후 불과 약 100일 지나 바벨론은 자기가 세운 어린 왕을 비롯해 또 많은 사람을 3차로 잡아갔지요. 바벨론은 남 유다에 꼭두각시 왕을 다시 세웠는데 이 왕이 또 바벨론을 배신했지요. B.C. 587년경 결국 바벨론은 예루살렘을 초토화하며 거지같은 사람만 남겨 놓고 왕을 비롯해 모조리 잡아갔지요. 이로써 남 유다 왕국도 사라졌지요. 유태인은 4차례나 디아스포라를 당해 바벨론 제국 전역에 흩어졌지요. 이를 역사가들은 "바벨론 유수"로 부릅니다. 바벨론을 피해 달아난 자들은 이집트까지 도망쳐 유태인의 광범위한 디아스포라가 형성되었지요.

B.C. 538년경 바벨론을 멸망시킨 페르시아 왕의 명령으로 유태인의 예루살렘 귀환이 시작되었지요. 이 귀환은 나라가 망하기 전에 이미 예언되었지요. "바벨론에서 70년이 차면 돌아오리라"는 예레미야 29:10의 예언대로 귀환은 바벨론의 1차 침공 후 약 70년 만에 이루어졌지요. 이 귀환은 모두 3차에 걸쳐 이루어졌지요. 1차 귀환은 B.C. 537년경 42,360명 성인 남자들이 왔지요. 그들의 종 7,337명도 왔지요. 처자식을 합하면 약 20만이 넘는 대인구가 돌아왔지요. 이들은 스룹바벨의 지도하에 바벨론이 붕괴시킨 성전을 재건했지요. 2차 귀환은 에스더 왕후의 남편이 죽은 지 약 7년 후인 B.C. 458년경에 있었지요. 이때는 학사 에스라를 통한 회개와 회복 운동이 있었지요. 이로부터 약 13년 후 B.C. 445년경 마지막 3차 귀환이 있었지요. 이때는 느헤미야의 지도하에 무너진 예루살렘 성벽을 재건하였고 많은 개혁을 했지요. 2,3차 귀환자 수는 1차의 1/20 정도입니다. 귀환자 중 많은 사람이 자기 가문의 고향을 찾아갔지요. 그러나 1차 귀환자가 워낙 많았고 그동안 인구 증가와 성전과 성벽의 재건을 통해 예루살렘이 다시 활기를 찾기에 충분했지요.

로마에 의한 끝내기 디아스포라

페르시아가 B.C. 330년경 그리스의 젊은 영웅 알렉산드로스(알렉산더 대왕)에게 망했지요. 알렉산더가 요절하자 장군 4명이 제국을 나누어 통치했지요. 로마가 점점 강성해지며 지중해 주변을 지배했지요. 바벨론에서 로마까지 지배 변천 과정이 바벨론 왕의 꿈을 다니엘이 해석한 대로 되었지요. 로마의 서쪽을 맡은 카이사르는 오늘의 프랑스, 스페인, 독일, 영국까지 정복했지요. 동쪽을 맡은 폼페이우스는 말을 탄 채 예루살렘 성전으로 난입하는 오만한 짓을 했지요. 카이사르는 폼페이우스를 꺾고 1인자가 되어 황제의 길을 열었지요. 그러나 카이사르는 곧 암살당하고 그의 양자인 아우구스투스가 황제가 되었지요. 이후 로마 황제의 이름엔 카이사르와 아우구스투스가 따라붙어 공식 이름이 매우 길어졌지요. 카이사르는 황제를 뜻하는 별칭으로 사용되어 성경엔 가이사, 영어엔 시저(Caesar)로 통합니다. 가이사랴는 로마 황제의 군대 주둔지를 일컫는 말입니다. 성경의 아구스도는 아우구스투스를 말합니다.

로마는 통치 수단으로 정복 지역의 종교, 문화와 자치권을 인정했지요. 그래서 로마의 속주가 되었어도 그 민족의 왕은 존재할 수 있었지요. 그런데 이스라엘은 남 유다가 망한 이후 500년 이상 왕이 없었지요. 카이사르가 헤롯을 이스라엘의 행정관으로 임명했지요. 헤롯은 에돔 사람으로 야곱의 쌍둥이 형 에서의 후손입니다. 헤롯은 아우구스투스에 의해 이스라엘의 왕으로 임명되어 영토를 다윗 왕만큼 넓혀 대왕으로 불렸지요. 그는 로마에 잘 보이려고 가이사랴를 건설했지요. 이방인으로 이스라엘의 왕이 된 헤롯 대왕(성경에도 헤롯)은 유태인의 환심을 사려고 유대교로 개종했지요. 게다가 폼페이우스가 무너뜨린 성전 건축을 시작해 80년 만에 증손자가 완공했지요. 예수님 탄생 때 그는 2세 이하 남아를 다 죽였지요. 헤롯 대왕이 죽고 그 아들들이 나라를 4분해 통치하는 분봉왕 체제가 되었지요. 갈릴리 지역의 분봉왕 헤롯 안디바 (성경엔 헤롯)는 세례 요한을 죽였고 예수님을 잠시 재판하기도 했습니다. 헤롯 안디바의 조카 헤롯 아그립바 1세 (사도행전엔 헤롯)는 예수님 제자 야고보를 죽이며 크리스천을 핍박했지요. 그가 벌레에 물려 죽은 후 아들 헤롯 아그립바 2세 (사도행전엔 아그립바)가 왕이 되어 로마 총독과 함께 바울을 재판했지요.

이후 유태인은 계속 독립 투쟁을 벌이다가 A.D. 70년에 로마의 공격을 받았지요. 예루살렘은 완전히 불타며 잿더미가 되었지요. 바울을 재판했던 헤롯 아그립바 2세가 로마에서 행정 관료가 됨으로써 4대에 걸친 헤롯 왕가와 이스라엘의 관계는 끝났습니다.

다른 민족과 달리 끊임없이 독립 투쟁을 하는 유태인에게 로마는 철저한 디아스포라 정책을 폈지요. 유태인의 생활 중심지인 예루살렘에 유태인은 얼씬도 못하게 했지요. 로마 제국 곳곳으로 흩어진 유태인은 1,900년간 예루살렘을 마음의 고향으로만 생각했지요.

세계 제2차 대전 때 히틀러에게 유태인 600만 명이 학살당한 후 유태인은 다시 가나안으로 돌아왔으나, 1,900년간 유태인이 떠났던 땅을 팔레스타인과 아랍 민족이 차지하고 있었지요. 이스라엘은 이들과의 전쟁도 불사하며 예루살렘 회복에 나섰지요. 아랍과의 전쟁에서 한 번도 패한 적이 없었지만 예루살렘을 완전히 되찾지 못한 채 아직도 이슬람 세력과 나누어 지배하고 있지요. 많은 디아스포라의 아픈 흔적이 아직도 생생한 이곳은 전 세계의 이목을 끄는 뉴스를 자주 만들어내지요.

2. 희망의 총리 다니엘, 보통 화장술로도 왕후가 된 에스더

디아스포라 당한 유태인에게 희망의 상징이 된 총리 다니엘

바벨론과 페르시아의 내시는 동양과 다릅니다. 유능한 포로를 거세해 교육시켜 활용함에 익숙했지요. 자식을 못 낳는 내시를 왕은 더 믿어 장관으로 중용하기도 했지요.

다니엘은 B.C. 605년경 1차로 바벨론에 잡혀 온 왕족 소년입니다. 세 친구와 함께 환관장이 주관하는 교육을 받은 것으로 보아 이들은 거세당한 것 같지요. 이들은 왕이 주는 음식이 우상 제물이라 거부하며 채식을 했지요. 하나님은 이들을 기뻐해 남들보다 더 건강하게 하셨고 뛰어난 지혜도 주셨지요. 다니엘은 꿈을 해석하는 특별한 능력도 받았지요. 이들의 출중함이 왕의 눈에 띄어 왕을 모시게 되었지요.

하루는 왕이 꿈을 꾸기는 했는데 내용이 무엇이었는지 몰라 답답했지요. 아무도 그 꿈을 모르는데 다니엘이 꿈 내용뿐 아니라 해석까지 해 주었지요. 흡족한 왕은 다니엘이 아직 어림에도 불구하고 온 바벨론을 다스리는 자로 세우고 다니엘의 요청대로 세 친구를 지방을 다스리는 자로 임명했지요. 세 친구는 왕이 세운 약 10층 건물 높이의 거대한 금신상에 절하지 않아 잡혀 왔지요. 왕의 설득에도 하나님만 섬기겠다는 세 친구는 용광로 같은 불 속에 던져졌지요. 불 속에서 하나님이 세 친구를 보호하심을 두 눈으로 확인한 왕은 세 친구의 지위를 더욱 높였지요. 신상을 접할 수 없는 왕궁에 있었던 다니엘은 이후 왕의 새로운 꿈을 해석해 주었지요.

새 왕이 즉위하고 심지어 새 나라가 세워져도 다니엘의 지위는 오히려 올라 총리가 되었지요. 다니엘을 시기한 본토 사람들이 왕을 속여 왕 외 다른 사람에게 무엇을 간구하거나 신께 기도하는 것을 30일간 금하는 법을 만들었지요. 새로 생긴 법을 알고도 평소처럼 하나님께 기도한 다니엘은 굶주린 사자 굴에 던져졌지요. 왕은 다니엘 걱정으로 금식하며 잠도 못 잤지요. 왕의 말과 소망대로 하나님이 보호한 다니엘을 이튿날 아침 토굴에서 끌어 올린 왕은 다니엘을 모함한 자들을 처자식까지 사자 굴에 던졌지요. 이들은 바닥에 닿기도 전에 사자들에게 물려 죽었지요. 다니엘은 예레미야의 글을 읽으며 하나님이 약속하신 회복의 70년이 다 되어 감을 알았지요. 그래서 민족을 위해 더욱 간절히 기도한 것이 다니엘 9장에 나타나지요.

남 유다가 망하기 18년 전 어린 나이에 가장 먼저 잡혀 온 다니엘과 세 친구는 디아스포라를 계속 당한 유태인에게 큰 힘이 되었지요. 비록 자기들의 잘못으로 나라를 잃는 절망에 빠졌지만, 다니엘을 통해 소망을 주신 하나님이 놀랍지 않습니까? 벌은 줘도 사랑을 잊지 않으시는 하나님을 신뢰했기에 다니엘은 하루에 세 번이나 기도했지요.

다니엘처럼 수많은 사람에게 소망이 되진 못해도 소수의 아프고 힘든 자에게 조금이라도 진정 도움이 되는 존재가 되고 싶습니다.

그런데 다니엘과 세 친구는 어린 나이에 어떻게 왕의 음식을 거부할 수 있었을까요? 포로가 되어 저절로 그런 오기가 생겼나요? 바벨론에 잡히기 전에 누구에게 신앙 교육을 받았을까요? 다니엘이 잡히기 3년 전까지 남 유다를 다스린 요시야 왕은 하나님 말씀대로 살았지요. 제사장을 통해 백성에게 성경 교육도 확실히 했지요. 요시야 왕 시절에 태어난 다니엘은 요시야 왕이 구축한 시스템하에 성경에 대해 가정교육을 받았지요. 그런데 요시야 왕이 죽은 후 3년간 다니엘이 겪은 두 왕은 아버지 요시야와 정반대였지요. 형편없던 이 3년간 어린 다니엘은 부모에게만 배웠을까요?

다니엘이 예레미야의 글을 읽고 기도한 것은 어린 시절에 예레미야를 알았음을 나타냅니다. 한 마디로 예레미야에게 배운 것을 뜻합니다. 예레미야는 요시야왕 때부터 나라가 망하기까지 왕궁을 자유롭게 드나들며 목숨 걸고 하나님 말씀을 전했지요. 왕족인 다니엘은 예루살렘 왕궁의 마지막 3년을 예레미야의 말을 들으며 자랐습니다. 물론 그 전부터 예레미야의 말을 들었지만 마지막 3년의 가르침이 더 생생하게 남았지요. 그래서 바벨론에 잡혀 왔어도 신앙의 정절을 지킬 수 있었지요. 총리가 된 노년에 다니엘은 쉽게 구할 수 없는 성경과 스승 예레미야의 글을 구할 수 있었지요. 스승의 글을 읽으며 하나님의 약속을 깨우쳐 민족을 위해 더 간절히 기도한 것입니다.

저는 부모로서 아이들 신앙 교육에 본을 보이고자 지금까지 부단히 노력했습니다. 또 중학생 때 보조 교사로 출발해 2014년까지 근 40년간 교회에서 초, 중, 고등학생을 가르쳤지요. 그런데 생각해 보니 가정에서나 교회에서나 실수와 허점투성이였음을 고백합니다. 주일과 수요일 어린이 오후 예배 때 실수도 모르고 큰 소리로 수많은 설교를 했던 게 부끄럽습니다. 매일 부대끼는 자녀에게 진정 인정받는 아비가 되기 위해 천국 가는 날까지 계속 노력할 것입니다. 또 저와 함께했던 제자들에겐 속죄하는 마음으로 기도의 A/S를 하고 있지요. 저의 못난 성격에 상처받은 사람은 없는지 돌아보며 이젠 인생의 선후배로 삶을 나누고 싶습니다.

부모 없는 포로로서 보통 화장술로도 왕후가 된 에스더

이제 소개할 사건은 유태인의 예루살렘 1차 귀환과 2차 귀환 사이에 발생한 일입니다. 인도에서 에티오피아에 이르는 방대한 페르시아 제국의 크세르크세스 1세 (성경엔 아하수에로, 재위 기간: B.C. 485년~465년) 때 발생했지요.

왕은 수사 Susa (성경엔 수산, 현재 이란의 슈시 Shush)에서 즉위한 후 제3년에 제국의 영주들을 차례로 불러 180일이나 잔치를 했지요. 그 후엔 수사성의 주민을 위해 7일간 또 잔치했지요. 이때 왕후도 궁에서 여인들을 위해 잔치를 벌였지요. 잔치 마지막 날 왕은 왕후의 아름다움을 자랑하려고 불렀지요. 그런데 왕후는 가지 않았지요. 자기도 궁에서 잔치하기에 자리를 뜰 수 없었지요. 어쨌든 왕의 부름을 왕후가 거절해 잔치 막판에 왕의 마음이 크게 상했지요. 왕후를 벌하지 않으면 온 나라의 아내들이 남편을 무시하게 될 것이라며 신하들이 부채질했지요. 왕은 왕후를 폐위시키고 모든 가정은 남편이 주관하라는 조서를 모두 알도록 모든 민족의 언어로 발표했지요. 그 후 새 왕후 간택을 하게 되었지요.

왕후 후보 중 유태인 에스더가 있었지요. 그녀는 부모님이 일찍 돌아가셔서 친사촌 오빠인 모르드개가 딸로 키웠지요. 모르드개는 베냐민 지파입니다. 양부에게 늘 순종한 에스더는 모르드개가 시킨 대로 자신이 유태인임을 알리지 않았지요. 유태인을 시기하여 경계하고 무시하는 분위기 때문이었지요.

에스더는 왕후 후보 관리를 책임진 내시의 눈에 띄었지요. 그는 화장품과 특별한 음식을 주고 궁녀 7명을 에스더에게 붙여 후궁전 중 가장 좋은 곳에 거하게 했지요. 후보들은 1년간 몸을 가꾸며 교육을 받았지요. 처음 6개월은 몰약 기름으로 다음 6개월은 향유와 여성용 화장품으로 몸을 가꾸었지요. 이후 왕의 침실에서 하룻밤을 보낼 순서를 정했지요. 이때 왕께 가는 후보가 요구하는 것은 무엇이든 다 주어 몸을 가장 좋게 만들도록 했지요. 왕의 마음에 들고자 후보들은 온갖 것을 요구했지요. 그러나 에스더는 내시가 모두에게 기본적으로 주는 것 외에 아무것도 요구하지 않았지요. 지급받은 옷과 화장품만으로 몸을 단장했지만, 왕의 눈과 마음을 사로잡았지요.

왕의 재위 제7년, 즉 B.C. 479년에 에스더는 페르시아의 왕후로 즉위했지요. 하루는 모르드개가 대궐 문에 앉아 내시 2명이 왕을 암살하려는 모의를 들었지요. 왕후 에스더에게 알려 두 내시의 모의를 밝혔지요. 이들은 처형되었고 이 사실은 궁중 일기에 기록되었지요.

에스더가 남들처럼 특별한 비결을 찾지 않고 내시가 주는 것으로 만족했던 이유가 뭘까요? 용모에 자신이 넘쳐 그랬을까요? 욕심이 없어서인가요? 자기를 키운 양부가 매일 후궁전 뜰에 드나들며 자신의 근황을 살피는데 자긴들 왕후 욕심이 없었겠습니까? 사람의 마음을 움직이는 분의 마음을 얻고자 노력한 것 같지 않나요?

에스더는 양부인 오빠의 말에 절대 순종했지요. 특별히 내세울게 없는 양부였지만 후보가 된 후에도 양부의 말에 순종했지요. 심지어 왕후가 된 후에도 변함없이 순종했음을 성경은 밝힙니다. 에스더의 이런 자세가 사람의 마음을 움직이는 분을 움직이지 않았을까요? 인간관계 계명 중 효를 으뜸으로 명하신 분의 마음이 에스더를 귀한 존재로 만드신 것 아닌가요? 에스더는 양부를 통해 들은 다니엘을 생각하며 그를 총리로 만드신 분의 마음을 얻고자 노력한 것 아닌가요?

에스더를 키운 모르드개의 나이는 몇 살일까요? 에스더 2:6에 모르드개가 여고냐와 함께 바벨론에 잡혀 왔다고 말합니다. 여고냐는 여호야긴 왕인데 3차 포로 때, 즉 B.C. 598년경에 잡혀 왔습니다. 그래서 에스더가 왕후가 되었을 때 모르드개의 나이는 최소한 120세 정도에 이릅니다. 갓난아기 때 잡혀 와야 120세가 되니 믿기가 쉽지 않지요. 그래서 모르드개가 잡혀 온 것이 아니고 모르드개 집안이 잡혀 온 것으로 해석하는 경향이 많습니다. 이 경우 모르드개는 페르시아에서 태어났고 나이는 50대로 보지요. 자기가 키운 양딸이 왕후가 되었는데 나이가 120이 아닌 50대라 하여 그 감격과 감사가 줄겠습니까?

모르드개의 나이가 엄청 많든 아니든 그는 평생 타국에서 별 볼품없는 존재로 살았지요. 이런 그가 자기보다 먼저 잡혀 온 다니엘을 생각하며 그를 총리로 만드신 분을 바라보며 힘을 얻지 않았을까요?

3. 아말렉의 후손인 2인자 하만을 이긴 모르드개

베냐민 후손, 모르드개와 아말렉 왕족 하만의 싸움

에스더가 왕후가 된 후 몇 년이 흐르며 하만이 2인자가 되었지요. 그는 아각 사람으로 아말렉의 왕족 출신입니다. 하만이 대궐을 드나들 때 대궐문을 지키는 관료들은 하만 앞에 무릎 꿇고 절하라고 왕이 명령했지요.

모두 절하는데 모르드개 혼자 절은커녕 무릎을 꿇지도 않았지요. 대궐문의 관료들이 하만에게 절하도록 날마다 재촉해도 자신이 유태인임을 밝히며 듣지 않았지요. 유태인 모르드개가 어떻게 될지 사람들은 주목했지요.

건방진 모르드개가 유태인임을 들은 하만은 그뿐만 아니라 유태인 전체를 죽이려는 계획을 짰지요. 왕의 재위 제12년, 즉 B.C.

474년 12월 13일에 모든 유태인을 죽이기로 결정하고 왕께 말했지요. "한 민족이 온 나라에 흩어져 사는데 이들의 법이 나라와 달라 왕의 법을 지키지 않습니다. 이들을 다 멸하도록 해 주시면 1만 달란트를 내겠습니다." 왕은 인장 반지를 하만에게 맡겨 마음대로 하도록 했지요. 12월 13일에 모든 유태인을 죽이라는 왕의 공문이 전국에 붙었지요.

왕의 칙서가 붙은 것을 본 모르드개는 자기 옷을 찢고 굵은 베옷을 입고 재를 머리에 뒤집어 쓰고 울었지요. 수많은 유태인이 그처럼 하며 금식했지요. 모르드개의 소식을 들은 에스더가 시녀를 통해 갈아입을 옷을 주었지만 그는 거절했지요. 내시를 보내 그 이유를 물었지요. 그는 1만 달란트를 낸 하만의 음모를 밝히며 왕후가 왕에게 간언하도록 부탁했지요. "왕이 부르지 않았는데 왕께 갈 경우 왕이 금홀을 내밀지 않으면 왕후라도 죽이도록 되어있어요. 그런데 왕이 30일이나 날 찾지 않고 있어 왕께 갈 수 없어요." 란 에스더의 말에 모르드개가 말했지요. "유태인이 다 죽어도 너는 왕후로 살겠느냐? 네가 가만히 있어도 유태인은 누군가를 통해 살겠지만 너와 네 후손은 망할 거다. 네가 왕후가 된 것은 바로 이 때를 위함 아니냐?" 이 말을 들은 에스더가 부탁했지요. "이 성의 모든 유태인이 3일간 금식을 하게 하세요. 저도 궁녀와 함께 3일 금식 후 왕께 가겠습니다. 죽으면 죽겠습니다." 내시가 전한 에스더의 말대로 모르드개는 모든 유태인에게 금식을 명했지요.

모르드개는 왜 왕의 명령을 거부했을까요? 절하라는데 유태인 신분은 왜 밝혔지요? 그는 하만을 정확히 알았기 때문입니다. 이미 오래전 모세와 사무엘을 통해 아말렉은 징벌의 대상임을 알았지요. 아말렉 왕족 출신인 하만은 더군다나 부정 축재로 엄청난 재산을 모은 것을 알고 있었지요. 하만이 내겠다는 1만 달란트는 노동자의 일당을 10만 원으로 치면 6조원입니다. 청렴결백한 신하가 이런 돈을 모을 수 있습니까? 더군다나 한 민족을 말살시키는 대가와 경비로 이 큰 돈을 내 놓는 마음이 얼마나 사악합니까? 그리고 살육 후엔 더 큰 부를 부정하게 축적할 사람 아닌가요?

모르드개는 이런 하만에게 경의를 표할 수 없었고 오히려 싸우겠다는 의지로 유태인임을 밝힌 것입니다. 조상 사울 왕은 사무엘의 말에 적당히 순종해 아말렉 왕을 죽이지 않고 잡아 왔지요. 그러나 모르드개는 결사각오의 자세로 유태인임을 밝힌 것입니다.

하만도 그가 유태인임을 안 후 그만 죽이려던 생각을 바꾸어 유태인 전체를 말살하려 했지요. 하만은 자기민족 아말렉이 과거에 어떤 만행을 저질렀는지는 생각지 않고 조상들이 사울과 다윗에게 당한 것만 생각하여 이스라엘 민족에 대한 복수심으로 유태인 전체를 말살하려 한 것입니다.

그러나 모르드개는 이 싸움에서 이길 것을 확신했습니다. 자기는 문지기고 하만은 2인자라도 양딸을 왕후로 만드신 분이 도와주실 것을 확신했지요. 에스더에게 한 말 중에 그의 확신이 나타납니다. 힘들 수는 있어도 그 분의 도움으로 확실히 이기는 싸움에 양딸이 동참해 주기를 원했지요. 이에 에스더도 그와 같은 믿음을 가지고 죽으면 죽으리라는 각오로 동참했지요.

에스더서에 기록되지 않은 분의 은밀한 도움

3일 금식 후 나타난 에스더를 왕이 매우 사랑스럽게 보아 금홀을 내밀자 에스더가 끝을 만졌지요. 나라의 반이라도 주겠다며 왕은 왕후의 소원을 물었지요. 바로 소원을 말하지 않은 지혜로운 왕후는 왕과 하만을 초대해 극진히 대접했지요. 잔치 도중 왕은 또 나라의 반이라도 주겠다며 소원을 물었지요. 왕후는 "내일도 제가 마련하는 잔치에 하만과 함께 오시면 말하겠습니다."고 했지요.

기쁘게 대궐문을 나가던 하만은 뻣뻣한 모르드개를 보며 마음이 상했지요. 집에서 왕후에게 환대받고 내일도 초대받은 것을 자랑하며 모르드개 때문에 속상한 것도 말했지요. 아내와 친구들이 50 규빗 (아파트 8층 높이)의 나무를 세우고 그 나무에 모르드개를 매달도록 왕께 말한 후 왕후의 잔치에 갈 것을 권했지요

한편 왕은 잠이 안와 내시에게 궁중 일기를 읽게 했지요. 왕을 암살하려는 음모를 모르드개가 신고한 것을 듣고 그에게 어떤 포상을 했는지 물었지요. 포상이 없었음을 듣고 왕은 그에 대한 포상을 고민했지요. 모르드개를 매다는 재가를 받고자 아침에 하만이 입궐하자, "내가 존귀하게 해주고 싶은 자에게 어떻게 하면 좋겠소?" 라고 왕이 물었지요. 존귀한 대상이 자신인 줄 착각한 하만이 말했지요. "그에게 왕복을 입히고 왕관을 씌워 왕의 말에 태우십시오. 가장 높은 신하가 말의 고삐를 잡고 왕이 존귀하게 하는 자는 이렇게 한다고 외치며 성을 돌게 하십시오." 왕은 "그대가 내 말의 고삐를 잡고 그대가 말한 대로 모르드개에게 하라!"고 하만에게 명령했지요. 하만은 모르드개를 왕으로 만들어 어마에 태워 "왕이 존귀하게 하는 자는 이렇게 한다."고 외치며 온 성을 돌아다녔지요. 풀죽은 하만에게 "과연 모르드개가 유태인이면 그 앞에서 당신이 굴욕당하기 시작했으니 당신은 망할 것이요"라고 아내와 친구들이 말하고 있는데 내시가 와서 하만을 모셔갔지요.

하만과 함께 왕후의 잔치에서 환대받은 왕은 왕후의 소원을 또 물었지요. "제 생명과 제 민족을 살려 주십시오. 제 민족을 다 죽이려는 자가 있습니다." 란 왕후의 말에 "감히 그런 짓을 하는 놈

이 누구며 어디 있소?"라며 왕은 화를 냈지요. "그 악인은 바로 저 하만입니다."란 왕후의 말에 분노를 참지 못한 왕이 자리를 떴지요.

침대의자에 비스듬히 모로 누운 왕후에게 하만이 매달려 목숨을 애걸했지요. 분을 삭이고 돌아온 왕이 이 장면을 보고 "저놈이 궁에서 감히 왕후를 겁탈하려고 한다."며 대로했지요. 사람들이 하만을 떼어 내자 내시가 말했지요. "하만의 집에 모르드개를 매달려고 50규빗 높이의 나무를 세웠습니다." 화가 머리끝까지 치민 왕은 하만을 그 나무에 매달아 죽이라고 명령했지요. 하만이 매달려 죽은 후 왕은 하만의 집을 왕후에게 주었지요. 모르드개와 왕후의 관계를 그때서야 알게된 왕은 하만에게 맡긴 왕의 반지를 모르드개에게 맡겼고, 에스더는 하만의 집 관리를 모르드개에게 맡겼지요.

"과연 모르드개가 유태인이면 …" 하만 아내의 말이 이상하지 않나요? 하만이 창피를 당하기 전에 이미 유태인임을 알고 모든 유태인을 죽이려는 계획을 세웠지 않습니까? 이 말은 모르드개의 마부가 되고 보니 유태인은 특별한 존재임을 새롭게 느꼈음을 나타내는 말입니다. 참된 유태인은 눈에 안 보이는 그들의 신이 특별히 보호해 도와준다는 인식이 당시 사람들에게 있었지요.

다니엘과 세 친구 외 이런 인식을 심어준 더 큰 예가 직전 선왕 때도 있었지요. 하만의 음모가 있기 약 64년 전에 페르시아의 초대왕 키루스 2세 (성경엔 고레스)가 내린 칙서는 그 예를 찾을 수 없는 것이지요. 유태인 약 20만 이상을 예루살렘으로 돌려보내 높이 60규빗 (아파트10층 높이) 규모로 유태인의 신을 위한 성전을 지으라고 했지요. 그뿐 아니라 키루스 2세는 성전 건축에 필요한

물자 지원도 아끼지 않았고 이를 위해 유태인 스룹바벨을 총독으로 임명했지요. 워낙 큰 공사인지라 기간이 오래 걸리는 사이 키루스 2세가 죽었지요. 그 후 주변의 방해로 공사는 중단되었지요. 그런데 왕후 에스더의 시아버지가 되는 다리우스 1세 (성경 다니엘서의 다리오는 아니고 에스라서의 다리오임)의 명령으로 공사가 재개되어 완공되었지요. 다리우스 1세는 페르시아의 전성기를 열고 아랍어를 공용어로 채택한 왕인데 성전 건축을 적극 도왔지요. 그 덕분에 방해하던 자들이 성전 건축을 도와야 했지요.

세계사에서 전례를 찾을 수 없는 이런 일들로 인해 망한 민족임에도 유태인은 특별한 존재로 부각되었지요. 하만이 워낙 잘 나가니 유태인을 얕잡아 봤는데, 완전 창피를 당하니 유태인에 대한 인식이 새삼 생각난 거지요.

에스더서, 아가서 두 성경엔 "하나님"을 뜻하는 말이 전혀 없습니다. 눈에 보이고 이름이 나타나야 존재하나요? 에스더와 아가가 성경에 포함된 것은 각각 눈에 안 보이는 하나님의 역사와 사랑을 충분히 느끼기 때문입니다.

에스더서엔 이름이 전혀 나타나지 않은 하나님의 은밀한 역사가 넘쳐납니다. 에스더가 왕후가 된 것, 왕 암살 음모를 신고한 모르드개에게 아무 포상 없이 기록만 된 것, 법을 무시하고 나타난 왕후를 왕이 너무 좋아한 것, 왕후의 잔치에서 기분이 좋았는데 왕이 잠을 이루지 못해 궁중 일기를 읽게 한 것.

이 모든 게 우연의 일치라고 할 순 없지요. 누군가의 주도면밀한 작품 같지 않나요? 눈에 안 보이고 내 마음에 기록되지 않아 내가 안 찾을지라도 지금도 하나님께서는 은밀히 역사하고 계십니다. 하만 아내의 말처럼 과연 진정 그 분을 섬긴다면 그 분과 참사랑을 나누는 특별한 존재가 되지요.

4. 왕후 에스더, 총리 모르드개가 세운 새 명절, 부림절

왕후는 또 왕에게 가서 호소했지요. "하만이 만든 법 때문에 제 민족은 전멸 당할 수밖에 없습니다. 그 참상을 제 눈으로 어떻게 보겠습니까? 그 법을 무력케 하여 제 민족을 살려 주십시오." 왕후에게 금홀을 내민 왕이 말했지요. "하만이 유태인을 죽이려다 죽었소. 내 인장 반지는 모르드개에게 맡겼지 않소? 그러니 왕후가 하고 싶은 대로 하시오." 왕의 비서관들이 소집되어 모르드개가 부르는 대로 왕의 칙서를 만들었지요. 파발꾼이 그것을 들고 3월 23일 제국 각지로 떠나 반포했지요.

에스더 8:11에 기록된 칙서의 내용은 이렇습니다. "제국 내 모든 유태인은 한군데 모여 스스로를 방어할 수 있다. 유태인과 그들의 처자식을 공격하려는 어떤 민족과 세력에도 맞서 정당방위로 그들을 다 죽이고 물건을 전리품으로 가져도 된다." 대부분 한글 성경이 이 내용 중 민감한 부분을 거꾸로 번역해 헷갈리지요. "유태인이 대적의 처자식까지 죽일 수 있다."는 번역은 정당방위를 벗어난 겁니다. 그리고 후에 하만의 아내가 죽은 기록이 없는 것을 보면 이 번역은 잘못임이 더 확실합니다.

이 대항권은 12월 13일 하루만 주어졌지요. 유태인을 다 죽이라고 하만이 만든 법의 효력일이 그날 하루이기 때문입니다. 왕의 도장이 찍힌 법은 고칠 수 없는 전통법 때문에 이런 강력한 정당방위권을 인정한 것입니다. 파발을 급히 보낸 것은 유태인에게 준비 기간을 충분히 주려는 겁니다. 유태인 말살과 상반된 법이 생기며 유태인을 두려워 한 많은 사람들이 유태인이 되는 진풍경이 벌어졌지요. 게다가 왕의 본심을 눈치챈 지방관과 호족들은 유태인을 도왔지요.

그럼에도 유태인을 해하려는 자들의 행동이 멈추지 않았지요. 12월 13일, 두 세력 간 충돌은 유태인의 일방적 복수극이 되었지요. 하만의 열 아들을 비롯 수사에서 500명이 죽었지요. 그 외 전국에서 75,000명이 죽었지요. 전국의 유태인은 14일에 축제를 벌였지요. 한편 수사에서는 14일 하루 더 유태인에게 왕이 권한을 허락해 300명이 더 죽었지요. 그곳에서는 15일에 유태인 축제가 벌어졌지요. 유태인은 대적의 재산은 전혀 손대지 않았지요.

에스더와 모르드개는 12월 14, 15일을 기념일로 지키도록 모든 유태인에게 공포했지요. 하만이 12월 13일을 선택할 때 주사위 같은 부르 (pur)를 사용했지요. 그래서 기념일을 부림절 (the Purim)로 불렀지요. 두려운 공포가 기쁨으로 변한 부림절엔 이웃과 서로 음식을 나누며 가난한 자에게 선물을 주도록 했지요.

저는 이렇게 생긴 부림절이 지금도 지켜지는지 궁금해 이스라엘 문화원에 몇 가지 물었지요. 문화원의 답은 이렇습니다.

이스라엘의 국경일로 지키며 2018년의 부림절은 3월 1일 해질 무렵부터 3월 2일 해질 무렵까지입니다. 이스라엘은 음력을 쓰기에 양력으론 해마다 바뀝니다. 2018년 유월절은 3월 30일부터 4월 7일까지입니다. 하루는 밤 12시부터가 아닙니다. 하나님이 창조하실때 하루의 시작을 해질 때부터 계산한 대로 합니다.

부림절은 축제로 모두 즐깁니다. 에스더와 모르드개의 모습과 온갖 기발한 복장의 가장 행렬은 정말 볼 만합니다. 제과점에선 "하만의 귀"란 쿠키를 팝니다. 사람들은 이것을 씹으며 아직도 하만을 씹습니다. 모인 회중 앞에서 에스더서를 낭독합니다. 이때 하만의 이름이 나올 때는 난리가 납니다. 장난감 총을 쏘거나 고함을 지르는 등 모두가 시끄럽게 해 하만의 이름이 들리지 않게 합니다. 이웃과 함께 파티를 하며 축제를 즐깁니다.

모든 유태인이 합심해 3일 금식함으로 상황이 완전히 바뀐 것을 보고 사람들은 놀랐지요. 또 유태인을 돕는 눈에 안 보이는 그들의 신을 느꼈지요. 그래서 망한 민족에 귀화하는 기이한 현상이 페르시아 제국 곳곳에서 발생했지요. 그런데 유태인과 적대 관계의 핵심 세력은 끝까지 싸워보자는 오기를 부렸으니 안타깝지 않습니까? 이들이 유태인과 화해하고 사이좋게 지냈어도 이런 참상이 생겼을까요? 유태인은 자기들을 해하려는 자에게만 정당방위로 역공할 수 있었지요. 단순히 미워하거나 싫다는 이유만으로 죽일 수는 없었지요.

수사에선 하만의 아들들이 중심이 되어 하만이 만든 법에 의거해 뭉쳤지만 역부족이었지요. 어리석은 복수심으로 화를 자초했지요. 12월 13일에 죽은 수가 수사보다 그 외 지역에서 150배나 많은 것은 왜 그렇지요? 수사가 페르시아의 수도된 지 오래니 인구가 가장 많았을 것 아닌가요? 지금처럼 빠른 통신 문명이 아니기에 수사에서 멀수록 수사의 정황이 정확히 전해지지 않아 지방의 피해가 더 컸지요. 어쨌든 남을 죽이려는 나쁜 마음을 깨닫지 못해 스스로 희생물이 되었으니 매우 안타깝지 않습니까?

자기에게 해롭게 하지 않았는데도 기분 나쁘고 싫다는 감정으로 한 민족을 말살하려 했던 하만! 그와 비슷한 히틀러에게 600만 유태인이 학살되었기에 부림절의 의미는 2,500년이 지난 지금도 더 가슴에 와 닿지요.

자유 의지를 잘못 사용해 나라가 망하고 민족까지 말살된 위기에서도 보이지 않는 하나님의 손길이 샘플인 유태인을 보존시켜주었습니다. 이와 같이 절망뿐인 상황에서도 하나님은 당신을 섬기려는 모든 사람을 구원하고 보호하고자 마침내 아들 예수를 메시야로 이 땅에 보내셨습니다.

07

예수님께 대든 못 말리는
베드로

1. 예수님 사역을 보는 관점과 배경

이방인 누가도 예수님 사역을 적었는데 베드로는 왜 없나?

그리스인 누가는 물론 마가도 예수님 제자가 아니지만 예수님 사역을 기록했지요. 마태와 마가가 거의 동시에 가장 빨리, 요한은 가장 늦게 적었지요. 이들 4명의 집필 동기와 누구에게 보낸 편지인지를 알고 보면 4 복음서 이해에 큰 도움이 됩니다.

마태복음은 유태인이 수신자입니다. 그래서 유태인이 잘 아는 선지자의 예언을 14회나 인용해 성경대로 이루어졌음을 강조했지요. 왜 그랬을까요?

마태는 세리로서 예수님 제자가 되었지요. 제자된 기쁨에 이웃을 초청해 잔치한 유일한 제자였지요. 다른 제자들은 가난해 못했나요? 그런데 잔치에 온 사람들이 세리와 죄인들뿐이니 이상하지 않나요? 죄인은 감옥에 다녀온 전과자가 아니고 창녀를 말합니다. 일반인은 왜 안 왔지요?

당시 세리는 사마리아인처럼 철저히 멸시 당했지요. 로마는 세리가 징수한 세금 중 일정액만 가져가고 나머지는 세리의 수입으로 인정했지요. 세리는 자기 수입을 늘리려고 세금 징수에 혈안이 되었지요. 세리는 부자가 되었지만 "로마의 앞잡이", "죄인"으로 불리며 개 취급을 당해 이웃과 전혀 어울리지 못했지요. 자연히 같이 죄인이라 불리는 창녀와 가까이하며 외로움을 달랬지요.

이런 마태를 인기 최고인 슈퍼스타 예수님이 불렀으니 그 기쁨이 얼마나 컸을까요?

마태는 자신의 극심한 외로운 상처를 충만한 기쁨과 소망으로 바꾸어 주신 메시아를 유태인에게 전하고 싶었지요.

당시 유태인은 로마와 이방인 헤롯 왕가에 시달렸지요. 남다른 선민사상으로 이방인을 무시했던 유태인의 자존심은 완전히 구겨지며 상실감과 반항감으로 가득 찼지요. 그래서 자신들을 구원해 줄 정치적 메시아를 모두 기다렸지요. 예수님이 로마를 무너뜨린 정치적 메시아는 아니지만, 성경이 예언한 참 메시아임을 마태는 전하고 싶었지요. 예수님이 약속된 메시아임을 밝히고자 다윗과 아브라함의 후손임을 알림으로 마태는 글을 시작했지요. 또 선지자의 예언대로 되었음을 14회나 밝혔지요. 참 메시아를 통해 마태가 누린 기쁨과 소망을 모두 누리길 원했지요. 그러나 이 복음을 많은 유태인이 거부한 채 로마에 의해 예루살렘은 망하고 유태인은 마지막 디아스포라를 당했지요. 그 후 이 복음이 전 세계에 퍼진 오늘에 와서야 예수님을 메시아로 믿는 유태인은 계속 증가하고 있지요. 이 증가세는 확실하다고 이스라엘 문화원이 제 질문에 답했지요. 공식 통계를 못 내는 상황이 안타깝지만 뒤늦게라도 마태의 소망대로 되고 있어 다행이지요.

마가는 로마 카타콤(지하 토굴)의 성도에게 복음서를 보냈지요. 고통 속에 힘들게 사는 자들에게 힘과 소망을 주고자 약자를 섬기려고 오신 예수님을 강조했지요. 그래서 마가는 예수님 탄생에 대한 언급도 없이 바로 세례 요한과 예수님의 사역을 알렸지요. 그리고 1장부터 예수님의 온갖 기적을 소개했지요. 예수님의 치유 사역을 상세히 설명하며 그 결과가 "곧, 즉시" 나타났음을 강조해 소망을 잃지 않게 했지요. 노예를 고쳐달라고 예수님께 요청한 백부장 이야기는 마가가 고의로 뺐지요. 로마에서 성도들의 은신처인 카타콤 색출 임무는 백부장에게 있지요. 착한 백부장을 기록하면 경계 대상 1호인 백부장에 대한 경계심이 무너져 은신처가 발각될 위험이 크지요. 적고 싶어도 로마 성도를 보호하려고 뺐지요.

이런 복음을 적은 마가는 누구지요? 초대교회 120명 성도가 마가의 집에 모일 정도로 마가는 부유한 가정에서 자랐지요. 요한이란 다른 이름을 가진 마가는 바울과 외삼촌 바나바의 1차 선교 여행에 따라갔지요. 마가는 힘들다고 하며 도중에 예루살렘 집으로 되돌아갔지요. 2차 선교 여행 때 바나바가 이젠 괜찮다며 조카인 마가를 또 데려가려다 바울과 크게 다투었지요. 바나바는 마가를 불신한 바울과 결국 헤어져 각자의 길로 떠났지요. 이런 마가가 어떻게 고통받는 자를 위한 저자가 되었지요? 마가가 따라다닌 바나바는 순교를 당했지요. 외삼촌이 죽자 어릴 때부터 잘 알고 지내던 베드로의 특별한 사랑을 받았지요. 베드로는 마가를 "내 아들"로 불렀지요. 마가는 베드로의 말을 듣고 힘든 자를 위해 펜을 들었지요. 이렇게 변한 마가를 너무 보고 싶다며 자기에게 보낼 것을 바울이 디모데에게 부탁했지요.

마가복음이 마태복음보다 빨리 기록된 것이란 학설도 많지요. 두 복음은 베드로, 바울이 살아 있을 때 기록되었지요. 마가는 로마인의 이해를 돕고자 유태인의 생활 풍속을 설명했지요. 로마인을 감동하게 할 표현 방식도 썼지요.

귀신들려 고통 받는 한 소녀의 엄마를 마태는 가나안 여자로 소개했지요. 반면 마가는 시리아에 사는 헬라인으로 상세히 밝혔지요. 헬라는 그리스입니다. 그리스에 살지 않는데도 굳이 그리스인임을 밝힌 이유가 뭘까요? 로마인의 시선을 사로잡아 동질감을 느끼게 하려는 의도입니다.

당시 지중해 세계의 지배자는 로마였지요. 그러나 그 외 교육, 철학, 과학, 정신문화는 여전히 그리스가 지배했지요. 그리스의 모든 신화를 로마 신화로 둔갑시켰지요. 로마의 부유 계층은 자녀를 그리스로 유학 보내거나 그리스인을 가정교사로 초빙해 자녀 교육을 했지요. 그리스어를 로마어와 함께 공용어로 사용하며 그리스를 존중했지요. 그래서 로마의 지배를 받는 자가 로마어보다 그리스어를 배우려고 노력했지요. 신약 성경의 원본이 모두 그리스어로 작성된 것도 이 때문입니다. 학식이 부족한 베드로는 마가를 통해 복음서를 적도록 한 것이지요.

예수님께서 고쳐 준, 소녀의 엄마를 마가가 그리스인으로 밝힌 것은 로마인을 감동하게 하기에 충분했지요. 그리스인을 예수님이 개 취급한 것은 로마인에겐 충격입니다. "자녀들이 먹을 것을 개한테 던져 줄 수 없다." 개 취급당한 그리스인의 답변은 로마인의 자존심을 버리게 한 더 큰 충격입니다. "개들도 주인집 아이들이 먹다 흘린 것을 먹습니다." "우리 로마인보다 우월한 존재로 존중하는 그리스인도 자존심을 다 버리고 딸을 위해 무릎을 꿇게 한 예수는 누구일까?" 이 사건은 30여 년 전 약소국 유대 사회에 나타났던 예수님에 대한 로마인의 궁금증을 증폭시키기에 충분했지요. 마가는 로마인도 모든 자존심을 버리고 예수님께 나아오기를 원해 그리스인 신분을 밝힌 것입니다.

그리스인 누가는 의사로서 바울의 2~4차 선교 여행을 동행했지요. 당시의 영웅들은 전쟁터로 갈 때 의사를 대동해 건강관리와 전투 기록을 맡겨 자서전을 저술했지요. 누가는 그런 의도로 선교 영웅인 바울을 동행하며 기록했지요. 그런데 바울은 자신에 대한 기록보다 예수님에 대한 기록을 원했지요. 바울, 베드로가 순교 당한 후 누가는 에페소(성경엔 에베소)에서 바울의 뜻대로 누가복음을 먼저 저술한 후 바울의 행적인 사도행전도 적었지요. 이때 예수님 모친 마리아와 제자 요한도 에페소에 있었기에 이들이 두 책 저술에 큰 도움이 되었지요.

두 책의 수신자는 모두 데오빌로 각하입니다. 데오빌로는 "하나님의 사랑", "신을 사랑한 자"란 뜻으로 로마의 총독 또는 고관입니다. 로마의 고위 관료 이름으론 어울리지 않지요. 각하가 예수 믿는 게 탄로나면 얼마 전 순교 당한 바울, 베드로처럼 위험해 본 명을 숨겼지요. 각하가 아는 것을 더 확실하게 하려고 예수님에 관한 내용이 역사적 사실임을 밝혀 믿음을 굳건히 하려 썼지요.

예수님 탄생이 시리아(성경엔 수리아) 총독 퀴리니우스(Qurinius, 성경엔 구레뇨) 시절임을 밝힌 이유는 뭘까요? 시리아 총독은 예수님과 전혀 관련 없지 않나요? 퀴리니우스는 로마의 명가입니다. 그는 B.C. 4~A.D. 1년과 A.D. 6~9년 두 차례 시리아에 부임했는데 첫 시절에 예수가 탄생했음을 알린 거지요. 누가는 예수님 탄생이 헤롯시절에 일어난 일임도 밝혔지요. 헤롯은 B.C. 4년에 죽었습니다. 그러니 예수님은 구레뇨와 헤롯이 겹쳐지는 시기인 B.C. 4년에 탄생했습니다. 각하도 아는 명가를 등장시켜 시선을 끌고 이해를 돕고자 한 겁니다.

예수님 족보는 마태가 의부인 요셉을 따랐지만 누가는 모친 마리아의 혈통을 따라 다윗의 확실한 후손임을 나타냈지요. 또 하나님까지 연결해 예수가 하나님의 아들임을 강조했지요.

　로마인 백부장의 종을 예수님이 고친 기록도 마태는 간단히 기록했지만 누가는 상세하게 기록했습니다. 각하의 시선을 끌고자 로마인 백부장의 선행을 밝혔지요. 많은 비용으로 회당을 지어주며 유태인을 사랑했기에 장로들과 친구들이 그의 종을 고치려는 심부름에 나설 정도였지요. 또 마태, 마가에 없는 선한 사마리아인과 돌아온 탕자를 10장, 15장에 소개해 이방인인 각하를 감동하게 했지요. 예수님을 살리려는 빌라도 총독의 노력을 더 상세히 적은 것도 고관인 각하를 염두에 둔 겁니다.

　예수님과 함께 못 박힌 두 강도에 대해서도 누가는 상세하게 기록했지요. 마지막 순간까지 예수님을 욕하는 한쪽 강도를 나무란 다른 한 강도가 자기를 기억해주길 예수님께 간청했지요. "오늘 네가 나와 함께 낙원에 있으리라."고 예수님이 답하셨지요. 각하가 재판관, 집행관 또는 그에 버금가는 관직을 경험했기에 십자가상 3인의 대화는 분명 남다르게 느꼈지요. 누가의 기록이 다 상세한 것은 아닙니다. 마태, 마가가 자기 독자에게 좋은 방식을 택했듯 누가도 엘리트인 각하에게 도움 되는 방식으로 쓴 것은 확실합니다.

　요한은 세례 요한의 제자였는데 예수님의 제자가 되었지요. 자신을 "예수님이 사랑하신 제자", "다른 제자"로 자주 표현한 요한은 제자 중 가장 어렸지요. 예수님과 함께한 최후의 만찬에서 요한이 예수님 품에 안겨 누울 정도로 요한은 어렸고 사랑을 많이 받았지요. 요한이란 이름은 당시 너무 흔해 신약 성경에서 세례 요한, 사도 요한, 마가 요한으로 구분해 부릅니다.

　마태, 마가, 누가가 기록한 복음서를 다 본 요한은 예수님이 하나님 되심을 강조하고자 요한복음을 기록했지요. 태초에 하나님

아버지와 함께 천지를 창조하신 예수님을 밝히며 글을 시작했지요. 다른 복음서에 없는 예수님의 가르침과 기적의 사역을 많이 기록한 것도 예수님이 하나님 되시며 메시아이심을 강조하기 위함입니다. 마태가 말한 천국, 마가와 누가가 말한 하나님 나라를 요한은 영생으로 표현했지요. 예수님의 공생애 기간을 약 3년으로 보는 근거도 요한복음에 유월절이 세 번 기록되었기 때문입니다.

십자가에 못 박히신 예수님께서 모친 마리아를 요한에게 부탁하신 것도 요한복음에만 나타납니다. 그런데 왜 요한에게 부탁했지요? 남동생이 4명, 여동생도 최소 2명인데 왜 이들에겐 말하지 않았지요? 예수님의 사역을 동생들은 믿지 못했고 이상하게 여겼지요. 그래서 예수님이 죽임을 당하는 현장에 동생들은 없었기에 부탁할 수도 없었지요. 또 동생들은 당연히 모친을 보살필 것이므로 현장에 없는 동생에게 부탁할 필요도 없었지요. 그런데도 굳이 요한에게 부탁한 것은 동생들과 요한의 사명과 앞날을 아셨기 때문입니다. 동생들이 곧 예수를 믿고 초대교회의 중심이 되어 순교당할 것을 아셨지요. 반면 요한은 장수하면서 늦게까지 사역할 것을 아셨기에 요한에게 부탁했지요. 많은 성도가 순교당할 즈음 요한은 마리아를 모시고 에페소로 피신했지요. 마리아가 죽은 후 요한은 요한복음과 요한 1,2,3서를 기록하며 활발히 사역했지요. 그 후 에페소 남서쪽의 작은 밧모섬에 귀양갔지요. 섬에서 세상 종말에 관한 환상의 계시를 본대로 요한계시록을 기록했지요. 요한의 사명에 따른 장수를 아셔서 모친을 부탁한 것입니다.

엄마까지 나서 요한과 그 형을 높은 자리에 앉히려다 다른 제자들의 미움을 샀지요. 유복한 가정에서 자란 요한은 성격이 급해 "우레의 아들"이란 별명이 붙었지요. 제자가 아닌 자가 예수 이름으로 귀신 쫓아내는 것을 막으려다 요한은 되레 예수님의 질책을 받았지요. 예수님 일행을 거부한 사마리아에 불을 내리려다 또 예수님께 혼났지요. 이런 사람이 후에는 "사랑의 사도"로 별명이 바뀌었으니 놀랍지 않나요?

예수님은 왜 쓸모없는 수난의 땅 갈릴리에서 자라고 사역하셨나?

예수님이 나사렛 사람으로 불릴 것이란 선지자의 말을 이루려고 나사렛에서 자란 것으로 마태복음 2:23에 밝혔는데 이 예언은 구약 성경 어디에 나오지요? 구약에 이 예언이 없고 "나사렛" 지명조차 없는데 왜 마태는 황당하게 있는 것처럼 말했나요? 후대 성경 필사자의 실수로 첨가된 것인가요? 점 하나 잘못 찍고 선 하나 잘못 긋는 실수는 있을 수 있어도 없는 문장을 필사자가 마음대로 만들 수 있나요? 우리가 모르는 구약 성경이 당시에 있었나요? 마태복음의 수신자인 당시 유태인도 이해 못할 말을 마태가 할 수 있나요? 나사렛이 속한 갈릴리의 어두운 역사를 알면 의문 해소에 다소 도움이 될 것 같습니다.

만년설이 덮인 북쪽의 헬몬산에서 내려온 물이 갈릴리 바다를 거쳐 요단강을 통해 죽음의 바다 사해(염해)로 모입니다. 갈릴리는 담수호인데 남북 길이가 21km, 동서가 11km로 서울 면적의 27.4%나 되어 바다로 부릅니다.

민수기 34장의 긴네렛 바다가 갈릴리입니다. 긴네렛 바다는 요단강, 사해와 함께 하나님이 이스라엘에 주기로 약속한 가나안 땅의 동쪽 경계입니다. 그러나 긴네렛 바다와 요단강 동편의 땅을 두 지파 반이 탐내 자기들 땅으로 해주길 모세에게 요청했지요. 하나님은 이 요청을 받아들여 이스라엘의 동쪽 경계는 더 넓어졌지요.

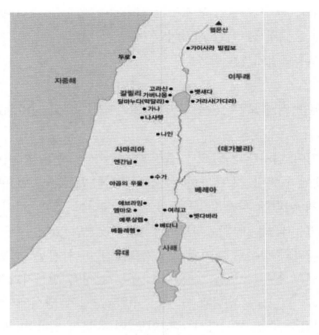

〈예수님 당시의 갈릴리주변 지도〉

긴네렛은 게네사렛으로 바뀌었지요. 그런데 갈릴리를 이스라엘은 귀하게 여기지 않았지요. 솔로몬의 성전 건축에 필요한 나무, 금을 두로왕 히람이 적극적으로 공급했지요. 솔로몬은 모든 비용을 지급했지만 성전 완공 후 히람에게 감사의 표시로 갈릴리 지역의 20개 도시를 선물했지요. 히람은 그 도시들을 둘러보고 "형제여, 이게 도대체 뭐요?"라며 솔로몬에게 불평했지요. 그리고 가불의 땅으로 불렀는데 아주 쓸모없는 변두리 땅이란 뜻입니다. 땅값을 기대하지 않은 솔로몬에게 히람은 체면상 마지못해 땅값으로 금 120달란트를 주었지요. 솔로몬이 갈릴리를 아꼈다면 경비를 다 지급했는데도 선물로 줬을까요? 20개나 받고도 불평할 정도니 갈릴리에 대한 인식이 몹시 나쁜 증거이지요. 히람이 낸 돈은 노동자

일당을 10만원으로 치면 1조 800억 원입니다. 이런 큰돈을 쓸모 없는 땅값으로 낸 히람이 갈릴리 주민들에게 어떻게 했을까요? 본전 뽑으려고 갖가지 명목으로 착취하지 않았을까요?

갈릴리의 수난은 이에 멈추지 않아 약 200년 후 이사야는 갈릴리를 흑암과 사망의 땅으로 불렀지요. 하나님이 애초에 줄 생각이 없던 땅을 욕심으로 차지한 이스라엘은 남북으로 분단된 후 갈릴리와 요단강 동편의 땅을 시리아에 빼앗겼지요. 북 이스라엘의 아합왕은 이를 되찾으려다 전사했지요.

후에 갈릴리의 지배자는 앗시리아, 바벨론, 페르시아, 그리스를 거쳐 로마로 바뀌었지요. 이런 변천 속에 외세의 착취는 예수님 당시엔 더 심했지요. 갈릴리의 분봉 왕 헤롯 안디바는 로마 황제 티베리우스(성경엔 디베료)에게 바치려고 갈릴리에 도시를 건설했지요. 황제의 이름을 본 따 도시를 디베랴로 불렀지요. 그는 바다 이름도 디베랴로 불렀지요. 갈릴리 이름까지 황제의 이름으로 바꿀 정도니 디베랴 건설에 얼마나 신경을 썼겠습니까? 그 비용의 최종 부담은 갈릴리 사람 몫이겠지요.

티베리우스가 황제로 즉위한 A.D. 14년에 예수님은 18세였지요. 예수님이 30세에 사역을 시작했는데 디베랴 건설은 끝난 상태였지요. 요즘 같은 첨단 중장비가 전혀 없는 당시 토목건축 기술로 불과 10년 정도에 도시 건설을 하려면 얼마나 많은 인력이 갈릴리 전역에서 동원 되었겠습니까? 예수님의 고향 나사렛은 디베랴에서 가깝지요. 게다가 예수님은 목수였으니 디베랴 건설에 꼭 필요한 기술자 아닙니까? 마굿간에서 태어나 철저히 낮아지신 예수님이 목수로 디베랴 건설에 일하며 몸소 인간의 생활고를 체험코자 나사렛에서 자라나신 것 아닐까요?

나사렛이 구약 성경에 전혀 나타나지 않는 것은 마을 규모가 너무 작든지 아니면 나라가 망한 후 생겼을 가능성이 있지요. "나사렛에서 무슨 선한 것이 나오겠느냐?"란 사람들의 말은 당시엔 꽤 알려진 지명임을 나타내지요. 이사야가 이방의 갈릴리로 부른 것은 이방인이 많아 사마리아처럼 무시당한 것을 뜻하지 않나요? 인간의 근본 문제를 해결코자 고통받고 무시당하는 갈릴리에서 사역하신 것 아닌가요? 솔로몬 때부터 천 년 동안 소외되고 억압받은 갈릴리가 예수님의 사역으로 감사와 기쁨이 넘치는 희망의 땅으로 변했지요.

그래서 마태는 이런 변화를 예언한 이사야의 말이 이루어졌음을 4장에 밝혔지요. "스불론 땅, 납달리 땅, 요단강 건너편 이방의 갈릴리여! 흑암에 앉은 백성이 큰 빛을 보았고 사망의 그늘진 땅에 사는 자에게 빛이 비치었도다." 가나안 정복 후 갈릴리를 배정받아 차지한 지파는 스불론, 납달리 두 지파입니다. 그러나 솔로몬 당시부터 외세의 차지가 되어 이방의 갈릴리로도 부른 겁니다. 이사야가 부른 많은 호칭 자체가 갈릴리의 아픔을 나타냅니다.

이방인이 많은 갈릴리에서 사역하신 또 다른 이유는 예수님이 모든 인류의 메시아이기 때문 아닐까요? 갈릴리의 소문은 본토보다 이방인 시리아에 먼저 퍼졌지요. 소문을 듣고 예수님을 찾은 온갖 시리아 병자들이 고침을 받았지요. 유대와 예루살렘 등의 본토 사람들은 그 후에 몰려왔지요. 저도 이방인으로서 예수님의 갈릴리 사역에 너무 감사합니다.

예수님은 나사렛을 떠나 가버나움의 한 집에 열두 제자와 함께 생활했지요. 예수님이 이 숙소에 계실 때는 늘 수많은 사람으로 꽉 찼지요. 하루는 네 사람이 중풍 병자를 매트에 뉘어 왔지요. 군중을 비집고 들어갈 수가 없어 옥상으로 올라가 천장을 뚫었지요. 천장에서 밧줄로 병자를 달아 내리는 사람들의 믿음을 보신 예수님은 병자의 죄를 먼저 용서하신 후 병을 고쳐줬지요.

예수님은 가까운 벳새다에서 베드로, 요한을 비롯해 무려 6명을 제자로 삼았지요. 갈릴리 전역을 돌아다니시며 사역했지만 가버나움, 벳새다 고라신에서 특히 많이 하셨지요. 예수님이 특별히 기적을 많이 행하신 곳이 부러운가요? 그런데 예수님이 왜 이 세 곳을 저주하고 한탄하셨지요? 매우 많은 기적을 베풀었는데도 사람들이 더 많은 기적을 원하며 구경꾼에 머물러 회개와 변화가 없어 한탄하신 것입니다. 예수님이 행하신 기적을 저도 경험해 세상을 다시 보고 싶습니다. 그러나 봄으로 인해 또다시 제 욕심대로 살아 주님과 나누는 갈릴리 참사랑의 교제에 금이 가서 주님이 한탄하게 되신다면 차라리 눈으로 보는 것을 포기하겠습니다.

2. 세례 요한과 예수님 제자 3총사의 특별한 훈련

도대체 세례 요한이 헷갈릴 수가 있나?

세례(洗禮)가 뭐기에 구약 시대에 없던 게 생겼지요? 물을 세 방울 머리에 뿌리며 죄를 씻는 의식인 세례가 성경적인가요? 물속에 완전히 잠김으로 이전의 죄인 된 나는 죽고 새로운 나로 거듭난다는 침례(浸禮)가 더 성경적이지 않나요? 이런 의식을 처음 시작한 요한뿐 아니라 예수님 제자도 모두 침례 형식으로 하지 않았나요? 그런데 왜 세례가 생겼지요? 약식인 세례는 로마 카타콤에서 생겼습니다. 지하토굴에 숨어있는 성도들이 강으로 갈 수도 없었고 침례를 베풀만한 물을 확보하기는 불가능했지요. 그래서 어쩔 수 없이 약식인 세례가 생겼는데 콘스탄티누스 황제가 313년에 예수를 믿어도 좋다고 기독교를 인정한 이후에는 다시 침례를 하게 되었지요. 그래서 오랫동안 침례 위주로 하면서 세례도 병행 되었는데 약식인 세례 위주로 굳어지게 된 사건이 1095년에 시작된 십자군 전쟁입니다. 이슬람에 빼앗긴 성지를 되찾기 위해 전쟁에 참여한 수많은 병사에게 일일이 침례를 행할 시간이 없었지요. 빗자루를 물에 적셔 많은 병사에게 동시에 뿌리며 침례의 의미를 부여했지요. 다급히 행한 방식이 침례 시설과 여러 이유로 지금까지 행해지고 있지요. 로마 카타콤에서 발생한 세례는 어쩔 수 없지만 십자군 전쟁 때 생긴 세례 의식은 왠지 찝찝하지요. 저도 이런 약식 세례를 받았지만, 굳이 침례를 받으려 하지 않습니다. 중요한 것은 물로 하는 것이 아니고 성령에 푹 잠기는 것이기 때문입니다.

요단강에서 침례를 베푼 요한을 개역개정 성경은 세례 요한으로 부릅니다. 그의 부모는 의인이며 아버지는 제사장인데 늙도록 자식이 없었지요. 하루는 성전 성소에서 아버지가 제사장 직무를 수행하는데 천사가 나타났지요. "네 아내 엘리사벳이 아들을 낳으면 요한으로 불러라. 요한이 모태에서부터 성령 충만해 많은 사람을 하나님께 돌아오게 할 것이다. 그가 엘리야의 심령과 능력으로 주 앞에 먼저 와서 준비할 것이다." "저와 제 아내 나이가 많은데 어떻게 아들을 낳습니까?" "내 말을 믿지 않아 아들을 낳기까지 너는 벙어리가 될 것이다."

성소에서 평소보다 한참 만에 나온 제사장이 말을 못해 사람들은 의아했지요. 이후 엘리사벳이 임신해 6개월째에 마리아에게 천사가 나타났지요. "네가 아들을 낳으리니 이름을 예수라 하라. 그는 하나님의 아들로 다윗의 왕위를 받아 영원히 다스릴 것이다." "저는 결혼도 안 했는데 어떻게 아들을 낳습니까?" "성령이 네게 임하고 하나님 능력이 널 덮을 것이다. 애를 못 낳는다던 네 친척 엘리사벳이 늙었어도 임신 6개월이다." "주의 여종이니 말씀대로 이루어 주소서."

갈릴리 나사렛에 사는 마리아는 멀리 사는 엘리사벳을 축하하러 갔지요. 예수를 임신한 마리아가 들어서자 엘리사벳의 태중에 있던 요한이 기뻐 뛰며 맞이함을 엄마가 느꼈지요. 두 여인은 서로 임신을 축복하며 하나님께 감사 찬양했지요.

3개월을 함께 지낸 마리아가 돌아간 후 엘리사벳이 아기를 낳았지요. 엄마가 요한으로 부르자 친척들이 반대했지요. 이때 벙어리 아빠가 서판에 아들 이름을 요한으로 적는 순간 다시 말문이 터졌지요. 아버지는 그간의 모든 일을 설명한 후 하나님께 감사 찬양했지요.

온갖 화제 속에 태어난 요한은 아버지가 존경받는 제사장이므로 사람들의 관심과 주목을 더욱 끌며 자랐지요. 태어날 때부터 유명했던 요한이 성령 충만한 생활로 사역하니 많은 사람이 따랐지요. 요한이 먼저 예수님의 사역을 준비하는 역할을 10년 정도 했지요. 그 후 예수님이 30세에 드디어 요한을 만났지요. 요한은 예수님을 "세상 죄를 지고 가는 어린 양"으로 정확하게 자기 제자들에게 소개했지요. 예수님은 만류하는 요한에게 사역의 시작을 위해 기어코 침례를 받았지요.

그 후 요한이 갈릴리 분봉왕 헤롯 안디바가 이복동생인 다른 지역 분봉왕 헤롯 빌립의 아내를 빼앗은 죄를 나무랐지요. 이 일로 헤롯 안디바가 요한을 잡아 감옥에 넣었지요. 옥에 갇힌 요한은 예수님의 사역 소문을 듣고 자기 제자를 예수님께 보내 물었지요. "오시겠다고 약속된 그 사람이 당신이 맞습니까? 우리가 다른 사람을 기다려야 합니까?" 이 말은 예수님이 메시아가 맞는지 묻는 말입니다. 요한의 제자가 왔을 때 예수님은 온갖 병을 고치며 복음을 전하고 있었지요. 예수님은 이상한 답변을 하셨지요. "너희가 듣고 본대로 요한에게 전해라. 맹인이 보고 못 걷는 자가 걷고 나병이 낫고 못 듣는 자가 듣고 죽은 자가 살아나고 가난한 자에게 복음이 전파된다고 말해라. 누구든 나로 인해 실족치 않는 자는 복이 있다." 이 말씀은 예수님이 요한을 옥에서 구해주는 정치적 메시아가 아니라는 뜻입니다. 인간의 죄 때문에 생긴 병과 죽음을 해결함으로 인간의 근본 문제인 죄를 해결하는 참 메시아임을 말하는 것이며 이를 바로 알고 믿는 자가 복 있다는 뜻입니다. 뱃속에서도 예수님을 알고 기뻐하며 예수님을 가장 잘 아는 요한이 이런 질문을 할 수 있나요? 감옥에서 빨리 구해달라는 듯한 질문에 주님의 답이 너무 모진가요?

헤롯 안디바의 생일 파티에 새 아내의 딸이 춤을 춰 왕을 기쁘게 했지요. 무엇이든 들어주겠다며 왕이 딸의 소원을 묻자 엄마의 사주를 받은 딸은 요한의 머리를 요구했지요. 잡아 들였어도 죽이길 꺼렸던 왕은 어쩔 수 없이 요한의 머리를 주었고 딸은 엄마에게 갖다 바쳤지요.

요한의 인생이 이렇게 끝난 게 이해하기 힘들지만 더 이해 안 되는 게 요한의 질문 아닌가요? 요한 같은 사람도 어려움에 빠지니 자기 위주로 생각하는 연약함을 보이니 안타깝지 않나요? 아무것도 아닌 제가 그동안 제 위주로 생각한 게 당연한가요? 아무것도 아니기에 주님을 바로 알고자 더 노력해야 했는데 그렇지 못했던 지난날이 송구합니다. 눈이 이 지경이 되어 성경을 벗 삼으니 죄송할 뿐입니다.

이방인도 예수님 제자가 되었는데 여자는 왜 없나?

예수님의 12제자는 출신이 다양한데 어부가 7,8명으로 가장 많습니다. 그 외 세리, 독립 운동가, 이방인도 있지요. 모두 갈릴리 지역 출신입니다. 갈릴리가 천 년이나 외세에 시달렸기에 이방인도 섞여 살아 제자가 될 수 있었지요. 제자들의 공통점은 무시당하고 소외된 계층이란 것입니다. 이방인 제자의 의미는 차별 없는 주님의 사랑을 나타냅니다. 이집트에서 이스라엘이 해방되어 나올 때 하나님을 섬기려고 따라온 이방인을 차별하지 않은 것과 같지요. 독립군 출신뿐 아니라 대부분 제자는 예수님을 정치적 메시아로 기대했지요. 그래서 서로 높은 자리를 탐내 자주 다투었지요. 이때 예수님 마음이 어땠을까요?

그런데 12제자에 여자는 왜 없지요? 구약 시대에 여선지자가 3명이나 있었고 아기 예수를 본 여선지자도 있는데 왜 여제자는 없지요? 여자를 차별했나요?

예수님이 노총각이고 제자들은 주택에서만 잠잔 게 아닌데 여자를 제자로 삼아도 될까요? 여제자를 데리고 다니면 오해를 받아 사역에 오히려 방해되지 않았을까요? 그러나 12제자에 버금가는 여자들이 많았지요. 예수님이 죽는 현장에 제자는 한 명 뿐인데 여인들은 많았지요. 부활한 예수를 가장 먼저 만난 사람도 여자이지요. 여자를 차별한 게 아니고 남녀의 차이와 당시 풍습으로 인해 여제자가 없었지요. 여제자는 없어도 사역의 대상은 남녀 구분이 없었지요. 오히려 여인들의 사랑이 더욱 뜨거워 전 재산인 향유를 예수님께 부은 여인이 둘이나 있었지요. 예수님은 여자에게 음식 대접받기보다 말씀 가르치길 더 좋아하셨지요. 막달라 마리아를 비롯해 많은 마리아가 오늘날 여제자로 부를 정도로 예수님을 따랐지요.

예수님이 12제자 중 3총사를 왜 총애하셨나?

예수님 제자 중 베드로, 야고보, 요한 3총사는 다른 제자들이 겪지 못한 경험을 했지요.

첫째, 회당장의 죽은 딸을 살리는 것을 처음부터 끝까지 지켜봤지요. 당시 유태인 생활의 중심인 회당은 성경이 비치된 도서관 겸용 마을 회관입니다. 모든 책은 일일이 필사해 두루마리 형태로 만들었지요. 두루마리 성경은 개인이 소장하기엔 개수가 매우 많고 고가품이었지요. 그래서 마을에 회당을 지어 성경을 비치했지요. 안식일에 주민들이 회당에 모이면 성경을 낭독했지요. 예수님이 안식일에 회당에 자주 간 이유가 사람들이 모이기 때문입니다. 성경 관리자의 허락 없이 성경을 볼 수 없었지요. 회당은 마을의 회의 장소로도 사용되었지요. 회당이 없는 작은 마을은 가까운 회당을 찾아야 했지요. 일주일에 한 번 이상 모든 주민이 찾는 회당의 최고 관리자인 회당장은 그 지역의 최고 어른이었지요.

이런 회당장이 딸을 살려 달라고 예수님께 찾아와 무릎을 꿇었지요. 모든 방법을 다 써도 안 되니 자존심을 버리고 뒤늦게 예수님을 찾은 겁니다. 예수님을 모시고 집으로 가는데 웬 여인이 예수님 옷자락을 만지며 12년간 고생했던 하혈병이 나았지요. 갈 길이 바쁜데 예수님은 이 여인을 찾느라 걸음을 멈췄지요. 수많은 인파 속에서도 누구인지 지적할 수 있음에도 예수님이 찾는 시늉을 하신 이유가 뭐지요? 스스로 먼저 와서 고백하게 하여 주님께 감사하고 영광 돌리라는 뜻 아닌가요? 또 영혼 구원과 완전한 회복을 선포하시려는 겁니다. 이렇게 지체하는 사이 딸이 죽었다는 전갈을 들은 회당장은 주님의 지체를 원망했을까요? "두려워 말고 믿기만 하라"고 예수님이 말했지요. 딸이 죽었어도 예수님을 모시니 예수님은 제자 중 3총사만 데리고 가셨지요. 큰 통곡 소리를 잠재운 후 딸의 시신이 있는 방에 부모와 3총사만 들어오게 했지요. 예수님은 딸의 손을 잡고 "내가 네게 말하노니 소녀야, 일어나라!" 고 명령했지요. 살아나 앉은 딸을 부모에게 인도하며 먹을 것을 주라고 하셨지요. 3총사는 놀라기만 했을까요?

두 번째 경험은 산에서 했지요. 예수님이 3총사만 데리고 산 위로 갔지요. 그들 앞에서 예수님이 변형되어 옷에서 광채가 나며 표현 못할 정도로 희게 되었지요. 모세와 엘리야가 나타나 예수님과 대화했지요. 놀란 베드로가 엉겁결에 용감히 말했지요. "우리가 여기 있는 게 좋습니다. 초막 세 개를 지을테니 주님과 모세, 엘리야가 하나씩 합시다." 이때 구름이 그들을 덮은 후 구름 속에서 소리가 났지요. "이는 내 사랑하는 아들이니 너희는 그의 말을 들으라" 산에서 내려오며 예수님이 부활하기까지 3총사는 이 경험을 비밀로 할 것을 명령했지요.

모세는 약 1,450년 전에 죽었고 엘리야는 약 850년 전에 산 채로 하늘로 올라갔는데 3총사가 두 사람을 어떻게 알아봤지요? 예수님이 대화 도중 모세와 엘리야의 이름을 불렀고 이들이 대답했기에 전혀 본 적 없어도 알아본 것 아닌가요? 예수님이 모세, 엘리야를 부르며 대화한 것은 예수님이 이들보다 먼저 계신 창조주 되심을 나타내는 것 아닌가요?

세상 종말에 성도들이 예수님처럼 영광스러운 몸으로 부활할 것을 미리 보여준 것을 비밀로 경험한 3총사는 우쭐했나요? 그동안 다른 9명의 제자가 귀신 들린 소년을 두고 쩔쩔 매는데 예수님이 오셔서 고쳐 줬지요. 그 후 길에서 제자들 간에 누가 큰지 다툼이 생겼지요. 예수님은 어린이를 세워 놓고 어린이처럼 겸손할 것을 가르쳤지요. 얼마 후 베드로가 모든 것을 버리고 주를 따른 자기들에게 어떻게 해줄 건지 예수님께 물었지요. 야고보와 요한 형제는 예수님께 높은 자리를 부탁해 제자들이 다시 다퉜지요. 예수님은 하나님 나라를 말하며 3총사가 특별한 경험을 하게 했는데 3총사는 이 땅에서 욕심을 내 다툼을 일으키니 바로 과거의 제 모습 같아서 안타깝지요.

깨닫지 못하고 욕심에 찬 3총사에게 예수님은 계속 막바지 훈련을 시켰지요. 예루살렘에 나귀를 타고 입성하는 예수님을 모든 사람이 열렬히 환호하며 맞이해 큰 소동이 벌어졌지요. 이런 들뜬 분위기에 3총사의 마음도 들떴나요? 얼마 후 베드로와 요한이 예수님 지시대로 마련한 최후의 만찬에서 제자들은 또 자리다툼을 했지요. 왜 자꾸 다투지요? 예수님은 죽을 준비를 하는데 제자들 특히 3총사는 예수님이 정치적 왕으로 등극하는 줄로 착각한 것 아닌가요? 예수님은 제자들의 발을 씻기며 섬김의 본을 보였지요. 그 후 이 땅에서의 마지막 기도를 산에서 제자들과 함께했지요. 3총사는 예수님과 가까이 기도하게 했지요. 예수님은 사력을 다해 기도하는데 제자들은 3총사까지 모두 피곤해 잤지요. 두 번이나 깨워도 계속 잤지요. 자리 욕심으로 다툴 힘은 있어도 예수님 마음은 모르고 잠자는 3총사가 제 모습 같아서 부끄럽습니다.

왜 예수님이 유독 3총사를 아끼셨지요? 초대 교회에서 3총사의 역할은 무엇이었을까요? 베드로와 요한을 교회의 기둥으로 바울이 표현했지요. 야고보는 헤롯 아그립바 1세 (사도행전엔 헤롯)에 의해 순교 당했지요. 헤롯 아그립바 1세는 헤롯 안디바의 조카로 로마 황제 클라우디우스 (Claudius, 사도행전엔 글라우디오)의 즉위를 도와 갈릴리의 분봉왕이 되었지요. 후에 그는 이스라엘 전역을 다스렸고 기독교를 싫어하는 유태인들의 환심을 사고자 야고보를 죽였지요. 그는 벌레에 물려 죽었지요.

초대 교회사를 다룬 사도행전에 다른 9명의 제자들의 이름은 나타나지 않습니다. 그냥 "사도들"이란 표현에 묻혀 있지요. 3총사와 바울을 돕는 역할에 그친 것 같지요. 예수님은 3총사의 중요한 사명을 미리 아시고 특별히 애정 어린 훈련을 마지막 순간까지 시키신 것입니다.

3. 누구보다도 많은 것을 경험하고도 넘어진 베드로

천국 열쇠의 축복과 사탄 취급의 책망을 함께 받은 베드로

3총사 중에서도 베드로는 특별했지요. 그만 겪은 네 가지 기적과 그의 초기 신앙관을 살펴보고자 합니다.

첫째, 그는 제자가 되기도 전에 기적을 체험했지요. 아침부터 많은 사람이 갈릴리 해변에서 예수님 말씀을 듣고 있었지요. 밤새도록 고기 한 마리도 못 잡고 그물을 씻고 있는 그의 배에 예수님이 탔지요. 예수님은 해변에서 조금 떨어진 곳으로 배를 띄우게 했지요. 그물을 씻으며 예수님 말씀을 경청해 감동하였기에 자기 배에 타는 예수님을 거부하지 않은 것 아닌가요? 해변의 많은 사람에게 하나님 말씀을 다 가르치신 후 예수님이 "깊은 곳에 가서 그물을 던지라"고 그에게 말했지요. "밤새도록 한 마리도 못 잡았지만, 선생님이 말씀하시니 하겠습니다."고 순종한 그는 그물이 찢어질 정도로 고기를 잡아 동업자의 배를 불러 두 배에 가득 실었지요. 갈릴리 어업에 전문가인 그가 밤새 허탕 친 곳에 또 가는 순종을 한 것도 가장 가까이서 경청한 예수님 말씀을 전적으로 받아들였기 때문이겠지요.

배에서 내린 그는 예수님 무릎 아래 엎드려 "주님! 절 떠나소서!

저는 죄인입니다."라고 말했지요. 떠나기는커녕 예수님은 그와 동생과 동업자들까지 사람을 낚는 제자로 삼았지요. 밤새 허탕 친 자신을 생명의 말씀으로 위로하고 두 배 가득 물고기를 잡게 해준 예수님에게 "떠나 달라"는 그의 말이 진심인가요? 호칭이 주님으로 바뀌며 엎드린 것은 감히 주님과 함께 하기엔 자신이 너무 형편없는 죄인임을 깨달은 고백 아닌가요? 그런데 주님이 부르니 모든 것을 버리고 바로 주님을 따른 것이지요.

 두 번째 경험은 열병으로 누운 그의 장모를 예수님이 고쳐 주신 것입니다. 마태, 마가는 이 경험이 그가 제자가 된 후의 사건으로 기록했지만 누가는 두 배 가득 고기 잡기 전의 사건으로 기록했지요. 어쨌든 가족이 병 고침 받은 제자는 그뿐입니다.

 세 번째 그의 경험은 베드로 외에 그 누구도 경험 못 한 것입니다. 제자들이 배를 타고 갈릴리 한복판에 있을 때 예수님은 산에서 기도했지요. 바람과 파도로 배가 요동치는 밤에 예수님이 물 위를 걸어 제자들에게 갔지요. 제자들은 유령이 다가오는 것으로 착각해 비명을 지르며 떨었지요. 자신을 밝히는 예수님 음성을 들은 그가 말했지요. "주님이시면 물 위를 걸어 주께 오라고 제게 명령하소서." 라고 하니 "오라!"는 주님의 명령에 그는 배에서 물 위로 내려 걸었지요. 잘 걷다가 세찬 바람에 겁먹으니 물에 빠지며 구원해주길 외쳤지요. 즉각 손 내밀어 그를 잡은 주님이 "믿음이 작은 자야 왜 의심하느냐?"고 나무랐지요. 예수님의 손을 잡은 그는 믿음이 회복되어 함께 물 위를 다시 걸어 배에 올라탔지요. 예수님도 배에 오르니 거센 바람이 잠잠해졌지요. 주님 음성을 듣고 주님처럼 물위를 걷고 싶은 생각을 한 그의 용감무쌍한 적극성이 놀랍지 않나요? 물에 빠지다 주님과 함께 다시 물위를 걸을 때 야단맞은 그의 마음이 마냥 좋기만 했을까요?

네 번째 경험은 좀 이상하고 특이했지요. 가버나움에서 성전 관리 명목의 성전세를 거두는 자가 그에게 "너의 선생님은 성전세를 안 내느냐?"고 물었지요. "낸다."고 대답한 그가 집으로 들어가니 예수님이 물었지요. "왕이 세금을 자기 아들에게 받나? 다른 사람에게 받나?" 다른 사람에게 받는다고 그는 대답했지요. 하나님의 아들인 예수님이 성전세를 낼 이유가 없지만, 예수님을 오해해 잘못을 범하는 사람이 없도록 성전세를 내자고 그에게 말했지요.

갈릴리 바다에 낚시를 던져 첫번째로 잡힌 고기의 입에서 동전을 꺼내 예수님과 그의 성전세를 내라는 것이 이상하지 않나요? 다른 11명 제자는 성전세를 안 내는 20세 미만이었나요? 아니면 나머지 제자들 세금은 재정담당자인 가룟 유다가 내나요? 어쨌든 그는 동전을 물고 있는 고기를 잡는 체험도 했지요.(마17:22~27)

사람들이 자신을 가리켜서 하는 말들을 들은 예수님이 "너희들은 나를 누구라고 하느냐?"고 물었지요. 이때 그가 "그리스도시요 살아계신 하나님의 아들입니다."고 말했지요. 그리스도는 메시아의 그리스 말입니다. 정확한 고백에 예수님은 그를 축복했지요. 이름을 시몬에서 반석을 뜻하는 베드로로 바꿔 주셨지요. 이 반석 위에 교회를 세우겠다고 했지요. 이는 그와 같은 믿음의 고백으로 교회가 세워짐을 뜻합니다. 그리고 그에게 천국 열쇠를 주어 그가 땅에서 무엇이든 매거나 풀면 하늘에서도 그대로 될 것을 말했지요. 이로써 베드로가 천국 백성을 선택하는 막강한 특권을 가진 것으로 해석해도 될까요? 그에게 천국 복음을 전하는 사명을 맡겼고 그 사명을 위해 주님 뜻 안에서 기도하는 것은 무엇이든 들어준다는 것입니다. 이것은 그를 1대 교황으로 결정한 후대 교황의 특권이 아닙니다. 선교사와 목사의 특권도 아니고 천국 복음을 위해 수고하는 신실한 성도에게 주어진 사명입니다.

그후 예수님은 예루살렘에 가서 고난 받고 죽임 당한 후 3일 만에 부활할 것을 말씀하셨지요. 이때 놀란 그가 예수님을 옆으로 데리고 가서 나무라듯 야단쳤지요. 이 장면을 개역 개정과 표준새 번역은 항변 또는 항의한 것이라 했지만 NIV, KJV는 "began to rebuke"로 예수님을 꾸짖고 나무라기 시작한 것으로 번역했지요. 헬라어 원어 성경도 NIV, KJV에서 사용한 "rebuke"와 같은 뜻을 가진 즉 "책망하다, 비난하다"의 단어를 사용했지요. "절대 안 됩니다. 이런 일이 주께 일어나선 절대 안 됩니다." 예수님이 몸을 돌려 그에게 외쳤지요. "사탄아, 내 뒤로 물러가라. 너는 내게 걸림돌이다. 너는 하나님 일을 생각지 않고 사람의 일만 생각한다."

잠시 전에 그렇게 칭찬, 축복받은 그에게 큰 잘못이 있다 해도 어떻게 사탄 취급을 할 수 있나요? 그가 감히 예수님을 꾸짖기 시작했으니 꾸짖는 속성상 점점 소리가 커지고 흥분했을 것 아닌가요? 그러나 예수님은 그에게 호통친 것이 아니고 사탄을 호통친 겁니다. 그런데 그는 왜 사탄에게 이용당하는 흥분된 말을 쏟아냈지요? 그가 정말 예수님을 사랑하고 아끼는 마음만으로 흥분했나요? 메시아로 고백한 것도 은근히 자기 욕심이 섞였는데 이를 무산시키는 말씀을 들으니 자신도 모르게 화가 났나요? 제자 초창기엔 아주 순수했던 그가 예수님의 총애를 받으니 변한 건가요? 자신을 향해 사탄으로 호통치는 소리에 제정신이 들어 더는 아무 말도 못 한 건가요? 예수님을 바라보는 이중적 모습이 그에게만 있나요? 저는 아버지께 심하게 야단을 맞은 후 하늘을 향해 손가락질하고 하나님께 욕하며 대들었던 고교시절이 생각나서 제 자신이 너무 죄송합니다.

측은히 보는 예수님 시선에 통곡한 베드로의 사랑 고백

최후의 만찬을 한 저녁부터 다음날 예수님이 못 박히신 오전 9시까지 약 15시간 동안 그가 대성통곡한 사건을 차례로 살펴보고자 합니다.

예수님은 최후의 만찬 도중 자신을 배반할 제자에 대해 경고를 했지요. 누가 배반할지 의아해했을 뿐 아무도 주님의 아픈 마음을 느끼지 못했지요. 예수님이 "이것이 내 살과 피"라며 성찬식의 규례를 세워도 제자들은 먹고 마시기를 즐겼을 뿐입니다. 식사가 끝난 후 오히려 제자들은 "내가 더 높다."고 다투었지요. 제자들이 왜 이렇지요? 예수님의 심각한 말을 예수님이 드디어 왕이 되는 것으로 착각한 것 아닌가요?

기가 찬 상황에서 예수님은 허리에 수건을 매고 대야에 물을 담아 철부지 제자들의 발을 씻겼지요. 뜻밖의 주님 행동에 다툼은 수그러들었지요. 자기 발아래 쪼그려 앉은 예수님께 베드로가 말했지요. "주님이 제 발을 씻깁니까?" "내가 왜 이러는지 네가 지금은 몰라도 나중엔 알게 될 거다." "절대 안 됩니다. 제 발을 씻길 수 없습니다." "내가 네 발을 씻기지 않으면 너는 나와 상관없는 남이다." "그럼, 주님! 제 손과 머리도 씻겨 주십시오." "목욕한 자는 발만 씻으면 된다. 너희들은 목욕했으니 다 깨끗하나 한 명은 아니다." 발을 다 씻긴 예수님은 섬김을 가르쳤지요.

그리고 제자들이 지금은 못 따라 오지만 후에는 따라 올 곳으로 예수님이 간다고 했지요. 이에 베드로가 "왜 지금은 안 됩니까? 다른 사람이 다 주님을 떠나도 저는 주님과 함께하며 제 목숨도 주를 위해 버리겠습니다."라고 장담했지요. 이에 "네가 이 밤에 닭 울기 전 세 번 나를 모른다고 부인할 거다."고 예수님이 경고했지요.

예수님이 제자들을 데리고 기도하러 올리브 동산에 가실 때 그는 심상찮은 느낌에 칼을 들고 갔지요. 기도 시간에 졸았던 제자들은 혼이 났는데 그가 더 혼났지요. 이때 예수님을 잡으려는 많은 사람을 가룻 유다가 안내해 왔지요. 베드로는 무기를 든 이들에게 칼을 휘둘러 대제사장 종의 귀를 베었지요. 그러나 예수님은 오히려 그를 나무라며 "칼집에 칼을 꽂아라. 칼을 쓰는 자는 칼로 망한다."고 했지요. 떨어진 귀를 붙여 고쳐주고 순순히 잡힌 예수님을 본 제자들은 겁이 나 다 도망쳤지요. 도망갔던 베드로는 용기를 내 멀찍이서 따라가 예수님을 심문하는 대제사장의 집 마당에 들어가 추워서 모닥불을 쬐었지요. 한 여종이 그를 보고 예수와 같은 일당임을 밝히자 그는 아니라고 했지요. 또 다른 사람이 예수의 일당임을 밝히자 예수를 모른다고 했지요. 다시 또 다른 사람이 예수의 일당이라고 하자 그는 예수님을 저주하면서까지 모른다고 했지요. 오! 그가 이럴 수 있나요? 이때 새벽을 알리는 닭 울음소리가 들리며 예수님이 측은한 눈길로 그를 바라보셨지요. 예수님 시선과 마주친 그는 계속 거기에 있을 수 없었지요. 예수님 말씀을 떠 올리며 밖으로 나가 통곡한 그가 멀리서라도 예수님을 지켜볼 수 있을까요?

예수님을 좋아하는 군중들이 모이기 전에 대제사장은 예수님을 빌라도 총독에게 넘겨 십자가 사형 선고를 받으려 했지요. 밤새 시달리다 날이 밝자마자 자신에게 인도된 예수님을 빌라도는 석방하고자 노력했지요. 대제사장의 사주를 받은 매수된 무리가 폭동을 일으킬까 걱정된 빌라도는 결국 십자가형을 선고했지요. 예수님이 죽은 후 양심의 가책과 마음이 복잡한 베드로는 다른 제자들과 함께 숨어 있었지요. 예수님이 부활해 시신이 무덤에 없음을 새벽에 들은 그는 무덤으로 달려갔지요. 먼저 도착한 요한이 겁이 나서 무덤 동굴 입구에서 머뭇거렸지요. 뒤이어 도착한 그가 망설임 없이 용감히 들어가 시신이 없음을 확인하고도 예수님의 부활을 확신하지 못했지요. 베드로가 누구의 안내도 없이 곧장 무덤으로 간 것은 그가 두 의로운 부자가 예수님 장례 치르는 무덤을 본 증거가 아닐까요? 그가 또다시 용기를 내어 주님의 십자가 현장을 멀리서 봤나요? 어쨌든 그가 무기력증에 빠진 것은 확실합니다. 제자들이 모인 자리에 예수님이 두 번이나 나타났지만, 그는 무기력해 갈릴리 어부로 되돌아갔지요. 이때 어부 출신 제자 6명이 그를 따라 갔지요.

밤새 한 마리도 못 잡은 제자들에게 세 번째 나타나신 예수님이 배 오른편에 그물을 던지라고 했지요. 주님인지 정확히 모르면서도 순종해 그물을 못 들 정도로 많이 잡았지요. 요한이 "주님이다."고 외치자 그는 물속으로 뛰어들어 주님께 갔지요. 주님이 피운 불에 구운 생선과 주님이 마련한 빵으로 모두 아침 식사를 했지요.

식사 후 주님이 "네가 이 사람들보다 나를 더 사랑하느냐?"고 베드로에게 물었지요. 그는 "제가 주님을 사랑하는 것을 주님이 아십니다."라고 했지요. 주님은 "내 어린 양을 먹이라."고 하신 후 또 "네가 나를 진정 사랑하느냐?"고 물었고 그는 같은 대답을 했지요. 주님이 "내 양을 치라."고 하신 후 세 번째 같은 질문을 하자 그는 근심하며 같은 대답을 했지요. "내 양을 먹이라."고 하신 주님은 그의 장래를 말한 후 "나를 따르라."고 했지요.

베드로는 "주님을 사랑합니다."라고 자신있는 직접적인 고백을 못하고 왜 "주님이 아십니다."라는 간접적인 고백을 했지요? 세 번이나 실패해 무기력증에 빠진 상태에서 주님이 아신다고 더 정확하고 간접적인 고백을 할 수밖에 없었지요. 주님은 세 번 실패로 평소의 장점을 잃은 그를 온전히 회복시키고자 세 번 같은 질문을 했지요.

저는 50세가 되기까지 주님 사랑을 고백하지 못했지요. 주님을 사랑하면 선교사나 목사가 될 것 같아 사랑할 수가 없었지요. 그런데 2009년 11월 3일 제 부친이 소천하시며 저는 병상에서 뜨겁게 고백했지요. 당시 저는 대화하는 사람이 있는지 없는지도 몰라 보는 상태였고 신용 불량으로 금융 기관의 독촉에 시달렸지요. 그런데 제 아버지의 죽음이 이 모두를 해결했지요. 아버지의 각막을 저의 오른 눈에 이식하느라 장남인 저는 빈소도 못 지킨 죄인이건만 형제들은 부조금을 제게 다 주었지요. 이 기막힌 현실에서도 저는 울 수 없었지요. 수술 후 3일간 자극을 막기 위해 울면 안 된다는 의사의 간곡한 부탁에 터져 나오는 울음을 참으며 이해할 수없는 방법을 택하신 주님께 3일간 항의했지요. 왜 이런 방법을 택해 저를 더 비참하게 하십니까? 이런 방식이 아니면 제 눈 문제와 신용불량 문제를 해결할 수 없습니까? 장남이 빈소도 못 지키는 이런 방식으로 꼭 해야 합니까? 그 후 주님 사랑을 깨달으며 소리 없이 한없이 울었지요. 모두 잠든 밤에 너무 늦은 사랑 고백과 또 항의한 무례의 교만을 눈물로 용서 빌고 "주님! 사랑합니다."를 수없이 외쳤지요. 그리고 제가 먹일 어린 양, 다 큰 양과 돌봐야 할 양을 생각했지요. 이후 저는 파란 하늘을 쳐다보며 천국의 아버지를 떠 올리며 눈시울을 적시는 습관이 생겼지요.

뒤늦게 사랑을 고백하며 "주님, 한분만으로 만족합니다."고 외쳤던 저는 주님의 측은한 시선을 그리면 또 비통한 눈물이 나지요. 2011년 당회와 총 목자 모임의 2회 투표로 제가 장로 최종 후보가 되며 축하받았지요. 그러나 공동 의회의 찬반 투표만 남은 상태에서 제 눈을 이유로 후보를 사퇴해야만 했지요. 장로가 저의 신앙 목표가 아니기에 사퇴했지요. 뒤늦게 시작한 주님과 참사랑의 교제에 기쁨을 누리면서도 장로를 신앙 인정 자리로 보는 시각과 미련이 아직도 살아 있음을 느낄 때는 마지막 순간까지 자리다툼을 한 제자와 같다는 생각에 저 자신이 한심하지요. 주님만으로 족하다고 그렇게 외쳤던 것이 죽어도 주님과 함께하겠다는 베드로의 장담과 뭐가 다를까요? 베드로를 측은히 보신 주님의 눈길이 저를 향함을 느낄 때는 눈가와 콧잔등이 뜨거워집니다. 제가 진정 가장 사랑하는 주님이 절 더는 안타깝게 보지 않을 날은 도대체 언제일까요?

4. 성령 충만해 지도자로 변한 사도 베드로

죄책감을 떨치고 담대한 능력의 사도가 된 베드로

예수님을 사랑해도 죄책감으로 무기력한 베드로를 예수님이 완전히 회복시켜 그가 어떻게 변했는지 차례로 살펴봅니다.

첫째, 수제자의 위치를 회복해 기도 모임을 이끌었지요. 예수님이 부활 40일 후 승천하는 모습을 본 사람 중 약 120명을 이끌고 예수님 말씀대로 예루살렘을 떠나지 않고 마가의 엄마 집에 모여 성령을 기다리며 기도에 힘썼지요. 그는 이때 예수님 사역 내내 함께했던 2명 중 제비뽑기로 자살한 가룟 유다를 대신할 사도를 뽑았지요.

며칠 후 기도하는 집이 흔들리고 모든 성도에게 성령이 강하게 임하며 다른 나라 말로 방언을 했지요. 명절을 지내려고 타국에서 온 유대인들이 자기들이 사는 곳의 언어로 갈릴리 사람들이 말하는 것을 보고 술 취한 소리라는 둥 모두 놀랐지요. 이때 그가 그들에게 담대히 외쳤지요. "이제 아침 9시인데 술 취한 게 아니다.

말세에 내 영을 모든 사람에게 부어 주겠다고 하신 하나님의 약속이 이루어진 것이다. 또 다윗이 주님의 부활을 말한 대로 여러분이 로마인을 통해 못 박아 죽인 예수님을 하나님이 살려 주와 그리스도가 되게 하셨다. 부활하신 예수님이 성령을 우리에게 보내셔서 여러분이 보는 대로 말하는 것이다." 그의 말에 양심의 가책을 받은 유대인 3천 명이 회개하고 예수 이름으로 침례를 받았지요. 예수님이 회복시키고 성령 충만한 그의 변화가 놀랍지 않나요? 이것은 그의 변화 시작에 불과했지요.

둘째, 성령 충만한 그는 권력 앞에서도 담대했지요. 하루는 기도 시간에 성전을 찾은 그와 요한이 입구에 앉아 구걸하는 40세 된 못 걷는 자를 봤지요. "은과 금은 내게 없지만 내게 있는 것으로 네게 주노니 나사렛 예수 그리스도의 이름으로 일어나 걸어라."고 그가 말하며 손을 잡아 일으켰지요. 태어나 한 번도 못 걷던 자가 벌떡 일어나 걸으니 얼마나 좋았을까요? 그의 팔에 매달려 깡충깡충 뛰는 자가 매일 성전 입구에서 구걸하던 자임을 안 많은 사람이 몰려 들었지요. 그는 군중에게 "빌라도가 석방하려 했지만, 여러분 때문에 죽게 한 예수의 이름과 이를 믿는 믿음이 이 사람을 걷게 했다."고 외쳤지요. 그와 사도들이 예수님을 전하니 믿은 자가 5천 명이나 되었지요.

성전에서 발생한 이 사건으로 대제사장과 지도자들은 사도들에게 "무슨 권세로 이런 일을 하느냐?"고 물었지요. 이에 베드로가 "이 사람이 병 고침 받은 것은 너희가 십자가에 못 박은 예수님 이름 덕분이다. 예수님 이름을 통하지 않고 구원받을 수 있는 다른 이름을 준 적이 없다."고 담대히 말했지요. 무식한 사람으로 알았던 그의 거침없는 말에 지도자들은 놀랐지요. 예수 이름으로 가르치지 말라는 협박에 그와 요한이 "우리가 보고 들은 것을 말하지 않을 수 없다."고 했지요. 병 나은 자와 많은 목격자가 있어 사도들을 어떻게 할 수 없었던 그들은 사도들을 협박해 내보냈지요. 겁나서 예수님을 저주하며 부인했던 그를 이렇게 담대하게 만든 것은 기도 생활과 성령 충만해서 아닌가요? 그래서 소망 없이 그저 동전만 바라는 거지의 근본 문제를 자기가 가진 예수의 권세로 해결한 것 아닌가요?

셋째, 그는 엄청난 능력의 사도가 되어 초대 교회를 이끌었지요. 성도들이 자발적으로 자기 물건을 나눠 쓰고 땅과 집을 팔아 가난한 자를 도와 칭찬받았지요. 한 부부가 땅을 팔아 남편이 사도에게 그 대금의 일부만 내면서 다 낸 것처럼 했지요. 베드로가 하나님을 속인 것을 나무랐고 남편은 그 자리에서 죽었지요. 약 3시간 후 이 사실을 모른 아내가 왔고 남편의 장례가 진행중이었지요. 베드로가 이게 땅값 전부냐고 묻는 말에 아내도 그게 전부라고 속여 곧바로 아내도 죽고 남편 옆에 안치되었지요. 이 사건은 교회에 큰 경각심을 주며 베드로를 두려워하게 했는데 좀 이상하지 않나요? 남편의 죽음을 아내에게 알렸다면 아내의 거짓말은 막을 수 있었을 텐데 왜 안 알렸지요? 고의로 안 알린 것 같지는 않지만, 아내 없이 남편의 장례를 치른 것은 의아하지요. 어쨌든 갓 출발한 교회와 거짓으로 공명심의 유혹을 받는 자들을 지키고자 하나님이 이 부부를 일벌백계로 다스린 것 같습니다.

사도를 통해 큰 능력이 나타났는데 특히 베드로의 경우엔 그의 그림자라도 병자 위에 지나가길 바랄 정도였지요. 이를 시기한 종교 지도자들이 사도들을 잡아 공회에 세웠지요. "온 예루살렘에 너희 도가 가득하게 해 예수의 죽음을 우리 잘못으로 돌리고 있다."는 말을 들은 베드로와 사도들이 "우리는 사람보다 하나님께 순종해야 한다."고 말했지요. 그리고 하나님이 예수님을 살리시고 높이고 성령을 주셨음을 담대히 전했지요. 분노한 공회원들은 사도들을 죽이길 원했는데 바울의 스승인 가말리엘이 말렸지요. "이들을 내버려 두자. 이들의 사상이 사람에게서 났으면 저절로 무너진다. 만약 하나님에게서 났으면 우리가 하나님을 대적하게 된다."는 말에 사도들은 풀려났지요.

성도의 수가 증가하며 과부 구제에 차별이 생겨 말썽이 일자 7집사를 세워 재정을 전담시켰지요. 이 중 한 명이 최초 순교자가 되며 핍박이 심해 타지로 성도들이 흩어졌지요. 이때 사울(바울의 과거 이름)이 성도 핍박에 특심하였지요. 사마리아에서 예수를 전하는 한 집사를 통해 큰 능력과 기적을 본 한 마술사가 집사를 따랐지요. 교회 대표로 사마리아를 방문한 베드로, 요한이 성도를 위해 기도할 때 성령이 임함을 본 마술사가 돈을 내며 자기에게도 이런 능력이 생기게 부탁했지요. 베드로는 "네가 하나님의 선물을 돈으로 사려 했으니 네 돈과 함께 망할 것이다. 주님의 용서를 받게 회개하라."고 말했지요.

베드로는 이외에도 교회의 대표로 여러 지방의 성도를 돌보며 죽은 여인을 살리기도 했지요. 이때 가이사랴에 하나님을 경외하는 로마인 백부장이 기도 중 베드로를 초청해 말씀을 들으란 천사의 지시를 받았지요. 백부장이 보낸 사람이 가까이 왔을 때 그는 기도 중 환상을 봤지요. 하늘에서 부정한 짐승을 담은 광주리가 내려오며 잡아먹으라고 해 부정한 것은 먹지 않는다고 그가 답하자 "하나님이 깨끗케 한 것을 네가 부정하다고 하지 말라"는 질책을 받았지요. 세 번 이 일이 있은 후 백부장의 사람이 도착하니 의심치 말고 따라가라고 성령이 그에게 말했지요. 백부장 집에 모인 자들에게 베드로가 예수님을 전할 때 성령이 임하며 그들이 방언함을 보며 이방인에게도 구원이 임함을 깨달았지요. 예루살렘에 돌아온 그는 이 사실을 교회에 알려 복음이 이방에도 전해져야 함을 깨닫게 했지요. 세 번의 부인으로 무기력증에 빠진 베드로의 삶을 예수님이 회복시킨 후 성령이 강하게 이끈 것을 느낍니다. 예수님을 메시아로 고백했던 그의 믿음 위에 교회를 세우겠다는 예수님 말씀이 이루어진 것 아닌가요?

지도자를 양육하고 세운 겸손한 베드로

베드로는 성격이 급하고 직설적으로 솔직했으며 적극적이고 용감한 사람이었지요. 그가 후진 양성에 힘쓴 것을 살펴봅니다.

첫째, 같은 제자로서 막내인 요한을 아꼈지요. 요한은 제자가 되기 전에 그의 동업자로서 친했지요. 함께 제자가 된 후에도 두 사람은 각별했고 둘 다 예수님의 특별한 사랑을 받았지요. 베드로는 부활하신 예수님께 요한의 장래에 관해 물을 정도로 관심이 많았지요. 예수님이 승천하신 후엔 요한을 늘 데리고 다니며 사역했지요. 그의 친동생도 12사도에 속했는데 동생보다 요한을 대동한 것은 요한에 대한 예수님의 마음을 읽었기 때문 아닐까요? 요한은 12사도 중 가장 늦게 죽었지요.

둘째, 바울이 바나바와 불화한 원인인 마가를 믿음의 아들로 삼아 양육했지요. 바울이 싫어했던 마가는 외삼촌 바나바가 순교 당한 후엔 양부 베드로의 각별한 사랑을 받아 마가복음을 기록했지요. 마가의 성숙한 변화를 바울도 인정한 것이 바울이 죽기 전에 마지막으로 기록한 디모데후서 4:11에 나타납니다. 바울이 자기 사역에 필요한 마가를 꼭 데려오라고 부탁할 정도로 변한 것은 베드로 덕분이지요.

셋째, 예수님 동생 야고보에게 예루살렘 교회의 대표 자리를 양보했지요. 예수님 동생 야고보는 예수님 부활 후 예수를 믿은 초신자 입니다. 베드로는 야고보를 잘 가르쳤고 야고보가 급성장하자 교회 지도자로 세웠지요.

헤롯 아그립바 1세 (사도행전 12장엔 헤롯)는 A.D. 41년에 왕이 된 후 성도를 미워한 유태인의 환심을 얻고자 요한의 형 야고보를 죽였지요. 이를 유태인들이 좋아하자 교회를 대표하는 베드로까지 죽이려고 투옥했지요. 사형 예정일 전날 밤 천사가 베드로를 감옥에서 구했지요. 베드로는 마가의 어머니 집에 모인 교회 성도에게 천사가 자기를 구한 것을 예수님 동생 야고보에게 알리라고 하곤 다른 곳으로 피신했지요. 야고보는 이런 보고를 받아야 할 위치였고 헤롯의 눈을 피해 숨어야 할 정도로 교회의 중심이 되었지요. 바울은 교회의 기둥으로 세 명을 꼽았는데 순서가 야고보, 베드로, 요한 순이었지요. 또 이방인의 할례 문제로 예루살렘에서 총회가 열렸을 때 회장으로 사회를 한 자가 야고보였지요. 만약 베드로가 12사도도 아닌 야고보를 경계해 교회에 섭섭함을 표현했다면 교회가 온전했을까요? 교회의 중심이 베드로에서 야고보로 이동함에 베드로가 보여준 겸손은 오늘날 교회가 깊이 묵상해 보아야 할 점입니다.

넷째, 공개적으로 자신을 망신시킨 바울을 존중하며 세워 줬지요. 성도 핍박에 앞장선 바울이 갑자기 예수를 전하는 제자로 180도 급변했을 때 성도들이 바울을 믿을 수 있었겠습니까? 자신에게 가까이 다가오는 바울을 베드로는 따뜻이 맞이해 가르쳤지요. 그런데 10여 년이 흐른 후 할례 받지 않은 이방인과 식사 도중 자리를 옮긴 베드로를 바울이 위선자로 세게 나무란 사건이 발생했지요. 아무리 잘못했기로 새까만 후배에게 망신당한 베드로가 바울에게 악감정이 없었을까요? 베드로는 자신의 잘못을 인정했을 뿐 아니라 바울을 존중했음이 베드로후서 3:15, 16에 나타납니다. 바울의 지혜는 하나님께 받은 것임을 인정했지요. 바울의 서신중 자신도 이해하기 어려운 부분이 있음도 고백하며 이를 함부로 해석하지 말도록 성도들에게 경고까지 했지요. 바울에 대한 베드로의 겸손한 태도가 얼마나 놀랍습니까? 야고보뿐 아니라 바울까지 이렇게 세워 준 것은 베드로가 예수님에게 배운 발 씻기는 섬김의 열매 아닌가요? 이 섬김은 베드로가 성령 충만했기에 가능한 것 아닌가요?

저는 가정교회 출범 때부터 17년간 맡은 목자직을 내려놓았지요. 저희 부부와 15년을 함께 해온 이은화, 구자철 집사님 부부를 지도자로 세우기 위해서지요. 아내와의 결혼 약속을 지키고자 신앙생활을 시작한 신실한 남편을 아내는 지혜롭게 잘 인도했지요. 가정교회 시스템상 저희 목장이 분가되지 않는 한 이 부부는 계속 예비 목자일 뿐이지요. 제가 그만두고 이 부부를 내세울 생각은 2016년 말까지 단 한 번도 생각 못 했지요. 분가해 목자로 세운다는 생각뿐이었지요. 그러나 가정교회 출발 때부터 교회에서 가장 먼 거리에 사는 저희 목장은 장거리의 벽을 넘지 못했지요. 분가는커녕 목장이 유지되는 것만 해도 감사한 것이란 위로를 담임 목사님께 듣곤 했지요. 그러다 2017년 5월 말 저는 결심 즉시 목장 모임에서 6개월 후 목자 교체를 선언했지요. 아내가 먼저 제 뜻을 따르며 적극적으로 권하게 되었고 이 부부도 따라줘 2018년 새 출발을 했지요. 너무 잘하는 모습을 보며 진작 이런 생각을 못 한 게 미안했지요. 예수님 안에서 이 부부를 뜨겁게 사랑하며 그동안 이루지 못한 분가를 꼭 이루길 기도합니다.

08

자살한 제자

가룟 유다

1. 가룟 유다를 제자로 삼은 예수님

가룟 유다, 그는 누구인가?

12제자 중 유일하게 갈릴리 출신이 아닌 가룟 유다의 배경에 대해 성경은 가룟 출신인 것만 밝혀 다른 제자와 구분해 가룟 유다로 부릅니다. 가룟은 구약에선 그리욧입니다. 그리욧은 이스라엘이 가나안 정복 후 유다 지파가 배정받은 땅으로 여호수아 15:25에 나타납니다. 이 사실과 유다의 이름을 근거로 그를 유다 지파로 보는 견해가 있지요. 이게 맞는다면 예수님도 유다 지파인데 같은 유다 지파 사람이 배반했으니 유다 지파의 비극 아닌가요? 그런데 예레미야 48:24와 아모스 2:2엔 그리욧을 사해 동쪽에 있는 모압의 성으로 기록했지요. 이를 근거로 그를 재외 동포 유태인으로 보는 시각도 있지요.

그리고 가룟 유다를 열심당 출신으로 보는 견해도 있지요. 열심당은 이스라엘의 독립운동을 주도한 단체입니다. 성경은 열심당 출신 제자를 밝혔는데 가롯 유다를 두고 그런 언급이 없어 그가 열심당 출신인지는 확인할 수 없지만 멀리서 예수님을 찾은 동기가 독립을 갈망한 것으로 보이지요.

그가 예수님 제자 중 공부를 가장 많이 한 제자인 것에는 학자들 의견이 일치합니다. 갈릴리 출신의 다른 제자들은 마태를 제외하면 거의 학식이 얕은 것으로 보이지요. 베드로전 · 후서를 대필한 것을 보면 베드로가 로마 제국의 공용어인 그리스어를 몰라 자신이 직접 적지 못한 것으로 보이지요. 이런 제자들과 비교해 볼 때 그는 많이 배웠지요.

예수님은 왜 가롯 유다를 제자로 삼고 재정관리를 맡겼나?

예수님 제자가 되기 위해서는 먼저 예수님의 부름과 그 다음 본인의 순종이 있어야 합니다. 그런데 가롯 유다의 경우에는 순서가 바뀌었지요. 갈릴리 사람이 아닌 그가 예수님 소문을 듣고 예수님을 찾은 것이지요. 당시 많은 사람이 멀리서도 예수님을 찾았는데 그 목적은 다 달랐지요. 그는 무슨 목적으로 갈릴리까지 갔을까요? 병 고치기 위함인가요? 소문 확인을 위한 단순 호기심인가요? 배우기 위함인가요? 제자가 된 후 그의 행동을 보면 예수님이 이스라엘을 해방시킬 메시아임을 확인하려고 온 것 같지요. 예수님의 가르침은 지도자에 대한 비판으로 들렸고 예수님의 능력은 상상을 초월해 그분의 제자가 되고 싶은 욕망을 일으키기에 충분했지요.

예수님은 그가 순수하지 못한 동기를 품은 것을 알고도 왜 제자로 삼았지요? 그가 장차 자신을 배반할 것을 알고도 왜 제자로 삼았지요? 구약의 메시아에 대한 예언을 이루는 역할을 누군가 해야 하는데 그 누군가가 가룟 유다일 뿐이란 견해가 있습니다. 또 후대 사람이 배반자인 그를 보고 '이래선 안 된다'는 교훈을 얻게 하려고 제자로 뽑았다는 견해도 있지요.

이런 견해들에 제 소견을 조심스레 가미합니다. 아무것도 아닌 제가 어떻게 주님의 뜻을 깊이 알겠습니까? 단지 조금이라도 알려고 노력할 뿐이지요.

그가 변화되기를 바란 주님의 소망이 그를 제자로 삼은 이유 중 하나임을 강하게 느낍니다. 이는 다른 제자의 선발 목적이기도 하기에 가룟 유다라고 특별한 목적이 있을 수 있나요? 예언의 악역을 꼭 제자가 해야 하나요? 다른 사람을 통해서도 얼마든지 이룰 수 있지 않나요? 예수님과 함께하며 자신을 돌아보아 바른 길을 걷기를 원한 것도 선택의 이유가 아닐까요? 궁극적으로 예수님과 참사랑의 교제를 나누는 존재가 되길 원한 것 아닐까요? 그가 진정 사람을 낚는 사람이 되는 것은 그 후의 사명이지요. 베드로도 주님과의 사랑을 온전히 회복한 후 성령 충만해 사명의 길을 걸었지요.

예수님은 그에게 왜 재정관리를 맡겼지요? 많이 배워 계산을 잘하고 장부 정리를 잘할 것 같아서인가요? 돈 계산과 장부 정리는 세무 공무원인 마태가 낫지 않았을까요? 세리는 인식이 나빠 재정을 못 맡겼나요? 반면에 그가 예수님을 처음 만났던 때는 정말 믿을만한 사람이라 맡겼나요? 재정을 맡긴 것도 제자로 삼은 이유와 같지 않을까요? 그가 돈의 유혹을 이기고 변하기를 예수님이 간절히 소망해 재정까지 맡긴 것 아닐까요? 제자로 삼은 것과 재정을 맡긴 이유에 대해 만족할 답을 찾을 수 없어 안타깝지만 가룟 유다도 사도된 것이 예수 믿는 자에게 경각심을 일으키는 교훈이 되지요.

2. 예수님과 함께하며 무엇을 배웠나?

사도로 뽑힌 후 전도 여행에서 가룟 유다가 느낀 것은

베드로가 예수님이 선택한 첫 번째 제자가 되었는데 그 전부터 예수님을 따르던 자들이 많았지요. 예수님을 믿고 따르는 자를 성경은 모두 제자로 기록했지요. 예수님이 부르신 자를 비롯해 예수님을 따르던 자 중 12명을 사도로 세워 다른 제자들과 구분했지요. 우리는 이들을 12제자 또는 12사도라 부릅니다. 사도에게 귀신을 쫓아내는 권세와 병 고치는 능력을 주어 갈릴리 지역 곳곳으로 복음을 전하려 보냈지요. 12사도를 통해 큰 기적이 곳곳에서 발생해 갈릴리를 다스리던 분봉왕 헤롯 안디바는 당황했지요. 자기가 죽인 세례 요한이 살아난 것으로 헤롯이 겁먹을 정도였지요. 이런 12사도로 가룟 유다가 뽑혔을 때 그의 마음은 어땠을까요? 그가 사역할 때 얼마나 신났을까요? 그도 다른 사도들처럼 복음을 전하며 회개를 촉구했을까요? 예수님이 자신을 배반할 그에게도 능력을 주어 보낸 이유가 뭘까요? 그가 전해야 했던 복음을 그가 먼저 깨닫고 예수님을 진정 주님으로 믿는 변화를 원한 것 아닌가요? 이런 기대는 다른 제자에게도 했겠지만 요주의 인물인 그에겐 더 강했을 것 아닌가요? 그런데 온갖 능력과 기적을 행하며 사람들에게 대접받은 사도들, 특히 가룟 유다는 드디어 자신이 원한 때가 오는 것으로 착각했나요? 이 전도 여행 얼마 후 제자들은 처음으로 자리다툼을 했지요. 전도 여행 때 초능력을 맛보고도 귀신 들린 소년을 못 고쳐 예수님께 질책당하고도 자리다툼을 할 때 가룟 유다의 생각은 어땠을까요? 무식한 다른 제자에게 질 수 없다는 생각이었나요?

이런 전도 여행은 자리다툼 후 또 있었지요. 예수님은 70명을 따로 뽑아 이들에게도 능력을 주고 2명씩 조를 이뤄 전도 여행을 보냈지요. 이들도 12사도와 같은 능력을 발휘했지요. 12사도가 이 70명에 포함되는 것으로 많은 목사님이 착각하기도 합니다. 누가복음 10:1에 70인 제자를 따로 세운 것으로 밝히고 있어 12제자는 포함되지 않은 것입니다. 12사도가 이 70인에 대해 우월감을 가질 수 있나요? 할 일이 많아 70인을 따로 세웠지만 12사도의 교만을 막으려는 의도도 있지 않을까요? 12사도가 자리다툼을 한 후 이내 70인을 세운 것은 경고 아닌가요? 이 70인 제자를 통해 가롯 유다는 예수님의 마음을 얼마나 알았을까요?

예수님의 수많은 가르침을 가롯 유다는 얼마나 마음에 새겼나요? 슈퍼스타 예수님의 인기에 그는 도취되어 자신의 야망과 욕심만 키우고 채웠나요? 그가 맡은 재정으로 구제 활동할 때 누린 기쁨과 감사를 진정 지속했나요?

가롯 유다의 회계 직무 수행에 의아한 점들

예수님이 죽은 나사로를 살렸지요. 십자가에 못 박히기 며칠 전 나사로의 집에서 예수님께 저녁을 대접하던 중 나사로 여동생 마리아가 예수님께 매우 비싼 향유를 부었지요. 그녀는 자기 머리카락으로 예수님의 발을 닦았지요. 이를 본 제자들이 비싼 향유를 낭비했다고 화를 내며 나무랐지요. 가롯 유다는 "3백 데나리온에 팔아 가난한 자에게 나눠주지 않고 왜 낭비하느냐?"고 했지요. 이에 예수님은 "가난한 자는 너희 주변에 항상 있다. 그러나 나는 너희와 항상 있지 않다. 이 여자는 내 장례를 준비했다."고 말하며 오히려 마리아를 칭찬했지요. 1데나리온은 근로자의 하루 일당입니다. 일당을 10만 원으로 치면 3백 데나리온은 3천만 원으로 1년 치 봉급에 해당합니다. 이스라엘 여자는 13세가 되면 성인식을 치르며 주변에서 주는 축하금으로 향유를 사 모아 결혼할 때 팔아 결혼 자금으로 썼지요. 쌀 때 사서 비쌀 때 되팔아 결혼 자금을 키웠지요. 마리아는 얼마 전 오빠를 살려 준 예수님의 죽음이 가까운 것을 느끼고 감사와 장례 준비의 뜻으로 아낌없이 결혼 자금을 다 부은 겁니다. 예수님이 당신의 죽음에 대해 계속 말씀하실 때 제자들보다 마리아가 더 느끼며 슬퍼한 겁니다.

많은 제자가 마리아를 나무랐는데 요한은 유독 가룟 유다를 도적으로 불렀습니다. 가룟 유다의 말은 구제보다는 마리아의 향유에 대한 횡령 욕심이 숨은 것으로 요한복음 12:6에 밝혔지요. 가장 어린 제자 요한이 그를 그렇게 봤다면 예수님과 다른 제자들도 당연히 그의 부정을 알았겠지요.

제자들 모두 질책을 당했는데 가룟 유다는 참지 못했지요. 이 일이 있은 후 바로 그는 예수님을 죽일 방법을 의논하던 대제사장을 찾았지요. 그는 예수님을 그들에게 넘겨주는 대가로 은 30냥을 선불로 받았지요. 은 30냥은 30데나리온으로 일당을 10만 원으로 치면 3백만 원입니다. 다 같이 책망 받았음에도 다른 제자들은 괜찮은데 왜 유독 그의 마음이 이렇게 뒤틀렸지요? 대제사장을 찾은 것은 순간적인 "욱!"하는 감정을 못 이긴 것 아닌가요? 이 한 번의 책망으로 배반을 결심했다면 너무 어처구니없지 않나요?

평소 그의 재정관리 업무에서 의문스러운 점들을 보게됩니다. 예수님이 수많은 사람을 가르치다 저녁때가 되자 제자들은 군중을 보내자고 건의했지요. 그런데 예수님은 이들의 먹일 것을 의논했는데 그 의논 상대가 재정담당인 가룟 유다가 아닙니다. 예수님 고민을 들은 제자가 군중을 조금씩 먹여도 2백 데나리온이 필요하다고 말했는데 정작 재정담당자는 재정 상태에 대해 아무 말이 없었지요. 이때 어린이가 주는 보리빵 5개, 생선 2마리를 받아온 자도 다른 제자였지요. 이것으로 예수님은 약 2만 명을 배불리 먹였지요. 한 제자를 시험코자 예수님이 의논한 것으로 요한복음 6:5, 6에 밝혔는데 가룟 유다는 시험 안 해도 될 정도로 믿음이 좋았나요? 다른 제자와 의논할 때 그의 기분이 어떠했을까요? 큰 돈이 필요하다는데 그는 왜 아무 말이 없었지요?

이런 일이 또 있은 후 예수님과 제자들이 먹을 것도 없이 배를 탄 일이 있었지요. 당연히 재정담당자인 가룟 유다가 빵을 준비해야 했지요. 이때 예수님이 "바리새인과 사두개인의 누룩을 조심하라"고 하셨지요. 먹을 빵이 없어 예수님이 나무란 것으로 오해한 제자들이 당황하는 촌극이 벌어졌지요. 이에 예수님이 누룩은 빵이 아니고 잘못된 가르침인 것을 설명했지요. 이런 소동을 만든 일차적인 원인은 재정담당자인 가룟 유다의 직무 태만 아닌가요?

성전세 납부에서 가룟 유다의 역할은 정말 의문투성이지요. 예수님이 가룟 유다에게 잔고 확인도 않고 베드로에게 낚시로 성전세 낼 돈을 마련케 한 것은 잔액이 없단 뜻인가요? 왜 가룟 유다를 통하지 않고 납부했지요? 예수님의 이런 모습을 보며 가룟 유다는 재정담당자로서 무엇을 느꼈지요? 예수님에 대한 섭섭함을 가졌나요? 아니면 자신의 부족 또는 자책감을 느꼈나요?

가룟 유다를 제외시킨 장면은 또 있지요. 예수님이 죽기 하루 전 최후의 만찬을 했지요. 이때는 유태인의 가장 큰 명절 음식을 차려야하기에 평소보다 많은 비용이 들지요. 그런데 이 준비를 재정담당자 가룟 유다가 아닌 베드로와 요한에게 맡긴 이유가 뭐지요? 자신을 배반할 결심을 한 그에게 못 맡길 정도로 예수님 마음이 상했나요? 재정 잔액이 얼마인지를 떠나 또 배제당한 가룟 유다의 기분이 어땠을까요? 이때는 이미 그가 예수님을 배반키로 해 돈까지 받은 뒤라 자신의 결심이 옳다고 생각했나요?

아무튼 그의 재정관리 업무는 태만과 불신의 연속인데 끝까지 그에게 돈을 맡긴 예수님의 사랑이 놀랍지 않나요?

예수님 사랑을 저버린 그의 모습이 계속 터지는 한국 교회의 재정 잡음과 같아 부끄럽습니다. 교회가 클수록 재정은 베일 속에 가려 곪을 대로 곪아서야 악취를 풍기지요. 재정에 있어서 투명하다고 말하는 교회도 실제로는 재정을 점검하는 제직회 운영에 성도들의 참석률과 관심을 이끌어내는 데에 최선을 다하고 있는지 점검해보아야 할 일입니다. 재정 잡음의 중심에 대개 담임 목사와 장로가 있는 것은 비극 아닌가요? 유다가 주님의 돈을 자기 마음대로 써서 도적으로 불렸듯 교회에서도 헌금을 자기 마음대로 써 구린내를 피우는 일이 언제 사라질까요?

3. 사랑의 경고를 저버린 가룟 유다의 자살

최후의 만찬과 세족식에서 잇따른 사랑의 경고

대제사장을 비롯한 지도자들은 유태인들이 유월절을 지내려고 예루살렘에 모이는 기간을 피해 예수님을 죽이기로 했지요. 그 이유는 슈퍼스타 예수님을 좋아하는 백성들이 너무 많아 폭동이 발생할 것이 예상되었기 때문이지요. 같은 이유로 예수님을 잡는 방법도 골치 아팠는데 가룟 유다가 해결해 주겠다니 너무 좋았지요.

유다는 최후의 만찬 도중 가슴 뜨끔해진 예수님의 말씀을 들었지요. "너희 중 한 명이 나를 팔 것이다."는 예수님 말씀에 제자들은 "주여, 나는 아니지요?"라며 차례로 물었지요. "그는 나와 함께 그릇에 손을 넣는 자다. 그는 차라리 태어나지 않았으면 그에게 좋을 뻔했다."는 예수님 말씀에 유다의 손이 움찔했지요. 그러나 그는 뻔뻔한 얼굴로 "랍비여, 나는 아니지요?"라고 물었지요. 다른 제자들은 "주"로 불렀는데 그만 "랍비"로 부른 것은 아직도 예수님을 참 메시아로 믿지 않는다는 증거 아닌가요? 예수님이 "네가 말했다."고 대답했지요.

대화가 연상퀴즈처럼 진행된 것이 이상하지 않나요? 잠시 후 베드로가 예수님을 부인할 것에 대해선 확실히 공개적으로 말한 예수님이 유다에 대해선 왜 이렇게 말씀하셨을까요? 그래서 제자들은 끝까지 배반자가 누구인지 몰라 유다가 세족식까지 함께할 수 있었지요. 만약 제자들이 누가 배반할지 알았다면 심상찮은 분위기에 칼을 두 개나 준비했는데 성미 급한 베드로가 가만히 있었을까요? 예수님이 유다를 명백히 안 밝힌 것은 스스로 뉘우쳐 돌이키길 끝까지 기다린 것 아닌가요? 주님에 대한 확신은 없었지만 3년간 모신 예수님 경고에 그는 먹은 것이 체할 정도로 엄청난 고민을 하지 않았을까요? 그가 겪은 갈등 이상으로 예수님의 마음이 타지 않았을까요? 만찬 후 제자들이 또 자리다툼을 할 때 그도 흥분해 다투었을까요? 다투는 제자들의 발을 예수님이 씻길 때 그의 발도 씻겨 줬지요. 그의 발을 씻기는 주님의 마음은 얼마나 애간장이 탔겠습니까? 쪼그리고 앉아 그의 발을 씻기는 예수님을 보며 그의 마음은 갈팡질팡하며 얼마나 괴로웠을까요? 아직도 마음을 돌이키지 못하는 그를 두고 예수님은 "너희가 깨끗한데 다는 아니다."고 했지요. 또 누구인지 밝히지 않은 이 말은 지금이라도 돌아오길 원하는 뜻 아닌가요? 예수님 품에 누운 요한이 베드로가 시킨 대로 누가 주님을 팔지 물었지요. "내가 빵 한 조각을 적셔 주는 자다."고 말한 주님이 빵 한 조각을 적셔 유다에게 주며 "네가 하는 일을 속히 하라."고 하자 그는 나갔지요. 질문에 답을 들었지만, 가룟 유다가 나간 이유를 명절에 쓸 것을 사거나 가난한 자에게 뭘 주려는 것으로 제자들은 생각했지요. 유다에게 "속히 하라."고 한 주님의 말은 빨리 배반하란 뜻이 아니고 이젠 방황을 끝내고 돌이키란 역설적 표현 아닌가요? 그런데 배반하려고 뛰쳐 나갔으니 예수님 마음이 얼마나 아팠을까요?

유다가 예수님을 배반하는 역할은 예수님이 계신 곳으로 체포팀을 인도하고 누가 예수인지 알려 주는 것이었지요. 그는 예수님을 잡으려고 무장한 사람을 이끌고 평소 주님이 기도했던 동산으로 갔지요. 그가 키스하는 자가 예수라는 약속된 신호대로 그는 "랍비여, 안녕하십니까?"라고 예수님께 인사하며 키스했지요. 사람들이 주님께 달려들자 베드로가 칼을 휘둘러 대제사장 종의 귀를 베었지요. 예수님은 떨어진 종의 귀를 붙여 주고 순순히 잡히며 제자들은 놓아주길 부탁했지요.

제자들은 다 도망갔는데 순순히 잡혀가는 예수님을 본 유다의 마음이 어떠했을까요? 예수님을 보호하려고 칼을 휘두른 베드로를 볼 때, 또 종의 귀를 고쳐주는 예수님을 볼 때 그의 마음은 얼마나 착잡했을까요?

죄책감으로 성급히 자살한 가룟 유다

예수님을 좋아하는 일반 백성들이 모이기 전에 속전속결로 대제사장 관저에서 밤새도록 산헤드린 공회가 열렸지요. 산헤드린 공회는 의장인 대제사장을 포함해 71명으로 구성된 최고 의결 기관입니다. 공회를 밤에는 하지 않는 규정도 어기며 서둘렀지요. 공회에서 신성모독으로 유죄 판결을 내린 후 날이 밝자 빌라도 총독에게 예수님을 넘겼지요. 신성 모독죄는 바로 죽일 수 있는 죄였지만 백성이 두려워 총독의 힘으로 로마의 십자가형을 내리도록 하려는 거였지요.

예수님이 죽게 된 상황을 지켜본 유다는 잘못을 뉘우쳤고 괴로웠지요. 은 30을 가지고 대제사장에게 간 그는 "죄 없는 피를 팔아 내가 범죄를 했다."고 했지요. 대제사장은 "그게 우리와 무슨 상관이냐? 네 문제다."고 하며 돈 돌려받기를 거부했지요. 그는 돈을 성전에 던지곤 뛰쳐나가 한 토기장이의 땅에서 목매달아 죽었지요. 목 매단 곳에서 떨어진 그의 몸은 곤두박질해 배가 터지며 창자가 쏟아졌지요. 그가 성전에 던진 돈을 헌금으로 받을 수 없다고 생각한 대제사장은 그 돈으로 유다가 목을 매단 땅을 사 나그네의 무덤으로 삼았지요. 사람들은 그 땅을 피밭으로 불렀지요.

그가 받은 돈을 성전에 던지고 간 것으로 보아 예수님을 배반한 것은 돈이 궁극적 목표 같지는 않지요. 그러나 예수님을 배반하는 대가를 요구하고 돈을 선불로 받은 것으로 보아 돈에 대한 욕심이 강한 것은 분명하지요. 그럼 왜 배반했지요? "욱!"하는 순간적 감정이 받은 돈이 아까워 끝까지 지속하였나요? 예수님이 계속 당신의 죽음을 예고해 그가 원하는 세상이 오지 않을 것에 너무 실망해 배반했나요? 잡히는 상황이 되면 예수님이 능력을 발휘해 전사로 변할 것을 기대해 일부러 배반했나요?

그런데 유다의 배신 과정과 베드로의 부인 과정이 여러모로 대비되어 이를 살펴보고자 합니다.

첫째, 방법은 달랐지만 둘 다 예수님의 경고를 받았지요. 베드로는 다른 제자들이 보는 가운데 한번 명확한 경고를 받았지요. 반면 유다는 다른 제자들이 들어도 누구인지 모르고 자신만 알면서 5회 정도 잇따라 경고를 받았지요. 경고를 받은 베드로는 일순간

당황했을 뿐, 예수님을 부인하지 않을 자신감이 넘쳤기에 전혀 기죽지 않았지요. 반면 유다는 다른 제자가 몰라도 마음에 찔려 스스로 위축되었지요.

둘째, 둘 다 예수님 예고대로 되었지요. 끝내 예수님을 배반한 유다가 저주까지 하며 3번이나 예수님을 모른다고 한 베드로보다 더 나쁜가요? 오십보백보(五十步百步) 아닌가요?

셋째, 잘못한 후 둘 다 엄청난 죄책감에 사로잡혔지만 대처 방법이 달랐지요. 베드로는 닭 울음소리를 듣는 순간 예수님 시선과 마주치며 바로 대제사장 관저를 뛰쳐나가 비통하게 통곡하며 회개했지요. 통곡하며 회개해도 죄책감을 떨칠 수 없어 풀이 죽어 조용히 지내야만 했지요. 반면 유다는 공회에서 예수님이 유죄 판결을 받고 빌라도에게 넘겨질 때 자신의 잘못을 깨닫고 후회하며 대제사장을 찾았지요. 뭔가 돌이키려고 찾았지만 "네 문제고 네 책임이니 네가 알아서 하라."는 투의 비아냥을 들으며 돈도 못 돌려주며 더 괴로워 돈을 성전에 던졌지요. 너무 괴로워 결국 자살한 것은 인간적으론 이해되지만 제자로서는 이해가 안 되지요. 예수님을 죽이려고 안달인 자들을 만나 뭘 돌이킬 수 있나요? 자살할 정도의 죄책감이 왜 베드로처럼 통곡의 회개로 이어지지 않았지요? 통곡의 회개를 했다면 자살의 충동을 이길 힘을 얻지 않았을까요?

유다의 자살 소식은 비슷한 처지의 베드로에게도 큰 충격이 되어 자살 충동을 느끼게 하지 않았을까요? 베드로가 죄책감을 더 받긴 했어도 자살 충동을 이긴 것은 통곡한 회개의 힘 아닌가요? 이런 베드로를 부활하신 예수님이 사랑을 일깨워 온전히 회복시켰지요. 만약 유다도 통곡의 회개로 자살 충동을 이기고 풀이 죽어도 살아서 부활한 예수님을 만났다면 주님이 용서하고 따뜻하게 사랑의 관계를 회복시켜 주시지 않았을까요?

유다는 왜 통곡 회개하지 않고 성급하게 자살했지요? 사탄에게 마음을 주었기 때문입니다. 4복음서를 자세히 대조해 살펴보면 사탄이 유다의 마음에 침투한 때는 나사로의 집에서 예수님께 책망받고 "욱!"하는 감정으로 대제사장을 만난 때로 보입니다. 이후에도 돌이킬 기회가 있었지만, 유다는 계속 사탄에게 끌려갔지요. 사탄이 원하는 방향으로 자유 의지를 계속 선택한 유다는 자살할 정도로 후회했지만, 눈물의 회개는 선택할 수 없었지요. 마침내 너무 성급한 자살을 선택한 것도 사탄에게 자리를 내줘 충동을 이기지 못한 것 아닌가요? 그가 예수님을 배반한 후 자살까지 약 10시간도 안 지난 것 같아 너무 안타깝지 않습니까? 예수님이 십자가에서 돌아가시기도 전에 먼저 자살해 부활한 예수님을 만날 기회를 놓친 게 너무 안타깝지요.

돈이 목적이 아니라 해도 가룟 유다가 주님을 배반할 때 돈을 욕심낸 것이 그를 파멸로 이끈 큰 이유가 되었듯 저의 잘못된 물질관이 저를 빚진 삶에 허덕이게 한 것을 눈물로 회개하며 감춰두었던 부끄러움을 고백합니다.

저는 젊은 나이에 교회 장부 회계를 맡았지요. 수입 금액 확인을 철저히 하며 모든 영수증을 주간 단위로 첨부해 보관했지요. 지출 내역도 항목별로 일목요연하게 세밀히 기록해 보고했지요. 이렇게 하니 한 달에 한번 하는 제직회 준비와 1년에 한 번인 예결산 공동 의회 준비엔 많은 시간이 걸렸지요. 1년간 결산 보고서를 작성하던 중 발견한 10원의 차액을 바로 잡고자 1년 치 영수증과 장부를 일일이 대조했지요. 중간에 한군데 기록이 잘못된 것을 발견해 바로 잡기까지 3일 정도 걸렸지요.

교회 재정은 이렇게 철두철미했던 제가 세상 재정은 엉성하게 관리해 스스로 유혹에 빠져 도적놈이 되었지요. 대구의 중심지 동성로에 있었던 제 공인중개사 사무실을 고교 동기회 연락처로 쓰고 저에게 총무를 맡아 달라는 부탁이 있었지요. 동기회 조직을 주도하며 제게 부탁한 고교 교사인 친구가 초대 회장이 되면 저도 하겠다고 했지요. 회장 1인의 지갑에 의존하는 동기회가 싫었던 저는 초대회장과 함께 정말 열심히 했지요. 이사를 많이 선임해 이사회비를 거두고 평회원에게 연회비를 적극적으로 거두었지요. 이사회 모임 후 제 사무실 경리인 여동생은 애를 먹었지만, 이사회는 제가 맡은 7년간 늘 제 사무실에서 했지요. 동기 720명 중 소재 파악이 된 수백 명에게 우편물 발송을 할 때마다 경리가 수고했지요. 총동창회 가입비 납부 후 처음 참가한 체육대회 때 동기부부에게 체육복 상하의 한 벌과 동기회원 명부 수첩을 배부했지요. 제가 맡은 7년 중 6년간 저는 총각이었지만 부부 모임을 활성화하려 노력했지요. 많은 지출이 있었지만, 동기들의 적극적인 협조로 재정은 첫해부터 남아 7년 후 후임 총무에게 1천 몇백만 원을 넘겨줄 수 있었지요.

겉으론 잘 하는 것 같았지만 실상 저는 도적이었지요. 저는 총무직을 수락할 때 "나는 교회 재정 관리하듯 할 수는 없다."고 말했지요. 교회 재정이 너무 신경 쓰여 피곤했기 때문이지요. 하나님 것은 철두철미해도 세상 것은 대충하겠다는 저의 잘못된 마음이 장부 정리를 엉성하게 만들었지요. 교회 일하듯 했으면 행사를 적는 총무 일지와 재정을 적는 장부가 따로 있어야 했지요. 저는 이게 귀찮아 총무 일지 겸용 재정 장부를 작성했지요. 이게 저를 도둑으로 만드는 출발이 될 줄 미처 몰랐지요. 행사 참석자 이름을 다 적고 납부한 참가 회비는 이름 옆에 기록하니 미납자 명단이 한눈에 들어왔지요.

 그런데 행사와 장부 정리까지 다 끝난 후 뒤늦게 들어온 참가 회비 처리가 문제였지요. 연회비는 1년 중 아무 때나 내기에 납부 날짜순으로 적는데 뒤늦게 들어온 참가 회비를 날짜순으로 적으면 앞선 날짜의 참석자 명단에 여전히 미납자로 비쳐 찜찜했지요. 그래서 참석자 이름 옆에 납부 금액을 적어 납부 날짜를 앞당기니 그 이후의 잔액을 다 고쳐야 했지요. 이런 일을 몇 번 반복하니 장부가 영 이상하게 보였지요. 계속 고쳐 더 누더기를 만들 수 없다는 생각에 아주 늦게 들어온 회비는 아예 기록을 않고 떼먹는 습관이 생겼지요. 얼마 안 되는 돈 때문에 장부를 자꾸 고쳐 오해받는 것보다 안 적는 게 낫다는 희한한 생각을 했지요. 후임 총무에게 장부를 넘기기까지 아무도 본 사람이 없는데 너무 이상한 생각을 했지요.

 제 사무실에서 늘 했던 이사회 뒤치다꺼리와 전화비와 우편 발송 수고비 등의 명목으로 제게 얼마를 줘야 한다는 이사회 결의가 있었지요. 그러나 저는 이를 사양했지요. 그러면 정말 깨끗하게 해야 하는데 실상은 챙기면서 겉으론 봉사하는 것처럼 했으니 하나님이 저의 위선에 얼마나 실망했겠습니까? 이사회 결의대로 떳떳하게 하지 않고 이 정도는 괜찮다고 생각하면서도 찜찜했지요. 10원의 차액에 며칠 동안 신경을 곤두세운 제가 동기회 재정엔 이렇게 무신경해져 갔지요.

 적은 수입 누락에 마음을 내준 저는 지출에도 마음을 내줬지요. 식당에서 백지 영수증을 줄 때 "이러지 마세요."라며 되돌려 줬지요. 그런데 장부가 지저분해지니 큰 행사의 회식비는 약간 부풀려 적으며 떼먹기도 했지요. 어떤 때는 영수증 금액에서 식당 사장이 깎아 주었지만, 영수증을 새로 안 적고 그대로 장부에 적기도 했지요. 바늘 도둑이 소도둑 된다고 소소한 금액을 1년에 여러 차례 떼먹다 보니 몇 년 후엔 뒤늦게 들어온 총동창회 광고 협찬비까지 떼먹었지요. 저는 이 돈을 메우려 했지만 메우지 못한 채 후임 총무에게 잔액을 넘겼지요. 잔액이 없다시피 한 동기회가 수두룩한데 늘 흑자고 후임자에게 천만 원 넘게 물려줬으니 잘한 건가요? 물려주면서도 저는 떳떳하지 못했고 마음이 많이 아팠습니다. 이 누더기 장부를 보면 후임자가 어떻게 생각할지 조마조마하기도 했지요.

그 후 울산에 와 세 아이를 키우는 주부 아빠 생활 끝에 다시 부동산 사무실을 열었지만 2년 후부터 눈으로 고생하다 결국 사무실을 접었지요. 7년간 도대체 얼마를 도둑질했는지도 모르는 제게 동기회는 늘 마음의 빚이었지만 제 코가 석 자라 생각할 겨를이 없었지요. 이런 제가 대구를 떠난 지 10년이 넘도록 연회비 한 번도 못 낸 제게 Home Coming Day에서 공로패를 준다는 연락을 받고 너무 황당해 사양했지만 결국에는 공로패를 받게 되었고, 마이크를 잡았지만 수많은 동기들과 제 처자식이 보는 가운데 이실직고하지 못했지요. 뒤늦게 이 글을 통해 절 믿어주었던 61회 동기 여러분께 머리 숙여 사죄를 구합니다. 용서해 주십시오. 얼마를 떼먹었는지 몰라 갚을 금액이 얼마인지 알 수 없지만 형편이 되는대로 성의를 표하겠습니다.

사람은 누구나 선한 모습과 악한 모습이 공존합니다. 하나님의 형상을 따라 창조되었기에 하나님의 참된 선한 모습이 있는 반면 사탄의 유혹을 받아 죄를 지었기에 사탄의 거짓된 악한 모습도 있습니다. 10원의 오차도 바로 잡으려 애쓴 것도 제 모습이고 7년간 도둑질한 것도 엄연한 제 모습이지요. 제게 주어진 자유 의지를 어느 쪽으로 선택하느냐에 따라 나타나는 모습이 다를 뿐입니다.

예수님과 줄곧 함께 있다가 막판에 사탄에게 자리를 내준 가룻 유다가 되긴 싫습니다. 그래서 제 안에 계신 성령님을 힘입어 눈물로 제 수치를 드러냅니다.

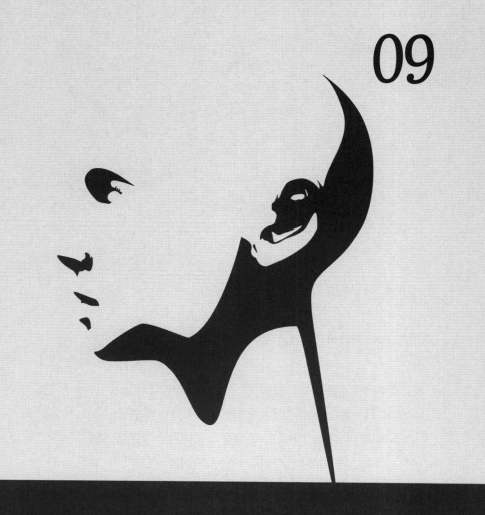

09

형님 예수로 인해 너무 괴로웠던

야고보

1. 아~! 이 사람이 우리 형님 맞나?

너무 좋은 형님이 왜 결혼 안 하고 집을 나갔나?

창조주가 인류를 죄의 벌에서 구원코자 처녀의 몸을 통해 인간으로 태어났는데 그분이 예수님입니다. 이런 예수님이 조금이라도 모친과 의부의 속을 썩이고 동생들과 다투는 생활을 했을까요? 인간이 된 목적을 이루는 사역 전에는 모친과 의부에게 효도하고 형제간 우애 넘치고 이웃에게 칭찬받는 완벽한 삶을 살지 않았을까요? 아버지가 죽은 후엔 가장 역할을 충실히 하며 어머니를 돕고 동생들을 이끌지 않았을까요? 예수님은 하나님과 사람들에게 사랑받으며 자랐다고 누가복음 2장 끝절에 밝힙니다. 그 분의 행동이 나무랄 데 없었기에 사람들이 그만 보면 그저 좋아해 사랑받을 수밖에 없었던 것입니다.

예수님은 행동뿐 아니라 지혜도 남달랐지요. 예수님이 12세 때 유월절을 지내려고 부모를 따라 예루살렘에 갔던 비화를 누가복음 2장에 소개했지요. 명절을 다 지내고 고향 나사렛으로 돌아갈 때였지요. 부모는 예수님이 친척, 친지들과 함께 오는 줄로 알고 한나절을 갔지요. 예수님이 없는 것을 뒤늦게 알게 된 부모는 예루살렘으로 되돌아갔지요. 성전에서 박사급 선생들 사이에 앉아 질문하고 듣고 대답하는 예수님을 발견했지요. 모든 선생이 어린 예수님의 답변과 지혜에 감탄했지요. 이 광경에 부모도 놀랐지만, 엄마는 "아들아, 왜이랬니? 우리가 걱정하며 널 찾고 있었다."고 했지요. 예수님은 "왜 날 찾았습니까? 내 아버지 집에 내가 있어야 할 줄 몰랐습니까?"라고 했지요. 이 사건을 엄마는 마음에 깊이 간직하며 예수를 더욱 눈여겨보았고 예수님은 부모에게 순종하며 더욱 사랑을 받았지요.

12세 소년 예수님이 당대의 선생들을 놀라게 한 지혜는 어디서 나왔지요? 남다른 교육을 받았나요? 요한복음 7:15에 유태인들이 예수님은 교육받은 게 없는데도 어떻게 글을 알고(개역 개정, KJV) 학식을 갖추었는지(표준 새 번역, NIV) 놀라며 물었지요. 마태복음 13:55에 예수님의 아버지는 목수임을 밝혔고 마가복음 6:3에는 예수님도 대를 이어 목수였음을 밝혔지요. 어릴 때부터 아버지를 도와 목수 일을 한 예수님이 학문을 배운 것이 없음은 고향 사람들이 더 잘 알았지요. 30세에 고향을 떠나 사역하던 예수가 고향에 돌아와 가르칠 때 모두 놀라며 어디에서 배웠는지 궁금해 했지요. 교육을 받은 게 없어도 예수님은 사람이기 전에 창조주이기에 당연히 글을 알고 정확한 모든 지식이 있는 것 아닌가요? 배운 게 없어도 남달리 총명하고 행동도 바르니 사람들에게 사랑받지 않을 수 있나요?

예수님에겐 6명 이상의 동생들이 있었지요. 동생과의 나이 차를 알 수 없어 예수님이 12세에 동생이 몇인지는 알 수 없습니다. 몇 명인지 몰라도 부모가 더 어린 자식을 집에 남겨 두고 맏인 예수님만 데리고 예루살렘에 갔을까요? 몸이 아프든지 특별한 경우가 아니면 모두 예루살렘으로 가는데 아이를 맡길 사람 구하기가 쉬웠을까요? 누가복음 2장엔 동생들을 데리고 갔다는 기록도 없지만, 예수만 데리고 갔다는 기록도 없습니다. 그런데 고향으로 돌아갈 때 부모가 어린 예수와 떨어진 채 내려간 게 이상하지 않나요? 더 어린 동생들을 부모가 신경 써야하기에 똑똑한 예수님에겐 미처 신경 쓰지 못한 것 아닌가요? 친척, 친지들과 함께 오라고 부모가 명백히 말했는데도 모범생 예수가 아무 말도 없이 부모를 거역해 성전에 남아 있었을까요? 사건의 중심인 예수님께 초점을 맞추어 그의 지혜와 하나님 됨을 강조하는 표현이라 동생들의 동행이 기록되지 않았을 뿐 동생들도 따라간 것 아닐까요?

동생들은 모든 면에 본을 보이며 자기들을 사랑으로 잘 이끄는 예수 형님과 생활하는 것이 너무 좋았지요. 그런데 형님이 왜 결혼을 안 하는지 의아했지요. 당시엔 대부분 20세 전후에 결혼했기에 30세까지 미혼인 것은 여러 가지 의혹을 낳을 수도 있지요. 건강이 나쁘거나, 고자거나, 결혼 지참금이 없든지……. 그러나 형님은 이런 결격 사유로 못 하는 게 아니고 안 하는 것으로 보였지요. 집이 가난해 교육을 받지는 못했지만 지혜롭기 그지없고 나무랄 데 없는 형님 예수님은 단연 1등 신랑감 아닌가요? 형님을 사위로 삼고 싶어 하는 사람들이 많았을지도 모르는데 결혼을 하지 않는 형님이 이해되지 않았지요. 또 이해되지 않는 것은 어머니가 형님의 결혼에 무관심한 듯한 태도지요. 형님의 결혼에 관한한 형님의 뜻대로 따르면서도 동생들의 결혼은 챙기려는 어머니의 마음이 못마땅하지 않았을까요? 어머니는 예수님을 남편과의 관계에서 낳은 게 아님을 동생들에게 말할 수 없었지요. 예수가 자신의 목적을 이루는 삶을 살 때 말하리라 생각했겠지요. 예수가 누구인지 잘 아는 엄마는 결혼에 관해 엄마의 인간적 소망이 있다고 해도 뭐라 말할 수가 없었지요. 동생들에게 자신이 결혼하지 않는 이유를 밝히지 못하는 예수의 마음은 얼마나 답답했을까요?

당시엔 인생의 전성기인 30세에 형님은 집을 떠났지요. 결혼은 안 해도 아버지가 돌아가신 후 가장 역할을 잘 하던 형님이 집을 떠나니 동생들의 실망감은 컸겠지요. 형님이 요르단 강에서 세례 요한에게 침례를 받고 광야로 가 금식을 40일 한 후 갈릴리 북쪽 해변의 가버나움에 있다는 소문을 들었지요. 많은 사람이 세례 요한에게 침례를 받기에 형님이 침례를 받은 것은 이해가 되었지요. 그런데 형님이 왜 40일이나 금식했는지 의아했지요. 동생들은 이후 계속 이상한 소문을 들으며 형님에 대한 좋았던 추억에 혼란이 왔지요. 예수님이 30세까지 동생들과 함께 생활한 이유가 뭘까요? 아버지 없는 동생들이 다 독립할 수 있는 나이에 이르도록 보살피며 기다린 것이 한 이유 아닐까요?

예수님이 결혼하지 않은 이유에 대해 현대인도 많이 궁금해 하지요. "어차피 신이 인간이 된 마당에 인간과의 결혼은 왜 안 되느냐?"는 생각은 인본주의적 발상입니다. 이런 사고는 창조주와 피조물을 혼합해 질서를 무너뜨리고 창조주를 참신으로 모시지 않고 오히려 인간을 위해 존재하는 전지전능한 종으로 삼고자 하는 교만의 출발입니다. 이런 사상은 바벨론 신화를 비롯해 수많은 신화를 만든 발상의 연장이지요. 이런 발상은 신과 동물과의 결혼까지 신화로 만들어 인간 우월의 교만을 나타내지요. 그리스, 로마 신화뿐 아니라 이 지구상 모든 민족이 이 같은 신화를 만들어 자기 민족의 우월성으로 삼고 자랑도 하지요. 우리 민족도 예외가 아니어 단군 신화를 만들었지 않습니까?

동생들은 형님이 누구인지 몰랐기에 형님이 결혼하기를 바랬었겠지요. 현대인도 예수님을 정확히 모르면 예수님을 결혼시켜야 속이 시원해지는 영화를 만들기도 하지요. 이는 하나님의 뜻을 무시하고 예수가 이 땅에 온 목적을 흐리게 만드는 것입니다. 창조주가 인류 구원의 희생양이 되려고 인간으로 오신 것만 해도 얼마나 파격적이고 감사합니까? 그런데 굳이 여인과 육체적 관계를 요구함은 하나님이 되려고 했던 천사가 사탄이 된 것과 비슷한 전철을 밟는 것 아닌가요?

갈릴리에서 3가지 사역을 하는 형님을 찾아간 동생들

들려오는 형님에 관한 소문은 동생과 친지들이 도저히 믿을 수 없는 내용들이었지요.

첫째, 형님이 온갖 병을 고치며 기적을 행한다는 것입니다. 심지어 죽은 12세 소녀도 살렸다니 동생들은 너무 놀랐지요. 전국에서 아픈 자들이 형님에게 몰려든다니 도대체 믿어지지 않았지요. 그런 능력으로 왜 아버지를 오래 살게 해 주지 않았는지 의아해했지요.

둘째, 형님이 수많은 사람들을 가르친다는 것입니다. 형님이 똑똑하긴 해도 배운 게 없는데 도대체 뭘 가르친다는 건지 이해가 안 되었지요. 그런데 형님의 말을 듣고자 전국에서 학자들과 지식인들이 찾아온다니 놀랐지요. 더군다나 그 똑똑한 사람들이 형님께 책망을 당해도 "찍"소리 조차 못하고 가만히 있다니 너무 신기했지요.

셋째, 형님이 갈릴리 전역과 예루살렘에 이르기까지 천국 복음을 전하며 회개를 촉구한다는 것입니다. 유월절에 성전에서 장사하는 자들을 내쫓고 환전상의 탁자를 뒤엎은 사건을 들었을 때 동생들의 마음은 어땠을까요? 예수님의 사역 초기에 발생한 성전 정화 사건은 예수님이 죽기 며칠 전에도 또 발생했지요. 거침없는 형님의 행보에 놀란 동생들은 형님이 자신을 하나님의 아들로 말한다는 소문에 제 정신이 아닌 것으로 생각했지요. 이런 생각은 친지들이 더 강했지요. 예수님이 돌았다고 생각한 친지들은 예수님을 집으로 데려오려 했음을 마가복음 3:21은 밝힙니다. 그러나 이들은 예수님을 데려오지 못했지요.

이후 동생들이 엄마를 모시고 형님이 있는 가버나움 집으로 갔을 때 사건이 마가복음 3장 끝부분, 마태복음 12장 끝부분, 누가복음 8장에 나타나지요. 형님이 사역하는 본부로 삼은 가버나움의 집에는 소문대로 수많은 사람들이 집문 바깥에도 빽빽이 몰려 있었지요. 비켜주지 않는 사람들을 헤집고 엄마와 함께 형님께 간다는 것은 불가능해 보였지요. 형님 얼굴을 볼 수 있는 앞자리에 앉기가 얼마나 힘든지 알았지요. 그렇다고 중풍병자를 매트에 뉘어 데리고 온 어떤 4명이 했다는 것처럼 지붕을 뚫을 수도 없어 동생들은 군중 밖에 우두커니 서 있었지요.

어떤 사람이 동생들의 부탁을 받고 예수님께 말했지요. "선생님의 어머니와 동생들이 선생님을 보려고 밖에 서 있습니다." 그런데 너무 뜻밖의 말을 듣고 동생들은 황당했지요. "누가 내 어머니요, 누가 내 동생이냐?" 먼 길을 왔건만 모친과 동생들을 무시하는 발언을 들은 동생들의 참담함이 얼마나 컸겠습니까? 그렇게 착했던 형이 갑자기 모친 면전에서 이럴 수 있는지 이해가 안 되었지요. 이어서 형님이 주변에 앉은 무리들과 제자들을 가리키며 "내 어머니와 내 형제를 보라! 하나님의 뜻을 행하는 자는 누구든 내 형제요, 내 자매요, 내 어머니다."라고 하니 기가 찼지요. 멀쩡한 모친과 동생들 앞에서 엉뚱한 사람들을 모친과 형제, 자매라 하며 하나님을 들먹이니 형을 제 정신으로 볼 수 있었을까요? 졸지에 슈퍼스타 예수님의 형제로 불린 자들은 기분 좋았겠지만 정작 동생들의 마음은 화나는 발언의 연속 아닌가요? 동생뿐 아니라 모친까지 서 있는 상황에서 예수님의 거침없는 이런 말을 예수님을 형으로만 생각하는 동생들이 얼마나 참고 견딜 수 있었을까요? 동생들이 끝까지 기다려 형을 만났을까요? 만났다한들 전처럼 정다운 대화가 오갔을까요? 동생들이 형에게 따지며 대들진 않았을까요?

 그런데 방문 목적이 뭘까요? 소문 확인을 위한 호기심인가요? 형님의 가르침을 받고 배우기 위해선가요? 집안일을 알리고 의논하기 위해선가요? 돌았다고 생각되는 형을 설득해 데려오기 위함 아닐까요? 친지들이 형을 포기한 것처럼 동생들도 형을 포기할 수밖에 없었지요. 형을 포기할 때 자신을 하나님과 동등시하는 형은 동생들에게 사라져야 할 존재로 바뀐 것 아닌가요? 엄마 마리아도 화났을까요? 엄마는 오히려 형을 이해하고 감싸는 태도를 보이지 않았을까요? 못마땅한 엄마의 태도에 동생들은 엄마와 다투진 않았을까요? 이 땅에 온 목적을 이루는 사역을 시작한 예수님은 동생들에게 더 이상 인간적인 형으로만 머무를 수 없었기에 이런 말을 한 것 아닌가요? 아직도 자신을 형으로만 보는 동생들을 예수님은 얼마나 답답하고 안타깝게 여겼을까요? 아직도 자신을 모범생 인간으로만 보는 자에게 하나님의 뜻을 알고 행하는 자가 자기 형제라고 말하는 예수님의 속은 얼마나 탔겠습니까?

고향에 온 예수님을 배척해 죽이려 했던 사람들

가버나움을 본부로 갈릴리 전역에서 사역하시던 예수님이 고향 나사렛을 찾아가신 것을 누가복음 4:16~30, 마태복음 13:54~58, 마가복음 6:1~6에 소개했지요. 누가의 기록과 마태, 마가의 기록 차이로 다른 사건으로 보이지만 한 사건으로 보는 견해가 많습니다. 발생 시기가 다른 별개의 사건이라 해도 그 본질이 같기에 함께 살펴보고자 합니다.

디아스포라를 두 차례나 겪은 유태인에게 과거에 없던 회당 문화가 생겼지요. 당시 유태인은 안식일에 회당에 모여 비치된 두루마리 성경을 누군가 낭독했지요. 회중은 이를 들으며 마음으로 하나님을 경배하며 자신을 살폈지요. 예수님은 회당에 모인 사람들에게 복음을 전하려고 안식일엔 늘 회당을 찾았지요.

안식일에 고향 사람들이 모인 회당에 예수님이 성경을 읽고자 회중 앞에 섰지요. 성경 관리인이 예수님께 이사야 성경을 드렸지요. 예수님은 두루마리 성경을 펼쳐 한 부분을 찾아 낭독했지요. "주의 영이 내게 임하셨다. 주께서 내게 기름 부어 가난한 자에게 복음을 전하게 하셨다. 주께서 나를 보내 갇힌 자에게 자유를, 눈 먼 자에게 보게 함을 선포하고, 억눌린 자를 풀어주고 주의 은혜의 해를 선포하게 하셨다." 유태인들이 갈망하는 메시아의 역할을 낭독한 예수님은 두루마리를 다시 말아 성경 관리인에게 주고 앉았지요. 메시아에 관해 낭독한 예수님을 모두 주목했는데 예수님은 "내가 읽은 성경이 오늘 이루어졌다."라고 말했지요. 이는 당신이 메시아임을 암시하는 말이지요. 이후 은혜롭게 가르치기 시작하셨지요.

예수님의 가르침에 모두 감탄하며 놀라 서로 물었지요. "어디에서 이 사람이 이런 지혜와 능력을 얻었지? 이 사람은 목수 요셉의 아들로 목수 아니야? 그 엄마는 마리아고 야고보, 요셉, 유다, 시몬의 형이 아니야? 여동생들이 우리 동네에 살지 않는가? 도대체 이 사람은 어디에서 이런 것들을 얻었지?"라고 회당안 사람들은 수군거리며 놀라기만 했지요. 예수님의 말을 받아들여 반성하고 회개하거나 예수님을 믿으려 하지 않았지요. 내세울 것 없는 집안 내력과 과거 직업을 들먹이며 예수님을 깎아내리며 인정하지 않았지요.

이때 예수님이 말씀하셨지요. "분명히 너희들은 의사여, 네 병이나 고치라는 속담을 인용해 가버나움에서 행한 기적을 이 고향에서도 해 보라고 내게 요구할 것이다. 그런데 선지자는 고향과 친척과 자기 집에선 존경받지 못한다. 엘리야 시대 3년 6개월간 비가 안 오는 가뭄에 모두 시달려 북이스라엘의 많은 과부가 고통을 겪었지만, 하나님은 이방인 과부에게 엘리야를 보내 먹이고 그녀의 아들도 살렸다. 엘리사 시대에 많은 나환자가 있었지만 깨끗이 나은 자는 엘리사를 찾아온 이방인 시리아의 장군뿐이었다."

고향 사람의 믿음 없음이 얼마나 답답했으면 구약 시대 가장 큰 능력의 두 선지자를 통해 믿음 없는 북이스라엘은 구원의 혜택을 못 받았어도 믿음 있는 이방인이 혜택 받은 예를 말했을까요? 이는 대부분 북이스라엘의 후손인 고향 사람이 조상처럼 믿음 없는 사람이 되지 말란 뜻 아닌가요? 예수님 자신이 메시아임을 풍기는 말을 들을 때 마음이 불편해 수군거렸던 사람들이 자기들에겐 하나님의 구원과 사랑이 없고 오히려 오랫동안 자기들을 지배하며 괴롭혀 온 이방인에겐 하나님의 사랑이 있다는 말에 사람들은 순간적 분노를 참을 수 없었지요. 예수님께 달려들며 회당에서 내쫓았지요. 성난 군중 심리는 걷잡을 수 없이 커져 통제 불가능한 상태에 빠졌지요. 회당에는 예수님의 동생들도 있었을 텐데 성난 군중 앞에서는 힘이 없었지요. 얼마 전 가버나움의 형님이 계신 집에서 남 취급받으며 무시당한 동생들은 형을 구하고 싶지 않았는지도 모르지요. 예수님은 벼랑 끝까지 몰렸고 사람들은 예수님을 그 아래로 던지려 했지만, 이 때 예수님은 초능력을 발휘해 성난 군중 사이로 당당하게 걸어 나갔지요.

예수님은 고향 사람이 이토록 믿음 없음에 놀랐지요. 이 와중에도 예수님께 나아온 몇 안 되는 병자는 고침을 받았지요. 그러나 동생을 비롯해 대부분 사람들이 믿지 않을 뿐 아니라 예수님을 배척하니 다른 곳처럼 능력을 행할 순 없었지요. 예수님의 가르침과 능력에 놀랄 뿐 예수님의 과거만 생각하고 호기심만 가진 자들에게 예수님은 마술사 노릇을 할 수 없었지요. 자신과 함께했던 고향 사람들과 가족에게 더 많은 사랑을 베풀고 싶은 마음 큰데 받을 자세가 되어 있지 않고 오히려 대드니 예수님의 마음이 얼마나 답답하고 아팠을까요?

예수님이 돌아가시기 6개월 전 초막절을 며칠 앞두고 동생들이 예수님과 나눈 대화가 요한복음 7:1~10에 기록되어 있지요. 초막절은 모세 때 하나님이 세운 3대 명절 중 하나입니다. 가을에 추수한 후 1년 수확에 감사하는 절기라 수장절로 불렸지요. 그런데 이 추수 감사 절기에 나뭇가지와 잎을 엮어 막사를 만들어 1주일간 그 속에서 생활하라고 했기에 초막절로도 불렸지요. 초막에서 생활하며 모세의 인도로 조상들이 40년간 텐트 생활한 것을 잠시나마 체험하고 광야 40년간 조상들을 지켜 주신 하나님을 신뢰하고 감사하란 뜻입니다. 이 명절에 남자들은 예루살렘 성전에 꼭 다녀오게 했지만 잘 지켜지지 않았지요.

예루살렘은 유대 지역에 있었지요. 그런데 유대 지역의 사람들은 예수님을 죽이려 해 예수님은 갈릴리만 이곳저곳 다니며 사역했지요. 이 상황을 잘 아는 동생들이 예수님께 말했지요. "형님은 이곳 갈릴리를 떠나 유대로 가서 그곳에 있는 형님의 제자들도 형님이 하는 기적을 보게 해야 합니다. 알려지기 원하면서 숨어서 일하는 사람은 없습니다. 형님이 이런 일을 할 바엔 세상에 형님을 드러내십시오." 이 말은 동생들이 형의 사역을 독려하는 조언이 아닙니다. 2년 6개월 이상 형님의 사역을 소문으로 듣고 직접 보기도 했으면서도 이런 말을 하는 것은 아직도 인간형님으로만 보고 예수님을 믿지 않았기 때문이라고 5절에 밝혔지요.

왜 못 믿었지요? 유대 지역 사람들이 형의 목숨을 노리는 것을 알면서도 사지로 가라니 왜 이러지요? 형을 거짓 메시아로 보았기 때문 아닌가요? 유태인들은 이스라엘을 오랫동안 괴롭힌 외세에서 해방시켜 줄 메시아를 갈망하고 있었지요. 그런데 형님은 능력이 충분하고 따르는 자도 무수한데 민족 해방에 전혀 관심 없어 보였지요. 외가 친척 되는 세례 요한이 잡혀가도 구해줄 생각도 안 해 결국 죽게 내버려 둔 것도 동생들은 이해되지 않았겠지요. 메시아를 자처하면서 모두 바란 메시아 행보는 전혀 안하니 메시아로 믿을 수 있나요? 거짓 메시아인 형님이 하나님만 할 수 있는 사람들의 죄를 용서해주는 말을 하며 자신을 하나님의 아들로 주장하며 신성 모독죄를 짓고 있다고 보지 않았을까요? 신성 모독죄는 자식이라도 돌로 쳐 죽이게 되어 있지요. 그런데 자기들의 친형이고 어머니가 너무 사랑하는 아들이기에 차마 죽일 수 없어 남의 손에 형의 운명을 맡기려 한 것 아닌가요? 동생들이 형을 가짜라고 생각한 다른 이유는 오랫동안 외세에 시달린 이스라엘에 가짜 메시아가 속출해 많이 속았기 때문입니다.

동생들의 강권에 예수님은 이렇게 대답했지요. "아직 내 때가 안 되었다. 너희들은 아무 때나 가도 된다. 세상이 너희를 미워하지 않기 때문이다. 세상이 날 미워하는 것은 내가 세상이 하는 게 악하다고 증언하기 때문이다. 너희는 초막절을 지내려 예루살렘에 가거라. 나는 아직 내 때가 안 와서 명절에 날 보이려고 가진 않겠다." 이 말은 명절을 안 지키려는 게 아니고 예수님이 아직 할 일이 있어 십자가에 달리실 때가 아니라는 뜻입니다. 사실은 동생들을 예루살렘에 보낸 후 예수님도 갔지만, 은밀히 지냈지요. 그러다 명절이 반이나 지난 후 성전에서 가르치기 시작해 마지막 날엔 많은 사람에게 더욱 외쳐 가르쳤지요. 그러나 예수님이 아직 때가 아니기에 예수님을 노리는 자들에게 잡히지 않았지요. 이로부터 6개월 동안 모든 일을 마치신 예수님은 유월절 때 예루살렘으로 가 십자가에 못 박혔지요.

우리는 뭔가에 대해 누구보다도 더 잘 알고, 더 잘 한다고 자처하면서 가장 중요한 것을 모르거나 기본이 안 된 것을 쉽게 발견하는 경우가 많지요. 예수님의 동생들과 고향 사람들이 바로 이런 경우이지요. 예수님이 사역한 지 2년 반이 지나며 모든 소문을 듣고 직접 보고도 가장 중요한 것을 믿지 않는 동생들을 예수님은 얼마나 안타까워했을까요? 자신들 뿐 아니라 모두 갈망하는 정치적 메시아 역할에 관심조차 없는 형님은 죽어도 상관없다는 듯 사지로 갈 것을 강권하는 동생들에게 예수님의 마음은 얼마나 착잡하셨을까요? 형님이 죽기를 바라는 듯 사지로 가기를 강권하는 동생들에게 화가 났을까요? 오히려 불쌍히 여기지 않았을까요? 그래서 동생들이 이해도 못 하는 자신의 때를 설명하며 언젠가 믿게 될 날을 기다리신 것 아닌가요? 동생들이 믿을 것을 소망하지 않았다면 이해도 못 하는 동생들에게 설명했을까요? 그날이 속히 오기를 얼마나 애간장을 태우며 답답해했을까요?

형님의 출생 비밀에 대한 엄마의 충격적 고백

　형님을 믿기는커녕 미친 사람 취급하는 동생들을 보며 엄마의 마음은 얼마나 탔겠습니까? 형을 믿게 하려고 마침내 그동안 숨긴 형의 출생에 대한 진실을 동생들에게 밝히지 않았을까요?

　엄마가 아버지와 약혼한 후에 천사가 엄마에게 나타났는데 "은혜를 받은 자여, 기뻐하라. 주께서 너와 함께 하신다."고 말해 엄마는 어리둥절했답니다. 천사가 또 말했답니다. "두려워마라, 마리아야. 네가 하나님께 은혜를 입었다. 네가 잉태하여 아들을 낳을 것인데 그 이름을 예수라 해라. 그는 위대하게 되고 가장 높으신 분의 아들이라 불릴 것이다. 하나님이 그에게 그의 조상 다윗의 왕위를 주실 것이다. 그는 영원히 야곱의 집을 다스리고 그의 나라는 영원무궁할 것이다." 엄마는 아버지와 약혼만 했고 아직 결혼을 안 해 함께 살지도 않는데 너무 황당한 소리에 엄마가 말했답니다. "저는 아직 처녀인데 어떻게 아들을 낳습니까?" 천사가 또 말했답니다. "성령이 네게 임할 것이고 가장 높으신 분의 능력이 널 감쌀 것이다. 그래서 태어날 분은 거룩하고 하나님의 아들이라 불릴 것이다. 네 친척 엘리사벳도 늙어서 임신했다. 아기를 못 낳는다는 그녀가 임신 6개월이다. 하나님께는 불가능한 것이 없다."

　처녀인 엄마가 아기를 가지면 아버지와의 약혼이 깨질 뿐 아니라 돌에 맞아 죽을 수도 있는데 엄마는 천사의 말을 받아들였답니다. "저는 주의 종이니 당신의 말대로 이루어 주소서." 메시아가 올 것은 알고 있었지만, 형이 바로 그 메시아란 엄마의 고백은 너무 충격 아닌가요? 부부 관계에 의하지 않고 성령으로 잉태되어 메시아가 태어나는 것은 누구를 통해서도 들은 바가 없기에 엄마의 말을 동생들이 순순히 믿을 수 있었을까요? 진실을 밝히는 표정과 간절한 엄마의 말투로 동생들의 마음은 헷갈리지 않았을까요?

 엄마는 계속 말했지요. 천사와의 대화 후 바로 임신한 엄마는 할머니가 되어 임신한 엘리사벳을 축하하려고 먼 길을 갔답니다. 엄마가 엘리사벳의 집에 들어가며 인사할 때 엘리사벳의 배 속에 있는 아기가 뛰어놀며 맞이했고 엘리사벳은 성령이 충만해 큰 소리로 말했답니다. "네가 여인 중에 복이 있다. 네 태중의 아기가 복 있도다. 내 주의 어머니가 내게 오시다니 이게 어찌 된 일이냐? 네 인사 소리에 내 배 속의 아기가 기뻐 뛰고 있다." 엘리사벳과 엄마는 서로 축하하며 함께 하나님께 감사, 찬양하며 3개월을 지냈답니다. 엘리사벳이 해산할 때가 되어 엄마는 고향으로 돌아왔는데 엘리사벳이 낳은 아들이 세례 요한이었지요. 엄마에게 나타난 천사가 세례 요한의 아버지에게 6개월 전에 먼저 나타났답니다. 1년 후 아들을 낳을 것이란 천사의 말을 늙은 그가 안 믿은 벌로 요한을 낳고 이름을 짓기까지 그는 벙어리가 되었답니다. 이 말에 동생들은 섬뜩하지 않았을까요? 엄마는 확신을 주려고 친척의 이야기를 했지만 동생들 마음은 오히려 혼란해진 것 아닌가요? 세례 요한의 부모님은 늙었어도 부부 관계로 요한을 낳았는데 왜 엄마는 자기 혼자 임신해 형을 낳았다며 믿으라고 하는지 이상했지요. 성경에 그런 예도 없고 그런 예언도 동생들은 듣지 못했지요. 처녀가 잉태하여 아들을 낳을 것이란 이사야의 예언은 이사야 당시의 남유다 왕국에 해당하는 것으로 알았지요. 또 처녀로 번역된 히브리 원어인 "알마흐"는 "젊은 여자"란 뜻입니다. 젊어도 유부녀가 많기에 꼭 처녀로 볼 수는 없지요. 처녀 혼자 아기를 가진다는 예언도 못 들었으니 동생들이 믿기가 너무 힘들었지요.

 그런데 정치적 메시아는 인간 부부관계로 태어날 수 있지만, 인간의 근본 문제를 해결하는 참 메시아도 부부관계로 태어날 수 있나요? 즉 인간이 모든 인류의 죄를 담당하는 희생양이 될 수 있나요? 하나님은 사람의 죄를 용서하기 위해 어린 양을 제물로 바치는 속죄제사 제도를 만들었지요. 사람의 잘못을 어린 양에게 덮어씌워 죄 없는 양이 대신 죽는 것입니다. 그런데 하나님은 자신의 형상을 따라 지은 인간에 대해 애착심이 너무 커 인류의 죄를 한꺼번에 담당할 희생양을 찾았지요. 그 희생양이 부부관계로 태어난 사람이 될 수 있나요? 모든 인류의 죄를 담당할 만큼 가치 있는 생명이 필요하지 않을까요? 그 희생양으로 하나님은 자신의 유일한 아들인 예수님을 택했으니 그 사랑이 얼마나 뜨겁습니까? 이에 순종하는 예수님의 사랑도 너무 뜨겁지 않습니까? 창조주가 어떻게 피조물을 위해 희생할 수 있습니까? 예수님의 희생을 통해 깨끗해져 창조 당시의 상태를 회복한 사람과 참사랑의 교제를 원하신 주님의 일방적 사랑이 얼마나 놀랐습니까? 피조물이 어떻게 창조주와 사랑의 교제를 할 수 있습니까? 이것을 가능케 한 예수님 어떻게 부부관계로 태어날 수 있습니까? 동생들은 이것을 깨닫지 못해 형을 하나님의 아들로 받아들일 수 없었고 성령으로 잉태됨을 믿지 못했지요.

충격의 연속인 엄마의 말은 계속되었지요. 엄마의 임신을 안 아버지는 기분이 매우 나빴지만, 엄마의 잘못을 밝혀 법대로 처리하지 않고 엄마와의 관계를 조용히 끝내려 했답니다. 이런 결심을 한 아버지에게 꿈에 천사가 나타나 말했답니다. "요셉아, 마리아를 아내로 집에 데려오는 것을 두려워 마라. 그녀는 성령으로 인해 임신했다. 그녀가 아들을 낳으면 이름을 예수로 해라. 그 이유는 예수가 자기 백성을 그들의 죄에서 구원할 것이기 때문이다." 잠에서 깬 아버지는 파혼하지 않고 임신한 엄마를 아내로 데려와 결혼 생활을 했지요. 그러나 엄마가 형을 낳기까지 아버지는 엄마와 동침을 하지 않았답니다. 돌아가신 아버지께 물어볼 수도 없는 이야기로 확신이 생겼을까요? 도저히 믿을 수 없는 계속되는 이야기에 동생들이 얼마나 답답했을까요?

엄마는 또 다른 이야기로 이젠 믿음을 강요하는 것 같았지요. 로마 황제 아우구스투스 (성경엔 아구스도)의 인구 조사 명령으로 아버지는 만삭이 된 엄마를 데리고 원 호적지인 베들레헴으로 갔답니다. 인구 조사 방식이 원적지에 호적 등록을 하는 것이었기 때문이지요. 많은 사람이 찾아오니 작은 베들레헴 여관에 방이 없어서 부모님은 겨우 마구간을 얻어 밤을 보내던 중 엄마는 형을 낳았답니다.

그때 근처의 들에서 양치는 목자들에게 천사가 나타나며 하나님의 영광이 보였답니다. 무서워 떠는 목자들에게 "두려워 마라. 기쁜 소식을 전한다. 오늘 다윗의 동네에 너희를 위해 구원자 곧 메시아가 태어났다. 그 아기는 포대기에 싸여 구유에 뉘었는데 너희가 볼 것이다."라고 말했지요. 이때 갑자기 하늘에서 큰 군대가 나타나 천사와 함께 "지극히 높은 곳에선 하나님께 영광이요, 땅에서는 하나님이 기뻐하시는 사람들에게 평화로다."고 큰소리로 외친 후 사라졌답니다. 목자들은 천사의 말을 확인하려고 베들레헴의 마구간을 살펴 부모님과 아기를 발견했답니다. 목자들이 보고 들은 대로 전하는 것을 엄마는 마음 깊이 간직했답니다. 동생들은 메시아가 마구간에서 태어나 눕힐 곳이 마땅찮아 여물통에 뉘었다는 것을 이해했을까요? 보잘것없는 목자들의 말로 믿음을 강요하는 듯한 엄마가 답답하게 보이진 않았을까요?

부모님은 호적 등록을 마쳤지만 계속 베들레헴에 있었답니다. 아기가 8일에 할례를 받을 때 이름을 예수라 불렀지요. 여인이 아들을 낳은 후 40일이 되면 산비둘기 한 쌍 또는 어린 집비둘기 2마리를 바치며 치르는 정결식때 율법에 따라 첫아들인 예수를 하나님 앞에 거룩하게 구별코자 성전으로 갔답니다. 베들레헴에서 매우 가까운 예루살렘에 의롭고 경건한 한 사람이 있었는데 죽기 전에 메시아를 볼 것을 성령께 약속받은 사람이었지요. 그가 성전 마당에서 아기 예수를 안고 "주님께서 약속하신 대로 이 종이 이제 편안히 죽을 수 있게 해 주셨습니다. 제 눈이 주의 구원을 보았습니다. 이방인에겐 계시의 빛이요 주의 백성 이스라엘엔 영광인 이것을 주께서 준비하셨습니다."라고 말했답니다. 그는 엄마에게 "이 아이는 이스라엘의 많은 사람을 넘어지게도 하고 일어나게도 하며 비난의 표징이 되어 많은 사람의 마음 생각을 드러나게 할 겁니다. 그리고 칼이 당신의 마음을 꿰뚫을 겁니다."라고도 했답니다. 바로 이때 84세 여선지자가 다가왔답니다. 그녀는 결혼한 지 7년 만에 과부가 되어 성전을 떠나지 않고 밤낮으로 경배하며 금식과 기도로 생활했지요. 그녀가 예수님에 대해 말하며 하나님께 감사했답니다. 남자의 예언대로 예수님을 믿는 자는 일어섰지만, 동생들처럼 안 믿는 자는 예수님으로 인해 넘어지고 있지 않나요? 이로 인해 엄마의 마음은 칼에 찔린 듯 심히 고통스럽지 않나요?

모든 것을 다 마친 후 고향으로 돌아가려는데 베들레헴 숙소에 손님이 찾아 왔답니다. 멀리 동방에서 하늘에 갑자기 나타난 큰 별을 보고 이 세상에 엄청 좋은 왕이 태어난 것으로 알고 경배하려고 박사들이 왔지요. 이들을 인도하던 별이 예루살렘 하늘에서 사라져 헤롯왕을 찾아 도움을 요청했지요. 헤롯은 성경학자들을 통해 베들레헴에서 메시아가 태어남을 가르쳐 주었지요. 왕궁을 나온 박사들은 다시 나타난 별을 보고 아기 예수님의 숙소를 찾았지요. 이들은 아기께 경배하고 황금, 유향, 몰약을 예물로 드렸지요. 이들은 약속대로 아기의 숙소를 헤롯에게 알리려 했지만 꿈에 헤롯에게 가지 말라는 지시를 받고 다른 길로 되돌아갔지요. 그리고 아버지는 꿈에 헤롯이 아기를 죽이려 하니 이집트로 피신하라는 천사의 말을 듣고 고향이 아닌 이집트로 엄마와 아기를 데리고 갔답니다. 박사들이 약속을 어기고 본국으로 돌아간 사실을 뒤늦게 헤롯이 알았지요. 이방인임에도 이스라엘의 왕이 된 헤롯에겐 태어난 아기가 적이 될 것으로 생각되었지요. 헤롯은 별 이야기를 박사들에게 들었던 말을 참조해 2세 이하의 베들레헴 사내아이를 모두 죽였답니다. 오랫동안 베들레헴에 머물러 돈이 바닥난 부모님은 박사가 준 예물을 팔아 이집트에서 생활할 수 있었지요. 헤롯이 죽은 후 아버지는 또 꿈으로 지시받아 나사렛으로 되돌아갔답니다.

그런데 예수님은 언제 탄생했을까요? 예수님이 태어난 해를 기준으로 기원전(B.C.)과 기원후(A.D.)로 나누었으니 A.D. 1년인가요? 예수는 헤롯 대왕 시절 퀴리니우스 (성경엔 구레뇨)가 시리아 (성경엔 수리아)의 총독일 때 태어났지요. 헤롯이 B.C. 4년에 죽었고 퀴리니우스는 B.C. 4년에 시리아 총독으로 처음 부임했지요. 그러니 예수님은 B.C. 4년에 태어났지요. B.C. 4년을 증거하는 또 다른 힌트가 요한복음 2장에 나타나는 성전 공사 기간 46년입니다. 예수님이 사역 후 처음 성전을 찾았을 때 예수님은 장사꾼들을 성전에서 다 쫓아냈지요. 이때 유태인들이 이 성전을 46년간 건축하고 있었음을 밝혔지요. 이 성전은 이방인인데 이스라엘 왕이 된 헤롯이 유태인들의 환심을 사려고 B.C. 20년에 건축을 시작했지요. 헤롯 대왕이 죽고 그 아들이 공사를 재개해 예수님이 방문한 그때까지 총 46년간 지었지요. 그런데 아직도 미완공 상태로 성전을 사용하고 있었지요. 헤롯은 16년간 공사했지만, 완공 못 하고

B.C. 4년에 죽었으니 예수님이 사역 후 처음 성전을 찾은 나이는 46년에서 16년을 뺀 30세가 됩니다. 이는 누가복음 3:23에 예수님이 사역을 시작한 나이를 30세로 밝히는 것과 일치합니다. 예수님의 탄생 시기는 B.C. 4년이 맞는 것입니다.

그런데 이 성전은 4대에 걸쳐 증손자인 헤롯 아그립바 2세에 의해 A.D. 64년에 완공되어 총 84년이 걸렸지요. 84년이란 장구한 세월이 걸린 성전이 불과 6년 후 A.D. 70년에 로마의 예루살렘 침공으로 잿더미가 되었으니 이게 뭡니까? 그 후 성전은 고사하고 예루살렘을 이슬람에 빼앗겨 성전 터에 이슬람 황금사원이 세워져 지금까지 있으니 이건 또 뭡니까? 이는 예루살렘 멸망과 성전의 폐허가 예수님이 예언한 대로 된 것입니다. 이를 미리 아신 예수님은 슬퍼했지요. 그리고 당신의 부활 후 인류에게 더는 망하지 않고 영원히 지속할 새 예루살렘을 요한을 통해 계시하셨지요.

예루살렘의 멸망을 슬퍼한 예수님이 당신이 죽기까지 계속된 동생들의 믿음 없음을 슬퍼하지 않았을까요? 기도하며 진실을 밝혀도 자기 머리로 이해되지 않는다고 형님을 안 믿으니 엄마는 얼마나 괴로웠을까요? 하나님 생각은 인간 생각과 다르다고 이사야 55:8에 밝혔지요. 성령으로 잉태되는 창조주의 방식이 이해되지 않아 예수를 믿지 않음은 결국 그 방식을 택한 하나님을 믿지 못하는 것 아닌가요? 하나님을 섬긴다고 하면서 하나님을 믿지 않는 모순된 행동을 하는 동생들을 보는 예수님과 엄마는 얼마나 애간장이 탔을까요? 남편이 이런 진실을 함께 밝히면 좋은데 이미 죽고 없으니 얼마나 답답했을까요? 아버지가 죽기 전에 이런 사실들을 알려 주었을까요? 아버지가 생전에 이런 진실을 분명히 알렸고 후에 엄마의 소상한 설명을 듣고도 동생들이 반신반의했을까요? 예수님이 보여주신 능력을 귀신의 왕을 힘입은 것으로 깎아내린 어떤 사람들처럼 동생들도 엄마의 말을 듣고도 형님이 돌았다는 생각을 떨쳐버리지 못했지요. 그래서 집에 분란을 일으키는 형님이 차라리 사라지기를 바라는 마음마저 생긴 것 아닌가요? 그래서 유대 지역인들이 형님을 죽이려는 것을 알고도 그리로 가라고 강권한 것 아닌가요? 그렇다고 엄마가 동생들을 포기했을까요? 간절히 기도하며 예수님처럼 때를 기다리지 않았을까요?

오늘날도 마리아처럼 믿지 않는 가족으로 인해 마음을 졸이며 기도로 때를 기다리는 신실한 성도가 많지요. 저도 믿지 않는 친구, 친척, 지인 이름을 기도로 날마다 부르며 때를 기다리지요. 30여 년 전 10명 이름을 기도로 부르기 시작해 현재 180여 명으로 불어나며 열매를 맛보고 있지요. 제가 이 글을 적는데 늦게 믿은 친구들과 아직도 믿지 않는 친구들의 도움이 엄청 크기에 감사하며 때를 기다리는 기도를 하루도 멈출 수 없지요.

마리아는 예수님만 낳았나? 동생들은 이복형제인가?

마리아는 예수님만 낳았고 동생으로 알려진 자들은 이복형일 가능성이 크다는 견해가 있습니다. 이는 성경을 잘못 아는 것으로 이 견해가 마리아를 높이는 뒷받침이 될 수도 있어 세밀히 살핍니다. 이 견해의 근거는 이렇습니다.

첫째, 야고보, 요셉, 유다, 시몬이 예수님의 친동생 같은 느낌이 전혀 안 든다는 것입니다. 고향에 온 예수님이 벼랑 끝에 몰려 죽을 상황에서 친동생이라면 가만히 있을 수 있느냐는 것입니다. 또 친동생이 어떻게 형이 죽기를 바라는 듯 사지로 갈 것을 강권할 수 있느냐는 것입니다. 또 친동생이 어떻게 형이 죽는데 나타나지도 않고 형의 장례를 남이 치르도록 내버려 둘 수 있느냐는 것입니다. 또 예수님이 십자가에 달리실 때에 엄마를 제자 요한에게 맡긴 것도 친동생이 아니기에 그런 것이란 겁니다. 형을 구세주인 하나님의 아들로 믿지 않는다고 해도 친동생이라면 이럴 순 없다는 것입니다. 유태인이 아닌 보통 사람의 감정상 충분히 동감합니다. 그래서 이복형제라고 칩시다. 이복형제는 이렇게 해도 되나요? 고향 사람이 예수 형제로 이름을 거명한 것으로 보아 이복형제 해도 사이가 좋았던 것 아닌가요? 예수님이 죽어도 나 몰라라 하는 사이 나쁜 이복형제였다면 고향 사람이 굳이 예수의 형제로 거명했을까요? 우리 사고와 감정상 쉽게 이해되지 않을 뿐입니다. 이로 인해 이복형제라는 것은 지나치지 않나요?

둘째, 성경 원어가 동생이 아닌 형제로 되어 있다는 것입니다. 제가 본 한글 번역본은 공동 번역을 제외하면 모두 위, 아래를 구분해 형, 동생으로 번역한 것이 최소 한군데 이상 나타납니다. 공동 번역만 모든 부분을 형제로 번역했지요. 원어가 형제로 되어 있으니 NIV, KJV도 모두 brother로만 되어 누가 형이고 동생인지 알 수가 없지요. 원어가 이렇다고 이복형제로 보는 것은 상황을 무시한 생각입니다. 영어를 비롯해 서양의 언어가 고대 그리스어의 영향을 많이 받았지요. 고등학생 때 이민을 가 수십 년 살았고 미국 시민권자인 치과 의사에게 brother의 사용 개념을 물었지요. 형제를 소개할 때 한국처럼 굳이 형인지 동생인지를 밝히지 않으며 상대방도 형인지 동생인지를 거의 묻지 않는답니다. 그들은 높임말이 없기에 굳이 위, 아래를 판단할 필요가 없지요. 그러나 상황을 보면 위, 아래를 충분히 판단할 수 있지요. 대부분 한글 성경이 이런 상황 판단으로 위, 아래를 구분해 번역했지요.

셋째, 예수의 의부인 요셉이 젊은 나이에 죽은 게 아니고 살 만큼 살다가 죽었다는 겁니다. 그런데 마리아와 결혼 후 30년을 못 살았으니 마리아와 결혼할 때는 이미 자식이 있는 나이 많은 상태에서 재혼했다는 겁니다. 물론 마리아는 초혼이라 합니다. 그래서 예수님의 형제들은 전처의 자식들로 예수님의 이복형들이란 겁니다. 앞의 두 이유를 뒷받침하려니 요셉을 재혼시켜야 하는 것 같지요. 예수님 나이 12~30세 중 언제 그리고 요셉이 몇 세에 죽었는지 전혀 알 수 없는데 이건 좀 너무 비약적 생각 아닌가요?

이젠 친동생이 맞는다는 근거를 제시합니다.

첫째, 누가복음 2:7에 마리아는 첫아들로 예수님을 낳았다고 기록했지요. 형제로만 번역한 공동 번역도 이 부분은 첫아들로 했지요. NIV, KJV도 firstborn (첫째로 태어난)으로 해 맏아들임을 밝혔지요. 첫째란 것은 최소한 둘째가 있음을 나타내는 말이지요. 첫아들이란 말을 예수님이 태어날 때 기록한 것이 아니고 예수님이 죽은 후 수십 년이 지나 기록했으니 동생이 있다는 뜻 아닌가요? 사람이든 가축이든 처음 태어난 수컷은 다 하나님의 것으로 구별했기에 외동아들도 그런 의미로 첫아들로 불렀다는 것은 이에 해당하지 않습니다. 그 이유는 다음 근거 때문입니다.

둘째, 마리아의 정결식때 하나님 앞에서 예수님을 첫아들로 구별한 것은 요셉에게도 첫아들이란 뜻입니다. 요셉은 비록 의부이지만 예수님을 자기 아들로 호적에 올렸지요. 첫아들로 구별 의식을 치르는 것은 아버지의 첫아들만 합니다. 아내가 많다고 해서 아내마다 낳는 첫아들에게 구별 의식을 다하는 게 아닙니다.

이런 의식이 생긴 유래는 모세의 인도로 이집트를 탈출할 때입니다. 이집트에 내린 마지막 재앙으로 사람이든 가축이든 처음 태어난 수컷은 다 죽었지요. 집마다 죽은 장남 때문에 통곡했지요. 아내가 여럿이라도 그 아내들의 첫째 아들이 다 죽은 게 아닙니다. 그런데 어린 양의 피를 집 대문 문설주에 바른 이스라엘은 한 명도 안 죽었습니다. 그래서 하나님은 "첫아들은 내 것이니 거룩하게 구별하라."고 모세를 통해 명령한 것입니다. 하나님의 결혼관은 일부일처입니다. 자기 마음대로 일부다처가 되었든지 사별로 재혼했든지 첫아들은 한집에 딱 한 명입니다. 예수님은 요셉에게도 첫아들이라 구별 의식을 했습니다.

셋째, 고향 사람이 예수님을 마리아의 아들로 말하며 동생들 이름을 달아서 한 문장으로 표현해 모두 마리아의 아들임을 밝혔지요. 마리아의 아들이 아니라면 마리아의 이름 뒤에 붙여 한 문장으로 말할 수 있나요? 성경에 아들의 이름을 아버지 아래나 친모 아래에 적든지 하지 다른 엄마에 달아 적은 것을 저는 본 바가 없습니다.

어머니가 결혼 잔치에서 보인 믿음

갈릴리 서쪽 해변의 가나에서 예수님이 처음 기적을 일으킨 결혼 잔치를 기록한 요한복음 2:1~12을 살펴봅니다. 손, 발을 씻기 위한 물을 극상품 포도주로 만든 기적이지요. 거의 모두 이 잔치에 마리아, 예수님, 예수님의 제자들은 참석했지만, 동생들은 불참한 것으로 압니다. 그런데 12절을 자세히 보면 "그 후에" 동생들이 엄마, 제자들과 함께 예수님을 따라간 것으로 밝혔습니다. "그 후에"는 잔치 후를 뜻합니다. 물론 잔치가 끝나고 며칠 후가 될 수도 있지만, 문맥상 잔치가 끝나 잔칫집을 떠날 때로 보입니다. 다른 번역본을 다 살펴도 잔치 후 다른 곳의 동생들이 예수님에게 합류해 따라간 것으로 보이지 않습니다. 그러니 동생들도 잔치에 참석한 것 아닌가요?

잔치가 한창 진행되어 포도주가 떨어진 것을 엄마가 알고 걱정한 것을 보아 마리아와 가까운 친척의 잔치로 보이지요. 동생들이 참석하는 게 당연하지요. 그런데 처음 참석자 명단에 동생들이 왜 빠졌지요? 4복음서는 철저히 예수님 위주로 기록되어 예수님을 전하고 있습니다. 이에 불필요한 것은 기록하지 않았지요. 친척도 아닌 제자의 참석을 명백히 밝힌 이유는 그들의 믿음 때문입니다. 제자가 된 지 얼마 안 되어 발생한 이 사건은 제자들에게 예수님에 대한 믿음을 더욱 공고히 하게 되었음을 11절에 밝히기 위해 제자의 참석이 기록된 것입니다. 반면 동생들은 안 믿으니 처음부터 적을 이유가 없어 이동할 때에야 적힌 것입니다.

포도주가 떨어진 것을 안 엄마가 "포도주가 떨어졌다."라고 예수님께 말했지요. 그런데 예수님이 "여자여, 그게 나와 무슨 상관이 있느냐? 아직 내 때가 안 왔다."라고 말했으니 이렇게 막돼먹은 말을 해도 되나요? 엄마에게 "여자여!"로 부른 이유가 뭐지요? 예수님이 이 땅에 온 목적을 이루는 사역을 나선 이후는 더는 마리아의 아들이 아니고 본래 하나님의 아들로 돌아간 것을 나타내는 호칭입니다. 예수님에 대해 바로 알기를 원하는 호칭입니다.

이 호칭과 이어진 말에 마리아가 마음 상했을까요? 엄마는 괜찮은데 동생들 마음이 상했겠지요. 누구보다도 예수님을 잘 아는 엄마는 예수님이 사역에 나선 후 예수님을 아들로 생각지 않고 주님으로 생각한 것 같지요. 그래서 포도주가 떨어졌음을 말할 때 예수님이 12세였던 때처럼 "아들아!"라고 부르지 않았지요. 다른 사람의 이목이 있어 "주님!"으로 부르진 않았지만, 주님으로 믿는 믿음을 보여 주었지요. 종들을 불러 예수님이 무엇을 시키든 시키는 대로 하라고 일렀지요. 이 말은 단순히 기적을 원하는 것이 아니고 예수님을 주님으로 보는 믿음을 나타낸 것 아닌가요?

마리아는 잔치집의 종들에게 지시할 정도로 이 집과 가까웠지요.

마리아의 믿음을 본 예수님은 종들에게 항아리에 물을 가득 채우라고 했지요. 가득 채운 물을 연회장에게 갖다 주라는 예수님의 말씀대로 종들이 다 행했지요. 값진 포도주를 마신 연회장은 신랑을 불러 잔치 끝까지 좋은 포도주를 준비했다고 칭찬했지요.

손님들의 발을 씻기 위해 집 입구에 비치된 항아리의 물이 잔치에 꼭 필요한 포도주, 그것도 극상품 포도주로 바뀐 것이 마리아의 믿음 없이도 가능했을까요? 종들이 순종한 믿음과 별 가치 없는 것을 최고상품으로 본질을 완전히 바꾼 예수의 사역도 주목해야 하지만 지금은 마리아의 믿음에 주목하고자 합니다. 예수님은 사람들이 마리아같이 바로 아는 믿음을 가지길 원합니다. 아무리 성령으로 잉태했어도 예수님을 낳은 마리아는 자기 아들로 집착할 수 있지 않나요? 자기 아들이란 생각을 버리기 쉬웠을까요?

오늘날 많은 사람들이 예수님을 인간으로만 생각해 석가, 공자 같은 성인으로 여길 뿐입니다. 예수님을 믿는다는 사람들도 예수님을 잘 모르는 경우도 많습니다. 저도 잘 몰랐음을 고백합니다. 인류와 저를 위해 십자가에 달리신 희생양으로만 알았지요. 저를 위해 돌아가실 정도니 제 소망은 다 들어줘야 하는 존재로 착각했지요. 하나님 아버지처럼 예수 그리스도도 제가 찬양하며 경배해야 할 대상임을 깊이 깨달은 것은 몇 년 안 되어 너무 죄송하지요. 몇 년 전부터 예배드릴 때 하나님처럼 예수님을 꼭 의식하며 감사와 경배의 마음을 드리지요.

그런데 이렇게 좋은 믿음을 보인 마리아가 예수님이 십자가에 달리시는 순간까지 "주님!"으로 부른 기록이 전혀 없는 것은 너무 아쉽지 않나요? 오히려 잔치 이후 형을 집으로 데려오려고 나선 듯한 동생들을 동행한 마리아에게 예수님은 얼마나 실망했을까요? 비록 그 동행이 동생들의 강권으로 마지못해 이루어졌어도 가는 목적을 알기에 너무 아쉬웠지요. 믿음이 약해졌나요? 아니면 믿음이 변질되어 예수님을 이 세상의 구주로 보지않고 이스라엘을 해방시킬 정치적 메시야로 판단해 예수님에 대한 시각이 바뀌었기 때문인가요? 그런 이유도 아니면 주님으로 고백하지 못한 아들에 대한 애착심이 더 강해졌나요?

그런데 언제부터인지는 몰라도 사역에 바쁜 예수님을 따라다니며 모친이 도운 것으로 마가복음 15:40, 41과 마태복음 27:55, 56에 기록되어 다행이지요. 그러나 예수님을 도운 예수님의 모친 마리아보다 더 열성적인 여인이 있기에 놀랍지요. 갈릴리 서쪽 해변 막달라 출신의 마리아입니다. 이 여인은 일곱 귀신이 들려 고통받다가 예수님 때문에 깨끗이 고침을 받았지요. 그래서 예수님을 따라다닌 여제자가 되었지요. 얼마나 열심히 예수님을 섬겼으면 이 여인과 예수님의 모친 두 마리아를 함께 적을 경우엔 요한복음 19장에는 이 여인이 앞서고 그 다음에 예수님의 모친 마리아가 기록되었을까요? 요한복음 19장외엔 예수님의 모친이 이 여인보다 앞에 기록되었지요. 이는 십자가에 못 박힌 예수님의 모친을 부탁하는 장면을 유일하게 기록한 요한이 자기가 모신 모친을 앞에 기록한 것이지요. 마태, 마가, 누가복음의 예수님이 죽는 현장에 나타난 야고보와 요셉의 엄마 마리아는 예수님의 모친입니다. 야고보와 요셉은 예수님의 동생입니다. 막달라 마리아의 이름이 앞서는 것은 예수님의 친가족이 아닌 우리에겐 엄청 큰 위안이 되지요. 그러나 누구보다도 예수님을 잘 아는 모친이 고침 받은 여인보다 뒤진 것은 궁금하지 않나요? 예수님을 낳은 축복보다 예수님께 고침 받은 것이 더 감사해 더 잘 섬겼나요? 두 마리아의 믿음과 성격 차이인가요? 모친이 예수님을 돕지 않은 게 아니니 안타까울 것도 없고 막달라 마리아가 앞서는 것은 우리에게 큰 위안이 될 뿐입니다. 예수님은 그 누구도 차별하지 않음을 보여 주는 증거가 아닙니까? 그러나 이 세상 여인 중 유일하게 엄청 큰 축복을 받은 마리아가 끝까지 주님으로 부르지 않은 것에 대해 예수님의 마음은 어땠을까요?

2. 부활한 예수님을 만난 동생 야고보의 믿음

아~! 형님이 다시 살아나 승천하다니…

동생들은 예수님이 죽는 현장에 없었습니다. 못 온 건가요? 안 온 건가요? 예수님은 목요일 한밤중에 잡힌 지 불과 약 10시간 후에 십자가에 못 박혔지요. 이때가 유월절 전입니다. 그래서 동생들이 아직 예루살렘에 오지 못해 형이 죽는 것도 몰랐나요? 엄마뿐 아니라 이모와 갈릴리 출신 여자들도 십자가 현장에 있었던 것은 이들이 어디든 예수님을 따라 다니며 도왔기 때문입니다. 예수님이 죽을 줄 알고 따라온 게 아닙니다. 이들이 예수님의 시신에 바를 향유를 산 때가 예수가 죽은 후인 것은 예수님이 죽을 줄 모르고 평소처럼 따라온 것을 나타내는 증거지요. 그러나 형을 불신한 동생들은 갑작스러운 형의 십자가 처형을 몰랐을 가능성이 크지요. 알았다고 해도 현장에 가고 싶은 마음이 있었을까요? 어쨌든 동생들이 나타나지 않은 이유를 정확히 알 수는 없지요.

십자가에 못 박힌 예수님은 아래로 엄마와 제자 요한을 보며 "여자여! 보소서! 당신의 아들이니이다."고 한 후 요한에게 "보라! 네 어머니다."고 했지요. 금요일 새벽에 빌라도에게 넘겨진 예수님은 재판을 받으며 로마 군인에게 육체적으로 감당하기 힘든 고문을 받았지요. 살점이 뜯겨 나가는 채찍질을 당하고 머리에는 가시로 만든 월계관을 쓰면서 심한 출혈 증세를 일으켰지요. 그래서 당신 십자가를 질 수 없을 정도로 과다출혈로 인한 쇠약 증세를 일으켜 예수님의 십자가는 지나가며 구경하던 행인이 대신 짊어지고 운반해야만 했지요. 오전 9시에 못 박힌 예수님은 과다출혈로 약 6시간 후인 3시 즈음에 일찍 운명하셨지요. 그러나 예수님과 함께 십자가에 못 박힌 두 강도는 여전히 살아있어 그들이 도망가지 못하도록 그들의 다리를 로마 군인들이 부러뜨렸지요. 이후 한 부자가 총독 빌라도의 허락을 받아 예수님의 장례를 치렀지요. 예수님의 부탁을 받은 요한은 마리아와 함께 예수님의 무덤을 확인한 후 그 밤에 마리아를 제자들의 숙소로 모셨지요. 마리아를 비롯한 여인들이 예수님의 시신에 바를 향유를 산 후 일요일 새벽이 밝기만 기다렸지요. 아직 어두운데 여인들은 무덤 동굴 입구를 막은 큰 바위를 어떻게 굴릴지 걱정하며 갔지요. 이때 큰 지진이 나며 천사가 내려와 동굴 입구의 바위를 굴리곤 그 위에 앉으니 무덤을 지키던 병사들은 무서워 떨었지요. 천사가 여인들에게 "너희가 찾는 예수님은 그의 말대로 부활해 갈릴리로 가고 있다. 제자들에게 이 사실을 알려 갈릴리로 가라고 전해라."고 했지요. 너무 놀란 채 되돌아가던 여인들을 부활한 예수가 만나 "평안하냐?"고 말했지요. 여인들이 예수님의 발을 붙잡고 경배하니 "가서 내 형제들에게 갈릴리로 가서 날 보라고 말해라."고 예수님이 말했지요. 여인들은 겁이 나 숨은 제자들에게 예수님의 부활을 알렸고 베드로와 요한이 무덤으로 달려가 예수님의 시신이 없음을 확인했지요. 이 사이에 무덤을 지켰던 병사들은 대제사장에게 달려가 예수님의 부활을 알렸지요. 대제사장은 병사들에게 돈을 주며 자기들이 조는 사이에 제자들이 예수님의 시체를 훔쳐 갔다고 거짓말을 유포하게 시켰지요.

죽은 아들에게 향유를 바르려던 마리아는 부활한 예수님의 발을 붙잡고 드디어 주님으로 경배했는데 이런 마리아가 예수님의 부활 소식을 제자들에게만 알렸을까요? 믿지 않는 자기 아들들에게도 당연히 알리지 않았을까요? 그런데 예수님의 제자도 부활한 예수님을 만나기 전엔 안 믿었는데 동생들이 형의 부활을 믿었을까요? 형의 부활을 주장하는 엄마를 이상하게 보지 않았을까요?

그러나 이런 동생들도 부활한 예수님을 만났지요. 예수님이 구름 타고 승천하는 모습도 봤지요. 제가 이렇게 단언하는 것은 사도행전 1:14의 기록 때문입니다. 예수님은 승천하기 전 당신을 믿는 자들에게 예루살렘을 떠나지 말고 성령을 기다리라고 말했지요. 그래서 믿는 자들이 베드로의 지도로 마가의 모친 집에 모여 기도했지요. 모인 120명 중 주요 명단이 사도행전 1장에 나오는데 동생들이 14절에 기록된 겁니다. 부활한 예수님을 못 보고도 동생들이 기도의 자리에 참여했을까요?

동생들이 부활한 예수님을 어떻게 만났는지는 알 수 없지요. 그러나 만났을 때 동생들은 기쁘기보다 놀라고 죄송스럽지 않았을까요? 더군다나 예수님이 승천하는 것을 두 눈으로 쳐다 볼 때는 저절로 주님으로 부르는 고백과 그동안의 불신에 대한 회개가 나오지 않았을까요? 그동안 형으로만 알고 불신했던 모든 잘못을 눈물로 철저히 회개하지 않았을까요? 구주 예수님이 자신들의 형이었음을 뜨겁게 감사하며 성령을 기다리는 기도에 매진하지 않았을까요?

죄 없는 예수님이 희생양으로 십자가에서 돌아가심과 또한 부활은 예수님이 이 세상에 인간으로 태어난 것과 같이 너무 중요한 복음의 핵심입니다. 사도바울의 말대로 예수님이 부활하지 않았다면 예수님께서 말씀하셨던 모든 것은 거짓말이 되고 그 거짓말을 믿는 모든 성도들은 세상에서 가장 불쌍한 자가 되지요. 그러나 예수님이 이 땅에 태어난 것처럼 예수님의 부활도 확실하기에 그렇게 못 믿었던 동생들도 예수님을 믿은 것이지요.

성령 충만으로 급성장해 교회 기둥이 된 야고보

부활한 예수님을 만난 동생들의 인생은 완전히 바뀌었지요. 그중 야고보의 인생 반전은 너무 놀랍지요. 야고보는 120명 성도에 섞여 성령을 기다리며 기도에 힘썼지요. 며칠 안 되어 오순절에 집이 흔들리며 성령이 불처럼 모두에게 임했지요. 모두 제각기 다른 민족과 다른 나라의 말을 하는 방언을 했지요. 야고보도 알지 못하는 말로 기도하는 자신이 너무 신기했지요. 멈추어지지 않는 방언을 자신뿐 아니라 엄마와 동생들도 계속하는 모습에 야고보가 얼마나 놀랐을까요?

명절을 지내려고 로마 제국 곳곳에서 예루살렘에 온 유태인들이 자기들이 사는 곳곳의 언어로 기도하는 진기한 광경에 놀랐지요. 급기야 술 취했다고 비웃는 말이 나왔지요. 이들에게 베드로가 설교하니 3천 명이 회개하고 예수를 믿었지요. 이때 너무 놀란 예수님의 동생 야고보는 자신에게도 성령이 임함을 감사하며 베드로와 사도들의 가르침을 충실히 받게 되지 않았을까요? 이후 형님 예수님처럼 베드로와 사도들이 일으키는 각종 능력을 보며 더욱 이들을 따르지 않았을까요? 과부 구제 문제로 7명 집사가 세워짐을 본 야고보는 마음이 어땠을까요? 더욱 겸손히 주님의 일꾼이 되고 싶은 마음이 생기지 않았을까요?

예수님이 A.D. 30년경 죽으시고 부활, 승천하신 후 A.D. 41년경엔 교회에서 야고보의 위치가 돋보인 것을 알게 됩니다. 이 기간에 클라우디우스(사도행전 11장엔 글라우디오)가 로마 황제로 등극하는 것을 도운 헤롯 아그립바 1세(사도행전 12장엔 헤롯)가 갈릴리의 분봉왕이 되었지요. 그는 할아버지 헤롯이 다스린 영토를 거의 회복해 41년경 유대의 예루살렘 왕까지 되었지요. 그는 유태인들의 환심을 사려고 예수 믿는 성도들을 강하게 핍박했지요. 예수님의 제자 야고보 (요한의 형)를 죽였고 베드로도 죽이려고 잡아 투옥했지요. 이때 교회의 중심인물로 성장한 예수님의 동생 야고보는 몸을 숨겼지요. 베드로를 죽이기로 예정된 전날 밤에 천사가 감옥에서 베드로를 구했지요. 마가의 모친 마리아의 집에 온 베드로는 성도들에게 간증하며 자기가 살아난 사실을 피신한 야고보에게 알리라고 하곤 자신도 피신했지요. 야고보는 베드로의 구출 사건을 보고받을 정도의 지도자가 된 것입니다. 그래서 성도의 아지트로 알려진 마가의 모친 마리아의 집에 있을 수 없어 피신했지요.

예수님의 동생이라 사도들이 신경은 썼겠지만, 이것만으로 야고보가 성장했을까요? 뒤늦게 예수님을 믿은 야고보가 예수님의 동생이란 특권 의식에 사로잡혔다면 성도들이 지도자로 인정했을까요? 오히려 예수님의 동생이면서도 줄곧 불신했던 것을 철저히 회개하고 더욱 겸손해져 지도자가 된 것 아닐까요? 이는 그가 지은 야고보서에 자신을 예수님의 동생으로 표현한 것이 전혀 없고 예수님의 종으로 기록한 것을 보면 충분히 알 수 있지요.

그는 어머니를 모심에서도 예수님의 말씀을 받들어 사도 요한과 함께하지 않았을까요? 예수님이 모친을 요한에게 부탁했지만, 친자식으로서 당연히 모친을 모시지 않았을까요?

헤롯 아그립바 1세가 갈릴리 분봉왕이 된 무렵부터 사도행전엔 사도 요한의 이름이 더는 나타나지 않습니다. 예수님이 사역할 때부터 베드로는 늘 요한과 함께 다닌 것으로 기록되었는데 헤롯 아그립바 1세가 A.D. 37년경 분봉왕이 된 무렵부터 베드로 혼자 다닌 것으로 기록되었지요. 요한이 사라진 것입니다. 어디로 갔을까요? 예수님의 모친 마리아를 모시고 핍박이 없는 에페소(성경엔 에베소)로 간 것입니다. 그곳에서 마리아가 죽을 때까지 조용히 모셨지요. 터키의 에페소에는 마리아가 살았던 집이 지금은 관광 명소로 남아 있지요.

마리아의 아들 야고보는 예루살렘에서 해야 할 사명이 있어 엄마와 함께 가지 못했지요. 베드로의 구출 소식을 보고받은 야고보는 헤롯 아그립바 1세가 벌레에 물려 죽은 A.D. 44년부터는 베드로와 함께 평온하게 예루살렘 교회를 이끌었지요.

이 무렵 바울이 마가의 외삼촌 바나바와 함께 10여 년간 이방 지역 선교 여행을 했지요. 오래 지나 되돌아온 바울과 바나바의 선교 보고를 들은 후 예루살렘 교회에서 모든 지도자가 모여 총회를 했지요. 이방인도 예수님을 믿으면 할례를 받아야 하는지를 의논하기 위한 총회였지요. 이 총회의 사회를 맡은 회장은 베드로가 아닌 야고보였으니 얼마나 놀랍습니까? 그래서 바울은 교회의 기둥으로 야고보를 먼저 적은 후 베드로, 요한을 다음으로 갈라디아서에 적게 되었지요. 이후 바울이 2, 3차 선교 여행을 마치고 예루살렘에 돌아왔을 때 먼저 찾은 사람도 야고보였지요. 야고보와 장로들 앞에서 선교 보고를 한 후 그들이 시킨 대로 바울은 성전에서 7일간 정결식을 치렀지요. 사도행전 기록이 바울 중심으로 완전히 바뀐 지 오래된 상황이지만 바울이 야고보를 찾아 보고하고 그 말에 순종할 정도니 야고보의 역할이 놀랍지 않나요?

그가 예수님의 동생이었기에 이렇게 되었나요? 그가 지은 야고보서에서 그가 강조한 것을 보면 교회의 중심이 된 이유를 알 수 있지요. 그는 시험을 달게 이길 것, 차별없이 사랑할 것, 행함으로 믿음을 보일 것, 혀를 다스릴 것, 병자를 위한 믿음의 기도를 할 것 등을 강조했지요. 야고보가 강조한 것들은 평소 자신이 실천한 것으로 지도자의 자질이 충분하지 않나요? 야고보는 이런 것들을 누구에게 배워 강조했나요? 오랜 세월 형님 예수와 한집에서 살며 보고 배웠고 형님의 삶을 통해 배운 바탕에 예수님에 대한 믿음이 뿌리 내렸겠지요.

야고보의 동생 유다도 형님 예수를 주님으로 믿은 후 중요한 역할을 했지요. 그가 지은 유다서는 자기 정체를 숨기고 교회에 몰래 침투해 성도를 미혹하는 불경건한 자들을 분별해 조심할 것을 강조하고 있지요. 유다가 자신을 야고보의 형제로 서두에 밝힌 것으로 보아 야고보의 위상을 또다시 알 수 있지요. 그 외 동생들에 관한 기록은 없지만 모두 예수님을 믿은 것으로 보아 나름대로 한 알의 밀알 역할을 하지 않았을까요? 평범한 목수로 생을 마감했을 이 동생들이 남에게 크고 작은 좋은 영향력을 끼치는 존재로 인생 반전을 이루기까지 엄마의 기도가 계속되지 않았을까요? 이렇게 변한 동생들을 보고 하늘 보좌에 앉으신 예수님은 얼마나 기뻤을까요? 예수님은 자신이 치른 희생의 대가로 누구든 동생들처럼 인생 반전을 이루길 기다리고 있지요.

형님을 주님으로 믿기 전 동생과 예수의 가족 관계처럼 힘든 관계로 고통 겪는 가정이 의외로 많습니다. 가장 가까운 가족이 심지어 원수지간이 되기도 하고 심한 상처를 주고 받으면서도 어쩔 수 없이 한 지붕 아래 살며 아픔을 숨긴 채 사는 분들이 너무 많습니다.

가족은 창조주께서 인류에게 주신 최초의 사회입니다. 하나님 아버지께서 당신의 아들을 희생양으로 삼으실 정도로 인류를 무조건 사랑하고 용서하신 것과 인류를 위한 예수 그리스도의 무조건 희생을 가정에서 조금이라도 맛 보라고 무조건적 관계인 가족을 주셨지요. 하나님의 무조건 사랑과 예수님의 무조건 희생 정신이 전혀 없이 유지될 수 있는 가족이 어디에 있겠습니까? 이런 사랑과 희생은 부모가 먼저 할 수밖에 없고 부부간, 형제간엔 서로 하되 조금이라도 더 깨달은 자가 먼저 그리고 더 사랑해야 합니다.

제가 37세에 결혼하기까지 부모형제와 함께 했던 가정은 어머니 덕분에 유지된 것 같습니다. 근대 한국사의 심한 격동기를 온 몸으로 다 겪은 제 아버지 세대가 다 그랬지만 그 중 제 아버지는 그 상처가 훨씬 컸지요. 부자였던 제 할아버지가 일찍 돌아 가신데다가 피난민으로 엄청 큰 좌절 속에서 어머니와 새출발을 했지요. 새출발은 했지만 신앙이 없었던 그 시절 아버지는 술과 노름의 유혹을 이기지 못했고 때때로 어머니를 구타하기도 했지요. 가난과 구타의 너무 힘든 나날에서도 가족 관계가 깨지지 않은 것은 연이어 태어난 자식들에 대한 무조건적 사랑과 희생 정신이 어머니에게 있었기 때문입니다. 산후 조리도 못하고 맞은 어머니는 어린 자식때문에 무조건 참으시다 교회에 첫 발을 디뎠고 그 곳에서 시어머니가 기도하시는 모습을 보았지요. 이후 어머니는 주님의 위안을 느끼며 계속 더 잘 참게 되었지요. 그런 주님의 마음이 없었다면 저희 5남매는 어떻게 되었겠습니까? 그 시절을 이기니 거실도 없는 방 두 칸짜리 살림에서 할머니까지 8식구가 부대껴도 주님의 말씀과 기도로 넉넉히 이기며 부모님은 장로, 권사가 되는 기쁨도 누렸지요.

제가 결혼 후 세 아이를 낳으며 지금까지 가정이 유지됨은 아내의 사랑과 희생 덕분인 것 같지요. 신혼의 환상이 이내 깨지고 엄존한 현실의 어려움 속에서 아내는 세 아이에 대해 남달리 주님의 마음을 품고 책임감이 강했습니다. 제가 세 아이를 3년 6개월간 키운 주부 아빠 시절에 아내의 부담을 들겠다며 빚을 내 했던 주식 투자에서 오히려 많은 빚을 졌음에도 아내는 잘 참아 주었지요. 이후 다시 부동산 사무실을 열어 잘 하다가 제 눈에 이상이 생겨 앞 못보는 상황에서도 무리하게 2년을 더 이끌다 결국 신용 불량자가 되었지요. 마침내 저희 집에 집달리가 다녀가는 험난한 모든 과정도 아내는 잘 참아 주었지요. 2004년 1월 제 눈동자를 덮으려는 막 제거 수술 후 10여회 수술을 받으며 제가 시각 장애로 고생한 지 만 13년이 되었으나 그동안 아내는 못 본다는 이유로 단 한번도 저를 구박한 일이 없었습니다. 팔짱을 끼고 어디든 함께 가기를 주저하지 않았습니다. 입장을 바꾸어 생각해 보았지요. "만약 나는 정상인데 아내가 나처럼 못 보고 경제 사고까지 친다면 나는 아내에게 어떻게 하고 있을까? 아내가 내게 하듯 잘 해주고 있을까?" 자신이 없지요. 제 가정이 유지됨은 아내가 주님의 마음을 품었기 때문입니다.

저는 제 형제들에게도 무조건적 사랑을 많이 받았습니다. 가난한 집의 맏이인 누나는 맏이란 이유만으로 가족 특히 동생들을 위해 무조건 희생했지요. 저는 37세에 결혼하면서도 누나와 여동생의 도움을 받게 되었지요. 둘째 여동생은 대구의 제 사무실에 오래 근무하며 잘 참아 주었고 한 살 어린 제 아내와 친구처럼 지내지요. 10세 아래인 막내 동생도 저희에게 아낌없는 사랑을 보였지요. 제 쌍둥이 딸이 1.3kg, 1.1kg로 태어나 오랜 기간 인큐베이터 치료를 받을 때에도 형제들의 무조건 사랑은 큰 도움이 되었지요. 심지어 아버지가 소천하시며 받은 부조금을 형제들은 자기 몫을 따지지 않고 제게 다 주었지요. 이후에도 계속적으로 형제들의 무조건 사랑을 받고 있습니다.

아버지가 소천하신 후 발생한 당뇨와 류마티스 관절염으로 더욱 약해 지셨는데도 한창 나이인 제가 대구의 병원 나들이를 할 때마다 버스터미널까지 마중 나와 저를 병원에 데리고 다니며 다시 울산행 버스에 태우는 생활을 10여년 해 오신 어머니의 끝없는 사랑과 희생! 저와 결혼한 이유만으로 모든 것을 홀로 걸머지고 참는 아내의 무조건적 사랑과 희생! 한 부모, 한 형제란 이유로 무조건 돕는 형제들의 사랑! 이런 사랑이 없었다면 저는 정말 비참하고 불쌍한 처지가 되었을 것입니다.

가족간 심한 갈등의 상처로 고통을 겪는 모든 가정이 부활한 예수님을 인격적으로 만나 하나님의 무조건 사랑과 예수님의 희생으로 회복되길 주님이 간절히 소망하고 계십니다. 주님은 가정을 통해 주님의 무조건적 사랑을 맛보길 원하십니다. 그래서 "하나님이 짝지어 준 것을 사람이 나눌 수 없다."고 하셨지요. 하나님께서 우리를 절대 포기하지 않으시는데 우리가 너무 힘들다고 가정을 포기하면 가정을 주신 그 분의 마음은 얼마나 아프겠습니까? 너무 힘든 가운데서도 주님이 주신 가정을 지키려고 몸부림치는 자의 기도를 주님이 외면하시겠습니까? 자신의 아들을 희생양으로 삼으실 정도로 우리 인간을 무조건 사랑하신 이해할 수 없는 하나님의 사랑과 용서, 우리 인류의 구원을 위해 자신을 아낌없이 내어주신 예수님의 희생을 조금이나마 맛보도록 가족을 주신 주님께 깊이 감사드립니다.

10

예수님으로 인해 정반대의 인생을 산

바울

1. 바울로 개명하기 전 스승도 무시했던 그는 독신이었나?

스승의 가르침과 정반대로 행동한 로마인 사울의 돌변

"작은 자"란 뜻인 바울의 처음 이름은 "큰 자"란 뜻인 사울입니다. 사울이 선교 여행을 시작하며 이름을 바꾸었지요. 그는 현재 터키의 타르수스(성경엔 다소)에서 로마 시민권자인 베냐민 지파 부친의 아들로 태어났지요. 유태인으로서 이방에서 태어난 것은 유태인에 대한 디아스포라 정책 때문입니다. 정통 로마인이 아닌 자가 로마 시민권을 가지기는 어려운데 사울은 특혜의 복을 받은 것이지요.

어느 정도 자란 그는 로마나 그리스로 유학해 정착하지 않고 예루살렘에 와 바리새인이 되었지요. 바리새인은 나라가 망한 후 생긴 단체로 하나님 말씀대로 경건하게 살려고 했던 아주 모범적인 사람들입니다. 그런데 날이 갈수록 형식적이어서 예수님으로부터 엄청 질책을 받았지요. 하지만 바리새인은 유태 사회의 지도층을 형성하며 막강한 영향력을 행사했지요. 사울이 후에 보인 행동으로 보아 그가 바리새인이 된 것은 경건하게 살려는 순수한 목적만 있는 것으로 보이지 않지요. 자신의 이름대로 큰 사람이 되려는 야망이 숨은 것 같지요. 그렇게 보는 이유는 존경받는 스승을 무시한 일들을 거침없이 했기 때문입니다.

그의 스승은 모든 유태인에게 존경받는 진정한 바리새인이었지요. 그런 스승의 제자가 되는 것은 요즘으로 치면 서울대학교 학생이 되는 것이고 스승을 자랑하기도 했지요. 스승은 당시 종교적으로 최고 권력 의결 기관인 산헤드린 공회원이었지요. 예수님의 이름으로 기적을 행하고 가르치는 베드로, 요한을 잡아 산헤드린 공회의 재판이 열렸지요. 스승은 사도들을 내버려 두라고 했지요. 만약 이들의 사상이 하나님으로부터 나왔다면 이들을 막는 것은 하나님을 대적하는 것이 된다고 했지요. 또 이들 사상이 하나님 뜻이 아니라면 용두사미로 저절로 끝나 사라질 것이라고 했지요. 의장인 대제사장과 대부분이 떨떠름했지만 스승의 말에 따랐지요. 그런데 제자인 사울은 스승의 말에 역행하는 일을 계속했지요.

7명 집사 중 한 명이 산헤드린 공회의 재판을 받았지요. 거짓 증인들을 위시한 성난 군중이 돌을 던져 그 집사를 죽이는 현장에 사울이 있었지요. 그는 단순한 구경꾼으로 있었던 게 아닙니다. 거짓 증인들이 겉옷을 벗어 그의 발 앞에 두며 맡겼지요. 당시 겉옷은 매우 비싸 이를 맡을 정도면 사울과 증인이 한 편임을 나타내는 것입니다. 거짓 증인들은 사울이 시킨대로 하는 하수인일 가능성도 크지요. 사울은 집사의 죽음에 찬성표를 던질 정도로 영향력이 있었지요. 이렇게 예수 믿는 성도들의 핍박에 앞장선 젊은 사울은 성도들에게 공포의 경계 대상 1호가 되었지요. 성도들은 핍박과 그를 피해 다마스커스(성경엔 다메섹)와 안티오키아(성경엔 안디옥)까지 피신해 기독교가 더 널리 퍼졌지요. 사울은 이들을 붙잡아 오려고 대제사장을 찾아 권한위임을 요청했지요. 타국으로 멀리 도망간 성도들을 어떻게 할 수가 없었는데 사울이 나서서 잡아끌고 오겠다니 대제사장은 얼마나 좋아했을까요? 체포 영장을 받아 체포 팀을 이끌고 다마스커스로 향했지요. 사울은 왜 스승의 생각을 무시하고 성도 핍박에 이토록 열성이었을까요? 스승의 뜻을 저버리고 대다수 지도자의 행동 대장 노릇을 적극적으로 한 것이 단순히 그의 신앙과 신념 때문인가요? 당시 유태 사회에서 최고 지위인 산헤드린 공회원이 되려는 야심에서 나 홀로 깨끗한 스승을 저버리고 대다수를 따른 것 아닌가요? 예수님을 믿은 후 예수님을 위해 모든 것을 배설물로 여겼다는 그의 고백은 이런 야심을 더러운 배설물로 여겼다는 것입니다.

기세등등하게 다마스커스에 가까이 온 사울에게 갑자기 하늘에서 빛이 강하게 비쳤지요. 사울이 땅에 엎드리니 "사울아, 사울아! 네가 왜 나를 핍박하느냐?"라는 음성이 들렸지요. 사울이 "주여, 누구십니까?"라고 묻자 "나는 네가 핍박하는 예수다."란 청천벽력 같은 말이 들렸지요. 너무 놀란 사울에게 "일어나 성으로 들어가라. 네가 할 일을 알려줄 사람이 있을 거다."라는 말이 들렸지요. 사울과 함께 가던 자들은 아무도 보이지 않는데 무슨 말인지 모르는 소리만 들려 아무 말 없이 멍하니 서 있었지요. 사울은 일어났지만, 갑자기 장님이 되었지요. 일행이 사울의 손을 잡고 성안으로 인도했지요.

자기가 그토록 핍박하던 예수님으로부터 책망을 들은 사울은 얼마나 기가막혔을까요? 더군다나 졸지에 장님이 되었으니 밥은 고사하고 물 마실 마음도 없었지요. 존경하는 스승의 말도 무시하고 지금껏 열심히 행한 일들이 완전히 잘못된 것을 깨달았지요. 예수님이 진짜 하나님의 아들로 참 메시아임을 인정할 수밖에 없어 사울은 너무 심한 충격으로 괴로웠지요. 이제 앞도 못 보는 자신에게 새로운 할 일을 알려 준다니 황당하지만, 매우 궁금했지요. 눈은 다시 보게 되는지 답답해 그는 기도할 수밖에 없었지요. 3일간 금식 기도에 진력한 그는 어떤 사람이 자기에게 손을 얹어 기도해 시력을 회복시켜 주는 환상을 보았습니다.

사울이 환상 중 본 사람이 기도할 때 예수님이 사울이 있는 곳을 알려 주고 그에게 가 기도할 것을 말했지요. 그는 체포 영장을 들고 온 사울에 대한 소문을 말하며 난감해했지요. 이에 예수님은 "가라! 사울은 이방인과 왕들과 이스라엘 사람들 앞에 내 이름을 전하려고 택한 그릇이다. 그가 내 이름을 위해 얼마나 많은 고난을 받아야 할지 내가 그에게 보여 줄 것이다."라고 했지요. 그래서 그는 사울에게 가서 손을 얹고 "형제여! 이곳으로 오던 당신에게 나타난 예수님이 당신 눈을 회복시키고 성령으로 충만케 하려고 나를 보냈소."라고 말했지요. 바로 그때 사울의 눈에서 비늘 같은 것이 떨어지며 다시 보게 되었지요. 사울은 일어나 바로 침례를 받았지요. 그 후 식사하며 기력을 회복한 사울은 다마스커스의 성도들과 함께 지냈지요. 이때 사울은 회당에서 바로 예수님이 하나님의 아들임을 전하기 시작하며 그의 인생은 완전히 180도 바뀌었지요. 사울의 말을 들은 자들이 놀라며 "이 사람은 예루살렘에서 예수님을 믿는 자를 마구 죽이던 자 아닌가? 이곳에 온 것도 예수님을 믿는 자를 잡아끌고 가려고 온 것 아닌가?"라고 수군거렸지요.

예수님을 믿는 자에겐 악명 높은 존재로, 예수님을 반대하는 유태인에겐 선망의 젊은 지도자로 널리 알려진 사울의 돌변은 유태 사회에 화제가 되며 혼란을 일으켰지요. 갈라디아서 1:16~19에 사울은 이때 아무와도 상의하지 않고 아라비아에 갔다고 밝혔지요. 아라비아엔 왜 갔을까요? 문맥을 보면 예수님을 전하려고 간 것입니다. 예수님을 믿자마자 전도하고 아라비아까지 홀로 갔으니 사울의 열심은 타고난 것 같지요. 이 열심을 하나님이 귀하게 사용하려고 예수님의 사도로 세우신 것 아닌가요? 아라비아의 단기 여정을 마친 사울은 예루살렘이 아닌 다마스커스로 되돌아왔지요. 되돌아온 그가 활동한 3년간 그의 능력은 점점 강해졌지요. 파급 효과가 걷잡을 수 없이 커지니 그를 죽이려고 밤낮으로 성문마다 지키는 자들이 생겼지요. 이에 사울의 추종자들이 밤에 사울을 바구니에 담아 성벽의 창을 통해 밖으로 달아 내렸지요. 사울은 그 제야 예루살렘으로 돌아갔지요. 그전에 빨리 예루살렘에 가 사도들에게 예수님을 믿는 것을 인정받으려는 생각이 없었으니 교만인가요? 그가 아라비아를 다녀온 후 계속 다마스커스에서 활동한 것은 이방인을 위해 그를 부른 예수님의 목적을 확실히 알았기 때문이지요. 그의 능력이 얼마나 크고 얼마나 확신있게 예수님을 전했으면 그 짧은 사이에 제자 같은 추종자가 생겼을까요? 사울은 예수 믿기 전에 이미 성경 지식이 매우 박식했지요. 게다가 그리스어 등의 언어 능력과 세상 지식도 대단한 엘리트였지요. 이런 바탕에 예수님에 대한 확고한 믿음과 성령 충만의 능력까지 더해지니 그 영향력은 엄청났지요. 그러나 영향력이 커질수록 가는 곳곳마다 그를 반대하여 죽이려는 자들이 생겼지요. 드디어 3년 만에 예루살렘에 되돌아온 사울을 성도들이 의심하여 피했지요. 이에 마가의 외삼촌 바나바가 사울을 데리고 사도들에게 갔지요. 바나바는 사울에게 일어난 모든 일을 설명했고 사울은 베드로와 함께 15일간 머물게 되었지요. 워낙 열심이 특별난 사울은 이런 상황에도 예루살렘 곳곳에서 예수님을 전하며 그리스 출신 유태인들과 논쟁도 했지요. 불과 몇 년 전에 동지였던 자들이 이젠 적이 되어 사울의 목숨을 노렸지요. 사도들은 사울을 고향 타르수스로 피신시켰지요.

사울은 베드로와 15일 동안 지내며 예수님의 동생 야고보도 만났지요. 사울은 이들에게 예수님의 가르침과 삶에 대해 질문하며 답을 듣지 않았을까요? 고향에 되돌아 온 사울은 스승의 말을 무시했던 지난날을 또다시 철저히 돌아보지 않았을까요? 그래서 죄인 중 괴수인 자신도 만나 강제로라도 변화시켜 준 주님께 눈물로 감사하지 않았을까요?

바리새인 사울 시절에도 독신이었을까?

바울은 널리 알려진 대로 평생 독신이었을까요? 자신이 독신임을 밝혔고, 베드로처럼 결혼해 아내의 도움을 받을 수도 있지만 자신은 예수님을 위해 독신으로 산다고 고린도전서 9장과 7장에 밝혔지요. 그리고 결혼 안 한 나이 든 여인과 과부에게 주를 위해 독신으로 살 것도 권할 정도였기에 대부분 바울은 평생 독신이었던 것으로 생각합니다.

이에 반해 젊은 시절, 즉 사울이란 이름의 시절엔 결혼했을 것이란 견해도 있어 신학대학교의 바울학 전공 교수에게 물었지요. 놀랍게도 많은 바울 학자들이 단정하진 못해도 그렇게 생각한다고 했지요. 이 견해의 근거는 사울이 바리새인으로 랍비 교육을 받았기 때문입니다. 결혼을 해야 바리새인과 랍비가 된다고 합니다. 예외적으로 미혼이 있긴 해도 매우 드물답니다. 더군다나 사울은 지도자가 되고 싶은 야심이 큰 사람이기에 정상적인 나이에 결혼한 것으로 보는 시각이 있지요. 학자들 사이에 이 견해가 우세하지만, 바울서신 전공 교수는 성경에서 명확히 밝히지 않기에 단정할 수는 없다고 합니다. 바울이 독신이라 말한 것도 젊은 시절부터 독신이라고 밝히지 않았기에 평생인지 아닌지는 모른다는 것이 그분의 말이지요.

만약 사울시절 결혼을 했다면 어떻게 독신이 되었을까요? 사별인지 이혼인지 알 수는 없지만, 이혼이라면 왜 그랬을까요? 사울이 다마스커스로 간 이후 아내가 감당 못 할 정도로 돌변했기 때문이겠지요. 아내도 사울처럼 돌변하진 않아도 최소한 예수님은 믿어야 남편의 돌변을 이해할 수 있지 않을까요? 사울 같은 바리새인을 남편으로 둔 아내가 예수님 믿기 쉬웠을까요? 예수쟁이를 잡으려고 혈안이던 남편이 갑자기 예수님의 제자가 되어 죽을 정도로 열심이니 남편이 제정신으로 보였을까요? 남편이 예수를 만났다는 사실을 믿지 못하며 너무 돌변한 남편과 함께 계속 살기 어려웠겠지요. 이스라엘 본토와는 달리 이방에서 당시 여인들은 신앙적인 문제로 이혼을 쉽게 할 수 있었던 것으로 고린도전서 7장에 나타나지요. 그래서 바울은 불신자 남편과 쉽게 이혼하지 말 것을 권할 정도였지요.

바울이 부부 관계에 대해 조언한 것 중 "분방하지 말라", "아내(남편)의 몸은 남편(아내)이(가) 주장한다." 등의 말은 결혼한 적 없는 총각이 하기엔 쉽지 않지요. 바울이 젊은 사울 시절 결혼한 바 있었다면 그가 예수님을 위해 포기한 것은 야심뿐 아니라 가정도 포함된다고 생각이 되니 그의 결단과 예수님을 위한 특심함이 너무 놀랍지 않나요?

예수님을 모르던 사람이 예수님을 믿는 것은 그 과정이 평범하든 드라마틱하든 본인에겐 극적인 인생 반전을 이룬 것입니다. 서울대학교를 졸업하고 서울에서 살며 극적인 인생 반전을 이룬 제 친구의 고백을 소개합니다.

"2010년 늦은 가을이었던 것으로 기억됩니다. 제 나이 40대를 마감하고 이제 막 50대 문턱에 접어들고 있을 때, 문득 육체적으로나 정신적으로 많이 지쳐있는 자신을 발견하게 되었습니다. 남들만큼 열심히 살았고 성실한 직장인으로서 평범한 가장으로서 그런대로 잘 살아왔다고 생각해왔건만, 공허한 마음이 자꾸 들고 식구들도 표정이 굳어지는 등 삶이 힘들어 보였습니다. 돌이켜 보건대, 열심히 성실하게 산다는 것이 저의 세속적인 기준에 따른 것일 뿐 주님께서 본 기준에 따르면 죄악일 수도 있겠다고 생각해 봅니다. 육체적으로 아픈 가족도 생겼습니다. 자녀와의 관계도 힘들었습니다. 그때 우연히 친한 친구로부터 자기가 다니는 교회에서 진행하는 아버지 학교를 같이 다니자는 제안을 받았습니다. 그친구는 평소 저만 보면 교회 한 번 와 보라고 전도를 했건만, 그동안 별로 귀담아듣지 않았었습니다. 사실 저의 부모님이나 친형제들은 이런저런 핑계로 교회에 나가지 않습니다. 어쩌면 아버지 학교를 통해서 지금의 어려움을 헤쳐 가는 해법을 찾을 수도 있겠다 싶어 친구의 제안을 수락했습니다.

5주간 진행된 아버지 교육은 기대 이상으로 훌륭한 과정이었습니다. 목사님의 말씀 한마디 한마디에 너무나도 공감하였고 제 생활을 많이 반성할 수 있었습니다. 맛있는 저녁 도시락도 제공되었고, 과제물도 있었고, 발표도 하고 가족들의 참여와 깜짝 동영상 이벤트 진행 등 매우 유익한 프로그램이었습니다. 같은 과정을 받는 장로님, 집사님들의 낯선 이방인에 대한 따뜻한 미소와 세심한 배려에 정말 감사했습니다. 목사님들도 참 좋으신 분들이었습니다. 담임목사님께서는 항상 밝고 긍정적인 표정으로 반겨주시고 잠깐씩 대화를 할 때도 진정성을 가지고 매우 적극적으로 소통해 주셨습니다. 점차 교회가 낯설지 않았고, 주님께서 저에게 꼭 맞는 예배 장소로 인도하여 주신 것이 아닌가 하는 생각을 하게 되었습니다.

교회를 다니면서부터 제 삶과 가족들에게도 긍정적인 변화가 생겼습니다. 매 주일 은혜의 말씀을 듣게 되면서 회사생활과 가장의 역할을 되돌아보게 되었고, 교회를 오가면서 아내와 그간 가지지 못했던 대화의 시간을 갖게 된 점도 큰 축복이었습니다. 아직도 어눌하지만 자주 기도하는 습관을 갖게 되었고 주일에 회사일로 출근하게 되더라도 무의식적으로 1부 예배는 꼭 참석하도록 교회로 인도하는 자신을 발견하게 됩니다. 그런 덕분인지 가족들의 표정도 점차 밝아지고 생활이 활기차게 바뀌고 아픈 가족도 건강을 되찾게 되는 큰 은혜를 받았습니다. 목사님과 장로님, 집사님, 권사님, 교회 모든 분이 너무 고마웠습니다. 무엇보다 하나님 아버지의 보호와 예수님의 사랑으로 인도받는 확신으로 맘속 평온함이 넘쳐 흘렀습니다.

지금도 매년 사순절에 즈음하여 교회에서 진행하는 40일 릴레이 금식기도회에 기쁜 마음으로 참여하고 있습니다. 성경에는 사랑의 말씀이나 진리의 말씀 이외에도 무시무시하고 두려운 심판의 말씀도 많은 것 같습니다. 그래서 더욱 설득력이 있고, 보면 볼수록 말씀 하나하나가 수 천 년이 지난 오늘날에도 어쩌면 그렇게도 맞아 떨어지는지 놀라울 따름입니다. 믿음을 갖게 되면서부터 반성하고 사랑하는 기쁨을 얻게 되었지만, 앞날의 삶과 신앙생활에 대한 엄숙한 경외심과 한편으로는 두려움마저 생깁니다. 성경말씀처럼, 시작은 미약하였으나 창대한 끝을 보고 싶습니다. 항상 기뻐하고 쉬지 말고 기도하고 범사에 감사하겠습니다. 아무것도 염려하지 말고 다만 모든 일에 기도와 간구로 저의 구할 것을 감사함으로 하나님께 아뢰겠습니다. 주님! 저의 모든 죄를 용서하여 주소서. 주님을 믿습니다. 주님을 사랑합니다.

2. 지중해 세계에서 바울의 선교 여행

선교의 중심지, 로마 제국 3대 도시 안티오키아

사울은 고향에서 약 5년 이상 칩거한 것으로 학자들은 계산합니다. 이 기간 동안 매사에 적극적인 사울은 어떻게 지냈을까요? 고린도후서 12장 서두에 사울은 예수님이 계신 낙원에 다녀온 신비한 체험을 밝혔는데 이 기간에 발생한 것으로 보이지요. 성령으로 이런 체험과 자기 충전을 하고 자기를 강제로 변화시킨 예수님의 말씀을 기억하며 때를 기다리지 않았을까요? 드디어 때가 왔지요. 핍박으로 흩어진 성도들이 외국에서도 유태인에게만 복음을 전했지요. 그런데 안티오키아에선 그리스인에게도 전해져 예수님 믿는 이방인들이 생겼지요. 이 소식을 들은 예루살렘 교회가 성도 양육을 위해 바나바를 파견했지요. 바나바는 안티오키아에서 사역을 잘 하다가 인근 타르수스에 칩거 중인 사울을 찾았지요. 사울을 안티오키아로 데려온 바나바는 함께 만 1년을 사역했지요. 이때 이곳에서 예수 믿는 성도를 "크리스천(그리스도인)"으로 처음 부르게 된 것입니다. 바나바 혼자 얼마든지 사역을 잘 감당해 성도가 계속 늘어 가는데 왜 갑자기 사울을 찾았지요? 이제 사울을 본격적으로 사용하려고 주님이 바나바에게 친하지도 않은 사울을 생각나게 한 것입니다. 그리고 혼자 하지 말고 함께 협력하며 인재를 키우길 원하는 주님의 마음을 바나바가 알았던 것 같지요. 이곳에서 일반인에게 신조어인 크리스천으로 불린 것은 남들과 다른 성도들의 좋은 모습 때문이었겠지요.

안티오키아 교회의 지도자와 성도들이 금식하며 주님을 예배할 때 성령이 말했지요. "바나바와 사울을 따로 세워라. 내가 그들을 불러서 할 일을 맡길 것이다."고 했지요. 두 사람에게 손을 얹어 기도한 후 이들을 보냈지요. 이들은 성령이 인도하는 대로 배를 타고 키프로스(성경엔 구브로)섬으로 가 선교했지요.

선교사를 최초로 파송한 안티오키아는 시리아의 최대 도시이며 로마 제국에서 3번째로 컸지요. 인구 150만명의 세계 최대 도시 로마, 알렉산더 대왕이 건설한 알렉산드리아와 더불어 인구 100만명의 안티오키아는 3대 거대 도시였지요. 코린트(성경엔 고린도)가 약 65만명, 에페소(성경엔 에베소)가 약 30만명으로 대도시였지요. 예루살렘은 명절엔 100만명이 넘는 인구가 모여도 평소엔 약 20만명이 상주했지요. 그런데 이 안티오키아가 A.D. 526년 약 25~30만명이 죽는 대지진을 겪으며 도시가 마비되었지요. 몇 십년 후 페르시아의 침략을 시작으로 여기저기 잦은 침공을 받아 과거의 명성을 완전히 잃었지요. 지금은 인구 11만명의 소도시 안타키아로 터키에 속해 있으며 과거의 번성했던 흔적을 찾기 힘들다고 "로마인 이야기" 저자는 안타까워하지요. 선교사 파송의 출발지인 안티오키아는 선교의 중심 역할을 했는데 그런 도시가 거의 사라졌으니 안타깝지요.

바나바와 함께 한 바울의 1차 선교 여행

키프로스 섬으로 선교를 떠난 사울은 "바울"로 개명했지요. 로마 시민권자인 그는 히브리식 이름인 "사울"과 더불어 헬라식 이름인

"바울"을 처음부터 가지고 있었다는 견해도 있습니다. 그래서 이스라엘에서 활동할 때에는 주로 "사울"이란 이름을 쓰다가 이방인 선교 활동을 나서면서 헬라식 이름인 "바울"을 주로 쓴 것으로 보지요. 뜻이 정반대인 두 이름을 처음부터 가지고 있었다는 것은 이상하지요. 어쨌든 왜 이름을 바꾸었을까요? 이름의 뜻이 "큰 자"에서 "작은 자"로 바뀐 것으로 보아 세상 욕심을 버리고 자신을 부른 예수님 앞에 작은 자가 되어 겸손히 작은 일에 충성하겠다는 뜻 아닐까요?

바울과 바나바는 바나바의 조카인 마가를 조수로 데리고 떠났지요. 키프로스 섬의 총독과 많은 사람에게 예수님을 전했지요. 섬 곳곳의 선교를 마치고 소아시아(터키의 동부 지방)로 갔을 때 힘들어하던 마가는 예루살렘으로 되돌아갔지요.

바울은 율법으론 의인이 될 수 없고 부활한 예수님을 믿어야 의롭게 된다고 강조했지요. 왜 율법으로는 의인이 못 되나요? 사람이 율법을 완벽하게 지킬 수 없기 때문입니다. 그러나 율법으로 죄지은 사실을 깨닫게 됩니다. 나는 죄가 없다는 교만은 하나님의 법을 모르기 때문에 생깁니다. 하나님을 안 섬긴 것은 제쳐 놓고 "부모를 공경해라, 거짓말하지 마라, 미워하지 마라, 남의 것을 부러워해 탐내지 마라 등등"에서 완벽한 사람이 있나요?

그럼, 예수님을 믿는다는 것은 무엇을 말하는 것일까요? 예수님이 내 죄를 대신 덮어쓴 희생양으로 죽은 것과 예수님이 부활한 것처럼 나도 죽은 후 부활할 것을 믿는 것이 예수님을 믿는 것입니다. 구원받는 방법이 너무 쉬워 못 믿는 것은 이 쉬운 방법을 택한 하나님을 인정치 않는 교만으로 구원받을 자격이 없지요. 우리에겐 너무 쉽지만, 예수님은 엄청 큰 사랑의 희생을 치렀는데 이를 무시하는 자가 어떻게 구원을 받겠습니까? 율법을 완벽하게 지켜 구원받을 수 있다면 하나님께서 굳이 자기 아들을 희생양으로 삼았을까요? 사람의 머리와 감정으로 이해되지 않는다고 인간에 대한 하나님의 참사랑과 예수님의 희생을 무시하고서야 어떻게 구원을 받겠습니까?

소아시아 사람들은 바나바를 제우스 신, 말을 많이 하는 바울을 헤르메스 신으로 섬기려 하는 촌극도 벌어졌지요. 이곳에서 핍박하는 유태인에게 바울은 돌에 맞아 쓰러졌지요. 죽은 줄 알고 유태인들이 버렸던 바울은 살아나 선교 여행을 마치고 바나바와 함께 안티오키아로 되돌아와 선교 보고를 했지요.

얼마 후 안티오키아에 할례주의자들이 와서 이방인도 예수님을 믿으면 할례를 받아야 함을 주장해 바울, 바나바와 격론이 생겼지요. 이 문제를 의논코자 모두 예루살렘으로 갔고 모든 지도자가 총회에 모였지요. 한참 갑론을박 중 베드로가 성령이 자신을 로마인 백부장에게 보내 복음을 전할 때 이방인에게도 성령이 임했던 것을 말하며 이방인에게 할례의 부담을 지우지 말 것을 말했지요. 예수 동생 야고보도 베드로와 동감임을 밝히며 다만 이방인 성도가 우상에게 바쳐진 제물을 먹지 말고 음행하지 말 것 등 경건한 생활에 힘쓰도록 권할 것을 제의했지요. 모두 찬성해 이 회의 결과를 설명할 두 사람을 바울, 바나바와 함께 안티오키아로 보냈지요. 총회에서 찬반 의견이 충분히 개진된 후 만장일치로 결론을 이끈 야고보, 베드로의 인내와 지혜가 놀랍지 않나요? 만약 베드로, 야고보가 결론을 먼저 밝히며 회의를 이끌었다면 불만이 생겼지 않을까요?

할례 문제가 매듭지어진 얼마 후 베드로가 안티오키아를 방문했지요. 이방인 성도와 함께 식사하던 베드로가 할례주의자들이 온다는 말을 듣고 식사 도중에 자리를 옮겨 이방인 성도를 무안케

했지요. 이에 바나바도 동조하니 바울이 격분해 모두 보는 가운데 인정사정없이 베드로의 위선적 행동을 심하게 나무랐지요. 왜 베드로는 불과 얼마 전 자신이 발언한 것과 반대되는 행동을 취했지요? 회의는 만장일치로 끝났지만 할례주의자들은 여전히 무할례자와의 교제를 문제시 삼았기 때문입니다. 이들의 공격을 피하려고 베드로가 자리를 뜬 것은 결국 이방인에게 할례를 받아야 한다는 부담감을 주는 것 아닌가요?

바울의 2, 3, 4차 선교 여행

얼마 후 바울은 예수님을 전했던 곳에 다시 가 성도들 믿음을 다지길 원했지요. 바나바는 1차 선교 도중 되돌아간 조카 마가를 다시 데려가길 원해 이를 극력 반대한 바울과 심하게 다투었지요. 결국 두 사람은 헤어져 바나바는 마가를 데리고 키프로스 섬으로 갔고 바울은 다른 사람을 데리고 소아시아로 갔지요. 바울의 2차 선교 여행부터 의사인 누가가 따라 다니며 기록을 했지요.

소아시아에서 바울은 칭찬 듣는 디모데를 만났지요. 그리스인 아버지와 유태인 어머니의 아들인 디모데를 믿음의 아들로 삼은 바울은 그가 할례를 받게 했지요. 이방인에게 할례 부담을 극력 반대한 바울이 디모데에겐 왜 할례를 시켰을까요? 디모데를 자신의 동역자로 키우려 했기 때문입니다. 교회 지도자가 될 그가 할례 문제로 시달려 사역에 방해됨을 막기 위함이지요.

바울은 동쪽으로 가길 원했지만, 성령이 이를 막았지요. 뭔가 뜻대로 잘 안 되는데 환상 중 마케도니아인이 나타나 도와줄 것을 바울에게 호소했지요. 2차 선교의 방향이 서쪽 유럽으로 바뀌며 마케도니아의 빌립보에 갔지요. 귀신들려 점치는 한 여종을 고쳤지요. 더는 점을 못 쳐 수입이 끊어진 여종의 주인이 바울을 잡아 모함해 바울은 매를 엄청 맞고 감옥에 갇혔지요. 상처가 아팠지만 한밤에 바울은 기도하고 찬송했지요. 갑자기 지진이 일어나 옥문이 다 열리고 죄수들 발목의 차꼬가 다 풀렸지요. 죄수들이 다 도망친 줄 알고 자결하려던 감옥 간수에게 바울은 복음을 전해 간수 가족 모두 침례를 받았지요. 후에 바울이 로마인임을 안 관리들이 바울에게 용서를 빌고 빌립보를 떠나주길 간청했지요.

데살로니가에 온 바울로 인해 귀부인까지 예수님을 믿으니 유태인들이 핍박해 베뢰아로 갔지요. 복음을 잘 전하고 있는데 데살로니가 사람들이 베뢰아까지 와 바울을 핍박했지요. 아테네(성경엔 아덴)로 피신 온 바울은 너무 많은 우상 신전과 "알지 못하는 신에게"란 글까지 새겨진 제단을 보고 격분했지요. 아테네 시민들이 알지 못하는 하나님과 예수님을 전했지요. 그리스 학문, 철학과 신화의 중심지 아테네에서도 바울의 전도로 그곳의 관리들까지 예수님을 믿는 사람들이 생겼지요

아테네와 가까운 상업 도시 코린트에 간 바울은 브리스길라 부부를 만났지요. 유태인은 로마를 떠나라는 황제의 명령으로 코린트에 온 이 부부는 바울과 직업이 같아 함께 천막을 만들었지요. 함께 하며 이 부부는 바울에게 많이 배웠지요. 처음만 남편의 이름이 먼저 기록되었을 뿐 그 이후엔 늘 아내 브리스길라의 이름이 먼저 불릴 정도로 신앙적인 면에서 아내가 돋보였지요. 바울은 1년 6개월을 머물며 코린트 선교에 진력했지요. 코린트에서 에페소로 가는 도중 바울은 삭발하며 자신의 의지를 다졌지요. 에페소에 브리스길라 부부를 남겨 놓고 바울은 안티오키아로 돌아가 2차 선교 보고를 했지요.

보고 후 곧 3차 선교 여행을 떠나 소아시아의 갈라디아로 갔지

요. 이때 알렉산드리아의 아볼로가 에페소로 왔지요. 말을 잘하고 성경에 능통해 예수님을 성경적으로 잘 가르치는 그가 성령은 잘 모름을 파악한 브리스길라 부부가 그에게 하나님의 도에 대해 더 자세히 가르쳤지요. 아볼로가 코린트 쪽으로 가길 원했지요. 브리스길라 부부는 코린트 교회에 그를 영접하라는 편지를 적어 그에게 주어 보냈지요. 코린트에 온 아볼로가 워낙 잘 가르치니 그를 따르는 자들이 많이 생겼지요. 에페소로 돌아온 바울은 코린트에 보낸 첫 번째 편지(고린도전서)에서 자신이 심은 것에 아볼로는 물을 주었다며 칭찬했지요. 바울에게 배웠어도 여자인 브리스길라가 교회의 지도자를 가르쳤으니 놀랍지 않나요?

에페소에 돌아온 바울은 3년간 머물며 회당과 두란노 서원에서 가르치며 각 지역 교회에 편지를 보냈지요. 바울로 인해 에페소의 많은 마술사가 예수님을 믿어 그들이 가진 마술책을 불태웠는데 태운 책값이 5만 드라크마(1드라크마는 하루 일당)인데 이 돈은 일당을 10만 원으로 치면 50억 원이 되지요. 바울의 손수건이나 앞치마만 갖다 대도 병이 낫고 귀신이 쫓겨났지요. 이에 바울 흉내를 내던 어떤 7형제에게 귀신이 "예수도 알고 바울도 아는데 너는 누구냐?"고 꾸짖으며 혼내줘 이들은 발가벗고 도망쳤지요. 손으로 만든 것은 신이 아니란 바울의 말 때문에 수입이 걱정된 아데미 여신상 제작자들이 데모를 일으켰지요. 데모가 걷잡을 수 없이 커져 구경하다 영문도 모른 채 가담한 자들이 많았는데 한 관리가 가까스로 진정시켜 해산시켰지요.

이후 바울은 2차 때 전도했던 곳을 둘러보며 코린트에 가 3개월 머물렀지요. 바울은 로마를 거쳐 스페인(로마서 15장엔 서바나)으로 가길 원했지만, 예루살렘 교회 성도 구제를 위해 마케도니아와 그리스의 성도들이 헌금한 것을 예루살렘에 전해야 했지요. 일단 예루살렘에 간 후 로마행은 성령의 인도를 받기로 결심했지요. 그리고 코린트를 떠나기 전에 로마의 성도에게 편지를 적으며 자신의 심정을 로마서 15장에 밝혔지요. 예루살렘으로 가는 도중 바울의 긴 강연에 3층 창문에서 앉아 졸던 청년이 밖으로 떨어져 죽었는데 바울이 살렸지요. 에페소에선 바울의 고별 설교에 모두 울며 작별했지요. 잠시 들르는 곳마다 바울을 죽이려는 사람이 많은 예루살렘에 가지 말라고 성도들이 눈물로 호소했지만, 바울은 죽기를 각오했지요.

예루살렘에 돌아온 바울은 예수님의 동생 야고보를 만나 헌금을 전달했지요. 야고보가 시킨대로 바울은 성전에서 정결식을 하던 7일 끝날에 아시아 출신 유태인들에게 잡혔지요. 사람을 죽이려는 소동 발생을 전해들은 로마군 천부장(천명 군사의 지휘관)이 급히 와 유태인들이 죽이려는 바울을 체포했지요. 천부장은 바울이 로마인임을 알고 적극적으로 보호했지요. 바울을 죽이려고 40명이 매복한 것을 듣고 472명의 군사가 바울을 호위하게 해서 총독에게 보내 재판을 받게 했지요. 바울을 이단의 우두머리로 고발한 대제사장의 말과 예수님의 부활을 전했을 뿐이란 바울의 변론을 들은 총독은 판결을 계속 미루며 바울에게 관대했지요. 2년이 지나 새 총독이 부임해 바울을 예루살렘에서 재판하려 했지요. 길가에 매복해 바울을 죽이려는 대제사장의 음모를 눈치챈 바울은 이를 거절했고 오히려 로마 황제에게 상소했지요. 죄를 찾지 못해 석방하려던 총독은 황제에게 적어 올릴 죄목을 찾고자 헤롯 아그립바 2세(사도행전 26장엔 아그립바) 왕을 불러 함께 바울을 심문했지요. 왕과 총독 앞에 선 바울은 예수의 부활을 전하게 된 과정을 설명하며 그들도 자기가 쇠사슬에 묶인 것 외엔 자기와 같이 되기를 바란다고 했지요. 총독은 바울이 미쳤다고 했고 왕은 바울이 죄가 없지만, 황제에게 상소했으니 로마로 보낼 수밖에 없다고 했지요.

바울을 재판한 천부장과 두 총독 그리고 왕은 진상 조사를 위해 바울의 말을 들어야 했고 이로 인해 예수님을 전하는 시간이 되었으니 놀랍지 않나요? 죄 없는 바울은 로마인이기에 잡혀 있어도 매 한 대 맞지 않고 외부 방문객도 자유롭게 만났지요. 밖에는 바울의 목숨을 노리는 자가 수두룩한데 로마군의 보호를 받으며 로마 황제에게 복음 전할 기회까지 얻었으니 하나님의 방법이 사람의 생각과 너무 다르지 않나요? 왕과 총독이 자기같이 되길 원한다는 바울의 당당함이 우리에게 있나요? 형편은 없지만 저도 이젠 저처럼 주님의 평안을 누리라고 그 누구에게든 당당히 말하지요.

로마군의 호위를 받으며 로마로 가던 바울이 탄 배는 광풍으로 부서졌지만, 바울 덕분에 모두 살았지요. 얼마 후 드디어 로마에 온 바울은 집에 억류되었어도 소문을 듣고 찾아 온 방문객을 자유롭게 만났지요. 이때 바울은 에베소서, 빌립보서, 골로새서, 디모데전서, 빌레몬서를 작성해 보냈지요. 또 찾아온 모두에게 복음을 전한 바울은 마침내 재판하는 황제에게도 예수님을 전했지요. 이것이 바울의 마지막 4차 선교 시작입니다. 무죄 판결을 받고 석방된 바울은 어디로 갔을까요? 스페인으로 갔지요. 바울이 로마에 들른 후 왜 스페인으로 가고 싶다고 로마서 15장에 밝혔지요? 당시 로마인은 스페인과 영국 서쪽 바다(대서양) 건너에 다른 큰 땅이 있음을 몰랐지요. 땅끝까지 복음을 전하라는 예수님 말씀을 잊지 않은 바울은 스페인을 땅끝으로 생각해 가길 원했지요. 바울의 4차 선교는 땅끝 선교였지요. 땅끝 선교를 마친 바울은 로마로 되돌아 왔지만, 네로 황제의 기독교 박해로 잡혀 투옥되었지요. 이때 바울은 자기 죽음을 예견하고 마지막 서신인 디모데후서를 적어 에페소에 있는 믿음의 아들 디모데에게 보냈지요. 사람이 생각하지 못한 하나님만의 방법으로 바울의 4차 선교여행을 이끄신 하나님은 오늘날에도 우리의 생각과 다른 방법으로 우리를 이끄십니다.

경북대학교를 졸업하고 서울에서 살며 하나님만의 방법으로 예수님을 믿게 된 제 친구 성형동님의 고백을 소개합니다.

우리 집안 첫 구원의 겨자씨

약 15년 전에 막내처남이 결혼하면서 교회 다니는 자매와 결혼한다고 했다. (나중에 보니 부산에 있는 한 교회 장로님의 따님이었다) 우리 집안과 처가 집안을 통틀어서 믿음의 첫 겨자 씨앗이 들어온 거였다. 처남이 결혼한 지 얼마 되지 않아서 나에게도 하나님의 놀라우신 구속 사역이 시작되었다. 결혼조건으로 장인어른과의 약속을 지키기 위해서 교회에 출석하게 된 처남이 어느 날 연락이 왔다. 교회에서 '가족초청잔치'라는 것을 한다고 했다. 환갑, 칠순 잔치에만 가본 적이 있는 나는, 처부모님과 온 처가 식구들이 간다기에 무슨 파티라도 하나 싶어서 생애 처음으로 (45세 때) 교회라는 곳에 가게 되었다. "처남! 교회는 이것이 처음이자 마지막이다!" 하고 경고를 하고 교회의 행사에 처음으로 참석했었는데 초청된 식구와 함께 교자상과 여러 가지 선물을 많이 받고 기분 좋게 돌아왔던 기억이 난다. 돌이켜보면, 신앙 없이 살아온 나의 과거 40여 년은 보통 세상 사람처럼 사업상 핑계로 세상 속의 모든 탐욕과 육신의 즐거움만 좇아 살아왔다. 도저히 구원받지 못할 죄악 속에 빠져 있었고 밤 12시 이전에 집에 귀가하는 것은 거의 손꼽힐 정도였다. 가정을 소홀히 하는 나의 모습을 통하여 아내의 고통과 상처는 점점 깊어만 갔고, 점점 부부의 믿음과 신뢰 관계는 회복되지 못할 것 같은 어두운 나락으로 계속 멀어져 가고 있을 때였다. 아내가 그렇게 힘들어해도 인간적인 판단으로는 도저히 이해하지 못하던 나에게 하나님의 기적 같은 움직임이 있었고 45년 만에 교회라는 곳에 첫발을 딛게 되었다.

교회에 다닌 적도 없이 전자성경을 만들게 되다.

그 후 얼마 있지 않아서 섬유 수출사업을 하는 한 친구한테서 연락이 왔다. 섬유사업의 내리막길에 사업의 부도 여파로 쉬고 있던 친구가 온수역 근처의 새로운 회사에 가담하게 되었는데 한번 놀러 오라고 해서 우연히 들렀다. 거기에는 금융 다단계 출신 사장과 판매조직들이 어떤 새로운 일을 계획하고 있었는데, 그들이 목적으로 하는 본 사업(옥수수 관련 사업) 이전에 사업자금을 모으기 위해서 전자성경이라는 것을 준비 중이라고 했다. 기독교 인구가 1,200만 명이나 되니 이 제품을 개발하고 출시만 하면 수백, 수천억의 자본금을 모을 수 있다는 황당한 얘기를 했다. 어깨 너머로 그들이 개발하고자 하는 전자성경이란 것을 보니 성경 음원과 찬송가 전집을 압축해서 넣으려면 약 4GB 이상의 메모리가 필요해 보였는데 당시는 겨우 128MB MP3 재생기가 막 세상에 나올 때였다. 그렇게 그들은 개발과 투자유치, 제조기반을 준비하기 위해서 분주히 움직이고 있었다. 집에 와서 곰곰이 생각해보니 제품개발이 그렇게 어려워 보이지 않았다. 일본에서 막 개발된 MD (mini disk driver)를 이용하여 MP3와 접목하면 될 것 같았다. 과거 나의 첫 직장이 컴퓨터 메모리 저장장치를 만드는 미국 회사였기에 자연스럽게 저장 메커니즘을 구상할 수 있었고, 당시 경북대학교 전자공학과 동문이 운영하는 MP3 제조회사에서 개발해 놓은 유사한 시제품 하나를 구해왔다. 몇 가지 성경 콘텐츠를 넣어서 작동시키니, 그들이 많은 인력을 투입하여 개발하려고 하는 획기적인 제품이 일주일 만에 내 손안에서 탄생하게 되었다. 그 다음 주에 그 친구 회사에 방문하여 그 제품을 보여 주었더니 모두 놀라워했고, 당연히 제품 설계와 개발인력들은 쓸모없게 되어 버렸고 개발을 위한 투자금 유치 명분도 사라져 버리게 되었다. 이후 어쩔 수 없이 그들의 요청으로 회사 일원으로 참여하여 제품개발을 책임지게 되었고 졸지에 그들 회사 대표직을 어부지리로 맡게 되면서 성경, 찬송가의 모든 음원과 자막을 탑재한 휴대용 "디지털 성경"을 최초로 출시하게 되었다.

첫 자진 교회 출석

디지털 성경제품을 출시하고 나서 바로 막다른 벽에 부딪혔다. 회사 안에는 교회를 다니는 사람들이 없었다. 국민일보와 기독교방송사를 통해서 거액의 협찬금을 투입하고 연합부활절 행사장에 독점으로 참여하여 제품을 소개하는 팸플릿을 나누어 주었다. 그런데, 그렇게 많은 사람에게 팸플릿을 나누어 주었음에도 사람들은 거들떠보지도 않았다. 참으로 이상한 일이었다. 그래서 판로를 고민하던 끝에 회사 임직원들에게 모두 교회라는 곳을 나가보자고 제의했고 한 달이라도 다녀보고 다시 판로를 찾아보자고 했다. 그날 집에 와서 아내에게 교회에 가보자고 했더니 아내는 "주일날 함께 손잡고 교회 가는 것이 소원"이었다고 고백하는 것이 아닌가? 시댁의 엄한 불교와 유교 방식의 문화로 그동안 숨죽이며 홀로 기도하며 지내온 것이었다. 그렇게 해서 내 발로 찾아 들어간 교회에서는 바로 나를 기다리시던 주님과의 인격적인 만남이 예비

되어 있었던 것이었다.

회개와 은혜

결혼 이후 가정을 소홀히 해온 나로 인해 아내가 그렇게 힘들어함을 인간적인 판단으로는 도저히 이해하지 못하던 나에게 하나님의 기적 같은 역사하심으로 45년 만에 교회로 인도하여 가정을 돌아보도록 하셨다. 하지만 그것도 잠시, 도저히 믿어지지 않는 성경책을 붙들고 선데이 크리스천 생활을 하던 나에게 2006년 3월에 "두란노 아버지 학교"라는 곳에 가게 되었다. 역시 처남이 무조건 참가 신청을 하면서 억지로 가게 되었고, 그곳에 첫발을 딛던 순간 나에게는 "다메섹"에서 하나님 음성을 들은 사울이 바울로 변화된 것 같은 신선한 충격으로 다가왔다. 가부장적 유교 문화에 오랫동안 젖어있던 나에게 앞치마를 두르고 참으로 열심히 섬겨주셨던 한참 형님, 아버지뻘 되시는 섬김이들을 보면서 큰 감동을 하였고 "아버지가 살아야 가정이 산다!"는 구호를 외치면서 뜨거운 눈물을 많이 흘렸던 기억이 난다. 아버지 학교의 좋은 프로그램을 통해 많은 변화도 있었고 가정에도 큰 회복의 빛이 비치기 시작했었다. 하지만 사십여 년의 묵은 때가 그렇게 쉽게 지워지지 않았다. 잠깐이나마 크게 변화 받고 스스로가 회복되고 순종하고 있다고 생각했는데 그것은 나의 착각이었다. 아내를 통해 하나님은 정확하신 관찰로 내 속에 들어있는 많은 비밀의 방들을 바라보게 하시고 끄집어내게 유도하셨다. 그 당시 지인의 소개로 알게 된 CBMC (한국기독실업인회)에서 다섯 부부가 모여서 가델(부부 행복 찾기) 모임을 시작하면서 또다시 많은 갈등에 부닥쳤다. 간증과 고백을 통해 나의 비밀의 방을 열어서 보여 주어야 하는 문제와, 가델모임 식구들에게 하나 둘 드러나게 되는 아내의 눈물을 통한 간증으로 나의 감추어진 이면의 모습을 남들은 어떻게 생각할지 큰 갈등이 몰려왔다. 1, 2주도 아니고 10개월간 계속 만나게 되면서 나를 에워싸고 있는 가식과 허울을 벗겨낸다는 것은 엄청난 자존심의 문제이기도 했다. 그런데 아내가 먼저 마음의 문을 열기 시작했고, 가델 나눔을 통한 하나님의 사랑이 아내의 닫혀있던 빗장을 녹여주고 있다는 것을 알게 되었다. 아내의 눈물이 나에 대한 원망의 눈물이 아니라 하나님이 대신 흘려주시는 긍휼의 눈물로 받아지기 시작했다. 1주일에 한 번씩 꾸준히 만나다보니 남의 가정살이도 객관적으로 보게 되었고 그 속에도 많은 아픔과 상처가 존재했었음을 알게 되었다. 그 아픔이 내 아픔이 되고 그분들의 상처가 또 나의 상처가 되었다. 그런데 이 상처와 아픔이 계속되는 만남을 통해 오히려 닦아지면서 치유되고 있다는 것을 서서히 느끼기 시작했다. 물론 오랫동안 반복되어 묵혀온 아내의 깊은 상처가 쉽게 회복되고 변화될 수는 없겠지만, 아내의 아픔을 이해는 하면서도 온전히 받아들이지 못하는 내가 조금씩 더 깨어지고 모든 원인의 화살을 나에게로 돌리는 변화를 겪으면서 지금은 정말 있는 그대로 받아들이고 있다. 광야 같은 이 세상살이에서 하나님이 가장 기뻐하시는 일이 가정에서의 변화임을 너무 늦게 깨달았지만, 이 광야에서는 나의 힘으로 할 수 있는 것이 아무것도 없음을 깨닫고 오직 하나님의 말씀을 의지하고 하나님의 음성에만 귀기울이게 됨이 해결 방법임을 절실히 느끼고 있다. 우리의 눈물도 보시고 우리의 슬픔과 아픔도 아시는 하나님이 존재하심을 아내를 통해서 많이 느끼게 해주시어 너무 감사하다.

하나님의 은총

업계의 삼성전자란 소리를 들으며 몇 년간 승승장구하던 회사는 스마트폰 시대가 시작되면서 중소기업의 한계를 절실히 느끼고 만 5년 만에 정리하게 되어 거의 빈털터리로 돌아왔지만, 하나님의 특별한 은혜와 은총으로 원래하고 있던 첨단소재 분야의 장비사업을 곧 정상화하고 시장의 선두로 바로 올라서게 해 주셨다. 한편, 우리 집안에 대한 구속사역도 하나 둘 확장 되어갔다. 예수님을 계속 거부하고 기복과 미신에 빠져 있던 한 형제는 건강이 매우 좋지 않았다. 간경화와 몇 가지 합병증으로 절망 가운데 있다가 주변의 강권으로 교회의 치유 집회에 우연히 참석했다가 거기에서 참으로 믿기지 않는 기적이 일어났다. 예수님의 치유 능력으로 병들이 거짓말같이 흔적도 없이 사라져 버린 것이었다. 이러한 특별한 은총으로 치유와 함께 예수님을 영접한 지 얼마되지 않아서 믿지 않는 자들을 볼 때마다 너무 가슴이 아프다고 애통했다. 그러곤 주일예배 후에는 곧장 서울 목동의 한 대학병원으로 달려가서 죽음이 임박한 환자들을 천국으로 인도해야 한다고 병실을 수도 없이 돌면서 수많은 환자를 영접 기도하게 하는 탁월한 전도의 은사를 받았다. 대구에 계신 팔순 넘은 모친은 2년 전에 낙상으로 뇌를 다쳐 병원에 입원하셨다. MRI로 보니 뇌의 한가운데가 새까맣게 변해버려서 거동도 불가하고 사람도 알아보지 못하셨다. 집안 형제의 치유능력을 직접 목격한 나는 교회와 주변의 믿음의 동지들에게 일 년여 기간 동안 중보기도를 계속 요청하였고, 그 능력으로 모친도 온전히 치유되는 기적을 체험하였다. 내 눈에 흙이 들어가기 전에는 절대 제사를 포기할 수 없다고 하셨던 모친도 (우리 집안의 장손이기에 오랫동안 조부모님과 아버지의 제사를 드렸다.) 이제는 예수님을 영접하고 명절이나 추도예배 때는 큰소리로 함께 찬양하고 기도문을 따라 하신다. 처남 결혼 후 약 14년이 지나면서 우리 집안, 처가 집안, 처형댁, 동서 집안 등 가족 백여 명이 구원을 얻었고 또 다른 전도의 통로로 귀하게 쓰임받고 있다. 요즘, 신앙모임에 가면 혼기를 앞둔 자녀를 둔 교회의 중직들이나 믿음의 지인들을 보면 믿지 않는 집안의 자녀와는 무조건 결혼이 안 된다는 분들이 많다. 그 가정 그 가문을 통해 구원의 밧줄이 될 수 있음을 스스로 포기하는 것이 아닌지 나의 사례를 생각하면서 되물어 본다. 얼마 전 말이 어눌하신 어떤 한 분의 전화가 걸려왔다. 10년 넘게 사용한 디지털성경 작동 문의를 하다가 본인이 말을 못 하는 장애인이었는데 전자성경을 계속 듣다 보니 이렇게 말문이 트였다고 기뻐하는 전화를 받고 나도 모르게 눈물이 나왔다. 지금도 내 삶을 통해 역사하시는 하나님의 은혜에 감사드리며 하나님의 기쁨이 나의 기쁨이 되는 삶이 되길 다시 다짐하면서 간증을 마무리합니다.

기독교 국가가 된 로마가 왜 망했나?

바울은 로마에서 네로 황제의 박해로 A.D. 68년경 순교당했지요. 이때 마리아를 모신 사도 요한을 제외한 대부분 사도가 순교당했지요. 그러나 기독교는 사도에게 배운 속사도 시대와 속사도에게 배운 교부 시대를 거치며 성령이 직접 이끌므로 더욱 번성했지요. 이 시기에 교회는 비로소 예배당 건물이 생겼지만 대부분 가정에서 모였지요. 가정에서 모이니 수백 명이 모이긴 힘들었고 수십 명의 소그룹 이었지요. 오래전 중국의 비밀 모임인 처소 교회와 흡사했지요. 공산당 박해로 온전한 성경도 없는 중국 처소

교회가 하나님을 뜨겁게 경험하며 번성해 1억 성도가 생긴 것처럼 로마의 가정 교회도 번성했지요. 두 나라 모두 성령이 직접 강하게 역사해 가능했지요.

그러다 A.D. 313년 콘스탄티누스 황제가 기독교를 인정하는 밀라노칙령을 발표하며 교회는 중대 변화를 맞았지요. 예배당 건물이 자유롭게 건축되었지요. 콘스탄티누스 황제는 자신의 이름을 딴 도시 콘스탄티노플(지금의 이스탄불)을 건설해 동로마 제국의 수도로 삼을 때 큰 예배당 건축에 앞장섰지요. 예배당 건물은 늘어 갔지만 소그룹 가정 교회 모임은 계속되었지요. 그런데 A.D. 360~A.D. 370년경 라오디게아 회의에서 가정 교회 모임을 불법으로 규정하며 금지했지요. 소그룹 모임이 사라지고 대중 모임과 건물 중심으로 교회가 완전히 바뀌며 대중은 평신도로 불리게 되었지요. A.D. 392년 테오도시우스 황제가 기독교를 로마 국교로 선포하기까지 교회는 권력과 결탁해 건물이 늘어 갔지요.

그런데 천 년간 지속한 로마는 A.D. 476년 야만인으로 부르던 게르만 민족에게 허무하게 망했지요. 후에 비잔티움 제국으로 불리게 된 동로마는 서로마 멸망 후에도 천년이나 건재했지만 로마 제국의 뿌리인 로마는 망했지요. 도대체 왜 망했을까요? 오랜 세월 세계 최강국으로 군림한 로마가 기독교 국가가 된 지 100년도 안 되어 망했으니 로마의 기독교를 생각하지 않을 수 없지요.

로마는 납으로 만든 수도관으로 물이 공급되어 납중독으로 힘이 약해져 외세의 침략에 망하게 되었다는 말이 있지요. 그러나 대부분 역사가는 로마 멸망의 첫째 원인으로 극심한 타락을 논하지요. 기독교가 국교가 되었는데 왜 로마의 타락을 바로 잡지 못했지요? 권력을 누리며 함께 타락했기 때문입니다. 하나님을 섬기던 이스라엘의 타락과 같이 로마의 기독교도 심하게 타락했지요. 권력의 맛을 본 사제는 국교로 새로운 권력자가 되어 예수님의 겸손, 섬김과 멀어졌지요. 평신도로 전락한 대부분 교인은 건물 중심의 형식적 모임에 길들어져 성도의 거룩함을 잃고 타락한 세상 풍조에 물들며 예수님의 가르침과 멀어졌지요. 소그룹 모임인 가정교회를 불법화하며 해체한 결과이지요. 3% 소금이 바다를 썩지 않게 한다는데 교인은 많아져도 기독교가 로마의 부패와 타락을 못 막으니 이스라엘처럼 망한 거지요. 물론 이 외에도 기독교 타락의 원인이 많겠지요.

그런데 이런 조짐이 중국에서도 나타나 걱정이지요. 외국 선교사의 중국내 교회 설립은 여전히 안 되지만 자국민의 교회 설립을 공산당이 허락한 지 10년이 다 되지요. 그렇게 되니 중국도 건물 중심 교회로 빠르게 바뀌며 처소교회가 사라지는 분위기가 대도시에서 확연히 보인답니다. 로마의 멸망을 막음에 기독교가 제 역할을 못 한 것은 분명하고 기독교의 타락에 가정교회의 몰락이 한몫을 한 것도 분명하기에 중국 처소교회의 쇠퇴가 걱정되지요. 이미 건물 중심으로 바뀐 지 오래된 한국 교회도 대그룹 모임과 소그룹 모임이 상호 보완하여 진정한 3% 소금이 되길 소망합니다.

3. 바울의 성격과 대인관, 그리고 투병과 고난

바울 사역 초창기의 불같은 성격

바울은 자기 생각을 바로 행동으로 옮기는 매우 적극적인 사람이었지요. 너무 직설적인 그는 잘못된 것을 보면 물, 불을 가리지 않고 못 참았지요. 그래서 위선적 행동을 한 베드로에게 새까만 후배인 바울이 공개적 망신을 주는 것도 서슴지 않았지요. 그의 이런 성격은 그의 초기 서신에도 잘 나타납니다. 대놓고 "어리석다" 등으로 잘못을 강하게 지적한 것이 바울 서신에 자주 나오지요. 문제가 워낙 많은 코린트 교회엔 심지어 고린도전서 4장에 "내가 매를 들고 가랴?", 11장엔 "내가 가면 바로 잡으리라.", 고린도후서 13:2엔 "내가 가면 용서치 않겠다." 등의 겁나는 말도 했지요. 갈라디아서 1:8, 9에는 "저주를 받을 것이다."라고 두 번이나 경고한 것도 있지요. 잘못한 사람이 바로 뉘우치고 자신처럼 돌변하지 않은 채 바울의 눈에 띄면 그의 무차별 폭격을 피할 수가 없었지요.

이런 그의 불같은 성격 때문에 1차 선교 도중 되돌아간 마가를 용납할 수 없어 2차 선교를 앞두고 마가의 동행 문제로 바나바와 대판 싸웠지요. 바나바는 바울에겐 은인 아닌가요? 돌변한 사울을 의심해 성도들이 슬슬 피할 때 사울을 믿게 한 자가 바나바이지요. 고향에 오래 칩거해 모두 잊은 사울을 찾아 안티오키아에서 사역할 수 있게 해준 자도 바나바이지요. 이런 은인이 "이젠 마가가 달라졌다."고 하는데도 이를 받아들이지 않는 바울의 고집이 너무 심한 것 아닌가요? 이런 그의 성격 때문에 상처받은 자가 얼마나 많았겠습니까? 바울에게 상처받은 사람을 부드러운 바나바가 돌보지 않았을까요? 바나바와 헤어진 후 2차 선교부터 바울이 순교하기까지 따라다닌 의사 누가가 그 역할을 하지 않았을까요? 이런 적극적 성격이 교회가 시작되는 시기엔 큰 역할을 하기에 주님이 이방인 선교에 바울을 귀하게 사용하신 것 아닌가요? 그리고 이런 불같은 성격의 뒤치다꺼리를 감당할 자도 붙여 주지 않았을까요?

교회에서 여성도의 역할에 대한 잘못된 오해

미혼이거나 과부인 여성도에게 바울이 결혼보다 독신을 권한 이유가 뭘까요? 예수님이 곧 재림할 것으로 생각했기 때문에 아닐까요? 그의 서신을 보면 예수님의 재림이 2천년이 지난 지금까지 이뤄지지 않을 것이라곤 전혀 생각지 못했고 곧 수십 년 내에 이뤄질 것으로 생각한 것 같지요. 만약 이렇게 오래 걸릴 줄 알았다면 독신보다 결혼을 권하지 않았을까요? 남자에게는 여자만큼 독신을 권하지 않은 것은 남자가 여자보다 성적으로 유혹에 약하고 또 여성도가 남성도보다 많기 때문에 아닐까요?

"여자는 교회에서 잠잠하라."는 바울의 지적이 왜 나왔지요? 고린도전서 14:33~35중 34, 35절만 가지고 여자는 교회에서 잠잠하고 혹 묻고 싶은 것이 있으면 집에서 남편에게 물어야 하는 것으로 압니다. 그럼, 남편이 없거나 교회에 안 나오면 누구에게 묻나요? 잠잠해야 할 사람은 여자만이 아닙니다. 33절 후반에 "모든 성도가 교회에서 하듯"이 34절의 "여자는 교회에서 잠잠 하라"와 연결되어 있지요. 예배 또는 집회 시간엔 모두 조용해야 하는데 코린트 교회에선 소곤거리며 떠드는 여자가 있어 조용히 하라는 것입니다.

디모데전서 2:11, 12에서 "여자가 가르치는 것을 금하며 여자는 조용히 있으라."고 한 것도 8절부터 이어봐야 합니다. 에페소 교회에서 성도를 돌본다면서 단정하지 않고 사치한 복장으로 가정 방문하며 물의를 일으키는 여자들에게 잘못 가르치지 말고 진짜 선행을 베풀며 조용히 배우라는 경고를 한 것입니다.

이와는 반대로 모범적인 여성도에게는 자기에게 하듯 대해줄 것을 여러 서신에 적었지요. 이 경우는 이름을 밝혔는데 대표적인 것이 로마서 16장입니다. 로마 성도가 문안 인사를 해야 할 사람을 40명 정도 적었는데 이중 약 1/3이 여자이지요. 더군다나 문안 대상 첫 번째, 두 번째, 네 번째가 다 여자니 놀랍지 않습니까? 첫 번째인 여성도를 자신과 같은 교회의 "일꾼"으로 표현하며 그녀가 원하는 것은 무엇이든 다 들어주라는 부탁까지 했으니 놀랍지 않나요? 일꾼이란 호칭을 아무에게나 붙일 수 있나요? 두 번째 대상은 브리스길라 부부인데 이들을 바울은 자기 동역자로 불렀지요. 이들은 에페소에서 성경에 능통한 지도자인 아볼로를 가르치지 않았습니까? 그 외 많은 여자의 이름을 거명하며 인사할 것을 부탁했는데 그중 한 여인을 자기 어머니가 된다고 했지요. 실제론 바울의 친모가 아니고 예수님의 십자가를 대신 지고 간 사람의 아내인데 그녀를 어머니처럼 대한 것이지요. 모범적인 여자는 이렇게 대했는데 바울이 잘못된 여인의 이름은 숨기며 불같은 성격으로 꾸짖고 경고한 것을 모든 여성도에게 확대 해석하는 것은 이상하지 않나요? 잘 하는 여성도는 남자와 같은 일꾼, 동역자로 여기지 않았습니까? 모든 여성도가 잠잠해야 하는 존재로 봤다면 왜 문안해야 할 여인을 밝혔지요? 또 바울 자신이 브리스길라 부부를 적을 때 왜 아내 이름을 먼저 적었을까요?

도망친 노예를 아들로 삼고 마가를 품은 바울

황제에게 재판을 받기 위해 로마의 한 집에 억류되어 있을 때 주인에게서 도망친 노예가 왔지요. 그 노예가 어떻게 바울을 찾았지요? 그는 바울이 가본 적이 전혀 없었던 골로새에서 도망쳐 주인에게 잡히지 않으려고 먼 로마까지 왔는데 갈 데가 없었지요. 그 노예는 예수님 믿는 주인에게서 들었던 바울이 마침 로마에 있음을 듣고 찾아온 것입니다. 바울의 동역자를 통해 예수를 믿은 주인은 바울의 사역을 다 들었고 바울도 골로새 교회 성도에 대해 듣게 되었고 그들을 위해 기도하고 있었지요.

 갈 곳 없는 노예를 바울은 따뜻이 맞이하고 복음을 전해 완전히 새 사람으로 변화시켰지요. 변화된 노예는 최선을 다해 늙은 바울을 보필했지요. 늙어 약해진 바울은 계속 노예의 도움을 받고 싶었지만, 주인에게 돌려보냈지요. 바울은 이때 주인과 그 지역 교회에 각각 편지를 보냈는데 이것이 빌레몬서와 골로새서입니다. 주인 빌레몬에겐 노예를 복음으로 자신이 낳은 아들이라 표현하며 이 아들의 보필을 계속 받고싶은 심정을 솔직히 토로했지요. 그러나 주인의 허락없이 할 순 없어 돌려보내니 더는 노예로만 취급하지 말고 믿는 형제로 대해 바울에게 대하듯 할 것을 부탁하고 혹 주인에게 빚진 것이 있으면 바울이 갚겠다는 약속도 했지요. 바울은 눈이 나빠 편지를 대필로 많이 적었는데 이것은 친필로 적었으니 도망친 노예에 대한 그의 사랑이 얼마나 뜨겁습니까? 또 바울이 얼마나 사랑으로 잘 가르쳤으면 도망친 노예가 제 발로 주인에게 돌아갔을까요?

 당시 노예와 주인이 함께 교회에 모이는 경우도 제법 많았지요. 이 경우 피차간에 입장이 거북하지 않았을까요? 그래서 바울은 믿는 주인이라고 쉽게 대하지 말고 주님께 하듯 순종하고 눈가림으로 하지 말고 주인의 것을 훔치지 말라고 노예 성도에게 말했지요. 주인에겐 우리에게도 주인되시는 주님이 하늘에 계심을 생각하고 주님이 우리를 사랑하듯 사랑으로 믿음의 형제로 대하라고 했지요. 노예 제도가 엄연히 존재하는 현실에서 하나님의 사랑과 질서를 강조한 것이지 노예 제도를 찬성한 것은 절대 아니지요. 이처럼 성경은 이 세상 정치에 개입하지 않고 엄연한 현실 상황에서 하나님의 뜻을 찾는 방법을 제시하지요. 도망친 노예로 인해 골로새서엔 바울이 가족 관계보다 노예와 주인의 관계에 대해 더 강조했지요.

바울이 은인인 바나바와 갈라서게 만든 원인인 마가를 완전히 품은 것도 골로새서 4장에 나타나지요. 그렇게 불신했던 마가를 통해 더 많이 배우라고 골로새 교회에 마가를 보낸 겁니다. 바울이 언제부터 마가를 신뢰했는지 알 수는 없지만, 바나바를 따라 키프로스 섬으로 간 마가의 성숙한 변화를 듣고 또 베드로가 마가를 믿음의 아들로 삼아 키워 로마 성도에게 보내는 마가복음을 기록한 것을 듣고 완전히 신뢰하게 되었겠지요. 그리고 로마에 온 바울이 마가복음 서신을 직접 봤을 수도 있지요. 바울은 땅끝인 스페인 선교를 마치고 로마로 돌아와 로마에 두 번째 갇혔을 때 생애 마지막 편지인 디모데후서를 적으며 마가를 로마로 보내주길 부탁했지요. 죽음을 예견한 바울에게 그토록 불신했던 마가가 꼭 필요한 존재가 되었으니 놀랍지 않나요?

바울의 고난과 투병

예수님이 바울을 처음 만날 때 바울이 예수님의 이름을 위해 많은 고난을 받을 것을 말한 대로 예수님 믿은 후 바울의 삶은 고난의 연속이었지요. 예수 믿자마자 전도에 나섰고 전도에 나서자마자 고난이 시작되어 결국 순교하기까지 고난이 끝없이 이어졌지요. 고린도후서 11:23~27에 3차 선교 여행 중간까지 그가 당한 고난을 밝혔지요. 매를 40대 맞으면 죽는다고 생각해 39대 맞은 것이 5회, 큰 매로 맞은 것이 3회, 돌에 맞은 것이 1회, 배가 부서져 물에 빠진 것이 3회, 1주일을 깊은 바다에서 지냈고 여행 도중 온갖 위험을 겪고 배고프고 추운 것은 보통이었다니 놀랍지 않나요? 그 이후 죽기까지 고난은 또 얼마나 많았겠습니까? 예수님 믿는 삶이 왜 이렇게 고난의 연속이지요? 이러고도 바울은 예수님 믿고 전하는 삶을 포기하지 않았으니 이상하지 않나요?

이렇게 고난이 많은 바울은 몸도 정상이 아니었지요. 바울은 두 가지 병에 시달렸습니다.

첫째는 눈병입니다. 예수님을 처음 만날 때 강한 빛으로 3일간 장님이 된 후 깨끗하게 회복되지 않은 것입니다. 혼자 조심해 걸을 정도는 되었지만, 정상은 아니었지요. 그래서 갈라디아서 4장에 갈라디아 교회의 성도들이 할 수만 있었다면 자기들 눈을 빼내 바울에게 주었을 것이란 말도 했지요. 눈이 나쁜 바울은 편지를 대필로 많이 적었고 자신이 직접 적을 경우는 큰 글씨로 적었지요. 그래서 갈라디아서 6:11에 "내 손으로 이렇게 큰 글씨로 적은 것을 보라."고 말하기도 했지요. 큰 글씨로 직접 적을 때 얼마나 눈이 피곤하고 아팠을까요? 저도 지금 피곤한 눈에 안약을 넣으며 적고 있기에 그의 고충이 충분히 이해되지요. 또 대필로 적을 때 얼마나 신경을 곤두세워 초집중해 불러 줬을까요? 불러서 적는 힘든 작업을 2년 전 저도 해 보았기에 이런 과정으로 기록된 로마서와 그 외 주옥같은 서신에 감개무량하지요.

둘째는 간질로 고생했지요. 고린도후서 12:7에 바울의 육체에 가시가 있는데 이것을 "사탄의 사자"로 말했지요. 당시 사람은 간질을 귀신이 주는 것으로 생각했지요. 간질 증세가 나타나면 주변에 구경거리가 되지요. 고린도전서 4:9엔 바울이 원형 경기장 한복판에 선 사형수처럼 사람뿐 아니라 천사에게도 구경거리가 되었음을 밝혔지요. 죽은 청년도 살린 사도 바울이 간질로 바울과 함께 한 자까지 구경거리가 되어야 하나요?

바울은 이 문제로 세 번을 기도했지요. 바울의 기도로 남들은 온갖 병이 낫고 귀신이 쫓겨나고 죽은 자까지 살아났는데 정작 자신의 병은 못 고쳤으니 이상하지 않나요? 바울의 손수건만 갖다 대도 남들은 나았는데 바울은 세 번이나 간절히 기도해도 하나님이 안 들어주신 이유가 뭘까요?

바울의 기도에 주님은 "너는 이미 내 은혜를 충분히 받았다. 내 힘은 약한 자 가운데 온전히 드러난다."고 말씀했지요. 그래서 바울은 더는 자신의 문제로 기도하지 않고 "내가 약할 때 나는 강해진다."는 고백을 하며 자신의 연약한 부분을 자랑했지요. 그리고 이 질병으로 인해 자신의 교만을 막으신 하나님께 감사했지요. 만약 그에게 두 가지 질병이 없었다면 불같은 그의 성격에 얼마나 교만했겠습니까? 바울이 교만했으면 주님의 힘이 그를 통해 계속 나타났을까요?

바울이 숱한 고난과 질병을 어떻게 이겼을까요? 주님과 참사랑의 교제를 하며 주님이 주신 평안을 누리며 이긴 것 아닌가요? 그래서 모든 바울 서신마다 처음과 끝에 자신이 누리는 주님의 평안을 기원한다고 적었죠. 왕과 총독 앞에서 당당하게 자신처럼 되기를 바란다고 말하고 모든 성도가 자기를 본받으라고 자신있게 말한 것도 바로 이 평안을 누리기에 말할 수 있었던 것 아닌가요? 고난과 질병 속에서도 주님의 참사랑을 깊이 누리기에 확신에 찬 주옥같은 권고의 말도 할 수 있지 않았을까요?

저도 크게 두가지 희귀병으로 고생하고 있지요. 하나는 극심한 켈로이드와 사지의 변형입니다. 흉터가 생기면 커지는 켈로이드 체질은 30세 이전엔 보통 수준이었고 사지도 왼손 새끼 손가락이 안으로 굽고 왼 주먹을 꽉 쥐지 못했지만 생활에 불편이 없었지요. 32세 즈음 유명업체 새 구두를 신었는데 부동산 중개업의 특성상 하루 두 세시간 걷다보니 발이 붓고 발등이 멍들고 물집이 생겼지요. 이것이 제 발이 완전 망가지는 출발이 될 줄은 꿈에도 몰랐지요. 점점 변형된 제 발은 정형외과, 피부과, 류마티스 내과 교수에게 희귀한 연구 대상일 뿐 아무도 해결책을 제시하지 못했지요. 그 때 미국 대학병원의 교수인 절친한 친구가 잠시 한국에 들러 제 자료를 가지고 갔지요. 뼈 조직 검사를 해서 미국으로 보내 달라는데 당시는 주사기로 간단히 추출하는 기술이 없어 칼로 생살을 째야 해 흉터를 만드는 부담 때문에 할 수가 없었지요. 부동산 중개업을 하는 저는 계속 걸어야 했고 발은 곧잘 피투성이가 되어 집에서 거의 매일 치료했지요.

 37세 결혼을 몇달 앞두고 괜찮던 발바닥에도 염증이 생겨 저는 제 몸을 아내에게 다 보이고 그래도 좋다면 결혼하기로 결심했지요. 평소 순서대로 상의를 다 벗고 바지를 벗으려는데 아내가 기겁을 하며 "됐어요. 아가씨 혼자 사는 방에서 뭐하는 겁니까? 빨리 옷 입어요."라고 말렸지요. 가장 심각한 발만 보여도 되는데 제 몸의 흉터를 다 보이겠다는 넘치는 의욕을 아내가 막은 거지요. 정작 발을 못 보여 준 것은 제 잘못이 아니라는 비겁한 생각으로 결혼을 했지요. 결혼 후 매일 치료하는 제 발을 본 아내는 대구의 유명한 나병 전문 피부 병원으로 절 데리고 갔지요. 나병을 의심하는 아내에게 나병은 절대 아니라는 확답을 한 의사는 "전 세계의 희귀병 환자들이 많이 찾아오는 미국의 큰 병원에도 근무했었는데 이분 같은 환자는 못 봤습니다. 아마 세계에 유일한 경우인 것 같습니다."라고 안타깝게 말해 아내는 말없이 울었지요.

 30대에 고교 동기회 총무를 7년이나 하면서 술도 입에 대지않았는데 저는 바울이 누린 주님과의 참사랑의 관계가 없었지요. 그때까지 바울처럼 부활하신 예수님을 인격적으로 만나지 못했기 때문입니다. 하나님을 제 야망 성취의 해결사로 생각해 축복받기 위해 억지로 절제했을 뿐이었지요. 그러다 독신의 정욕을 못이겨 친구와 함께 안마 시술소에 간 적도 있었지요. 울산에서 사무실을 다시 열었을때 인터넷 음란 사이트를 처음 접했지요. 직원들 모두 나가고 혼자 있는데 컴퓨터가 켜져 있어 끄려는데 갑자기 음란 사이트가 떴지요. 혼자 있다고 모르던 사이트를 즐긴 제가 어떻게 주님과 참사랑을 나눌 수 있겠습니까? 형식적인 회개의 편리한 습관으로 죄를 쉽게 잊은 저는 오히려 신앙 생활을 잘 하는 것으로 착각했지요. 총각임에도 재정 회계, 주일학교 부장, 성가대 총무, 구역장을 맡았고 객지인 울산에서도 계간지 편집장, 교사, 목자를 맡아 안수 집사가 되었으니 착각한 거지요. 바울이 사울 시절 예수 핍박에 대장 노릇을 하며 하나님 마음을 아프게 하면서도 오히려 하나님을 잘 섬긴 것으로 착각한 것과 같지요. 이젠 양말을 안 벗어도 제 발이 이상함을 모두 알고 20대때 사라졌던 제 몸의 흉터는 다시 점점 커져 가는데 주님과 인격적 교제없는 제 의지적 삶의 교만으로 인해 착각했지요. 이런 저를 주님은 두번째 질병인 눈병을 통해 주님께 더 가까이 오도록 인도하셨지요. 눈동자 가까이 접근한 막을 제거하니 초스피드로 재발하며 아예 눈동자를 덮어 앞을 못보게 되었지요. 눈가에 생긴 막을 제거하다 못보게 될 줄은 꿈에도 생각 못했지요. 재발 원인을 제 체질로 생각하는 교수님은 다른 방법으로 해 보자고 하셨지요.

2007년 여름 첫번째 각막 이식을 통해 시력을 왼쪽 눈이나마 회복했는데 또 막이 덮이기 시작해 미친듯이 NIV 성경을 외우기 시작했지요. 앞을 못 볼 때 세상을 못 보는 답답함보다 성경을 못 보는 답답함이 더 컸는데 머리에 암송된 것이 없었기 때문이었지요. 외운 구절을 잊지 않으려고 매일 반복했는데 700절이 넘어서니 반복하기가 힘들었지요. 또 다시 성경을 못보게 될 날을 대비해 외운 말씀은 제게 엄청 큰 힘이 되었지만 주님에 대한 사랑의 고백으로 이어지진 못했지요.

2009년 여름 신용 불량자가 된 저는 제 인생에 가장 힘든 위기를 눈물로 기도하며 하루 하루 버티고 있었지요. 11월에 아버지가 천국가시며 아버지 각막을 제 오른쪽 눈에 붙이고 부조로 급한 부채 문제까지 다 해결 되었지요. 너무 감사하지만 감사가 나오지 않았지요. 제가 어떻게 아버지의 사랑을 받습니까? 고교 시절 아버지를 원망해 하늘로 삿대질하며 하나님께 욕했던 제가 아닙니까? 제가 운전도중 옆에 아내가 있음에도 뒷자리의 아버지께 핸들을 내려치며 미친듯이 대들었던 돌 맞아 죽을 불효 자식이 아닙니까? 바울이 사울 시절 그토록 핍박하던 예수님의 책망과 소명을 함께 들어 기막혀 식음을 전폐했던 것처럼 저도 너무 기가 막혔지요. 소천하신 아버지께 너무 죄송해 하늘의 아버지께 장례기간 내내 따졌지요. "저를 비참하게 하려고 별 수를 다 쓰시네요. 이 방법이 아니면 방법이 없나요? 장남이 아버지 빈소도 못 지키고 꼭 이래야 합니까?"

계속 따지던 저는 암송한 이사야 55:8 "For my thoughts are not your thoughts, neither are your ways my ways." declares the LORD (이는 내 생각은 너희의 생각과 다르며 내 길은 너희의 길과 다름이니라. 여호와의 말씀이니라.) 에 항복했지요. 외운 말씀이 마음에 울려 퍼지며 완전히 받아들이니 비로소 눈물의 감사가 나왔지요. 감사가 나오니 부활하신 주님이 베드로에게 세번이나 하신 질문 Simon, son of John, do you truly love me more than these? (요한의 아들 시몬아, 네가 진실로 이 사람들보다 나를 더 사랑하느냐?) 가 제 마음을 강타했지요. 저는 그때서야 처음으로 베드로가 한 Yes, Lord, you know that I love you (예. 제가 주님을 사랑하는 것을 주님이 아십니다.) 란 고백을 모두 잠든 병실에서 하염없이 울며 소리없이 크게 수도 없이 외쳤지요. 베드로가 자신있게 "주님을 사랑합니다." 라고 말하지 못하고 죄송하고 부끄러운 마음으로 "주님이 아십니다." 라고 고백할 수밖에 없었듯 저도 그랬지요.

부활하신 예수님을 인격적으로 만나야 진정한 인생반전이 이루어집니다. 저주까지 하며 예수를 부인한 베드로가 부활하신 예수를 세 번이나 만났기에 사랑의 관계를 회복해 인생반전을 이루었습니다. 가룟 유다는 예수님이 부활하기 전에 자살해 부활한 예수님을 만날 기회를 아예 날렸는데 그렇게 되면 정말 안됩니다. 야고보도 부활한 예수님을 만남으로 더 이상 형님으로 보지 않고 주님으로 영접해 인생이 바뀌었지요. 예수를 핍박하던 사울이 부활하신 예수님을 만나니 바울로 그의 인생은 완전히 바뀌었습니다. 부활하신 예수님을 만나는 과정은 사람마다 다 다른데 중요한 것은 주님의 성경 말씀을 통해 만나야 하는 것입니다.

나이 50이 되어 너무 늦게 주님 사랑을 고백한 저는 두 가지 질병과 온갖 고난 속에서도 주님의 평안을 누린 바울처럼 되었지요. 이제는 하나님을 전지전능한 저의 종으로 부려 먹으려는 고약한 과거 습성을 버렸지요. 인간적으로 도저히 이해 안 되는 것까지도 제 생각과 다른 하나님 방법에 순응하기를 배우며 하나님 아버지처럼 예수 그리스도께도 경배하기를 힘쓰고 있지요.

20년 이상 하던 발치료는 뜸해졌는데 다리의 염증 치료가 계속되고 있지요. 석달에 한 번 대구에 갈 때마다 제일연합정형외과 원장인 4촌 동생에게 집에서 쓸 소독약솜을 받아오지요. 또 제 치

아는 친구 손희용 치과가 전담해 관리하고 그외 내과, 한의사 친구들의 도움도 받고 있지요. 치료 부위는 줄어든 것 같은데 손은 더 오그라들어 젓가락 사용을 못하고 단추 잠그는 것도 아내의 손길이 필요하지요. 말 소리를 안 들으면 식탁에서 바로 제 옆자리의 사람이 있는지 없는지조차 모르는 제가 어딜 가면 상대방이 자기 이름을 밝히며 제게 인사해야 알게 되니 서글프고 미안하지요. 우두커니 있는 제게 하루에 몇번이고 이름을 밝히며 말을 거는 분에겐 너무 고맙지요. 이런 눈으로도 휴대폰 작업이 가능하니 기적으로 너무 감사하지요. 까만 바탕에 흰 글씨가 크게 나오면 글씨가 불빛으로 희미하게 감지되지요. 그리고 자판을 두드릴 때 번쩍이는 불빛의 위치를 보고 또 소리를 듣고 자판을 제대로 쳤는지 감지하지요. 그러나 잠시만 해도 눈이 너무 피곤해 감지가 잘 안되어 감각에 의존하니 힘들지요.

 이런 몸으로 두 손 들고 찬양할 때는 정상일때 이렇게 못한 것이 너무 죄송해 눈물 흘린 적도 많지요. 세상을 다시 깨끗하게 보고 싶은 마음 굴뚝 같습니다. 누구 도움없이 혼자 걷고 싶습니다. 그러나 그렇게 되어 또 제 욕심에 이끌려 마음대로 살다가 주님과의 참사랑에 금이 간다면 차라리 이대로 살다가 죽겠습니다. 주님의 사랑을 그 무엇과도 바꾸기 싫습니다. 바울이 말한 것처럼 제 몸이 이런 것 말고는 주변 사람이 모두 저처럼 주님의 사랑을 누리길 소망하며 피곤한 눈으로 자판 두드리길 마칩니다.

| 1년간 긴 여정을 마치며 |

앞도 못 보는 눈으로 피곤함을 이기고 이 글을 완성하게 도와주신 제 생명의 원천 되시는 하나님께 먼저 감사드립니다.

바쁜 가운데서도 이 글의 본부 역할로 근 1년간 수정, 관리를 맡아 주신 이경규님, 김영현님께 감사드립니다. 두 분은 제게 너무 좋은 동역자였는데 이를 허락해 준 부군 윤대원님, 노태규님께도 감사드립니다. 글 내용을 충실히 하는 데 가장 많은 도움을 준 후배 이상훈 목사님과 친구 하재주 원장님께 감사드립니다. 이 두 분은 지도와 히브리어, 헬라어 원어 사전을 찾아 설명해 주고 자신의 연구 결과를 알려 주기도 했지요. 1집에 이어 이번에도 1년간 심야 토론을 즐겨준 하 원장이 주님을 뜨겁게 맛보길 소망합니다. 주님이 제게 붙여준 바우처 도우미 강동우 군께도 감사합니다. 이 청년은 온갖 검색을 해주고 글 전체를 읽어줘 제가 직접 수정하는 것을 도왔지요. 간증문을 적어 준 친구 한상길님, 성형동님께 감사드립니다. 두 친구는 회사 일로 바빠서 밤잠이 황금 같은데도 잠을 아껴 적어 주었지요.

그 외 저의 자문에 기꺼이 응해 준 현대중공업선박구조설계팀, 지구과학과 김영은 선생님, 화학과 구자철 선생님, 오병돈 지질학 박사님, 오영기 물리학 박사님, 한동대 김명현 교수님, 강원도 장춘원 목사님, 거제도 박관수 목사님, 임대진 목사님, 김기문 목사님, 김정용 전도사님, 백석신학대 홍인규 교수님과, 성막 모형도 인용을 허락해주신 인천 사랑침례교회 정동수 목사님께도 감사드립니다.

바쁜 가운데서도 부족한 저의 글을 먼저 읽고 추천사까지 적어주신 이은화님, 진사라님께 감사드립니다. 이은화님, 진사라님은 '성경속 여인들의 인생반전'을 출간할 때에도 전적으로 도와주셨습니다.

  그리고 작년 3월에 울산 큰빛교회와 대구 달성교회에서 "성경 속 여인들의 인생 반전"을 시판했을 때 구매해주신 성도님들과 인터넷서점, 교보문고 등을 통해 구매해주신 모든 친구들께 감사드립니다. 특히 서점을 다 섭렵하며 50권을 마련해 "대구 경북 우리 가곡 부르기" 음악회 리셉션 파티의 저자 사인회에서 참석자의 추가 요청까지 받아들여 모두 100권을 구매한 친구 김범헌님과 울산까지 찾아와 축하해준 친구 윤대원님께 감사드립니다. 그외 친구들의 이름을 일일이 거명하지 못한 점 양해를 구합니다. 저의 초, 중, 고 선배로서 한결같이 따뜻한 임화식, 박필순님께도 감사드립니다.

  늘 저를 위해 기도하시며 제 손을 잡아 주는 소중한 두 여인, 어머니 박영애 권사님과 '성경속 여인들의 인생반전'에 이어 이번에도 혼신의 힘을 다해 교정 보아준 아내 정윤희 권사님께 감사드립니다. 기도와 사랑의 도움을 잊지 않는 누나 김영란 권사님과 동생들, 저의 세 아이 그리고 목장 식구들께도 깊이 감사드립니다.

2018년 초여름에
김영훈 드림